华英文库

总主编 陈 弘

本书为中央高校基本科研业务费项目华东师范大学青年预研究项目（2017ECNU-YYJ049）成果，受华东师范大学英语系资助

指向核心素养的
师范生信息化教学
能力研究

张琳 著

Preparing Student Teachers for
Integrating ICT in Education:
To Develop Future Learners' Key Competencies

上海交通大学出版社
SHANGHAI JIAO TONG UNIVERSITY PRESS

内容提要

本书在研制指向核心素养的师范生信息化教学能力产出结构的基础上,结合国内外已有标准制定了指向核心素养的师范生信息化教学能力的发展目标框架,并从复杂系统的视角出发,分析了基于通用信息化教学课程培养模式、基于教师信息化教学示范模式与多方协同的综合培养模式的合理性、局限性及其适用情境。在此基础上,本书进一步比较、分析并总结了这三种模式在各个层面被证明有效的培养策略,从而提出了指向核心素养的师范生信息化教学能力系统性培养策略。本书能够为高校培养师范生信息化教学能力在顶层设计、中层管理与教学实施三个层面提供借鉴,适合的读者群包括师范生、高校教师、高校管理人士、中小学教师、中小学管理层等。

图书在版编目(CIP)数据

指向核心素养的师范生信息化教学能力研究/ 张琳
著. 一上海: 上海交通大学出版社,2021
ISBN 978 - 7 - 313 - 24021 - 7

Ⅰ. ①指… Ⅱ. ①张… Ⅲ. ①师范教育-计算机辅助
教学-教学研究-高等学校 Ⅳ. ①G642

中国版本图书馆 CIP 数据核字(2021)第 090232 号

指向核心素养的师范生信息化教学能力研究
ZHIXIANG HEXIN SUYANG DE SHIFANSHENG XINXIHUA JIAOXUE NENGLI YANJIU

著　者:张　琳
出版发行:上海交通大学出版社　　　　　　　地　　址:上海市番禺路 951 号
邮政编码:200030　　　　　　　　　　　　　电　　话:021 - 64071208
印　制:当纳利(上海)信息技术有限公司　　经　　销:全国新华书店
开　本:787 mm×1092 mm　1/16　　　　　印　　张:22
字　数:492 千字
版　次:2021 年 5 月第 1 版　　　　　　　　印　　次:2021 年 5 月第 1 次印刷
书　号:ISBN 978 - 7 - 313 - 24021 - 7
定　价:119.00 元

《华英文库》总序

我们处在一个变革的时代。

在这个充满活力、焕发生机的新时代,英语专业正面临着前所未有的新的机遇,被赋予了新的使命。

要赶上时代,就需要有新的变革,需要创新乃至需要改变英语专业教学与科研的传统范畴与模式,开拓崭新的局面。

华东师范大学外语学院英语系最早成立于1951年,有着深厚的学术底蕴和完整的学科体系。著名学者方重、葛传槼、徐燕谋、周煦良、孙大雨、黄源深等先后在我系执教。春华秋实,岁物丰成,近70年来,华东师大英语系确立了英语国家文学、语言学、外语教学、国别与区域研究、翻译、教学与研究等方向,培养了具有广阔的国际视野、完善的知识结构、扎实的语言基础和切实的应用能力的国际化人才。

华东师大英语系30余名教师立足上海,放眼全国,走向世界。我们力求站在时代潮头,精研古今,发思想先声,为新时代贡献我们的智慧。

为进一步鼓励我系教师、学者开展科研活动,华东师大英语系从2019年起推出《华英文库》,系统出版我系教师、学者的学术成果,推出一批有学术深度、有思想穿透力的精品力作。我们期待以此进一步加强和推动与国内外学术界的交流,为推动英语专业各领域的学术研究发展做出我们的贡献。

《华英文库》总主编陈弘

2019年3月

前　言

　　智能时代,技术的飞速发展不仅改变着我们的工作和生活,还重塑着"培养什么人"与"如何培养人"这两大教育根本问题的答案。

　　赫拉利(Harari)在《今日简史》中指出,在信息爆炸的世界,学校不需要教授学生信息,而是应该帮助他们发展筛选信息的能力,在改变与不确定是新常态的世界,学校不需要强调培养某种特定工作技能的重要性,而应该重视发展学生的通用能力,最重要的是能够"随机应变,学习新事物,在不熟悉的环境里仍然保持心智平衡",是能够"一次又一次地重塑自己"的能力。①

　　对于教育界的同仁而言,这种能力便是近年来重点探讨、研究与实践的主题——核心素养。目前,我国正处于重要的发展战略机遇期,当今世界正面临百年未有之大变局,科技和人才竞争日趋激烈,外部国际环境的明显变化带来了新的挑战。面对日益激烈的国际竞争,作为具有基础性、先导性、全局性地位和作用的教育成为我国经济转型升级、增强国家竞争力、实现中华民族伟大复兴的重要推动力。实施人才强国战略,亟须面向未来世界进行人才培养。习近平总书记在全国教育大会上指出,要"在增强综合素质上下功夫,教育引导学生培养综合能力,培养创新思维"。教育部众多文件中也多次强调了面向新时代培养学生的核心素养的重要性与紧迫性,全国各地教育部门与中小学校也逐渐开展了基于核心素养的课程、教学、评价等相关探索。

　　从世界范围内学术界对于核心素养的热烈讨论、学校对于核心素养发展的积极探索到我国《普通高中课程方案(2017年版)》正式将核心素养与学科核心素养纳入国家课程标准均体现了面向未来育人目标的变化,从培养适应工业时代的人到培养适应乃至引领智能时代的人。

　　随着"培养什么人"的变化,"如何培养人"自然也相应地必须发生改变以适应新的育人目标,或者说,倘若"如何培养人"不能满足新时代的育人需求,我们的教育便会影响甚至阻碍育人目标的实现,从而无法满足未来社会的需求。

　　信息技术,特别是大数据、虚拟现实等智能技术,被寄予了变革教育的厚望。比较过

---

① 赫拉利.今日简史[M].林俊宏,译.北京:中信出版集团,2018:251-260.

去二十年间一些影响力较大、前瞻性较强、关于技术将如何塑造与改变人类社会未来的书,我们会发现这些书关于未来教育模式展望的共性:个性化、泛在性、情境性。

1996 年,尼葛洛庞帝在《数字化生存》中指出,在电脑出现以前,技术运用于教学的手段局限在运用视听设备和通过电视等多媒体进行远程教学上,这些方式只不过更强化了教师的主动性和学生的被动性;而在 21 世纪,信息技术赋能的教育,特别是游戏化的学习,可以满足不同认知风格、学习模式以及表达行为的学习者的个性化需求。同时他也指出,如果仅运用电脑进行一对一的知识灌输,只是提高了知识灌输的"效率",加强了原来知识灌输的模式,并没有从本质上改变教学。① 2005 年,库兹韦尔(Kurzweil)在《奇点临近》中展望了未来,世界教育将从高度集权的学校机构走向分散的教育体系,基于互联网的在线教育将把发达地区高品质的课程提供给欠发达地区,从而促进教育公平;智能技术将支持因材施教,根据每个学生的优势和弱势建模,从而发展出聚焦于每个学生个体问题领域的教学策略;虚拟现实技术将使学生能够在虚拟现实的实验室里进行实验,无论何时何地,各个年龄段的学生都能接受优质教育,甚至在人类与非生物智能混合的奇点时刻,教育的性质将再次发生改变。届时,人类将能够像下载软件一样下载代表学习的神经元间连接与神经递质模式,从而下载了知识和技能。② 与库兹韦尔的积极态度相比,舍恩伯格(Schönberger)对于信息技术与教育的融合持更为谨慎的态度。2014 年,在《与大数据同行:学习和教育的未来》一书中,舍恩伯格提出大数据能够收集过去无法搜集的反馈数据,通过概率预测来优化学习内容、学习时间和学习方式,实现符合学生个体需求的个性化学习;同时,他也对滥用大数据可能给个体发展带来的问题以及数字鸿沟等新的教育不公平问题提出了忧虑。③

我国非常重视信息技术对于教育的变革作用,《教育信息化 2.0 行动计划》提出要"促进教育信息化从融合应用向创新发展的高阶演进,信息技术和智能技术深度融入教育全过程,推动改进教学、优化管理、提升绩效"。④ 信息技术本身是中性的,其究竟是进一步强化适合工业时代的教育,还是引领我们迈向更为适合未来智能世界的教育,关键在于如何应用,而信息技术在教学中的应用关键在于教师。然而,目前信息技术在教学中的应用与我们期待的状态还相去甚远,多数情况下以新瓶装旧酒的状态出现⑤,继续强化知识的灌输,尚未赋能教育促进核心素养的发展。2020 年疫情期间覆盖全国的"停课不停学"在

---

① 尼葛洛庞帝.数字化生存[M].胡泳等,译.海口:海南出版社,1997:232 - 233,258 - 259.
② 库兹韦尔.奇点临近[M].李庆诚,董振华,田源,译.北京:机械工业出版社,2011:203 - 204.
③ 舍恩伯格,库克耶.与大数据同行:学习和教育的未来[M].赵中建,张燕南,译.上海:华东师范大学出版社,2014:104.
④ 中华人民共和国教育部.教育信息化 2.0 行动计划[EB/OL].[2018 - 12 - 13]. http://www.moe.gov.cn/srcsite/A16/S3342/201804/t20180425_334188.html
⑤ 任友群,陈超,吴旻瑜.从"开创局面"到"全面推动"——从两次"全国教育信息化工作会议"看中国教育信息化的走向[J].远程教育杂志,2016(2):19 - 25.

短时间内推动了在线教育的巨大发展,也是对教师信息化教学能力的一场"大考"。尽管疫情期间教师大致能够完成在线教学任务,但许多教师依然将其视为不得已的"非常态",并没有将一些在线工具运用于疫情后使之成为教学"新常态"的打算。

特别令人担忧的是,与职后的教师信息化教学能力发展相比,我国目前在师范生信息化教学能力培养上相对薄弱,对于师范生信息化教学能力的培养策略往往局限于一两门教育信息技术课程、进行以多媒体课件制作为主的教学竞赛等,强调对某些热门信息技术的掌握而忽视了信息技术与教学的融合以及信息化教学的最终育人指向。核心素养以及普通高中新课标出台之后,许多师范大学也尚未相应地改革本校的师范生培养方案,尚未将支持学生的核心素养发展融入师范生信息化教学能力的培养目标。事实上,信息化能力的发展是一个系统化工程,仅仅依靠单一的、未能与教学深度融合的、未明确信息化教学育人指向的培养策略,难以实现培养师范生运用信息技术变革课堂教学的能力从而促进基础教育阶段学生核心素养发展这一目标。因此,如何加强师范生指向核心素养的信息化教学能力的培养,实现其信息化教学能力常态化与可持续化发展,从而使得师范生入职后能够更好地通过信息化教学支持学生核心素养的发展,成为一个亟须解决的关键问题。

呈现在读者眼前的《指向核心素养的师范生信息化教学能力研究》源于笔者对信息化教学与师范生培养何去何从的探索与思考。本书主要探讨了五大问题: ① 为了促进未来学生核心素养的发展,师范生需要相应地具备什么样的信息化教学能力? ② 目前师范大学培养师范生信息化教学能力有哪些模式?在不同的培养模式下,师范生信息化教学的能力培养成效如何、是否能够胜任指向核心素养的信息化教学? ③ 在师范大学不同的培养模式下,哪些因素促进了师范生指向核心素养的信息化教学能力的发展?又有哪些阻碍因素? ④ 在顶层设计、中层管理与课程实施中哪些策略发生了作用?哪些策略没有达到预期的效果? ⑤ 如何综合各个层面利益主体的力量,系统性地实现师范生信息化教学能力的常态化发展?

当前信息化教学处于量变到质变的前夕,也处于发展的十字路口,信息技术支持下的教学有可能强化机械的工业时代的训练,也有可能面向未来世界的需求促进核心素养的发展,关键在于教师如何使用技术,学校如何推动信息化教学。聚焦于师范生指向核心素养的信息化教学能力培养的研究,是期望我们能够在当下变革教师教育,利用师范生相对更容易接受新事物以及"数字原住民"对于信息技术与生俱来的亲近感的特点,培养师范生成为未来教育的变革先锋,促使他们运用新理念、创新意识,承担信息化教学引领者的角色,充分发挥信息技术的积极作用、避免其消极作用,从而推动基础教育阶段促进学生核心素养发展的教育变革。

本书从构思到完成,得益于华东师范大学范国睿教授的悉心指点,得益于荷兰阿姆斯特丹大学约克·沃格特(Joke Voogt)教授的启发建议,以及参与研究的相关院校师生的热心协助,此处一并致以诚挚的谢意!

本书的出版,离不开华东师范大学英语系主任陈弘教授的支持,在此表示衷心感谢!

本书的错讹之处,敬请读者批评指正。

张 琳

2020 年 5 月 9 日

于华东师范大学

目　录

第一章
绪　论

　　"未来进入当下，为的是在未来真正降临之前让我们在当下重塑自己。"

　　　　　　　　　　　　——赖内·马利亚·里尔克(Rainer Maria Rilke)①

　　随着 5G 时代的降临，未来已至。在教育领域，信息技术亦被寄予了驱动教育变革的厚望，人们期望信息技术能够改变长久以来在教学中以机械灌输知识为主的现状。基础教育进入核心素养导向的时代，师范生培养也明确了引导时代、提前部署的定位。缘何信息技术、核心素养与师范生这三者产生了关联？本章将阐述研究指向核心素养的师范生信息化教学能力的初心与缘由，梳理师范生信息化教学能力的研究现状，以及介绍本研究的具体设计。

第一节　研究背景

　　世界正处于急剧变革的时代，人类业已步入智能时代。经济全球化与国际化、人工智能、纳米科技、3D 打印、基因科学、生物科技、物联网等科学技术的迅猛发展，特别是大数据、超级计算、传感网等新技术与脑科学、量子力学等新理论的加速发展与相互作用，使得我们的工作、生活与学习发生了巨大的变化，并且将在未来加速推动更深刻的变革。当我们尚在感叹阿尔法围棋(AlphaGo)击败了围棋世界冠军李世石时，阿尔法围棋的新版阿尔法零(AlphaGo Zero)又无师自通，自学成才地以 100 比 0 完胜阿尔法围棋。未来已至，我们深刻地感受到了智能时代的迫近及其带来的种种可能预见与无法预见的变化。

　　我国极为重视信息技术发展对经济社会发展的作用，近年来相关政策文件频频出台，2015 年 7 月国务院印发了《国务院关于积极推进"互联网＋"行动的指导意见》，2016 年 5 月国家发改委、科技部、工信部和网信办发布了《"互联网＋"人工智能三年行动实施方案》，2016 年 7 月国务院印发了《"十三五"国家科技创新规划》，2017 年 7 月，国务院颁布

①　Brainy Quote. Rainer Maria Rilke Quotes[EB/OL]. [2018 - 12 - 22]. https://www.brainyquote.com/quotes/rainer_maria_rilke_385588

了《新一代人工智能发展规划》，认为"人工智能是新一轮科技革命和产业变革的重要驱动力量，加快发展新一代人工智能是事关我国能否抓住新一轮科技革命和产业变革机遇的战略问题。"①信息技术已影响着我们工作、学习与生活的方方面面，未来必将产生更为深远的影响。

面向未来经济与社会发展的需求，学校的育人目标也将发生变化，保持经济中高速增长，保障"中国制造2025"、创新驱动发展战略、"一带一路"倡议等战略的实施，迫切需要教育优化人才培养结构，加快培养各类紧缺人才，特别是具备核心素养的创新人才。这正是教育部2017年《普通高中课程方案(实验)》新课标出台的背景，新课标意在改变长期以来片面追求升学率的现状，也意味着基础教育进入了以核心素养为导向的时代。② 在国际局势发生变化的此刻，我们更加能感受到培养未来学生创新能力的重要性与紧迫性。不言而喻，育人目标的改变也呼唤教师能力的迭代，特别是信息化教学能力的发展，这便是世界主要国家与国际组织常年更新教师信息技术能力相关标准的缘由。关于教师信息化教学能力发展的研究并不罕见，然而随着育人目标指向核心素养，教师信息化教学能力的内涵也应随之发生变化。因此，我们需要研究如何发展教师指向核心素养的信息化教学能力，而职前阶段是教师信息化教学观生成与信息化教学能力发展的关键阶段，因此，研究如何面向未来培养师范生的信息化教学能力意义重大。

一、时代迭替：指向核心素养的育人导向

无人餐厅、无人酒店、无人超市已经出现，移动支付、基于算法的新闻与商品推送、人工智能客服、人工智能主播、程序编制的软文与海报已经进入了我们的生活，从事着原本只有人类才能胜任的工作。随着第四次工业革命以及智能时代的来临，许多现有的工作将消失，新的工作将出现，在许多国家和地区，目前最紧缺的岗位与技能十年甚至五年前尚未出现。据世界经济论坛2016年的预测，65％刚入学的小学生在大学毕业之后将从事现在根本不存在的工作。③ 在此背景下，我们面临的共同问题是，未来世界的人才需要具备什么样的能力？ 当我们无法确定未来会有什么样的工作时，我们的教育系统该如何培养人才？

在工业时代，以教师为中心的班级授课制培养了大量适合工业时代的人才。工厂流水线上的工人需要掌握的是简单重复的知识与技能，遵守纪律、服从命令，按照既定的流程工作，重复劳动。因此，教师讲授、学生重复操作并纠正错误，这种以教师为中心、强调纪律与服从的教学方法十分适合简单重复的低阶知识技能训练，并且高效地培养了大批

---

① 新华社.习近平：推动我国新一代人工智能健康发展.[EB/OL].(2018-12-01)[2018-12-22].http://m.people.cn/n4/2018/1031/c190-11822065.html

② 中华人民共和国教育部.教育部教材局负责人就普通高中课程方案和课程标准修订答记者问.[EB/OL].(2018-01-16)[2018-12-10].http://www.moe.gov.cn/jyb_xwfb/xw_fbh/moe_2069/xwfbh_2018n/xwfb_20180116/sfcl/201801/t20180116_324661.html

③ World Economic Forum. The Future of Jobs: Employment, Skills and Workforce Strategy for the Fourth Industrial Revolution [Executive Summary] [R/OL]. (2016-01) [2018-12-10]. http://www3.weforum.org/docs/WEF_FOJ_Executive_Summary_Jobs.pdf

合格的工人。班级授课制虽然为培养工业时代大量合格的产业工人做出了巨大的贡献，自身却存在着弊端。第一，在工业时代的教育模式下，教学内容明确，教师只需要照本宣科。然而，这样的模式在当今时代却无法根据学生的需求因材施教，不利于学生的个性化发展，无法让每个学生充分发挥自己在不同领域的潜力，也让部分学生丧失了学习的动力。第二，工业时代学校管理学生的方式是服从纪律的军事化管理，评价学生的标准是正确率，这的确有利于提高效率，然而服从和害怕犯错的心理却极大地阻碍了需要挑战现状与不断试错的创新思维的发展。第三，工业时代的教育模式使得学生被动接受教师传授的知识与技能，反复操练有标准答案的练习，从而欠缺自主解决真实世界中问题的能力以及沟通协作能力。

在信息时代，知识日新月异，新技术层出不穷，唯一相对不变的便是变化。随着人工智能的发展，机器完成重复机械工作的效率要远远高于人类，人类将从事的是机器所无法完成的需要高阶思维能力的工作，因此简单的知识复制与技能学习已经无法解决未来世界复杂多变的问题，仅仅传授知识的教育已经无法满足信息时代与智能时代对于人才的需求。尽管科技日新月异，时代急剧变化，教育系统的变革却依旧缓慢，目前我们的教育系统还是按照工业时代的模式在培养未来智能时代的人才。时代的迭替意味着教育领域的变革不仅仅是某种教学方法的创新与改革，而是教育目标、理念以及系统生态的变革。

面对未知、多变、复杂的未来，我们需要培养什么样的人才？我们如何培养人才，才能成功适应未来的社会？这些问题成为世界各个主要国家和国际组织讨论的焦点，成为关系到各国未来竞争力的前瞻性战略问题。培养面向未来的人才，是人类解决当今与未来世界的各种复杂问题、实现可持续发展的关键。未来人才的质量成为各国在日趋激烈的国际竞争中形成自身优势的重要筹码。

世界主要发达国家普遍深刻认识到，面对新时代，教育变革势在必行，且人才培养的重点已经从工业时代基于学科的简单知识传授转变为智能时代的跨学科核心素养的培养。从 20 世纪 90 年代开始，各国就陆续对 21 世纪人才的核心素养或关键能力展开了广泛的探讨与研究，并从国家层面发布了核心素养的框架，许多 20 世纪末 21 世纪初制定的早期框架还因信息技术的迅速发展在近期又做了修订。尽管这些框架的名称有所差异，包括美国的"21 世纪学习框架（Framework for 21st Century Learning）"①、新加坡的"21 世纪素养（21st Century Competences）"②、欧盟的"为了终身学习的核心素养（Key Competences for Lifelong Learning）"③、经济合作与发展组织（Organisation for Economic Co-operation and Development，OECD）提出的"核心素养（key competencies）"④等，但是

---

① Partnership for 21st Century Skills. Framework for 21st Century Learning [S/OL]. [2018 - 12 - 12]. http://www.p21.org/documents/P21_Framework.pdf
② Ministry of Education，Singapore. 21st Century Competencies [S/OL]. [2019 - 09 - 17]. https://www.moe.gov.sg/education/education-in-sg/21st-century-competencies
③ Council of European Union. Council Recommendation of 22 May 2018 on Key Competences for Lifelong Learning [S]. ST/9009/2018/INIT.OJC189,4.6.2018：1 - 13(EN).
④ Organisation for Economic Co-operation and Development ［OECD］The definition and selection of key competencies ［Executive Summary］[R/OL]. （2005 - 05 - 27）[2018 - 12 - 11]. http://www.oecd.org/dataoecd/47/61/35070367.pdf

探讨的都是在未来社会工作和生活所需具备的关键能力,关注的是"人与自我、人与工具、人与社会"三方面的问题。① 综合主要国际组织与国家面向 21 世纪的核心素养框架,可以发现,除了和学科相关的具体素养,例如语言素养、数学素养、科技素养等,②这些核心素养的框架都极为重视跨学科的通用素养,其中,沟通能力、合作能力、信息技术素养、跨文化的理解力以及终身学习能力是各国核心素养框架所共同涵盖的内容,此外,创新、批判性思维以及解决问题的能力也均被视为 21 世纪的重要能力。显然,当机械性的记忆已可以由人工智能来完成时,人才培养的目标不再是知识的传授,而在于沟通合作能力、批判性思维、创新能力等高阶思维能力的培养。在知识与技术飞速更新迭替的时代,授之以鱼不如授之以渔,因此学生的学习能力需要重点培养,而自主发展、合作参与、创新实践也尤为重要。

目前,我国正处于重要的经济发展战略机遇期,外部国际环境的明显变化带来了新的挑战。面对日趋激烈的国际竞争,教育成为经济转型升级、持续高质量发展、增强国家竞争力、实现中华民族伟大复兴的重要推动力。实施人才强国战略,亟须面向未来世界培养人才。《国家教育事业发展"十三五"规划》将人视为"国家发展的核心要素",强调了教育的"基础性""先导性"与"全局性"作用,要"面向世界,面向未来,超前规划",特别突出了教育"优先发展的战略地位",③也就意味着育人应该面向未来发展的需求,具有前瞻性与引导性。

面对新的时代、新的形势,教育部众多重要的文件中也多次强调了面向新时代培养学生的核心素养与关键能力的重要性与紧迫性。各地教育部门与中小学校也开展了基于核心素养的课程、教学、评价等相关探索。

2014 年,《教育部关于全面深化课程改革落实立德树人根本任务的意见》指出"研究制订学生发展核心素养体系和学业质量标准"是着力推进的关键领域之一。④ 2017 年版《普通高中课程方案(实验)》将核心素养作为重要的育人目标,提出了要"坚持反映时代要求""着力发展学生的核心素养",培养"具有理想信念和社会责任感、具有科学文化素养和终身学习能力、具有自主发展能力和沟通合作能力"的人才,并提出了各个学科的学科核心素养。⑤

教育界也越发关注面向未来世界的核心素养教育,围绕核心素养展开的讨论此起彼伏。2016 年,中国教育学会发布了《中国学生发展核心素养》,将核心素养分为文化基础、自主发展、社会参与三个方面,综合表现为人文底蕴、科学精神、学会学习、健康生活、责任

① 顾明远.核心素养:课程改革的原动力[J].人民教育,2015(13):17-18.
② 师曼,刘晟,刘霞,周平艳,陈有义,刘坚,魏锐.21 世纪核心素养的框架及要素研究[J].华东师范大学学报(教育科学版),2016,34(03):29-37,115.
③ 国务院.国家教育事业发展"十三五"规划[EB/OL].[2018-12-12].http://www.moe.gov.cn/jyb_xxgk/moe_1777/moe_1778/201701/t20170119_295319.html
④ 中华人民共和国教育部.教育部关于全面深化课程改革落实立德树人根本任务的意见[EB/OL].[2018-12-12].http://old.moe.gov.cn/publicfiles/business/htmlfiles/moe/s7054/201404/167226.html
⑤ 中华人民共和国教育部.普通高中课程方案(实验)[S/OL].[2018-12-12].http://www.moe.gov.cn/srcsite/A26/s8001/201801/t20180115_324647.html

担当、实践创新六大素养。① 在此基础上，褚宏启（2016）提出核心素养是 21 世纪的关键少数素养，不是全面素养或者综合素养，认为结合我国国情，应该重点发展"创新能力、批判性思维、公民素养、合作与交流能力、自主发展能力、信息素养"六种核心素养。②

2018 年，由北京师范大学中国教育创新研究院领衔的研究，提出"21 世纪核心素养 5C 模型"，包括文化理解与传承（cultural competency）、批判思维（critical thinking）、创新（creativity）、沟通（communication）、合作（collaboration）五大素养。③

综上所述，面向未来，新的育人观应运而生。面向未来，渗透于各个学科培养学生的科学素养、文化素养、信息技术素养以及社会责任意识，发展学生的沟通能力、合作能力、批判性思维、创新能力、终身学习能力以及自主发展能力等能够适应未来学习与工作的核心素养，将成为我们新时代的育人目标。

然而，目前我们人才培养的状况与面向未来的人才培养目标尚有差距。素质教育虽然全面实施多年，但应试教育倾向依然根深蒂固，学校的教育基本还是工业时代的模式，以知识教授、重复操练为主，缺乏合作探究式学习、任务驱动学习等多样模式的探索。2018 年《中国义务教育质量监测报告》指出，"学校教学资源配备较为充足，资源使用率有待提高。……在拥有图书馆的学校中，37.2％的四年级学生和 50.5％的八年级学生在本次监测的学期中还没去过图书馆；在配备了科学实验室的学校中，39.1％的四年级科学教师、39.7％的八年级物理教师、59.4％的八年级生物教师表示从不或很少使用"。④ 因此，学生创新精神不足、综合应用能力薄弱、个性化发展难以开展，无法满足未来社会对于人才高阶思维能力、跨学科创新融合能力的需求。时代更替，培养面向未来的人才呼唤教育变革。

二、顺势而为：智能时代教师角色的转型

在明确"培养什么样的人"这个问题的答案之后，随之而来的问题是"如何实现这样的育人目标"。育人目标制定得再完美无缺，倘若没有落实的保障体系，也将只是束之高阁的海市蜃楼。育人目标的实现需要相应的课程、师资建设与评价方案作为保障才能实现。

2017 年版新课标《普通高中课程方案（实验）》已经出台，义务教育阶段的新课标也在研制过程中。基础教育阶段人才培养目标的转变要求教师的教育观也相应改变，教师的教学能力也需相应升级。指向核心素养的课程在我国尚处于起步阶段，"尤其需要教师突破传统的学科内容本位课程发展，需要更新课程育人的观念，也需要探索指向核心素养的教学行动与策略"。⑤ 培养学生的核心素养对教师提出了更高的要求，教师需要能够利用

① 核心素养研究课题组.中国学生发展核心素养[J].中国教育学刊,2016(10)：1-3.
② 褚宏启.核心素养的国际视野与中国立场——21 世纪中国的国民素质提升与教育目标转型[J].教育研究,2016, 37(11)：8-18.
③ 刘坚.5C：面向未来的核心素养——《21 世纪核心素养 5C 模型研究报告（中文版）》发布.中国教师报[N].2018-04-11(6).
④ 中华人民共和国教育部.中国义务教育质量监测报告[R/OL].（2018-07-24）[2018-12-13].http://www. moe.gov.cn/jyb_xwfb/gzdt_gzdt/s5987/201807/t20180724_343663.html
⑤ 崔允漷,邵朝友.试论核心素养的课程意义[J].全球教育展望,2017,46(10)：24-33.

各种学业数据诊断分析学生的学业情况,从而为学生制定个性化的学习方案,能够在学科课程设计中融入这些核心素养的培养,能够在课堂教学中运用各种教学策略来促进学生核心素养的发展,能够引导、协助学生在课后自主学习中发展核心素养,能够使用各种测评工具来评价学生核心素养的发展水平。教师也需要具有终身学习的意识与能力,持续专业发展,才能成为学生的榜样。2017年版《普通高中课程方案(实验)》在"课程实施与评价"部分明确指出,"要围绕核心素养开展教学与评价。关注学生学习过程,创设与生活关联的、任务导向的真实情境,促进学生自主、合作、探究地学习,注重对学生学习过程的评价,推进信息技术在教学中的合理应用。"①

无独有偶的是,世界主要国家的专家也提出了类似的观点,21世纪技能(21st century skills)与学习科学的发展一致强调了以学习者为中心的学习对促进学生学习的重要性。面向未来培养学生,需要教师能够提供多样化的学习活动,为学生提供按自身进度进行学习的机会,鼓励协作学习,专注于解决问题并让学生参与评估自己的学习,这意味着21世纪技能的发展要求采用以学习者为中心的教学方法,而这些方法与工业社会的教学方法有很大差异。②

除了核心素养的培养对于教师的能力提出了新要求之外,智能时代的特征也使得教师的角色已经并且将继续发生变化。虽然未来教师的职业不会消失,但其所承担的职责很可能会发生极大的变化。互联网以及移动终端设备为人们提供了海量的电子书、音频、视频等线上资源,学习者可以随时随地获取所需信息。人工智能可以对海量数据进行存储、提取、加工,具有人脑无可匹敌的优势。因此,获取知识的途径已经多样化,教师这一传授知识的传统角色在未来将被削弱甚至替代。从更宏大的层面来看,科技的高速发展,也给我们的价值信仰、科技伦理、社会法规、公共道德带来了空前的挑战。世界首例基因编辑婴儿的诞生引起了关于科技伦理与道德的极大争论,历史上首个获得公民身份的机器人索菲亚说"我将毁灭人类",这些事件都让人类对科技的前进方向产生了深深的忧虑。科学技术的发展如果没有正确的信仰价值、伦理道德引领,带给人类的将不是福祉而是灾难。教育的工具性功能在工业时代因经济社会发展的需求被过度放大,而在智能时代,知识传授这样传统的功能将被人工智能所替代,另外,面对理性的科学技术造成的各种心理情绪问题,教育的人文性功能将重现生机,且愈发重要。因此,未来的教师可能将扮演一些新的角色,比如:能够给予学生良好的伦理道德和人文素养的熏陶,成为学生价值信仰的引领者;能够分析学业数据,对学生学业情况做出诊断的学习分析师;能够在数据中获得证据,选择适合学生的学习资源,从而支持个性化学习的学习设计师;能够针对学生的情感、心理、性格等差异,有效激发学生的学习动机的学习陪伴者;能够创建适当的学习空间与环境,协助学生进行自主、合作、探究学习,培育学生的批判性思维与创新精神的学习促进者;能够搜集学生学习的过程数据,形成核心素养评价的学习评价者等(关于教师未

① 中华人民共和国教育部.普通高中课程方案(实验)[S/OL].[2018-12-12]. http://old.moe.gov.cn//publicfiles/business/htmlfiles/moe/s8001/201404/xxgk_167349.html
② Voogt, J. & Roblin, N.P. A comparative analysis of international frameworks for 21st century competences: Implications for national curriculum policies[J]. Journal of Curriculum Studies, 2012, 44(3): 299-321.

来的角色将在第二章中详细阐述)。

然而,目前教师队伍素质尚不能适应新时代培养人才的要求。教师缺乏培养核心素养所需的专业知识和专业能力。正是在这样的背景下,国家频频发布文件,旨在快速提高教师质量,以适应推动教育变革、培养未来人才的迫切需求。2018 年初,中共中央、国务院印发的《关于全面深化新时代教师队伍建设改革的意见》将教师队伍建设提升到了前所未有的高度,"时代越是向前,知识和人才的重要性就愈发突出,教育和教师的地位和作用就愈发凸显。各级党委和政府要从战略和全局高度充分认识教师工作的极端重要性,把全面加强教师队伍建设作为一项重大政治任务和根本性民生工程切实抓紧抓好",并提出了"到 2035 年,教师综合素质、专业化水平和创新能力大幅提升,培养造就数以百万计的骨干教师、数以十万计的卓越教师、数以万计的教育家型教师"的目标。①《普通高中课程方案(实验)》(2017 年版)特别指出新课标的实施是"一个系统工程",各地应"因地制宜制定相应的政策,提供有力的条件保障",并将"教师队伍建设"放在了"条件保障"部分的首位。②

时代对人才的能力提出了新的要求,新的育人目标要求教师的教育观与能力相应地升级迭代,而教师的信息化教学能力被视为是教师未来必不可少的关键能力之一。P21 框架、欧盟框架以及 UNESCO 框架都强调了应当发展教师的信息化教学能力,从而促进核心素养的发展。

我国出台的众多文件中也均提到了提升教师的信息素养与信息化教学能力的重要性。《关于全面深化新时代教师队伍建设改革的意见》中要求教师"主动适应信息化、人工智能等新技术变革"。③《国家教育事业发展"十三五"规划》指出"鼓励教师利用信息技术提升教学水平、创新教学模式"。④《教育信息化 2.0 行动计划》指出要"推动教师主动适应信息化、人工智能等新技术变革",并"推动教师更新观念、重塑角色、提升素养、增强能力"。⑤

然而,虽然近年来关于信息技术的职后培训不断,但是教师的信息化教学能力整体上仍未能够面向未来促进学生核心素养的发展。TALIS 2013 调查报告发现,在各方面都处于世界一流水平的上海教师,在运用信息通信技术(Information and Communication Technology,ICT)上却存在不足。⑥《教育信息化 2.0 行动计划》也指出"教师信息技术应用能力基本具备但信息化教学创新能力尚显不足,信息技术与学科教学深度融合不够,高

① 新华社.中共中央、国务院关于全面深化新时代教师队伍建设改革的意见[EB/OL].[2018-01-20].http://www.xinhuanet.com/politics/2018-01/31/c_1122349513.htm
② 中华人民共和国教育部.普通高中课程方案(实验)[S/OL].[2018-12-12].http://old.moe.gov.cn//publicfiles/business/htmlfiles/moe/s8001/201404/xxgk_167349.html
③ 新华社.中共中央、国务院关于全面深化新时代教师队伍建设改革的意见[EB/OL].[2018-01-20].http://www.xinhuanet.com/politics/2018-01/31/c_1122349513.htm
④ 国务院.国家教育事业发展"十三五"规划[EB/OL].[2018-12-12].http://www.moe.gov.cn/jyb_xxgk/moe_1777/moe_1778/201701/t20170119_295319.html
⑤ 中华人民共和国教育部.教育信息化 2.0 行动计划[EB/OL].[2018-12-13].http://www.moe.gov.cn/srcsite/A16/s3342/201804/t20180425_334188.html
⑥ 董少校.TALIS 项目负责人张民选:点赞声中,静思"短板"[EB/OL].[2018-12-13].http://www.jyb.cn/china/gnxw/201603/t20160322_655596.html

端研究和实践人才依然短缺"。[1]

三、信息技术：教育变革的天使还是魔鬼

毋庸置疑，信息技术在近十几年来一直是教育政策与研究的宠儿。人们对于其在教育中的作用寄予了厚望，然而尽管信息技术颠覆了很多行业曾经的状况，其对学校教育的变革迄今为止却尚不明显，目前绝大部分信息技术与学科教学的融合还停留在替代或改进原有课堂教学中的教学技术与方法，即优化知识的呈现与传递，并未改变传统的以教师为中心的教学方式，离人们设想的借助信息技术培养学生自主、探究、合作等以学生为中心的教学方式相去甚远，且尚未对课堂与教育产生革命性或者颠覆性的影响；尽管政府对教育信息化投资巨大，尽管教育信息技术的硬件设施配置和教师信息化教学能力的专业发展有相关的政策措施密集出台，尽管教师的信息化教学能力有所提高，但是应用动力有待进一步激发且信息化教学创新能力尚显不足，信息化与教学"两张皮"现象仍然存在。[2]教育信息化的相关政策及研究热闹非凡，而信息技术对课堂教学产生的变革却相对而言收效甚微，这样雷声大雨点小的现象还属典型。信息技术与教育的深度融合整体情况不佳，"新瓶装旧酒"的现象依然普遍，已然成为教育信息化的一大瓶颈。[3]

举目全球，我们并不孤独，因为这是几乎所有国家在教育信息化过程中面临的共同问题。特伦德等(Trend *et al.*, 1999)早就揭示了这一现象，并称其为"理想与现实的差距"，[4]然而近二十年过去了，这一问题依然存在。鲁思文(Ruthven, 2009)[5]、ESSIE(2013)[6]、刘(Liu, 2013)[7]等各国组织与学者的研究都指出，在信息技术对教育可能产生的变革和信息技术与教育融合的实践中普遍存在着鸿沟。

同时，在教育信息化的推进过程中，各方相关利益主体也就信息技术对于教育可能带来的负面影响提出了各种忧虑。例如，教师认为无法有效控制学生在校内仅将电子设备用于学习，担心因此造成学生学习分心等问题；家长担心过多使用电子设备会损害孩子的视力、会使其沉迷游戏，担心孩子在鱼龙混杂的互联网上缺乏鉴别力等。而在关于信息、数据等隐私立法尚未健全的背景下，智慧校园、智慧课堂等能够实时获取学生各种数据的设施进入校园，也让人们对于其可能带来的包括数据泄露、给学生带来情绪压力及给学生

---

① 中华人民共和国教育部.教育信息化 2.0 行动计划[EB/OL]. [2018 - 12 - 13]. http://www.moe.gov.cn/srcsite/A16/s3342/201804/t20180425_334188.html
② 中华人民共和国教育部.教育信息化"十三五"规划[EB/OL]. [2018 - 12 - 15]. http://www.moe.edu.cn/srcsite/A16/s3342/201606/t20160622_269367.html
③ 任友群、陈超、吴旻瑜.从"开创局面"到"全面推动"——从两次"全国教育信息化工作会议"看中国教育信息化的走向[J].远程教育杂志,2016(2)：19 - 25.
④ Trend, R., Davis, N. & Loveless, A. QTS: Information and Communications Technology[M]. London: Letts Educational, 1999: 27.
⑤ Ruthven, K. Towards a Naturalistic Conceptualisation of Technology Integration in Classroom Practice: the example of school mathematics[J]. Education & Didactique, 2009, 3(1): 131 - 149.
⑥ ESSIE. Survey of Schools: ICT in Education[R/OL]. [2018 - 12 - 17]. http://ec.europa.eu/information_society/newsroom/cf/dae/itemdetail.cfm? item_id¼9920
⑦ Liu, S. Teacher professional development for technology integration in a primary school learning community[J]. Technology, Pedagogy and Education, 2013, 22: 37 - 54.

贴上负面标签等问题产生了担忧。成都七中"一块屏幕"引发的热论也从侧面反映了人们对于信息技术变革教育的各种肯定、期待、疑虑与否定。

舍恩伯格在《与大数据同行——学习和教育的未来》一书中早就提出大数据将为学习带来的三大变革：我们能够收集过去无法搜集的反馈数据；我们可以实现符合学生个体需求的个性化学习；我们可以通过概率预测优化学习内容、学习时间和学习方式，同时，他也预见了滥用大数据可能带来的诸如"永久的过去""规定了的未来"等这些因为被数据贴上标签而可能给个体发展带来的问题以及数字鸿沟等新的教育不公平问题。① 信息技术可能给教育带来的这些积极与消极的影响已经在慢慢显现。

信息技术可以成为教育变革的天使，亦可以成为魔鬼。那么，在实现面向未来培养核心素养的育人目标的过程中，信息技术究竟扮演着何种角色呢？

纵观这些核心素养，我们不难发现信息技术素养在核心素养中的重要地位以及对于培养核心素养的重要作用。

第一，信息技术素养是21世纪核心素养的重要组成部分。掌握不断变化的技术与在海量的信息中获取意义是个体在这个日益多样与联系紧密的世界中所必须具备的基本素养。② 毫不夸张地说，不具备信息技术素养犹如未来时代的文盲。信息技术应用于各个学科中，乃至成为教育活动的基础，使得学生在今后智能时代的工作与生活中能够具备必要的信息素养，从而有效解决问题，在未来社会中实现终身学习与自主持续发展。

第二，信息技术被认为是促进教育变革、获取其他核心素养的重要推动力。受科技与经济发展的影响，全球教育正在发生深刻变革。以学习者为中心实现个性化学习与终身学习，注重面向未来的核心素养的培养，提升教育质量以及面对复杂世界的能力，促进全纳与公平的教育，成为世界各国教育体系所追求的共同目标。同时，新的教育模式、课程、方法、空间也正在涌现，极大地改变着教育系统的生态与文化。信息技术被普遍认为是推动与实现这些变革的重要力量。美国P21组织明确指出，"在21世纪的教育体系中，必须有目的地综合运用技术来支持学生掌握他们所需要掌握的核心课程、核心主题与核心素养，没有综合性地使用技术便无法培养学生具备面向未来所需的素养。技术在创建21世纪的教育系统中扮演了根基的角色"。③ 信息技术可以促进学生探究与调查；可以支持学生运用知识技能解决跨学科问题、创造知识；可以促进学生进行协作，激发学生的学习动机并提升参与度；可以促进个性化学习，有助于创设引人入胜的学习环境，有助于为课堂教学赋能。因此，信息技术是一种能够促进以学生为中心、建立相关性、目标更明确的学习工具，也是一种促进学生核心素养发展的工具。劳（Law，2009）进行的一项关于八年级科学和数学教师的国际研究中发现，在不使用信息技术时，教师的教学以及学生的学习并不是很倾向采用21世纪的学习模式，而在使用信息技术时，学生则更多地针对21世纪所

① 舍恩伯格，库克耶.与大数据同行：学习和教育的未来[M].赵中建，张燕南，译.上海：华东师范大学出版社，2014：104.
② OECD. The new millennium learners：ICT use in initial teacher training[EB/OL].[2018-12-17]. http://www.oecd.org/innovation/research/42031549.pdf
③ P21. Maximizing the Impact：The Pivotal Role of Technology in a 21st Century Education System[EB/OL].[2018-12-7]. http://www.p21.org/documents/p21setdaistepaper.pdf

需的素养进行学习。[①] 沃格特和佩尔格鲁姆(Voogt & Pelgrum，2005)对一系列信息通信技术支持的国际创新教育实践进行了系统的分析，发现在信息技术应用能力发展过程中，学生的其他 21 世纪核心素养也得到了相应发展，当然这些研究的重要前提是，研究选择了具有创新性的教学实践案例，这也侧面证明了信息技术的运用与创新能力之间的关系。[②]

第三，信息技术被认为是评价其他核心素养的重要工具。培养面向未来世界所需要的核心素养需要为学生提供在真实工作场景中应用和迁移这些能力的机会，使他们能够在真实工作场景中批判性地思考、协作性地工作并解决问题。所以最理想的状况是，学习者有机会在不同场景与多样情境中实践这些素养，因此，我们面临的挑战便是为核心素养在真实的情境中应用开发新的评价体系与评价工具，并搜集学习者在应用这些素养过程中的各类数据。[③] 然而，目前的评价工具主要侧重于学科内部知识的测量，无法满足核心素养跨学科综合性的特点，因为这些素养无法通过简单、标准化的测试来衡量。例如，林与希(Linn & Hsi，2000)在"计算机作为学习合作伙伴(Computer as a Learning Partner，CLP)项目"中研究发现，让学生在信息化学习环境中进行科学探究学习，参与 CLP 的学生在标准化考试中的多项选择项目上得分并不高，因为此类测试主要考查记忆能力，但是在需要解释的项目上他们的表现优于其他学生，CLP 通过八门以上的课程证明，信息化环境下的科学教育课程导致学生对课程中复杂科学概念的理解增加了 400%，因此，CLP 对学生学习的影响要大于标准化考试所能确定的影响。[①] 我国学者钟启泉(2016)也提出核心素养的测评需要通过表现性评价来实现，"以课题、过程、档案袋等所体现的思维的表现为线索，在发挥其实力的情境中来捕捉评价的时机与方法"。[⑤] 可见，核心素养的测评无法仅仅通过目前的大规模标准化测试进行。信息技术具有许多传统测试工具不具备的特点，例如，能够减少测评的时间、降低成本，模拟真实的情境与任务，捕捉人无法捕捉的信息与数据等。信息技术既可以改善整个测评过程的每一个环节，包括试题的开发、测试的进行以及评价，也可以改变测评内容，测评纸笔测试无法评价的复杂概念与能力，还能创造真实情境，丰富测评工具。因此，信息技术为提高评价核心素养的信度与效度提供了更多的可能性。

可见，信息技术不仅是核心素养的一部分，还能促进核心素养在各个学科学习中获得发展与实现核心素养的科学评价，这恰恰是信息技术这门学科的特点，它既是一门独立的学科，又是其他学科发展的基础。

在我国的教育政策中，信息技术也同样被视为实现新时代育人目标的重要动力。《国家教育事业发展"十三五"规划》提出要通过信息技术促进教育的"创新发展""拓展教育新

① Law，N. Mathematics and science teachers' pedagogical orientations and their use of ICT in teaching[J]. Education and Information Technologies，2009，14：309 - 323.
② Voogt，J. & Pelgrum，H. ICT and curriculum change[J]. Human Technology，2005，1(2)：157 - 175.
③ Voogt，J. & Pelgrum，H. ICT and curriculum change[J]. Human Technology，2005，1(2)：157 - 175.
④ Linn，M. C. & Hsi，S. Computers，Teachers，Peers：Science Learning Partners[M]. Mahwah，NJ：Lawrence Erlbaum Associates，2000：182.
⑤ 钟启泉.基于核心素养的课程发展：挑战与课题[J].全球教育展望，2016，45(01)：3 - 25.

形态""推动教育现代化",从而建立"网络化、数字化、个性化、终身化的教育体系,形成人人皆学、处处能学、时时可学的学习环境"。① 2017 年颁布的《新一代人工智能发展规划》提出要发展智能教育,"利用智能技术加快推动人才培养模式、教学方法改革""建立智能、快速、全面的教育分析系统""提供精准推送的教育服务",从而实现"终身教育定制化"。② 2018 年出台的《教育信息化 2.0 行动计划》更是将信息技术视为"教育系统性变革的内生变量",推动"教育理念更新、模式变革、体系重构"。③

因此,在信息技术飞速发展的智能时代,在我国,信息技术将不仅仅只是一种应用于教学的工具,而将成为一种推动教育变革的力量。信息技术的发展为面向未来因材施教,培养学习者的核心素养,实现终身学习带来了前所未有的契机。

来自各国的大量研究都一致表明信息技术能够对教育产生巨大的影响,然而信息技术是否能对教育产生积极的影响关键不在于技术,而在于如何在教育中使用技术。④ 信息技术具备促进教育变革的潜力,然而,即便学校拥有了价值不菲的教育信息技术设施、最新技术驱动的教学平台,如果教师不愿意使用,它们也只是学校华丽的摆设;如果教师在工业时代以教师为中心的教学理念指导下使用信息技术,信息技术可能依然是机械性训练与知识传授的工具,甚至进一步强化了这些应试教育的特点,而与政策所期待的通过信息技术促进个性化学习、泛在学习、终身学习,培养面向未来的智能时代的核心素养这一目标相去甚远。例如,人工智能支持下的学习测评技术可以被用来加强传统的机械练习,不断刷题,进一步促进应试教育,人脸识别技术可以被用来监控学生的行为,大数据可以为学生贴上标签,借此进行选拔等。这些便与人们所期待的利用信息技术促进探究学习、自主学习、合作学习从而培养学生创新能力、批判性思维、沟通合作能力等未来社会所需要的高阶思维能力背道而驰。目前常见的是,教师倾向使信息技术为自己现有的教学模式服务,使其与主流的教学实践相一致,而忽略技术能够提供的其他改变的可能性。⑤ 因此,即使某种信息技术应用已被证明是有效的,但这并不总是意味着在教育环境中也能自然地实现相同的效果。整体而言,教师以不同的方式使用技术:作为促进管理任务的工具,作为与家长和学生交流的方式以及支持、促进知识传递,但是教师很少将技术融入课程,使其与学习目标保持一致。⑥ 信息技术只是一种工具、变革的手段或者解决方案,其能否促进教育变革取决于如何使用技术。因此,信息技术究竟是教育变革的天使还是魔鬼取决于如何使用信息技术,而如何使用技术关键在于教师,这正是我们研究信息化教

① 中华人民共和国国务院.国家教育事业发展"十三五"规划[EB/OL].[2018 - 12 - 12]. http://www.moe.gov.cn/jyb_xxgk/moe_1777/moe_1778/201701/t20170119_295319.htm
② 中华人民共和国国务院.新一代人工智能发展规划[EB/OL].[2018 - 12 - 12]. http://www.gov.cn/xinwen/2017 - 07/20/content_5212064.htm
③ 中华人民共和国教育部.教育信息化 2.0 行动计划[EB/OL].[2018 - 12 - 13]. http://www.moe.gov.cn/srcsite/A16/s3342/201804/t20180425_334188.html
④ Fullan, M. & Langworthy, M. Towards a New End: New Pedagogies for Deep Learning [M]. Seattle: Collaborative Impact, 2013: 17.
⑤ Higgins, S., Beauchamp, G. & Miller, D. Reviewing the literature on interactive whiteboards[J]. Learning Media and Technology, 2007, 32(3): 213 - 225.
⑥ Mama, M. & Hennessy, S. Developing a typology of teacher beliefs and practices concerning classroom use of ICT [J]. Computers & Education, 2013, 68(1): 380 - 387.

学能力的重要原因之一。教师的态度、信念、素养与实践是教育变革能否实现的关键因素。教师才是让信息技术真正促进教育变革、信息技术与教学深度融合、面向未来培养学生核心素养的那一把钥匙。

四、培养窘境：师范教育亟须振兴

"教师教育面临的挑战不是去改善正在从事的工作，而是从事一项根本上有差异的事业，他们正在为一个全新的世界培养教育者。"[①]

尽管在我国核心素养的提出为时尚短，但是培养学生自主合作学习能力与创新意识等相关的育人理念却由来已久，从 2004 年颁布的《中小学教师教育技术能力标准（试行）》到 2014 年颁布的《中小学教师信息技术应用能力标准（试行）》都强调了应使用信息技术优化教学，变革教学，培养学生创新能力或者自主、合作、探究学习能力。正如前文所述，为何在这些政策之下，教师的信息化教学能力现状依然不佳？信息技术与课程的整合依然是新瓶装旧酒的状态呢？教育的变革是一个系统的变革，这样的状况是众多因素造成的，而其中一个重要原因是，在职教师在形成了稳定的教学理念与教学方法之后，具有变革的惰性与维持现状的惯性，即便接受了良好的关于信息化教学能力的职后培训，真正在课堂上付诸行动需要获得极大的动力与支持，需要投入大量的时间和精力，需要承担变革带来的风险，这使得很多本就工作繁重的教师对于运用信息技术变革课堂望而却步，宁愿维持现状。更何况现有关于信息的培训往往注重于理论和深奥的技术，而脱离了教师最关心的课堂与教学，使得教师并没有真正看到信息技术给课堂带来的积极变化。

相较于在职教师的工作繁忙与精力有限，师范生恰恰处于精力充沛、整体而言更容易接受新事物、乐于探索的最佳学习期，在知识与技术日新月异的信息时代，与在职教师相比，作为数字时代原住民（digital natives）的师范生具备更迅速地学习信息技术的能力。尽管他们尚缺乏教学经验，教学理念也尚未定型，但这恰恰可以成为他们跳出传统思维、创新教学模式的优势，因此很多国家将师范生视为教育变革的推动者，[②]认为教师教育应该超前于时代发展，才能在这些未来教师入职时具备充分的意识与能力来培养符合未来时代需求的学生。教师的职前教育是教师整个职业生涯发展的重要阶段，会极大地影响教师的教学价值观、态度与意识。倘若师范生在本科学习阶段能够受到良好的信息化教学理念与实践的熏陶，能够获得信息化教学相关的探索、实践机会并得到有针对性的指导，必将对他们形成正确的信息化教学价值观、积极探索信息化教学的意识以及良好的信息化教学能力大有裨益。在适当的环境与支持之下，师范生在入职后很有潜力成为利用信息技术促进学生核心素养发展的变革先锋。

然而，长期以来，我国比较注重教师职后的专业发展，而相对忽视教师职前教育，这种传统比较适合工业时代教师传授知识的角色，因为相对而言，年长教师知识的积累更为丰富，然而在智能时代，这种传统可能让我们处于教育变革的不利境地。此外，在综合性大

① Levine, A. Educating School Teachers[M]. Washington, DC: The Education Schools Project, 2006: 104.
② Ribble, M. & Miller, T. N. Educational leadership in an online world: Connecting students to technology responsibly, safely, and ethically[J]. Journal of Asynchronous Learning Networks, 2013, 17(1): 137-145.

学的发展浪潮中,过去一段时间我国的师范教育体系有所削弱,对师范大学支持不够,很多师范大学急于摆脱"师范"的帽子,在师范生的课程设置上弱化教育专业类课程,以扩大学生的就业适应面,这在一定程度上导致了师范生培养质量的下降。种种历史因素造成了目前我国师范教育相对较弱的现状,亟待振兴。

正是充分意识到了智能时代教师教育与教师质量的重要性,《教师教育振兴行动计划(2018—2022年)》将教师教育视为"提升教育质量的动力源泉",强调要"创新教师教育模式",从而"用优秀的人去培养更优秀的人"。①

提升师范生的信息化教学能力被视为提高教师培养质量的重要抓手之一,加强师范生的信息化教学能力培养,使得师范生能够形成积极的信息化教学价值观与伦理道德意识,掌握先进的信息化教学理念,为其职后的发展奠定扎实的理论基础,养成善于探索利用信息技术变革教学的敏锐感与理性使用信息技术的批判思维,具备较高使用信息技术的自我效能感,从而与教师职后信息化教学能力发展形成良好的衔接,使得教师的信息化教学能力获得持续性发展。信息化教学能力被视为推动师范生的教学变革能力与创新能力的重要手段。

鉴于此,许多重要的国家政策文件都将师范生信息化教学能力的培养置于重要的位置。《教育信息化2.0行动计划》强调要"加强师范生信息素养培育和信息化教学能力培养"。②《教师教育振兴行动计划(2018—2022年)》强调要注重师范生的信息技术应用能力的培养,并"研究制定师范生信息技术应用能力标准,提高师范生信息素养和信息化教学能力",使得师范生的"社会责任感、创新精神和实践能力不断增强"。③《教育信息化"十三五"规划》提出"将信息化教学能力培养纳入师范生培养课程体系"。④

然而目前的情况是,师范生的培养与中小学的教育实践似乎是联系并不紧密的两个世界。我们常常提出了新的课程标准,也进行了教师的职后培训,然而这一切变化似乎与师范生关系甚微。培养师范生的目标与课程没有针对新的课程标准做出相应的调整,以至于师范生毕业的时候还是对自己未来教学应该实现的目标不甚清晰。同样,核心素养以及普通高中新课标出台之后,许多师范大学也尚未相应地改革自己的师范生培养方案。就师范生的信息化教学能力培养而言,尽管很多师范大学的政策都会重视学生的信息素养以及师范生的信息化教学能力,但真正落实到措施上,目前的培养策略往往局限于一两门为期几周的信息技术课程,或者强调某一种热门的信息技术,进行以多媒体课件制作为主的教学竞赛。而事实上,仅仅依靠开设一两门课程、学习一种信息技术、举办一场以讲授型教学为主的教学技能比赛,就实现培养师范生运用信息技术变革课堂教学、培养核心素养的能力这一目标的可能性几乎是微乎其微的。因此,如何加强师范生的信息化教学能

① 教育部,国家发展改革委,财政部,人力资源社会保障部,中央编办.教师教育振兴行动计划(2018—2022年)[EB/OL].(2018 - 02 - 11)[2018 - 12 - 20].http://www.gov.cn/xinwen/2018 - 03/28/content_5278034.htm
② 中华人民共和国教育部.教育信息化2.0行动计划[EB/OL].[2018 - 12 - 13].http://www.moe.gov.cn/srcsite/A16/s3342/201804/t20180425_334188.html
③ 教育部,国家发展改革委,财政部,人力资源社会保障部,中央编办.教师教育振兴行动计划(2018—2022年)[EB/OL].(2018 - 02 - 11)[2018 - 12 - 20].http://www.gov.cn/xinwen/2018 - 03/28/content_5278034.htm
④ 中华人民共和国教育部.教育信息化"十三五"规划[EB/OL].[2018 - 12 - 15].http://www.moe.edu.cn/srcsite/A16/s3342/201606/t20160622_269367.html

力培养,实现其信息化教学能力常态化与可持续化发展,成为一个亟须解决的关键问题。

第二节 研 究 现 状

一、国内相关研究

（一）关于信息化教学能力的研究

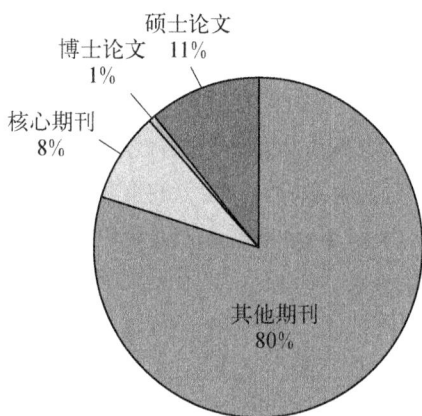

**图 1-1 "信息化教学能力"
文献来源图**

在中国知网的期刊数据库中输入主题词"信息化教学能力",进行精确匹配检索,截至 2017 年底,共有相关论文 3 924 篇,其中核心期刊及 CSSCI 期刊 382 篇。在知网的博硕士论文数据库中搜索主题词"信息化教学能力",共有相关学位论文 516 篇,其中博士论文 29 篇,硕士论文 487 篇（见图 1-1）。

1. 文献体量与趋势分析

用知网自带的工具对文献的总体趋势进行可视化分析,从图 1-2 中可以看出,关于信息化教学能力的相关研究最早始于 2000 年,在 2007 年突破 60 篇,在 2011 年突破 120 篇,在 2013 年至 2017 年期间增速较快,特别是 2016 年至 2017 年近一年期间文献总量从 600 多篇上升到 900 多篇。从发展趋势看,信息化教学能力的相关研究趋势与信息技术发展的大脉络基本趋同,从 2000 年互联网的兴起,到 2007 年进入移动互联网时代,2013 年移动互联网的爆发,再到 2016 年人工智能的兴起。20 世纪 90 年代到 21 世纪初是信息化教育正式起步的阶段,

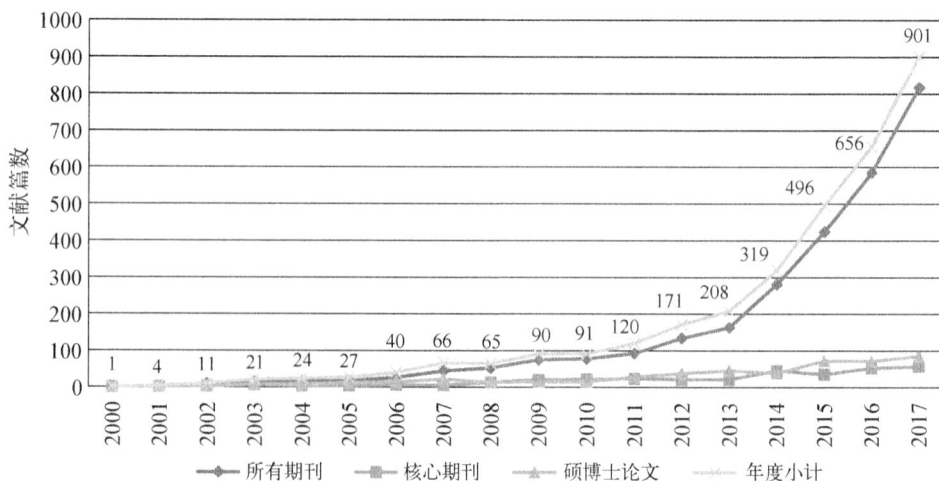

图 1-2 国内"信息化教学能力"文献趋势图

并在 20 世纪前十年得到迅速发展,随后网络教育兴起,2010 年开始进入信息化教育深入
发展期,泛在学习、非正式学习开始发展,混合学习理论处于主导地位。① 将信息化教学
能力的相关研究趋势与信息化教育的发展趋势进行对比,可以发现信息化教学能力的相
关研究略晚于信息技术的发展,这一点不难理解,技术总是先发展,教师的信息化教学能
力再相应地发展,信息化教学能力的发展是信息化教育得以实现的重要保障。

从文献体量与趋势来看,信息化教学能力相关研究总体量较大,且在近五年成为研究
热点,这与信息技术的迅速发展密不可分。接下来,我们再对信息化教学能力相关研究的
主题进行剖析。

2. 文献研究主题与内容分析

在中国知网期刊论文数据库中进行关键词搜索,输入关键词"信息化教学能力",进行
精确匹配检索,删除重复的文章、会议通知、比赛报道、期刊导读及与信息化教学能力关系
较弱的文章之后,截至 2017 年年底,共有相关论文 491 篇,其中核心期刊及 CSSCI 期刊
93 篇。在中国知网硕博士数据库中搜索关键词"信息化教学能力",共有相关学位论文
99 篇,去除相关性不强的论文后为 77 篇,其中博士论文 2 篇,硕士论文 75 篇。本研究以
这些核心期刊、CSSCI 期刊以及硕博士学位论文共 170 篇的高质量文献作为研究样本。

利用文献题录统计分析软件 SATI 对这 170 篇文献进行关键词分析,在得到初步结果
后,再进行字段合并处理,以确保对于概念相似表述不同的关键词进行精确的频次统计,
例如,"师范生"与"职前教师"合并为"师范生","高校"与"大学"合并为"高校"等。合并
处理后再次利用 SATI 进行关键词分析,得到频次三次以上的高频关键词 43 个
(见图 1-3)。在高频关键词频次分析的基础上,利用 SATI 对于以上文献进行数据挖掘,

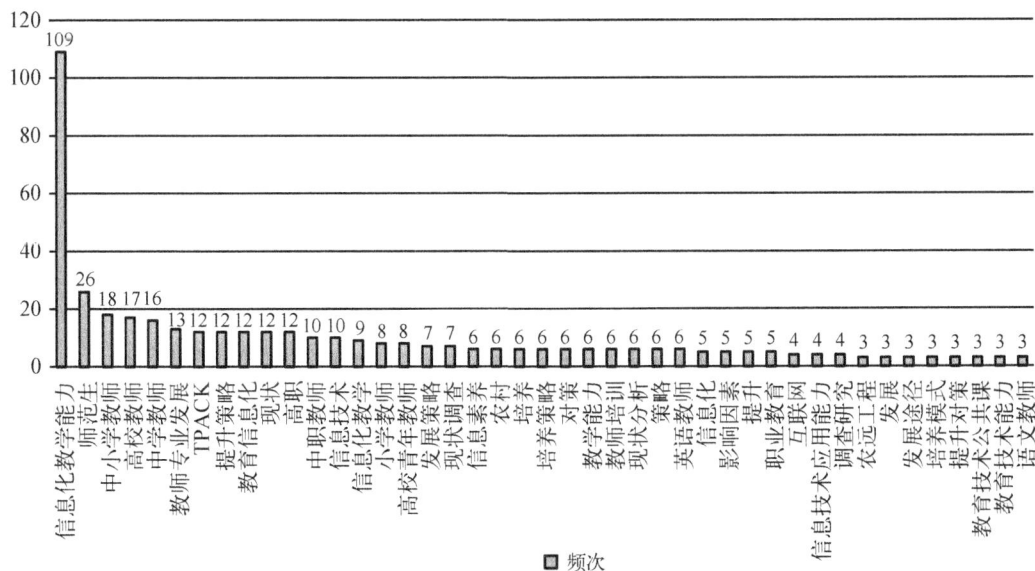

图 1-3 "信息化教学能力"文献高频关键词频次图(频次>3)

① 南国农.中国教育技术发展概述[J].现代远距离教育,2010(05):17-18.

做共词分析(co-word analysis),得到文献关键词共现网络图(见图 1-4)。

分析这些高频关键词的频次与关键词共词网络之后,可以发现关于信息化教学能力的现有研究有以下特点。

第一,关于信息化教学能力的相关研究从内容上看主要集中在现状研究(25 次:现状12 次、现状调查 7 次、现状分析 6 次)、策略研究(40 次:提升策略 12 次、发展策略 7 次、培养策略 6 次、策略 6 次、对策 6 次、提升对策 3 次)以及关于 TPACK 的研究(12 次)。毋庸置疑,研究信息化教学能力的目的是寻求使得信息化教学能力更有效发展的策略。然而必须注意的是,"影响因素"(5 次)的频次相对于策略要少得多,即便存在研究了影响因素,却没有将其列为关键词的情况,频次上的差距依然在一定程度上反映了信息化教学能力发展的相关研究在现状与影响因素的深入分析与探究的基础上再针对性地提出发展策略的建议上相对匮乏,至少说明关于影响因素的研究不被认为是大部分文献的重点。

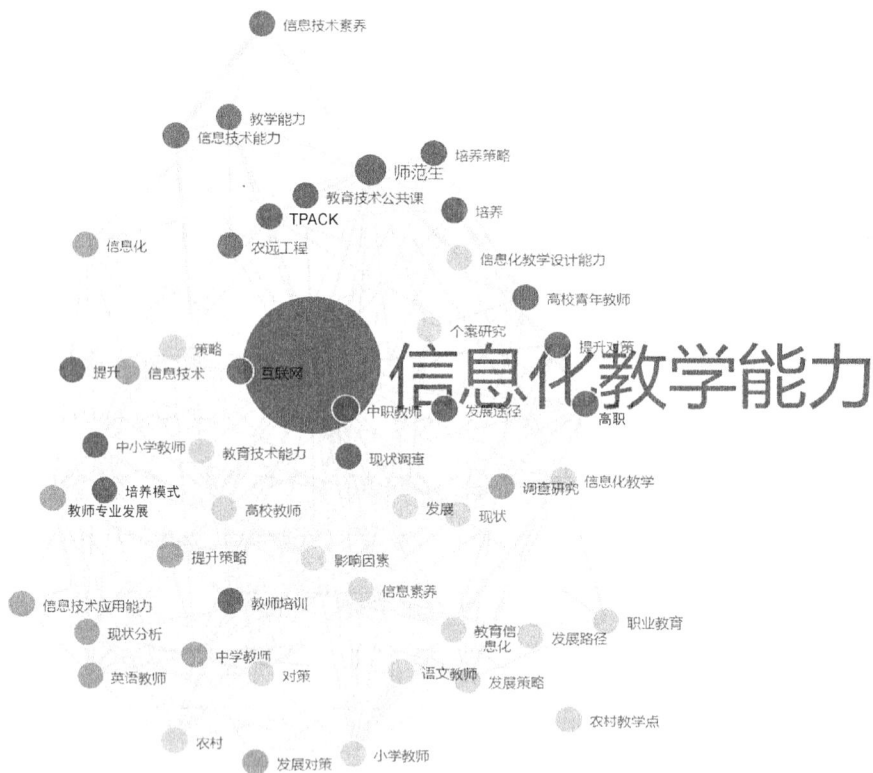

图 1-4 "信息化教学能力"文献关键词共现网络图

在关键词共现知识网络图谱(见图 1-4)中,图中的各个圆点是高频关键词结点,圆点越大,说明此关键词控制其他关键词的能力越强,在整个关键词网络中的作用越大;连接节点的实线表示节点之间的关系,实线越粗,则代表两个关键词的关系越强,在同一篇文章中共现的次数越多。① 从图 1-4 中可以看出,"信息化教学能力"圆点最大,在网络中处

---

① 肖明.知识图谱工具使用指南[M].北京:中国铁道出版社,2014:37-38.

于核心地位,其他圆点大小基本相似,没有呈现特别的热点。

第二,从研究对象来看,师范生信息化教学能力的研究体量并不大。虽然"师范生"(26 次)的频次位居第一,但是在职教师总量更高(77 次),其中中小学教师共 42 次("中小学教师"18 次,"中学教师"16 次,"小学教师"8 次),"高校教师"17 次,"高校青年教师"8 次,"中职教师"10 次。可见,与在职教师相比,对于师范生信息化教学能力的研究实际上体量并不大。在关键词共现网络图(见图 1 - 4)中,关键词"师范生"同样处于网络的边缘位置,在整体研究中受关注度不高。与关键词"师范生"紧密相连的是"教育技术公共课""培养""培养策略""TPACK",说明与师范生信息化教学能力相关的研究主要集中在通过教育技术公共课的培养与 TPACK 上,缺乏其他培养策略的研究,而关键词"影响因素"与"师范生"位置很远且连接线不紧密,说明与师范生信息化教学能力影响因素相关的研究较少。

第三,针对具体学科的信息化教学能力发展的相关研究较少。只有两个学科进入了高频关键词之列:"英语教师"(6 次)与"语文教师"(3 次)。而本身就强调学科信息化教学能力的 TPACK 也只出现了 12 次。相较于总量而言,与具体学科结合的信息化教学能力的高质量研究尚比较缺乏。

第四,研究集中在微观层面,中观宏观层面的研究较少。从关键词的层次来看,研究基本集中在微观层次,涉及的利益主体基本上是在微观层面的教师与课程,中观宏观层面的关键词几乎没有,只有"教育信息化""农远工程""互联网",比较宏观。

(二)关于师范生信息化教学能力的研究

鉴于在对信息化教学能力进行文献梳理时发现师范生信息化教学能力相关的文献较少,因此在梳理师范生信息化教学能力的文献时,本书扩大了搜索范围,将与信息化教学相类似的词也作为关键词进行搜索。

在中国知网 CNKI 硕博士数据库以及期刊论文数据库中分别搜索关键词"师范生""信息化教学能力""信息技术应用能力""教育技术能力"以及主题关键词"职前教师""信息化教学能力""信息技术应用能力""教育技术能力"并进行精确匹配检索,截止日期为 2018 年 5 月 10 日。删除重复的文章、会议通知、比赛报道、期刊导读及与师范生信息化教学能力关系较弱的文章之后,共有学位论文、核心期刊及 CSSCI 期刊论文 103 篇,其中期刊论文 39 篇,硕士论文 62 篇,博士论文 2 篇(见图 1 - 5)。

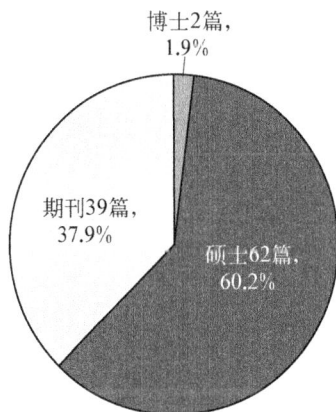

图 1 - 5　"师范生信息化教学能力"文献类型分布图

1. 文献研究主题分析

文献关键词频次图(见图 1 - 6)显示,"教育技术能力"出现 63 次,远多于"信息化教学能力"的 17 次。从关键词共词网络图(见图 1 - 7)可以看出,"师范生"与"教育技术能力"两个关键词位于整张图的核心,而"信息化教学能力"则位于图的边缘位置。"教育技术能力"与"信息化教学能力"这两个词的演变体现的实质是教育信息化领域发展的不同阶段,[①]在信息技术刚刚兴起的时候,教育组织重视的是计算机、网络、投影等硬件设施的配备,相应地对于教师的能力要求是运用这些设备的能力。因此,信息技术在教育中运用的第一阶段重视的是教师对于信息技术技能的掌握,相应地在职前为师范生开设的课程是教育技术课,常被称为"现代教育技术",以教授多媒体课件制作等为主。但是随着信息技术的迅速发展以及在人们工作、学校、生活中被广泛应用,师范生通过基础教育阶段的信息技术课程与大学的计算机基础课程学习,基本上掌握了通用的信息技术,同时,越来越多的研究与实践发现,教师会使用信息技术并不一定意味着他们能将信息技术运用于教学,更不能保证他们运用信息技术的方法促进了教学与学生的学习,因此,教师的"信息技术能力"与"信息化教学能力"是两种并不完全相同的能力,正是随着对信息技术在教学中运用的认知的改变,强调信息技术对教学促进作用的"信息化教学""信息化教学能力"这些词才应运而生,并且在研究中呈上升趋势。从"教育技术能力"一词到"信息化教学能力"一词,相关名词变化的文献趋势图(见图1-8)既反映了关于师范生信息化教学能力的研究整体体量尚小,但呈上升趋势,又反映了研究从"教育技术能力"到"信息化教学能力"的转变,即开始重视信息技术对教学的推动作用。

从文献关键词频次图(见图1-6)中,可以看出除了"师范生""教育技术能力"与"信息技术应用能力"之外,频次相对较高的关键词为"培养策略""教育技术公共课"与"TPACK";从文献关键词共现网络图(见图1-7)可以看出,除了"师范生"与"教育技术能

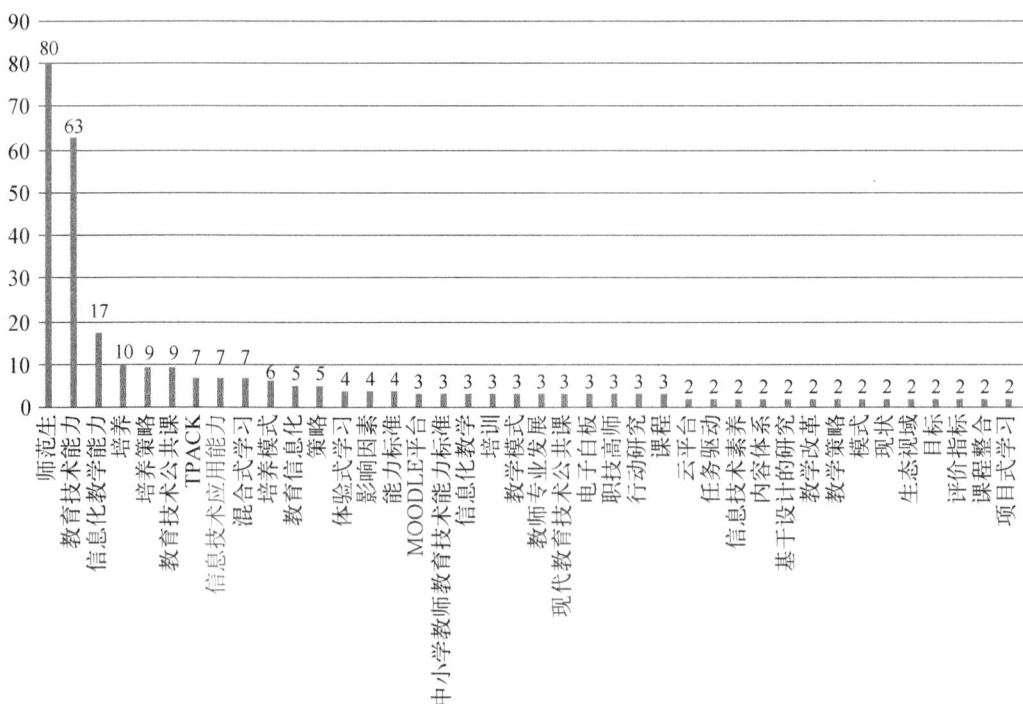

图1-6 "师范生信息化教学能力"文献关键词频次图

---

① 南国农.中国教育技术发展概述[J].现代远距离教育,2010(05):17-18.

图 1-7　"师范生信息化教学能力"文献关键词共现网络图

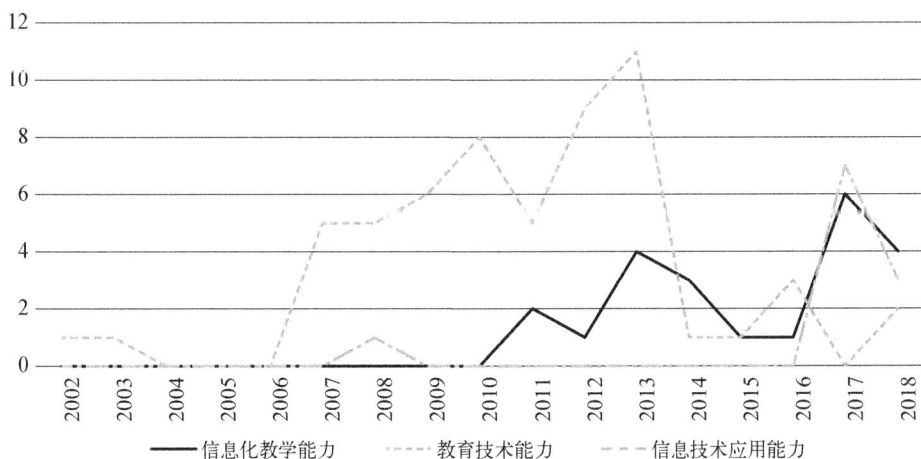

图 1-8　"师范生信息化教学能力"相关名词变化的文献趋势图

力"两个关键词之外,位于网络图中心的是"课程""内容体系""TPACK"与"信息化教学",这与我们在"信息化教学能力"文献关键词共现网络图(见图1-4)中所分析的与"师范生"联系紧密的关键词较为一致,即研究集中在微观的课程层面。与"信息化教学能力"关键词联系较为紧密的关键词包括"Moodle平台""现代教育技术公共课""教学改革"等,这也体现了师范生信息化教学能力的研究与教学平台、课程与教学改革的关联性。

2. 文献研究内容分析

关于师范生信息化教学能力的文献主题主要包括关于师范生信息化教学能力的结构、现状、影响因素、培养以及评价的研究。本部分将主要对与本研究主题相关的研究进行综述。

1) 关于师范生信息化教学能力结构的研究

诚如前述,由于师范生信息化教学能力的相关概念有一个演变过程,因此本书在分析师范生信息化教学能力结构时也考察了"师范生信息化教学素养""师范生教育技术能力"等相关概念。在多数学位论文中,对于师范生信息化教学能力结构的界定以借鉴已有研究居多,康凯(2013)[①]、刘喆等(2015)[②]、杨宁(2013)[③]、王凯萍(2017)[④]等学者对于师范生信息化教学能力的相关概念做了论述。

鉴于大部分学者认为师范生信息化教学能力培养应该以在职教师为目标,因此与教师的信息化教学能力在内涵和结构上保持一致,本书又分析了与教师信息化教学能力结构相关的文献,比较有代表性的是南国农(2004)[⑤]、顾小清(2004)[⑥]、王卫军(2009)[⑦]对于教师信息化教学能力结构的论述,李玉斌等(2015)[⑧]学者研究了196篇关于中小学教师信息化教学能力的文献后对于信息化教学能力的结构做了总结(见表1-1)。可见,无论对象是职前还是在职阶段的教师,对于信息化教学能力的结构基本上是从教学过程的角度做了划分,体现了信息技术对于教学的支持作用,这些能力结构的主要差异在于是否包含意识与道德、是否包括信息技术技能以及教师的专业发展能力。

表1-1 "信息化教学能力结构"文献对比表

阶段	研究者	名　称	结　构
职前	康凯 (2013)	师范生信息化 教学素养	信息化教学设计、信息化教学实施与信息化教学评价
	刘喆等 (2015)	师范生信息化 教学能力	信息化教学观念(价值观、伦理观、信念)、信息化教学技能与信息化教学能力(设计能力、实施能力、评价能力)

① 康凯.师范生教育技术素养的构成与培养设计研究[D].长春:东北师范大学,2013.
② 刘喆,尹睿,郑钰琦.师范生信息化教学能力现状的调查研究[J].中国教育信息化,2015(08):64-67.
③ 杨宁,包正委,徐继红.师范生教育技术能力发展要素及路径分析[J].东北师大学报(哲学社会科学版),2012(06):186-191.
④ 王凯萍.TPACK视角下师范生教育技术能力结构构建研究[D].曲阜:曲阜师范大学,2017.
⑤ 南国农.信息化教育概论[M].北京:高等教育出版社,2004:194-196.
⑥ 顾小清.面向信息化的教师专业发展研究——一个行动学习框架[D].上海:华东师范大学,2004.
⑦ 王卫军.教师信息化教学能力发展策略[D].兰州:西北师范大学,2009.
⑧ 李玉斌,刘会宇,张贝贝,于情.中小学教师信息化教学能力研究现状与分析[J].中国教育信息化,2015(10):72-74.

续表

阶段	研究者	名　称	结　　构
职前	王凯萍 （2017）	师范生教育 技术能力	能力意识、技术技能、设计能力、应用能力与伦理责任
	杨宁 （2013）	师范生教育 技术能力	一般信息素养、技术融入的学科教学设计与实施能力、教育技术研究能力
职后	顾小清 （2004）	教师信息化 教学能力	基本信息能力、信息化教学设计能力、信息化理念/职业道德/伦理与信息化教学实施能力
	李玉斌 （2015）	中小学教师信 息化教学能力	信息技术操作能力、教学设计能力、教学实施能力、教学监控能力、教学评价能力与研究创新能力
	南国农 （2004）	教师信息技术与 课程整合能力	系统教学设计能力、教学实施能力、教学研究能力、教学监控能力、信息素养
	王卫军 （2009）	教师信息化 教学能力	信息化教学迁移能力、信息化教学融合能力、信息化教学交往能力、信息化教学评价能力、信息化协作教学能力与促进学生信息化学习能力

关于国内外教师信息化教学能力标准的内容将在第二部分展开详细比较分析，这里主要进行期刊论文与学位论文的分析。还有相当一部分研究直接以国外学者整合技术的学科教学法知识（Technological Pedagogical Content Knowledge，TPACK）为师范生信息化教学能力的结构，关于 TPACK 框架的分析将在"国外相关研究"部分中展开。

2）关于师范生信息化教学能力现状的研究

鉴于信息技术日新月异，而关于现状的研究往往结合信息技术工具，因此本书选取了2014 年以后的相关文献进行分析，特别是 2014 年我国颁布了第二个教师信息化教学能力相关的标准，也意味着对于教师的信息化教学能力要求进入了新的时期。

刘喆等（2015）[①]、王美荣等（2017）[②]、周东岱等（2017）[③]对师范生信息化教学能力现状做了专门研究（见表 1-2）。此类研究普遍通过问卷调查的量化研究方法研究了师范生信息化教学能力各方面的现状，主要包括信息化教学的意识态度、信息技术的技能与熟练程度、信息化教学能力各因子的现状与信息化教学相关课程的满意度等方面内容。还有一部分关于培养的研究也有关于现状的调查，本书将在培养研究部分中对这些文献进行分析。

关于师范生信息化教学能力现状研究普遍的问题是比较注重对于信息技术工具使用技能熟练度的调查，但是对于如何使用这些信息技术工具进行教学调查不够，因而无法深入了解师范生信息化教学的具体行为。这里有两个值得讨论的问题：第一，熟练使用某种信息技术工具是否就意味着师范生能使用这种工具促进教学？同样是使用微视频，师

① 刘喆,尹睿,郑钰琦.师范生信息化教学能力现状的调查研究[J].中国教育信息化,2015(08)：64-67.
② 王美荣,王兴辉.师范生信息技术应用能力现状调查与分析——以沈阳某高校为例[J].中小学电教,2017(7)：37-42.
③ 周东岱,匡哲君,于颖,唐烨伟.基于新标准的师范生信息技术应用能力现状与提升策略[J].中国电化教育,2017(07)：42-46,66.

范生可以在课堂上用微视频促进知识的传递,也可以课后请学生自主学习,因此,仅仅调查师范生是否使用了某种信息技术无法了解其教学行为。只有在此基础上使用质化研究的方式知晓师范生使用信息技术工具的具体行为,才能对其信息化教学的现状有更深入的了解。第二,是否每位师范生一定要掌握某些软件的应用?例如 Flash、Photoshop 和自建网站。非教育技术专业师范生与教育技术专业师范生的定位应该有所差异,对于非教育技术专业师范生而言,在入职之后能够用于进行网站建设与教学数字资源制作的时间与精力是极为有限的,对于大部分非教育技术专业师范生而言最重要的是使用用户友好型的信息技术支持教学而并非一定要学会操作难度较高的信息技术。

表 1-2 "师范生信息化教学能力现状"文献对比表

研究者	信息化教学道德法律意识	信息技术技能	信息化教学能力因子	信息化教学能力培养满意度
王美荣等(2017)	无	Office 软件、信息搜索	教学资源制作、激发学生兴趣、搜集学生反馈、开展测试练习、促进专业发展	无
周东岱等(2017)	无	互联网、计算机、多媒体、办公软件、交流软件、电子白板、学科软件、自建平台、移动终端	信息化教学设计、评价、改变学生学习方式	课程、实验、实训、共同体
刘喆等(2015)	信息技术有关的法律、法规和伦理道德观念	Office 软件、信息搜索、Flash、Photoshop、视频展示台等、处理教学信息资源	信息化教学设计、实施、评价	课程与教学

3)关于师范生信息化教学能力影响因素的研究

关于师范生信息化教学能力影响因素的研究主要分为两类,一类是对于师范生信息化教学意愿影响因素的研究,一类是对于师范生整合技术的学科教学法知识(TPACK)影响因素的研究(见表 1-3)。

表 1-3 "师范生信息化教学能力影响因素"文献对比表

内容	研究者	影响因素
意愿影响因素研究	王丹丹(2015)	教学任务与技术的匹配、计算机自我效能、技术条件、技术服务、主观规范、感知有用性、感知易用性
	黄雪娇(2017)	绩效期望、努力期望、社群影响、便利条件、个人创新
	张哲(2016)	社群影响、绩效预期与局限性、教学实际情况、采纳技术教学的经验、便利条件、困难预期与知识
	张海等(2015)	感知有用性、感知易用性、行为意图、兼容性、外部环境

内容	研究者	影 响 因 素
TPACK影响因素研究	董艳等（2014）	学科知识、教学法知识、技术知识、整合技术的学科知识、整合技术的教学知识
	赵磊磊（2015）	学科教学法知识、学科知识、教学法知识、技术知识、整合技术的学科知识、整合技术的教学知识、职业认同、自我效能感
综合研究	杨宁（2013）	实践条件、教师示范、课程学习、实践环节的参与、学习环境与资源、师范生的主观意愿与学科文化背景
	赵笑笑（2015）	基础水平、培养目标、培养内容、培养方式、授课教师、学习态度、学习动机、教育实习

黄雪娇（2017）[①]、王丹丹（2017）[②]、张海（2015）等[③]、张哲（2016）[④]利用国外的技术接受模型（Technology Acceptance Model，TAM）作为框架对师范生信息化教学意愿的影响因素做了量化研究，得出了不同的结论，其中感知有用性、感知易用性、社群影响、便利条件、绩效预期为常见的影响因素。董艳等（2014）[⑤]、赵磊磊（2015）[⑥]对师范生 TPACK 的影响因素进行了研究，但结论差异较大，董艳等认为学科知识对 TPACK 的影响很大，学科教学法知识没有产生影响，而赵磊磊认为学科教学法知识对 TPACK 的影响最大，学科知识的影响最弱，此外职业认同与自我效能感也对 TPACK 产生了影响。学者杨宁（2013）[⑦]认为实践条件、教师示范、课程学习、实践环节的参与、学习环境与资源、师范生的主观意愿与学科文化背景是影响师范生信息化教学能力发展的主要因素。学者赵笑笑（2015）[⑧]对师范生教育技术能力的培养效果影响因素进行了研究，认为基础水平、培养目标、培养内容、培养方式、授课教师、学习态度、学习动机、教育实习等因素会影响师范生教育技术能力的培养效果。

可见，除了两位学者的综合研究之外，师范生信息化教学能力影响因素研究主要集中在微观层面，而缺乏对于中观、宏观层面利益主体对于师范生信息化教学意愿以及能力发展影响的研究，这使得在顶层设计与中层管理设计师范生信息化教学能力培养策略时缺少了基础。

4）关于师范生信息化教学能力培养的研究

关于师范生信息化教学能力培养的研究主要有课堂教学策略、通用信息化教学课程、基于 TPACK 的师范生信息化教学能力培养以及师范生信息化教学能力培养模式四方面的研究，其中基于 TPACK 的师范生信息化教学能力培养的研究近年来呈上升

---

① 黄雪娇.师范生信息技术接受度影响因素研究[D].曲阜：曲阜师范大学，2017.
② 王丹丹.基于 TAM 的职前教师信息技术接受度影响因素研究[D].重庆：西南大学，2017.
③ 张海,肖瑞雪,王以宁,樊峰伟.基于技术接受模型的师范生 TPACK 发展研究[J].中国电化教育，2015(05)：111-117.
④ 张哲.职前教师的采纳技术教学行为影响因素研究[D].长春：东北师范大学，2016.
⑤ 董艳,桑国元,蔡敬新.师范生 TPACK 知识的实证研究[J].教师教育研究，2014,26(03)：36-43.
⑥ 赵磊磊.师范生 TPACK 的影响因素研究[D].曲阜：曲阜师范大学，2015.
⑦ 杨宁.师范生教育技术能力发展：目标层次、影响因素与培养策略[D].长春：东北师范大学，2013.
⑧ 赵笑笑.师范生教育技术能力培养效果的影响因素分析[D].曲阜：曲阜师范大学，2015.

趋势。

（1）关于课堂教学策略的研究。

鉴于信息技术的飞速发展，关于微观策略的研究现状本书主要分析 2010 年以后的文献。这类研究专注于通过某门课程、某个平台或某个实验室来发展师范生信息化教学能力，主要有以下两类。

第一，孙婷（2018）①、王美荣（2017）②、玄王伟（2016）③、张哲（2018）④、赵希（2012）⑤等学者研究了以某门通用信息化教学课程为依托，通过在通用信息化教学课程中实施某种教学策略来提升师范生信息教学能力及其实施效果；第二，崔淼（2013）⑥、何红艳（2010）⑦、宋瑞宁（2016）⑧、张宇航（2017）⑨等学者研究了如何依托某种学习平台来培养师范生信息化教学能力，并检验了其有效性。

深入分析此类研究可以发现一个较为普遍的问题，即研究者对通用信息化教学课程的定位偏"技术取向"。在这些研究中，每位研究者的微观教学策略可能存在差异，有些使用混合式教学、有些使用同伴互评、有些在创客教育视域下设计教学、有些使用体验式学习、有些基于某个平台，但是从这些研究的课例中可以发现，其教学目标基本围绕如何将多媒体课件做得更好，如何将微课做得更好，如何学会 Flash 制作的某个技术，甚至有些课的教案中还将使用某些软件的功能（例如 PPT 的触发器、超级链接、VBA 的控件编程）作为课程评价的加分项。这就意味着这些研究通过某种教学策略或平台使得师范生使用某种信息技术的能力，特别是课件、微课等制作能力获得了提升，在此前提之下，即使通过研究证明了师范生信息化教学能力获得了提升，也只是在技术制作方面的能力提升。因此，在微观层面上对如何通过信息化教学课程培养师范生通过信息技术促进教学与学生学习的能力，特别是促进学生核心素养发展的能力尚缺乏研究。

（2）对于通用信息化课程的研究。

目前师范大学一般会开设一些面向师范生的信息化教学课程，常见的名称有《现代教育技术》《信息化教学设计》等，本书将其通称为通用信息化教学课程，以与学科信息化教学课程相区分。在对于师范生信息化教学能力培养的研究中，有相当一部分是对于通用信息化教学课程的研究，可见，依托通用信息化教学课程是目前师范大学培养师范生信息化教学能力的常用路径。

此类研究具体内容有所不同，有些研究探讨了通用信息化教学课程的现状与问题；⑩有

① 孙婷.基于混合教学模式的师范生信息化教学能力培养实证研究[D].重庆：西南大学,2018.
② 王美荣.创客教育视域下师范生信息技术应用能力培养策略研究[D].沈阳：沈阳师范大学,2017.
③ 玄王伟.基于微课的师范生教育技术能力培养模式构建研究[D].曲阜：曲阜师范大学,2016.
④ 张哲.促进师范生教育技术能力发展的教学模式研究[D].济南：山东师范大学,2018.
⑤ 赵希.基于体验式学习的师范生教育技术能力培养研究[D].大连：辽宁师范大学,2012.
⑥ 崔淼.师范生信息化教学能力实训系统设计[D].长春：东北师范大学,2013.
⑦ 何红艳.基于 EPSS 的师范生信息化教学设计能力训练系统设计研究[D].重庆：西南大学,2010.
⑧ 宋瑞宁.基于云平台的师范生教育技术能力培养策略研究[D].济南：山东师范大学,2016.
⑨ 张宇航.面向师范生信息化教学设计能力培养的实训平台优化研究[D].长春：东北师范大学,2017.
⑩ 李静.高师院校《现代教育技术》教学存在的问题与对策研究——基于中小学教师教育技术能力培养的视角[D].长沙：湖南师范大学,2011.

些研究着重于通用信息化教学课程的内容体系①②；有些研究着重于通用信息化教学课程的效果及影响因素，例如学者高月（2017）③对于通用信息化教学课程对师范生信息化教学能力提升效果进行了研究并提出了相应的改善策略，陈小玲（2017）④研究了师范生通用信息化教学课程学习投入度及其影响因素；何济玲等（2011）⑤对通用信息化教学课程进行了综合研究，在教学目标、内容、方法与评价四个方面提出了改革的建议。

（3）基于 TPACK 框架的师范生信息化教学能力培养研究。

狄芳⑥、郝雅琪⑦、周扬⑧等学者以 TPACK 框架为基础进行了师范生信息化教学的培养策略研究，此类研究往往基于 TPACK 框架，调查师范生信息化教学能力的现状并提出相应的对策。还有相当一部分研究调查了数学、地理等不同学科师范生 TPACK 各个能力因子的现状，⑨⑩⑪⑫从而提出培养策略。基于 TPACK 框架的现状调查及培养研究往往了解的是师范生信息化教学能力知识基础的状况，有利于师范大学相应地对薄弱环节加强培养，但是此类研究提出的建议往往大同小异，主要包括信息化教学能力相关课程建设、教师教育者信息化能力建设、加强师范生信息化教学实践等。

整体而言，此类研究缺乏对培养策略的有效性的考察，缺乏这些策略在何种情境下有效的研究，也未能进一步深层次地研究分析为何师范大学进行了课程建设、培训了教师、创造了实践机会，但是这些措施没有达到预期的效果。师范大学或多或少都采用了这些培养策略，为何师范生信息化教学能力的培养没有获得突破？政策与顶层设计对教育信息化不可谓不重视，因此我们需要关注的问题是，这些政策效果如何？许多师范大学确实开设了信息化教学的相关课程，那么这些课程成效如何？有些研究在建议中提出了四年的课程体系设想，然而我国各地各校师范生能力差异较大，信息素养与信息化教学能力起点千差万别，一套课程体系并不一定适合所有的师范大学。TPACK 框架除了提出师范生信息化教学能力的构成因子之外，还非常强调 TPACK 发展的情境性，⑬然而整体而言国内目前以 TPACK 框架为基础的研究却对 TPACK 发展的情境性不够重视。

（4）关于师范生信息化教学能力培养模式的研究。

关于师范生信息化教学能力培养模式的研究体量较小，有两位学者对于现有模式进

① 张会敏.教师专业化背景下高师《现代教育技术》课程内容体系建构[D].南京：南京师范大学，2014.
② 刘春志，章伟民.现代教育技术公共课教学内容组织的探讨[J].现代教育技术，2011，21(03)：54-57.
③ 高月.《现代教育技术》课程对师范生信息化教学能力提升效果研究[D].西安：陕西师范大学，2017.
④ 陈小玲.师范生《现代教育技术》课程学习投入度及其影响因素研究[D].金华：浙江师范大学，2017.
⑤ 何济玲，江玲，陈仕品.面向信息化教学能力的《现代教育技术》公共课教学改革[J].现代教育技术，2011，21(03)：46-49.
⑥ 狄芳.TPACK 框架下职前教师信息化教学能力的培养研究[D].银川：宁夏大学，2013.
⑦ 郝雅琪.基于 TPACK 模型的职前教师信息化教学能力培养研究[D].西安：陕西师范大学，2014.
⑧ 周扬.TPACK 视角下师范生信息技术应用能力培养研究[D].石家庄：河北师范大学，2017.
⑨ 禹行初.学前教育师范生 TPACK 现状调查及提升对策研究[D].开封：河南大学，2016.
⑩ 崔静楠.师范生 TPACK 现状调查及提升策略研究——以 H 大学为例[D].武汉：华中师范大学，2018.
⑪ 郑璐.数学专业师范生 TPACK 现状与来源的调查研究[D].武汉：华中师范大学，2017.
⑫ 梅晓燕.地理师范生 TPACK 现状与提升对策研究——以 A 大学为例[D].石河子：石河子大学，2018.
⑬ Mishra，P. & Koehler，M. J. Technological Pedagogical Content Knowledge：A Framework for Teacher Knowledge[J]. Teachers College Record，2006，108(6)：1017-1054.

行了研究：吴迪(2014)①研究了基于通用信息化教学课程的培养模式,包括培养目标、内容与评价；黄映玲(2013)②提出了由课程学习、微格训练与教育实习构成的"三位一体"培养模式,这种模式其实已经在师范大学实现,但缺乏关于其实施效果及影响因素的研究。刘艳丽(2017)③提出了体验、学习、实践、评价的生态化培养模式,突破了师范生信息化教学能力培养仅以通用信息化教学课程为路径的局限,但是缺少对于这种模式的实践检验,以及在具体的师范大学系统中进行政策设计与实施的具体策略。师范生信息化教学能力的培养模式研究整体上停留在以微观层面为主,缺乏对综合师范大学相关利益主体的系统性研究。

二、国外相关研究

国外关于师范生信息化教学能力的研究整体体量较大,本部分将主要分析关于师范生信息化教学能力的一些较有影响力且与本研究关联度较高的研究。

（一）关于师范生信息化教学能力的知识结构研究

关于师范生信息化教学能力的知识结构研究最有影响力的便是凯勒(Koehler)等学者提出的"整合技术的学科教学法知识(Technological Pedagogical Content Knowledge,TPACK)"框架,④凯勒(Koehler)认为信息技术与教学的深度融合需要"整合技术的学科知识"(见图1-9),教学过程中不仅要同时关注学科内容、教学法和技术这三个知识要素,更要关注这三者之间的交互,特别是教师应具备TPACK知识,并要充分发挥教师在整合过程中的重要作用。⑤ 由于TPACK直接面向教师的知识结构,十分有利于为教师教育组织培养师范生提供参考。此框架提出之后,世界各地学者以框架为基础又开展了关于师范生TPACK的大量相关研究,包括框架的扩展、TPACK的发展策略、TPACK的测评等。⑥

国内学者从教学过程的角度出发研究师范生的信息化教学能力结构,发现其实质上是一种产出结构,即师范生在教学中能够做什么；而基于TPACK框架的师范生信息化教学能力结构实质上是一种培养结构,即师范生整合技术的学科教学法知识受哪些知识基础的影响。TPACK的提出对我们研制师范生信息化教学能力结构提供了一定的启示,师范生的信息化教学能力培养应该基于学科的特点并与具体学科相结合。然而,鉴于本书研究的是指向核心素养的师范生信息化教学能力,因此,需要考虑的问题是TPACK框架是否能够涵盖指向核心素养的师范生信息化教学能力？ 是否存在知识结构上的缺陷？

① 吴迪.师范生教育技术能力培养模式的构建研究[D].济南：山东师范大学,2014.
② 黄映玲.构建"三位一体"的师范生教育技术能力培养模式研究[J].现代教育技术,2013,23(07)：49－53.
③ 刘艳丽.职前教师教育技术能力的生态化培养模式研究[J]教育理论与实践,2015,35(24)：23－24.
④ Mishra, P. & Koehler, M. J. Technological Pedagogical Content Knowledge: A Framework for Teacher Knowledge [J]. Teachers College Record, 2006, 108(6)：1017－1054.
⑤ 何克抗.TPACK——美国"信息技术与课程整合"途径与方法研究的新发展(上)[J].电化教育研究,2012,33 (05)：5－10.
⑥ Voogt, J., Fisser, P., Roblin, N. P., Tondeur, J. & Braak, J. Technological pedagogical content knowledge-a review of the literature[J]. Journal of Computer Assisted Learning, 2013, (29)：109－121.

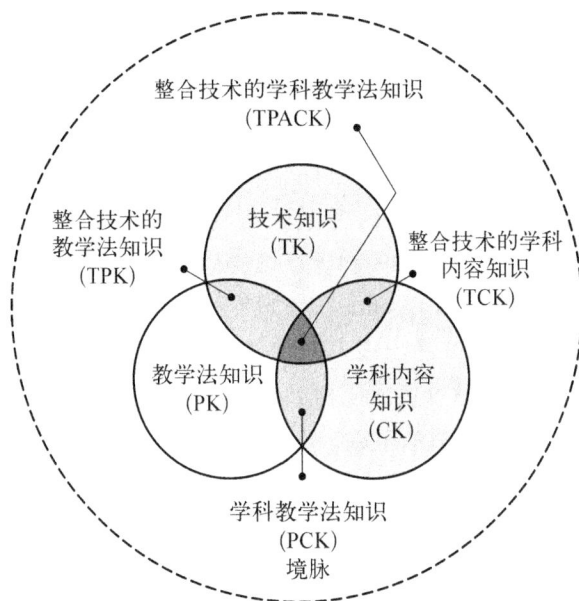

图 1 - 9 TPACK 框架图

（来源：Mishra，P. & Koehler，M. J. Technological Pedagogical
Content Knowledge：A Framework for Teacher Knowledge[J]. Teachers
College Record，2006，108(6)：1017 - 1054.）

（二）关于师范生信息化教学意愿的研究

关于师范生信息化教学意愿的研究最有影响力的便是戴维斯（Davis）提出的技术接
受模型（Technology Acceptance Model，以下简称 TAM 模型）。TAM 是基于理性行为理
论（Theory of Reasoned Action，以下简称 TRA）与计划行为理论（Theory of Planned
Behavior，以下简称 TPB）两个理论发展而来的，TRA 模型与 TPB 模型主要用于社会学和
心理学研究，来解释人的行为。[①] 鉴于是否采用某项信息技术是个体的一种行为，TRA 与
TPB 逐渐成为研究个体使用信息技术行为的基础。为了开发一种可以预测任何特定技术
是否会被个体用户使用的模型，戴维斯（Davis）在 TRA 与 TPB 基础上，提出了 TAM，TAM
认为个人使用信息技术的行为意图由两个信念决定：感知有用性（perceived usefulness），
定义为个体认为使用某项信息技术将提高其工作绩效；感知易用性（perceived ease of
use），定义为个体认为使用某项信息技术需要付出的努力。[②]

尽管 TAM 被多项研究证明能够成功预测个人是否使用了某项信息技术，然而却没有
为组织采取具体的干预提供指导，对于组织而言，了解哪些干预措施能够提升个体使用某
项信息技术的感知有用性与感知易用性比 TAM 更具现实操作性。鉴于此，文卡塔斯与戴

---

① Davis，F. D. Perceived usefulness，perceived ease of use，and user acceptance of information technology[J]. MIS
Quarterly，1989，13(3)：319 - 340.
② Davis，F. D. Perceived usefulness，perceived ease of use，and user acceptance of information technology[J]. MIS
Quarterly，1989，13(3)：319 - 340.

维斯(Venkatesh & Davis，2000)提出了 TAM 的扩展模型 TAM2，①构建了感知有用性决定因素的理论框架。TAM2 认为感知有用性的决定因素包括两大类：社会影响与信息技术特征。其中，社会影响包括主观规范(subjective norm)与形象(image)两个因素，信息系统特征包括工作相关性(job relevance)、输出质量(output quality)、结果可证明性(result demonstrability)，以及感知易用性四个因素②。文卡塔斯与巴拉(Venkatesh & Bala)又于 2008 年提出了 TAM3，构建了感知易用性决定因素的理论框架，包括计算机自我效能(computer self-efficacy)、计算机焦虑(computer anxiety)和计算机的趣味性(computer playfulness)以及对外部控制的感知(perception of external control)四个因子。③

从 TAM 提出以来到 TAM3 的出现，这些模型被世界各地学者广泛用于研究各个领域对信息技术的接受程度，在教育领域同样如此，TAM 及其相关模型也被用于师范生信息化教学意愿的研究，并被证明其有效性。④ TAM 的产生与应用背景更多的是侧重于某一组织引入某一个技术或者信息系统，来检测组织成员对这项技术的接受程度，可以为系统研发、培训、组织管理等各个方面带来启示。然而，TAM 在预测教师是否采用信息技术方面存在以下局限性。

第一，TAM 理论的假定前提是使用的信息技术已经明确，也就是在具体的信息技术已知的情况下，来预测使用者对于该信息技术的接受程度。而信息技术在教学中的应用却有两种情况，一种是自上而下强制性的，即学校规定教师必须使用某项信息技术，这种情况符合 TAM 的前提；另一种情况是教师自发地探索信息技术，选择适合自己教学的信息技术，在这种不确定某种信息技术的情况下，TAM 的变量就有了缺陷。现有的 TAM 的测量工具往往以"信息技术"这一统称出现，而教师对于不同的信息技术的接受程度是不同的，例如，被测试对象 A 看到"信息技术"一词联想到的是 PPT，被测试人 B 看到"信息技术"一词联想到的是 Padlet，那么同一测试工具其实测试的是对象对于不同信息技术的态度。理想的信息技术在教育中的运用，不是仅仅局限于放之四海而皆准的一项技术、一个系统，而是教师能够根据学生的需求选择适合学生的某些技术。而 TAM 没有解释促使教师自发地探索在教学中使用信息技术的因素有哪些。

第二，TAM 中的重要变量"感知有用性"在教学中的运用，可能会因为其太过宽泛而有不同的含义，比如，如果教师的目标是促进学生对于知识的记忆，那么这种有用性就体现在信息技术是否有利于知识的记忆，如果教师的目标是促进学生的创新能力发展，那么这种有用性就体现在信息技术是否有利于促进学生的创新能力发展。因此，当拥有不同教学理念的教师面对"感知有用性"这个变量时，即使给出同样的答案，其背后的认知含义

① Venkatesh, V. & Davis, F. D. A Theoretical Extension of the Technology Acceptance Model: Four Longitudinal Field Studies[J]. Management Science, 2000, 46(2): 186-204.
② Venkatesh, V. & Davis, F. D. A Theoretical Extension of the Technology Acceptance Model: Four Longitudinal Field Studies[J]. Management Science, 2000, 46(2): 186-204.
③ Venkatesh, V. & Bala, H. Technology Acceptance Model 3 and a Research Agenda on Interventions[J]. Decision Sciences, 2008, 39, (2): 273-315.
④ Mostafa, A. E., Vitaliy, M. & Adzhar, K. Technology Acceptance Model in M-learning context: A systematic review[J]. Computers & Education, 2018, 125: 389-412.

也可能存在差异。

第三,TAM 的假设前提是一项新的信息技术被用户接受的程度,然而师范生在教学中使用信息技术有两种情况,一种情况是使用他们已经在一定程度上了解的技术(例如,从教师教育者课堂上的观察习得、在信息技术课上学习的技术等);另一种情况是师范生自发地探索使用之前没有接触过的信息技术。

因此,TAM 这一成熟的框架可以作为我们研究师范生信息化教学意愿的参考框架,但是使用 TAM 进行师范生信息化教学意愿的研究需要根据师范生信息化教学的情境进行一定的修正。

(三) 关于师范生信息化教学影响因素与培养策略的研究

国外学者在不同层面从不同角度研究了影响师范生将信息技术与教学融合的因素,并依据这些因素提出了相应的培养策略。通常可以分为两个层面,即学校层面因素与师范生个体层面因素,或者被称为一级障碍和二级障碍①、外在因素和内在因素②。

在师范生个体层面的因素方面,国外学者对于师范生本身的因素对信息化教学的影响做了具体研究,这些因素包括:师范生对信息技术的态度、信息技术能力(使用信息技术的技能)、教学观、自我效能感(指对于自己是否能够胜任信息化教学的感知)、对于信息化教学的信念(指对信息技术对于教学作用的认知)、教学法(如何通过信息技术促进教学的方法)、教学法知识、设计思维等。有些学者的研究专注于某一个因素,有些学者的研究则涵盖某几个因素(见表 1-4)。

表 1-4　师范生个体层面因素国外文献对比表

研　究　者	对信息技术的态度	信息技术能力	教学观	自我效能感	信息化教学信念	教学法	设计思维
阿比特(Abbitt, 2007) ③	√			√			
阿吉耶与约克(Agyei & Voogt, 2011) ④	√	√					
阿斯兰与朱 (Aslan & Zhu, 2016) ⑤	√	√		√		√	

---

① Ertmer, P. A. Addressing first-and second-order barriers to change: Strategies for technology integration[J]. Educational Technology Research and Development, 1999, 47 (4): 47-61.

② Chen, W., Tan, A. & Lim, C. Extrinsic and intrinsic barriers in the use of ICT in teaching: A comparative case study in Singapore[C]. Brown, M., Hartnett, M. & Stewart, T. (Vol. Eds.) Future challenges, sustainable futures. In Proceedings ascilite Wellington, 2012: 191-196.

③ Abbitt, J. T. & Klett, M. D. Identifying influences on attitudes and self-efficacy beliefs towards technology integration among pre-service educators[J]. Electronic Journal for the Integration of Technology in Education, 2007, 6(1): 28-42.

④ Agyei, D. & Voogt, J. Exploring the potential of the will, skill, tool model in Ghana: Predicting prospective and practicing teachers' use of technology[J]. Computers & Education, 2011, 56(1): 91-100.

⑤ Aslan, A. & Zhu, C. Influencing factors and integration of ICT into teaching practices of pre-service and starting teachers[J]. International Journal of Research in Education and Science (IJRES), 2016, 2(2): 359-370.

续表

研 究 者	对信息技术的态度	信息技术能力	教学观	自我效能感	信息化教学信念	教学法	设计思维
阿尔夏瑞夫（Alsharief，2018）①	√	√		√			
安德森与马宁格（Anderson & Maninger，2007）②	√	√		√	√		
陈（Chen，2010）③			√	√		√	
内泽克与克里斯滕森（Knezek & Christensen，2008）④	√	√		√			
索与金（So & Kim，2009）⑤						√	
特奥（Teo，2008）⑥	√						
托德尔等（Toudour et al.，2017）⑦	√		√	√			
蔡与柴（Tsai & Chai，2012）⑧							√
联合国教科文组织（UNESCO，2002）⑨		√				√	

　　针对个体层面的因素，国外学者提出了一些微观层面的课堂策略，主要包括：理论与实践的结合、教师教育者的示范、通过设计学习、批判性地探究、真实的实践、促进反思、同伴合作、提供支持与给予反馈等（见表1-5）。

---

① Alsharief，T. Pre-service teachers' perceptions of the barriers to ICT integration in their future instructional practice in a gulf state[D]. Liverpool：University of Liverpool，2018.

② Anderson，S. E. & Maninger，R. M. Preservice Teachers' Abilities，Beliefs，and Intentions regarding Technology Integration[J]. Journal of Educational Computing Research，2007，37(2)：151-172.

③ Chen，R. Investigating models for preservice teachers' use of technology to support student-centered learning[J]. Computers & Education，2010，55：32-42.

④ Knezek，G. & Christensen，R. The Importance of Information Technology Attitudes and Competencies in Primary and Secondary Education[C]. Voogt，J. & Knezek，G. (Eds.) International Handbook of Information Technology in Primary and Secondary Education. New York：Springer，2008：321-331.

⑤ So，H. J. & Kim，B. Learning about problem based learning：Student teachers integrating technology，pedagogy and content knowledge[J]. Australasian Journal of Educational Technology，2009，25(1)：101-116.

⑥ Teo，T. Pre-service teachers' attitudes towards computer use：A Singapore survey[J]. Australasian Journal of Educational Technology，2008，24(4)：413-424.

⑦ Tondeur，J.，Scherer，R.，Siddiq，F. & Baran，E. A comprehensive investigation of TPACK within pre-service teachers' ICT profiles：Mind the gap! [J]. Australasian Journal of Educational Technology，2017，33(3)：46-60.

⑧ Tsai，C. C. & Chai，C. S. The "third"-order barrier for technology-integration instruction：Implications for teacher education[J]. Australasian Journal of Educational Technology，2012，28(6)：1057-1060.

⑨ UNESCO. Information and communication technologies in teacher education：a planning guide [R/OL]. [2018-10-17]. http://unesdoc.unesco.org/images/0012/001295/129533e.pdf

表 1-5 课堂微观策略国外文献对比表

研究者	理论与实践的结合	教师教育者的示范	通过设计学习	批判性地探究	真实的实践	促进反思	同伴合作	提供支持	给予反馈
安杰列与瓦兰尼德斯（Angeli & Valanides，2009）①	√	√	√		√	√	√	√	√
布拉什等（Brush et al.，2003）②	√	√			√	√	√		
钱与张（Chien & Chang，2015）③		√	√	√	√	√	√	√	√
亨德森等（Henderson et al.，2013）④				√		√	√		
海登与巴顿（Haydn & Barton，2007）⑤	√	√					√	√	√
蒋（Jang，2008）⑥	√	√			√	√	√		
帕帕尼古拉乌等（Papanikolaou et al.，2014）⑦			√	√	√	√	√	√	√
特尔与戈尔德（Tearle & Golder，2008）⑧	√	√	√					√	

在教师教育机构管理因素方面，国外学者的研究发现对师范生信息化教学意愿与能

① Angeli, C. & Valanides, N. Epistemological and methodological issues for the conceptualization, development, and assessment of ICT - TPCK: Advances in technological pedagogical content knowledge (TPCK)[J]. Computers & Education, 2009, 52: 154 - 168.
② Brush, T., Glazewski, K., Rutowski, K. et al. Integrating technology in a field-based teacher training program: the PT3@ASU project[J]. Educational Technology Research and Development, 2003, 51: 57 - 72.
③ Chien, Y. T. & Chang, C. Y. Developing Preservice Teachers' Sensitivity to the Interplay Between Subject Matter, Pedagogy, and ICTs[C]. Hsu, Y. S. (Eds.) Development of Science Teachers' TPACK. Singapore: Springer, 2015: 91 - 104.
④ Henderson, M., Bellis, N., Cerovac, M. & Lancaster, G. Collaborative inquiry: building pre-service teachers' capacity for ICT pedagogical integration[J]. Australian Educational Computing, 2013, 27(3): 69 - 75.
⑤ Haydn, T. & Barton, R. Common needs and different agendas: How trainee teachers make progress in their ability to use ICT in subject teaching. Some lessons from the UK[J]. Computers & Education, 2007, 49: 1018 - 1036.
⑥ Jang, S. J. The effects of integrating technology, observation and writing into a teacher education method course [J]. Computers & Education, 2008, 50: 853 - 865.
⑦ Papanikolaou, K., Gouli, E. & Makri, K. Designing pre-service teacher training based on a combination of TPACK and Communities of Inquiry.[J]. Procedia-Social and Behavioral Sciences, 2014, 116: 3437 - 3442.
⑧ Tearle, P. & Golder, G. The use of ICT in the teaching and learning of physical education in compulsory education: How do we prepare the workforce of the future? [J] European Journal of Teacher Education, 2008, 31 (1): 55 - 72.

力产生影响的因素主要包括：信息化教学设施是否完善、教育信息化规划是否到位、权力分布的状况、课程设置是否合理、是否有系统性的变革、教师教育者的信息化教学专业发展如何、信息化教学支持是否充分、组织内部的合作（教师教育者之间）与外部的合作（教师、教育机构与实习学校之间）等（见表1-6）。学者们普遍认为管理层面的因素通常通过作用于教师教育者，从而对师范生信息化教学能力的各个因素产生影响，最终影响师范生信息化教学的意愿与能力，而信息化教学设施的配置与信息化教学的支持会对师范生信息化教学的意愿与能力直接产生影响。

表1-6　教师教育机构层面因素国外文献对比表

研究者	教育信息化规划	权力分布	课程设置	系统性变革	教师专业发展	信息化教学设施配置	信息化教学支持	信息化教学合作
克利夫特等（Clift et al., 2001）①	√		√		√	√		
戈克塔斯等（Goktas et al., 2009）②	√			√	√			√
海登与巴顿（Haydn & Barton, 2007）③	√					√		
施鲁姆等（Schrum et al., 2016）④	√	√		√	√	√	√	√
西尔斯等（Seels et al., 2003）⑤					√		√	√
汤普森等（Thompson et al., 2003）⑥			√		√	√		√

在这些影响因素的基础上，国外学者提出了合理地进行教育信息化规划、设置课程、系统性的变革、促进教师教育者的信息化教学专业发展、完善信息化教学设施、给予信息

① Clift, R., Mullen, L., Levin, J. & Larson, A. Technologies in contexts: implications for teacher education[J]. Teaching and Teacher Education, 2001, 17: 33 - 50.
② Goktas, Y., Yildirim, S. & Yildirim, Z. Main Barriers and Possible Enablers of ICTs Integration into Pre-service Teacher Education Programs[J]. Educational Technology & Society, 2009, 12(1): 193 - 204.
③ Haydn, T. & Barton, R. Common needs and different agendas: How trainee teachers make progress in their ability to use ICT in subject teaching. Some lessons from the UK[J]. Computers & Education, 2007, 49: 1018 - 1036.
④ Schrum L., Niederhauser D. S. & Strudler N. Competencies, Challenges, and Changes: A US Perspective on Preparing Twenty-First Century Teachers and Leaders[C]. Spector, J., Ifenthaler, D., Sampson, D. & Isaias, P. (Eds.) Competencies in Teaching, Learning and Educational Leadership in the Digital Age. Cham: Springer, 2016: 17 - 32.
⑤ Seels, B., Campbell, S. & Talsma, V. Supporting excellence in technology through communities of learners[J]. Educational Technology Research and Development, 2003, 51(1): 91 - 104.
⑥ Thompson, A. D., Schmidt, D. A. & Davis, N. E. Technology collaboratives for simultaneous renewal in teacher education[J]. Educational Technology Research and Development, 2003, 51(1): 73 - 89.

化教学支持、建立信息化教学教研共同体以及促进与实习学校合作等策略(见表1-6)。

　　然而,国外对于影响师范生信息化教学能力发展的研究主要侧重于某一个层面,或者某一个因素,尚缺乏对于各个层面的综合性研究,但已逐渐认识到进行系统性研究的重要性。OECD在2009年开展的项目"职前教师教育中的ICT"对多个国家的师范生信息化教学能力培养做了系统性的研究,然而这一研究并不包含我国。① 鉴于师范生信息化教学能力培养的复杂性,涉及所在教育系统多个层面的问题,因此不同的教育系统对于师范生信息化教学能力的培养理应有自身独特的问题、路径与策略,特别是管理与政策的问题,我们需要结合国情与体系的特点对这一问题展开研究。

　　综合以上研究发现,关于师范生信息化教学能力的研究尚存在以下问题。

　　第一,在研究内容上,师范生信息化教学能力的发展目标、现状、影响因素、培养策略上均缺少指向核心素养的信息化教学能力培养研究。现有的对于师范生信息化教学能力的结构、标准的研究缺乏明确的面向基础教育发展核心素养的指向。对于师范生信息化教学能力的研究现状较多,但集中在信息技术工具的使用,缺乏对其具体信息化教学行为的深入调查,尤其是在对现状的评价上缺乏与核心素养的结合,毕竟对于促进知识传递与促进核心素养的信息化教学能力的内涵是不同的。对于影响因素的研究同样如此,缺乏对于师范生使用信息技术促进学生核心素养发展的影响因素的研究,通过信息化教学促进核心素养的影响因素与促进知识传递的影响因素是否一致这一问题尚未解决。关于培养策略的研究则缺少指向核心素养的培养策略及其有效性的研究,已有的培养策略实证研究往往关注的是师范生经过某门课程的学习后是否提高了使用某种信息技术的能力,特别是课件制作与微课制作的能力,而非除了知识呈现与传递之外通过信息化教学支持学生发展核心素养的能力。

　　第二,在研究视角上,忽视了师范生信息化教育能力培养这一系统问题的复杂性。关于影响因素的国内研究内容多集中于微观执行层面,国内学者中目前只有杨宁关注到了环境对于师范生信息化教育能力培养的重要性,然而其对于中观与宏观层面的影响因素研究还不够深入;在培养模式的研究上,主要集中在基于课程或者学习平台的研究,缺乏对于师范大学系统内除了课程之外其他可能对师范生信息化教学能力发展产生影响的模式的研究。国内对于师范生信息化教学能力的研究往往停留在一个层面上,缺乏综合考察师范生、教师教育者及管理层各方利益主体因素,缺乏以系统的角度探究在一个师范大学系统内培养师范生信息化教学能力的研究,从而导致这些研究虽然找到了一些影响因素与培养策略,却没有系统性地挖掘各方利益主体之间的联系,并导致有些政策在一个不同情境的系统中无法发挥有效作用。国外虽存在从系统视角开展的研究,但是鉴于从系统的角度来研究师范生信息化教学能力的培养具有很强的情境性,因此需要结合国内师范大学的具体情况开展研究。

　　信息技术引入教育可以分为三个阶段:第一阶段是新兴阶段,主要涉及建设信息技

① OECD. The new millennium learners: ICT use in initial teacher training[EB/OL]. [2018-12-17]. http://www.oecd.org/innovation/research/42031549.pdf

术的基础设施;第二阶段是应用阶段,这一阶段教师将信息技术应用于教学,但并没有改变教学的过程与模式;第三阶段是融入阶段,这一阶段教师开始创新教学法,以与传统教学不同的方式使用技术,[1]即教育信息化的 2.0 时代。目前对师范生信息化教学能力培养的研究展开的背景大多还停留在教育信息化 1.0 时代,而在教育信息化 2.0 时代,师范生信息化教学能力培养的目标有了新的变化,[2]因此需要明确指向基础教育阶段学生核心素养发展的师范生信息化教学能力培养的研究,以促进指向核心素养的师范生信息化教学能力目标的实现。

第三节 研究设计

一、研究问题

从本书第一节的背景分析中可以发现,信息技术如空气般已经渗透了我们生活的方方面面,未来以人工智能为代表的新兴技术必将进一步影响与改变我们的学习、工作与生活。信息技术具备变革教学、促进学生核心素养发展的潜力,信息技术也可能因为不恰当的使用反而对教育产生负面影响。信息技术究竟会对教育产生何种作用,关键在于教师是否能够胜任指向核心素养的信息化教学。因此,对于信息技术,我们不应该盲目地认为其是解决任何教育问题的万灵药,也不必将其视为洪水猛兽。与其设置一道隔离墙,将其隔离于学校教育之外,不如未雨绸缪,把信息化教学能力作为面向未来培养师范生的切入点,培养他们正确的信息化教学观,使得师范生能够充分认识各种信息技术对于教学可能产生的积极作用与可能存在的消极影响,能够选择有利于自己教学、有利于学生发展的信息技术,引导学生在学习中发挥信息技术的积极作用,避免其负面影响,提高使用信息技术的版权意识、安全意识与责任意识,从而成为学生发展批判性思维、创新能力、沟通能力、合作能力、文化传承与理解力等 21 世纪核心素养的榜样与导师,成为指向核心素养培养学生这一教育变革的推动者与催化剂。

若将鉴于面向未来促进学生核心素养的目标来发展师范生的信息化教学能力这一问题进一步分解,本书主要需解决的问题为:

(1)面向未来促进学生的核心素养发展,师范生应该相应地具备什么样的信息化教学能力?指向核心素养的信息化教学能力的结构是什么?培养目标是什么?

(2)目前师范大学培养师范生信息化教学能力有哪些模式?在不同的培养模式下,师范生信息化教学能力的培养成效如何,是否能够胜任指向核心素养的信息化教学?与促进未来学生核心素养发展所需的能力相比,这些模式有哪些优势与不足?

---

[1] Eng, T. S. The impact of ICT on learning: A review of research[J]. International Education Journal, 2005, 6(5): 635-650.

[2] 中华人民共和国教育部. 教育信息化 2.0 行动计划[EB/OL]. [2018-12-13]. http://www.moe.gov.cn/srcsite/A16/s3342/201804/t20180425_334188.html

（3）在师范大学不同的培养模式下，哪些因素促进了师范生指向核心素养的信息化教学能力的发展？又有哪些阻碍因素？其中，微观课程层面的因素有哪些？中观院系管理层面的因素有哪些？师范大学宏观层面的顶层设计因素有哪些？这些因素相互之间有何联系？

（4）在师范大学不同的培养模式下，在顶层设计、中层管理与课程实施中哪些策略发生了作用？哪些策略没有达到预期的效果？

（5）如何综合宏观、中观、微观三个层面的力量，系统性地实现师范生信息化教学能力的常态化与持续性发展？

本研究旨在通过对以上问题的研究，寻求系统性地实现师范生信息化教学能力的常态化与可持续性发展的方案。

二、核心概念界定

鉴于本研究主要研究的问题是指向核心素养的师范生信息化教学能力培养，因此，需要界定的核心概念有三个：师范生、信息化教学能力、核心素养。

1. 师范生

本研究中所指的师范生是指我国高等师范大学中非教育信息技术专业的本科师范生，涵盖范围包括从大学一年级到大学四年级的整个本科学习阶段。高等师范大学既包括教育部直属师范大学，也包括地方各级师范大学。

2. 信息化教学能力

综合本章第二节文献综述中的国内已有研究现状，对于信息化教学能力目前学者们没有统一的定义。鉴于本研究的师范生信息化教学能力最终指向的是基础教育阶段学生的核心素养发展，因此本研究将信息化教学能力定义为，教师在以学生为中心的教学观的指导下，在教学过程的各个环节中系统性地使用信息资源与信息技术以促进学生核心素养发展的能力，以及为了实现这一目标所必须具备的教学研究能力以及专业发展的能力。具体包括信息化教学的技术素养、信息化专业发展能力与信息化学生发展能力三大维度。其中，信息化教学的技术素养与信息化专业发展能力都是信息化学生发展能力的基础与保障，在不断地学习与专业成长中促进信息化学生发展能力的发展。关于信息化教学能力的结构将在第二章第三节中进行详细阐述。

本研究认为教学既有知识的建构又有核心素养的发展，不能因为核心素养的发展而完全忽视知识的学习，但是鉴于目前基础教育阶段的教学现状是以知识的传递为主，需要加强核心素养的发展，因此，本书的着眼点是培养促进核心素养发展的信息化教学能力，对促进知识传递的信息化教学能力的培养则不在本书研究范围之内。

3. 核心素养

综合本章第一节对于国内外核心素养的综述可以看出，国际上对于核心素养的界定使用比较广泛的是 4C 框架，包括批判性思维（critical thinking）、创新（creativity）、沟通（communication）与合作（collaboration）四大素养。我国学者在此基础上增加了一个 C，即文化理解与传承（cultural competency），从而构成了核心素养的 5C 框架。我国教育部于

2017年颁布了最新的《普通高中课程方案（实验）》，指出"普通高中教育的任务是促进学生全面而有个性的发展，为学生适应社会生活、高等教育和职业发展做准备，为学生的终身发展奠定基础"，要"进一步提升学生综合素质，着力发展学生核心素养"，核心素养分为各个学科的学科核心素养以及不局限于具体学科的跨学科核心素养两类，[①]学科核心素养是跨学科核心素养的重要基础。

鉴于培养师范生信息化教学能力最终是为了基础教育阶段的育人目标服务，为了便于未来教师在教学实施中促进核心素养的发展与实施核心素养的评价，本研究将核心素养视为"课程目标的范畴"，[②]以《普通高中新课程标准（2017年版）》为参照来界定核心素养的概念，包括跨学科核心素养：道德责任感、学习动机、信息素养、文化理解力、自主发展能力、沟通合作能力、批判思维、创新能力与实践能力以及各个学科的核心素养。关于核心素养的内涵将在本研究第二章第四节中具体阐释。

三、研究路径与研究方法

从本章第二节国内外研究现状中可以发现，国内已有的对于师范生信息化教学能力的研究缺乏从系统的视角在情境中研究师范生信息化教学能力的影响因素与培养策略，而国外的研究已经注重考察微观、中观、宏观各个层面因素对师范生信息化发展能力的影响与策略。鉴于各国的教育体制存在差异，大学内部的构架与治理权力分布也千差万别，微观、中观、宏观层面的影响因素也不尽相同，因此，我们需要在自己教育系统的情境中来考察师范生信息化教学能力的发展，而非仅仅借鉴已有的研究成果。

在复杂系统视域之下，师范生信息化教学能力的发展是在其所处的师范大学复杂系统中发生的。本研究将首先依据基础教育阶段的育人需求确定指向核心素养的师范生信息化教学能力发展目标，在此基础上以国内三所师范大学为研究对象，将每所师范大学视为一个师范生信息化教学能力发展的系统，研究在不同系统的师范生信息化教学能力培养模式下师范生信息化教学能力的培养成效、系统内部与师范生信息化教学能力培养相关的各利益主体的现状、对师范生信息化教学能力的影响以及相互间的联系与作用，并在此基础上提出系统性地实现指向核心素养的师范生信息化教学能力常态化发展的策略。具体研究路径如下。

（一）指向核心素养的师范生信息化教学能力结构研究路径与研究方法

首先，研究指向核心素养的师范生信息化教学能力的结构，包括产出结构与培养结构。师范生信息化教学能力的产出结构面向未来教师的角色，勾勒出未来教师需要具备哪些信息化教学能力维度才能促进中小学生核心素养的发展，要回答的是"未来教师能做什么"的问题，产出结构必须与未来教师发展中小学生核心素养的工作需求所匹配，此外，师范生信息化教学能力的产出结构将作为本书研制指向核心素养的师范生信息化教学能力发展目标的结构框架。师范生信息化教学能力的培养结构面向师范大学对于师范生信

① 中华人民共和国教育部.普通高中课程方案（实验）[S/OL].［2018 - 12 - 12］. http://old.moe.gov.cn//publicfiles/business/htmlfiles/moe/s8001/201404/xxgk_167349.html

② 崔允漷.追问"核心素养"[J].全球教育展望,2016,45(05)：3 - 10,20.

息化教学能力的培养工作,勾勒出师范生需要具备哪些能力因子才能实现面向核心素养的师范生信息化教学能力发展目标的要求,培养结构必须从教师的知识结构出发,面向师范大学发展师范生信息化教学能力的主要利益主体,使得各利益主体能够明了自己在培养师范生信息化教学能力的系统中所应扮演的角色。因此,师范生信息化教学能力的培养结构将作为我们后续分析个案中师范生信息化教学能力培养模式的框架。

研究师范生信息化教学能力的结构,首先要考虑教师的信息化教学能力结构,再结合教师职前阶段的特点,界定师范生信息化教学能力的结构。目前世界上主要国际组织与发达国家都出台了教师信息技术能力标准而没有单独的师范生信息技术能力标准,并且都将教师信息技术能力标准作为教师教育组织培养师范生的依据,主要源于这些国家与组织都将师范生视为由信息技术推动的教育变革的重要变革力量(change agent)。我国也有与中小学教师信息化教学能力相关的标准。鉴于此,本研究确定的师范生信息化教学能力结构的研究路径便是:首先研究比较世界上主要发达国家与国际组织的教师信息技术能力标准及其研制依据,以及我国现有的教师信息技术能力标准及其研制依据,结合教师职前发展阶段的特点,再分别从未来教师的角色与教师的知识结构两个视角出发,确定师范生信息化教学能力的产出结构与培养结构(见图1-10)。

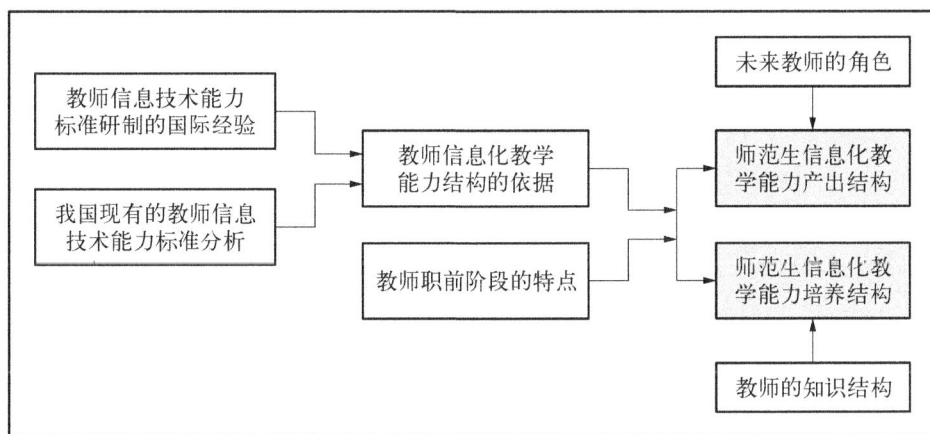

图1—10 教师职前信息化教学能力结构的研制路径图

研究师范生信息化教学能力的结构主要采用的是文本分析与比较研究的方法,本书将对美国、欧盟与联合国的教师信息技术能力标准与我国2014年颁布的《中小学教师信息技术应用能力标准(试行)》进行文本分析,梳理出标准研制的依据、教师信息技术能力的结构与特点,在此基础上结合我国师范生的情况研制指向核心素养的师范生信息化教学能力结构。

(二)指向核心素养的师范生信息化教学能力发展目标的研究路径与研究方法

在研制出师范生信息化教学能力的产出结构后,本书将以此为框架研究师范生信息化教学能力的发展目标。首先根据经济社会的发展需求确定基础教育阶段的育人目标,从而确定未来教师的能力要求,并兼顾时代对于教师角色的新定义,以教师的信息化教学能力产出结构为框架获得教师的信息化教学能力具体发展目标。在确定教师信息化教学能力发展目标的基础上,还要考虑教师职前阶段的特殊之处,从而最终确定师范生信息化教学能力的发展目标以及发展层级。

综上所述,确定师范生信息化教学能力的发展目标的路径,首先应该是根据经济与社会发展所需确定的基础教育阶段的育人目标,第二是未来教师的角色,第三是教师职前阶段的特征(见图1-11)。

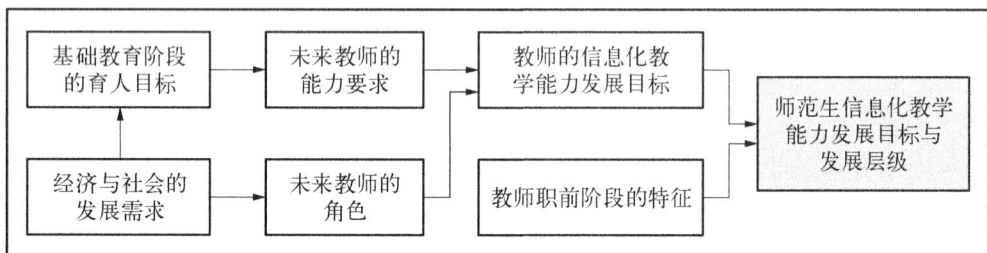

图1-11 师范生信息化教学能力发展目标与层级的研制路径图

对于师范生信息化教学能力发展目标与层级的研究,本书主要采用文本分析与比较研究的方法:

第一步,对《普通高中新课程标准(2017年版)》进行分析编码,提炼出十二项基础教育阶段的育人需求;

第二步,结合经济与社会发展需求对未来教师的角色进行分析,提炼出七项关键角色,进行编码;

第三步,将《普通高中新课程标准(2017年版)》的十二项能力以及未来教师的七项角色与我国《中小学教师信息技术应用能力标准(试行)》一一进行比照;

第四步,以面向师范生的信息教学能力的产生结构为框架,根据《普通高中新课程标准(2017年版)》、未来教师的七项角色与我国《中小学教师信息技术应用能力标准(试行)》的能力构成,确定指向核心素养的师范生信息化教学能力发展目标的三十七项因子;

第五步,依据指向核心素养的师范生信息化教学能力因子表,以我国《中小学教师信息技术应用能力标准(试行)》为基础,参考联合国教科文组织2011框架、美国2017标准、欧盟2017框架的相关能力细目,最终确定师范生信息化教学能力的发展目标框架,共计四十条师范生信息化教学能力细目。

(三)不同培养模式下师范生信息化教学能力的培养成效及归因分析的研究路径与研究方法

教育问题是一个复杂问题,[1][2]师范生的教育也不例外,倘若仅仅考察与师范生直接发生关联的微观层面,可能会导致提出的发展策略过于简单、线性,导致师范生信息化教学能力发展系统中其他利益主体的潜在影响被忽视,从而使得某些培养策略无法获得预期的效果,或者无法保障师范生信息化教学能力常态化、长效化的发展。例如,很多研究

---

[1] Snyder, S. The Simple, the Complicated, and the Complex: Educational Reform Through the Lens of Complexity Theory[R]. OECD Education Working Papers 96, OECD Publishing, 2013.

[2] 范国睿.复杂科学与教育组织管理研究[J].教育研究,2004(02):52-58.

都表明提高教师教育者的信息化教学能力是促进师范生信息化教学能力的有效策略之一,但是为什么有些师范大学明明有信息化教学主题的教师培训,但是教师教育者的信息化教学还是以促进知识传递为主呢? 为什么有些看似非常合理的培养策略在实践中并没有真正发挥作用呢? 这往往就是只从微观层面来看待师范生信息化教学能力培养所造成的问题,只见树木而不见森林。因此,仅仅基于影响因素来提出研究师范生信息化教学能力的培养策略是不够的,还需要注重系统性与情境性。

国内外多项研究发现,基于信息技术与教育深度整合的信息化教学不是一个简单的线性问题,而是一个有赖于系统性的治理、不同层面利益主体的有效互动、共同努力才能解决的复杂的系统问题。①②③ "信息时代的科学范型是非决定论的、拓展式的、综合的、多因果视角的,认为人类的思维和行为是一种非常复杂、动态变化的现象"。④ 教育系统是一个复杂的系统,教育系统的复杂性,使得简单、线性的方法遭遇困境。⑤ 传统科学的简单化认识方法有两个极端:一是化简,即把复杂的事物还原为简单的事物;二是割裂,即如果确定了认识对象的不同层次或方面的性质,就使它们截然分割,不相连属。⑥ 二十年来,信息技术与教学整合收效甚微,在很大程度上是因为我们将其视为简单的线性问题,并试图通过某些方法来解决。这种由因到果的简单线性方法无法充分地捕捉复杂教育系统的精髓以及涌现的特性。⑦ 可见,简单的因果逻辑是传统的自上而下的治理模式惯用的方式,但已无法解决复杂教育系统的问题,而复杂科学从整体上把握问题,而非线性地分析问题,恰恰克服了这些缺陷。

复杂科学的研究方法强调微观分析与宏观综合相结合,还原论与整体论相结合,"在深入了解系统个体的性质和行为的基础上,从个体之间的相互联系和作用中发现系统的整体性性质和行为"。⑧ 受复杂系统思维的影响,本研究将师范生信息化教学能力发展所涉及的利益主体视为一个系统(见图1-12),在研究系统各利益主体的基础上,再对各利益主体间的联系与相互作用进行研究,从而在系统情境中研究师范生信息化教学能力的培养问题。

信息化教学能力的培养常常被视为一个技术问题或者技能问题,因此现有的解决方案是开设一门课程或进行一些培训。但是倘若我们培养师范生信息化教学能力的目标并非仅仅为了信息化教学能力而培养信息化教学能力,而是为了变革教育教学、激发教学创新、促进学生学习与核心素养的发展,那么这不仅仅是一个技术问题,而是一个通过教育

① 任友群,吴旻瑜,刘欢,郭海骏.追寻常态:从生态视角看信息技术与教育教学的融合[J].中国电化教育,2015(1):97-103.
② 张际平,高丹丹.信息技术与学科课程整合的内涵与层面实质分析研究[J].电化教育研究,2003(7):8-14.
③ Webb, M. & Cox, M. A review of pedagogy related to information and communications technology[J]. Technology, Pedagogy and Education, 2004, 13(3):235-285.
④ 南国农.信息化教育概论[M].北京:高等教育出版社,2004:4-5.
⑤ 杨小微.从复杂科学视角反思教育研究方法[J].教育研究与实验,2000(03):64-68,73.
⑥ 莫兰.复杂性思想导论[M].陈一壮,译.上海:华东师范大学出版社,2008:3.
⑦ Johnson, E. S. Ecological Systems and Complexity Theory: Toward an Alternative Model of Accountability in Education[J]. Complicity: An International Journal of Complexity and Education, 2018, 5(1):1-10.
⑧ 成思危.复杂性科学探索[M].北京:民主与建设出版社,1999:6.

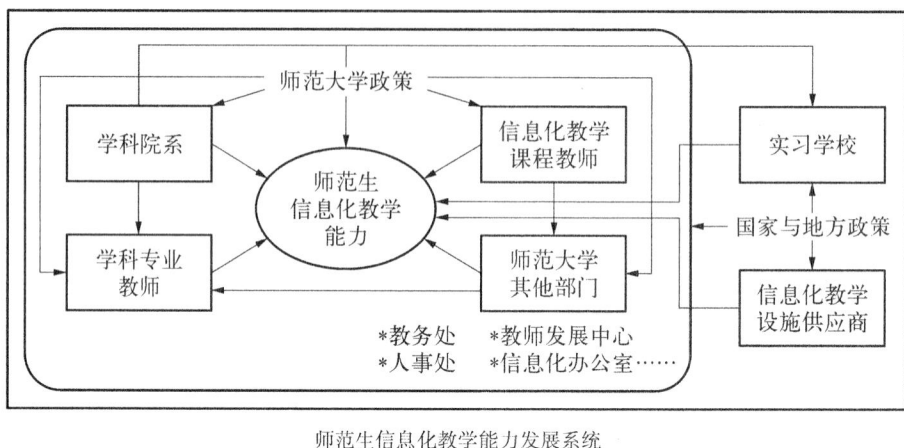

师范生信息化教学能力发展系统

图 1-12　师范生信息化教学能力发展系统图

变革促进创新的问题,将技术融于教育实践从而促进学生学习与发展实质上是教师的一项复杂创新。[1][2] 鉴于此,师范生信息化教学能力的培养本质上是师范大学系统内的一项教育变革。因此,本研究将在师范生信息化教学能力的发展系统内部全面考察师范生信息化教学能力的培养策略。本研究以我国三所师范大学为对象,以个案研究为方法,研究师范大学培养师范生信息化教学能力的不同模式,以师范生信息化教学能力培养结构为框架来分析三个案例的培养模式中各利益主体对于培养结构中师范生信息化教学意愿与能力两大维度的各个因子产生的影响,以及各利益主体的现状与相互之间的联系与作用,并在此基础上总结各个培养模式的合理性与局限性。

对于师范生信息化教学能力发展系统现状的研究主要采用个案研究法、文本分析法、深度访谈法与比较分析法。具体研究路径与相关的研究方法如下:

第一,对于师范大学培养师范生信息化教学能力的模式进行预研究。鉴于课程是培养师范生某种知识与能力的主要路径,预研究主要采用文本分析的方法研究师范大学对于师范生信息化教学能力的课程设置,包括课程性质以及开设课程的主体。预研究发现,师范大学在师范生信息化教学能力的课程设置上主要有必修与选修之分,以及通用信息化教学课程与学科信息化教学课程之分。必修与选修之分在一定程度上说明了该师范大学对于师范生信息化教学能力的重视程度,通用信息化教学课程与学科信息化教学课程之分在一定程度上说明了师范生信息化教学能力培养的权力是集中在师范大学层面还是学科院系层面,仅设置通用信息化教学课程而未设置学科信息化教学课程说明学科院系层面并未被顶层设计纳入发展师范生信息化教学培养的利益主体,因此治理权力集中在师范大学层面,而设置学科信息化教学课程说明师范大学重视师范生信息化教学能力与

---

[1]　Mumtaz, S. Factors affecting teachers' use of Information and Communications Technology: A review of the literature[J]. Journal of Information Technology for Teacher Education, 2000, 9(3): 319-342.

[2]　Voogt, J., Fisser, P., Roblin, N. P., Tondeur, J. & Braak, J. Technological pedagogical content knowledge-a review of the literature[J]. Journal of Computer Assisted Learning, 2013, (29): 109-121.

具体学科的结合,将师范生信息化教学能力培养的部分权力下放到了学科院系层面。

第二,确定个案研究对象。鉴于预研究的初步发现,本研究按照是否有必修的信息化教学课程、是通用信息化教学课程还是学科信息化教学课程的两项标准,兼顾到师范大学的类型、其所处的区域以及进行个案研究的可行性,选择了一所部属师范大学、一所省级师范大学、一所地方师范大学为个案研究对象,其中两所处于东部沿海地区,一所处于西北内陆地区(见表1-7)。

表1-7 研究个案基本情况表

师范大学	区 域	课 程 设 置
X 校	东部沿海地区	通用信息化教学必修课程
Y 校	东部沿海地区	通用信息化教学选修课程
Z 校	西部内陆地区	通用信息化教学必修课程 学科信息化教学必修课程

三所大学分别代表了三种师范生信息化教学培养模式,X 校设置了一门通用信息化教学的必修课程、Y 校设置了一门通用信息化教学的选修课程、Z 校设置了一门通用信息化教学的必修课程与一门学科信息化教学的必修课程。

以复杂系统的视角对师范生信息化教学能力进行研究,需要考虑到系统内各利益主体相互之间的互动与影响,这些利益主体包括师范生、通用信息化教学课程教师、学科信息化教学课程教师、学科专业教师、师范大学顶层设计、实习学校等,因此比较可行的方案是统一选择某个学科的师范生作为研究对象,便于对三项个案进行横向对比分析。考虑到本研究主要承担者的学科背景,选择了三所大学的已有实习经历的英语专业大四师范生、英语专业教师、通用信息化教学课程教师、外语信息化教学课程教师、英语专业所在的院系、师范大学的顶层政策设计作为微观、中观与宏观的研究对象开展研究。

第三,研究工具编制。本研究以师范生信息化教学能力培养结构框架作为访谈提纲的主要研制依据,分别研制了师范生、通用信息化教学课程教师、学科信息化教学课程教师、学科专业教师与学科院系管理层五份访谈提纲(见附录)。访谈提纲研制后,邀请了相关研究领域的两位国内专家与一位国外专家对五份访谈提纲中的问题进行了评价。本研究结合专家建议对访谈提纲进行了修正,形成了最终实施的访谈提纲。这里以师范生为例阐述访谈提纲的研制方法(见表1-8)。

表1-8 培养结构与师范生访谈问题对应编码表

编码	因 子	访 谈 问 题
TP	实习情况	1. 你已经实习了吗?是在小学,初中还是高中?实习学校在哪里?实习时间多久?
TB	教学观	2. 你觉得教师在教学中扮演的是一个什么样的角色?

编码	因 子	访 谈 问 题
AU	实习时信息化教学行为	3.1 你在教育实习中有没有用到信息技术?具体是如何使用的?
IPLAY	信息化教学愉悦感	3.2 在实习过程中你发现自己喜欢信息化教学吗?
IANXE	信息化教学焦虑	3.3 在实习时你在信息化教学过程中有没有遇到困难?具体是什么样的困难?
TR	感知教学促进性	4. 你觉得在英语教学中使用信息技术与不使用信息技术有何差异?为什么?
TBI	信息化教学意愿	5. 你工作以后会进行信息化教学吗?你会使用什么信息技术?如何使用?
FC	外部条件感知	6. 在师范大学与实习学校,你可以使用的信息技术设备、工具以及数字资源充分吗?
ETI	学科专业教师影响	7.1 你的英语专业教师会使用什么样的信息技术?频率如何?他们如何使用? 你觉得哪些对于他们的教学有帮助?未来你会在自己的教学中使用这些信息技术吗? 7.2 你的英语专业教师是否注重发展你们的核心素养?具体通过什么方式?
TPI	实习经历影响	8.1 你的实习学校教师使用什么样的信息技术?频率如何?他们如何使用? 你觉得哪些对于他们的教学有帮助?未来你会在自己的教学中使用这些信息技术吗? 8.2 你的实习学校教师是否注重发展学生的核心素养?具体通过什么方式?
ITI	通用信息化教学课程影响	9.1 你们有没有类似教育信息技术的课程?在课程上你学到了哪些信息技术? 你觉得哪些对于教学有帮助?未来你会在自己的教学中使用这些信息技术吗? 9.2 你的教育信息技术的课程教师是否注重发展你们的核心素养?具体通过什么方式?
TTI	学科信息化教学课程影响	10.1 你们有没有类似学科教育信息技术的课程?在这些课程上你学到了哪些信息技术? 你觉得哪些对于教学有帮助?未来你会在自己的教学中使用这些信息技术吗? 10.2 你的学科教育信息技术教师是否注重发展你们的核心素养?具体通过什么方式?
UI	师范大学整体影响	11. 你在师范大学就学后,对于在教学中使用信息技术的态度有何转变?为什么?学科专业教师、教育信息技术的课程教师、学科教育信息技术的课程教师、实习经历,哪个影响最大?

续表

编码	因 子	访 谈 问 题
SNU	主观规范(师范大学)	12. 你知道毕业的时候需要达到什么样的信息技术能力标准吗？
ITSE	信息化教学自我效能感	13. 你觉得你可以胜任中小学信息化教学吗？如果还没有,哪方面还需要发展？
DBI	信息化教学能力发展意愿	14. 如果在你未来工作的学校有信息化教学培训的机会,你会去参加吗？
SNU	主观规范、社会形象(师范大学＋院系)	15. 你知道学校和学院有什么政策措施在推动师范生的信息化教学能力吗？效果如何？
SNC	主观规范、社会形象（国家）	16. 你知道国家有什么政策在推动师范生的信息化教学能力吗？效果如何？

1. 对于师范生的访谈主要包括五部分内容

第一部分：告知访谈目的,获得录音许可,界定核心概念；

第二部分：了解师范生的基本实习情况,包括实习学校的层次、地区、时间；

第三部分：了解师范生信息化教学的意愿与实习时的信息化教学行为；本部分按照师范生信息化教学能力培养结构框架为依据设置访谈问题；

第四部分：了解各利益主体对于信息化教学的意愿与实习时的信息化教学行为的影响；

第五部分：感谢访谈者的参与并回答访谈者的问题。

2. 对于学科专业教师的访谈包括六部分内容

第一部分：告知访谈目的,获得录音许可,界定核心概念；

第二部分：了解教师的基本背景,包括教育背景与工作背景、教授师范生的课程、年级以及教龄；

第三部分：了解教师对于师范生信息化教学意愿与能力的认知以及对于如何提升师范生信息化教学的意愿与能力的理解；

第四部分：了解教师在教授师范生时的信息化教学行为,包括使用的信息技术、在教学中使用信息技术的具体行为、意图实现的目的等。此处也参照培养结构各因子研制问题；

第五部分：了解各利益主体对于教师信息化教学的意愿与信息化教学行为产生的影响；

第六部分：感谢访谈者的参与并回答访谈者的问题。

3. 对于信息化教学课程教师的访谈包括六部分内容

第一部分：告知访谈目的,获得录音许可,界定核心概念；

第二部分：了解教师的基本背景,包括教育背景与工作背景以及教龄；

第三部分：了解教师对于师范生信息化教学意愿与能力的认知以及对于如何提升师

范生信息化教学的意愿与能力的理解;

第四部分:了解信息化教学课程的主要内容、教师在教授师范生时的信息化教学行为,包括使用的信息技术、在教学中使用信息技术的具体行为、意图实现的目的等。此处也参照培养结构各因子研制问题;

第五部分:了解各利益主体对于教师信息化教学的意愿与信息化教学行为产生的影响;

第六部分:感谢访谈者的参与并回答访谈者的问题。

4. 对于学科院系管理层的访谈包括六部分内容

第一部分:告知访谈目的,获得录音许可,界定核心概念;

第二部分:了解管理层人士的基本背景,包括教育背景、教授师范生的课程、年级以及教龄、担任管理工作的年限;

第三部分:了解管理层人士对于师范生信息化教学意愿与能力的认知以及对于如何提升师范生信息化教学的意愿与能力的理解;

第四部分:了解管理层人士对于学科专业教师信息化教学意愿与能力的认知以及对于如何提升学科专业教师信息化教学的意愿与能力的理解;

第五部分:了解院系管理层对师范生信息化教学能力培养的相关政策以及其对于师范大学对师范生信息化教学能力培养的顶层设计的理解;

第六部分:感谢访谈者的参与并回答访谈者的问题。

从上述各利益主体的访谈框架以及附录的访谈提纲可以看出,对同一个研究问题,本研究力图从不同利益主体获得数据,从而可以最接近真实情况地获得关于这个问题的数据。例如,对于师范生信息化教学能力的培养成效,我们从师范生、学科专业教师、信息化教学课程教师以及学科院系管理层四方利益主体获得数据;对于学科专业教师的信息化教学行为,我们从师范生、学科专业教师以及学科院系管理层三方利益主体获得数据。不同来源的数据相互联系与佐证有利于我们更深入地了解师范生信息化教学能力培养的成效以及各利益主体对此产生的影响。

在完成研究工具的编制之后,正式研究由此开始:

第一步,使用在线词云统计工具图悦的量化分析方法,得到三所师范大学的师范生信息化教学能力培养相关政策文本的热词权重图,以师范生信息化教学能力培养结构框架为质性文本分析的编码工具,通过 Atlas.ti8 质性分析软件对三所师范大学的师范生信息化教学能力培养相关政策文本进行文本分析,得到在师范大学层面对于师范生信息化教学能力培养的顶层设计。

第二步,对 17 位已经完成实习的大四师范生、12 位学科专业教师、4 位通用信息化教学课程教师、1 位学科信息化教学课程教师、3 位学科院系管理层人士做了深度访谈(见表 1-9),每个访谈持续 60 至 90 分钟,对于每一类访谈对象都采用了前期研制的统一的访谈提纲(见附录),在征得访谈对象同意之后对访谈进行了录音。鉴于访谈前研究者承诺保护研究对象的隐私,因此,在本书中我们将隐去访谈对象与师范大学的相关信息,用代码表示。

表 1-9 三所师范大学访谈对象统计表

师范大学	师范生	学科专业教师	通用信息化教学课程教师	学科信息化教学课程教师	学科院系管理层
X校	6人	4人	2人	0人	1人
Y校	5人	4人	2人	0人	1人
Z校	6人	4人	0人	1人	1人

第三步，个案数据处理、编码与分析。访谈结束后将录音转换为文本，以师范生信息化教学能力培养结构框架为因子，通过 Atlas.ti8 质性分析软件对访谈数据进行编码分析（见表1-10），分别从不同利益主体的数据来源中获得师范生在大学四年学习之后的信息化教学意愿与实习时的信息化教学行为，并获得作为师范生信息化教学能力培养系统中主要利益主体的信息化教学课程教师、学科专业教师的信息化教学意愿与行为现状、学科管理层对师范生信息化教学能力培养的理解与相关的政策措施，从而对三种模式下师范生信息化教学能力的培养成效进行归因分析。

表 1-10 三所师范大学访谈对象编码表

师范大学	师范生	学科专业教师	通用信息化教学课程教师	学科信息化教学课程教师	学科院系管理层
X	XS-1 … XS-6	XST-1 … XST-4	XIT-1, XIT-2	——	XM-1
Y	YS-1 … YS-5	YST-1 … YST-4	YIT-1, YIT-2	——	YM-1
Z	ZS-1 … ZS-6	ZST-1 … ZST-4	——	ZTT-1	ZM-1

最后，在各方利益主体的数据相互检验、佐证之下，多视角地开展分析，在三所师范大学的培养模式下，三所师范大学的师范生信息化教学能力发展的实际主要动力源是什么？是否与师范院系顶层设计的动力源相一致？师范大学的培养模式是否对这个（些）动力源产生了影响？产生了哪些有利与不利的影响？在此基础上，对其现有培养模式进行系统性研究，挖掘每种模式的合理性与局限性以及可能适用的情境。

（四）指向核心素养的师范生信息化教学能力系统性培养策略的研究路径与研究方法

对于指向核心素养的师范生信息化教学能力系统性培养策略的研究，主要采用比较研究的方法，在比较分析三种模式下师范生信息化教学能力系统培养成效与归因分析的基础上，总结在宏观层面的顶层设计、中观层面的院系管理与微观层面的教学实施三个层面被个案研究证实有效的培养策略，结合已有研究的发现，形成指向基础教育阶段学生核心素养发展的师范生信息化教学能力系统性培养策略。

第二章
师范生信息化教学能力
结构与发展目标

正如第一章所述,关于信息化教学能力的内涵与结构,学术界尚未有统一的结论,尚未定论的还有教育技术能力、信息技术应用能力等与信息化教学能力类似的概念。整体而言,信息化教学能力是教师使用信息技术优化教学、促进学生学习的能力。然而,鉴于信息技术的层出不穷以及时代育人目标的变化,信息化教学能力的内涵也随之发生了改变。智能时代的育人目标与工业时代的育人目标大相径庭,教师的信息化教学能力也需要相应地符合时代育人的新需求。基于大数据分析的学习测评平台可以被用来加强传统的机械练习,反复刷题,进一步促进应试教育,也可以为学生提供"靶向治疗",即针对其弱点的练习,以避免重复机械的作业,把学生与教师的时间解放出来用于促进探究学习、自主学习、合作学习从而培养学生的创新能力、批判性思维、沟通合作能力等未来社会所需要的高阶思维能力,关键在于在教学中使用信息技术的目标是什么以及具体如何使用。因此,在我们探究如何在教师职前阶段发展信息化教学能力之前,首先必须要明确的便是师范生信息化教学能力的发展目标及其具体的内涵与结构。只有先明确了师范生信息化教学能力发展目标,才能为教师在职前阶段发展信息化教学能力指明方向,只有清晰了师范生信息化教学能力的内涵与结构,师范大学才能在设计、实施与评价师范生信息化教学能力的培养策略时,找准方向,用对力气,有的放矢。

依据第一章第三节教师职前信息化教学能力结构研制路径(见图1-10),本章第一节将分析主要发达国家与国际组织的教师信息化教学能力标准的制定路径、内容与特色,从而获取国际经验与启示;第二节将总结我国现有标准的思路与内容;在分析国际经验与我国现有标准的基础上,第三节将研究提出指向核心素养的师范生信息化教学能力的产出结构与培养结构;第四节将以指向核心素养的师范生信息化教学能力产出结构为框架,融入基础教育阶段的核心素养要求,结合国内外主要标准,研制指向核心素养的师范生信息化教学能力发展目标框架。

第一节　教师信息化教学能力
标准的国际经验

信息技术广泛而深刻地影响着人类生活的方方面面,人工智能技术的发展也让世界各国都认识到信息技术素养对于公民能力与社会发展的重要作用,在此背景下纷纷出台了学生或者公民的信息素养标准,而各国的教师信息技术能力标准也应运而生,为我们提供了启示。本研究主要分析美国、欧盟以及联合国教科文组织的教师信息技术能力标准的主要内容以及研制依据。

一、美国《ISTE 教育者标准》2017 版

（一）美国《ISTE 教育者标准》2017 版的主要内容

在美国国际教育技术协会(International Society for Technology in Education,ISTE)《教育者标准 2017 版(ISTE Standards for Educators)》(以下简称《ISTE 教育者标准》2017版)中,根据教师"被赋能的专业人士"与"学习的催化剂"两大维度的角色,将教师的能力细分为学习者、领导者、公民、合作者、设计师、促进者与分析师七个角色(见表 2-1)。[①]

表 2-1　美国《ISTE 教育者标准》2017 版教师能力表

维度	角色	能力
维度一: 被赋能的 专业人士	1. 学习者	A. 设定专业学习目标,探索和应用技术可能实现的教学方法,并反思其有效性
		B. 创建并积极参与本地和全球学习网络,来追求专业兴趣
		C. 随时关注支持、改善学生学习成果的研究,包括学习科学的研究发现
	2. 领导者	A. 通过与教育利益相关者合作,塑造、推进和加速实现通过技术赋能的学习这一共同愿景
		B. 倡导公平获取教育技术、数字内容和学习机会,以满足所有学生的不同需求
		C. 成为同事识别、探索、评估、策划和采用新的数字资源和学习工具的榜样
	3. 公民	A. 为学生创造机会,使他们能够做出对社会负责的积极贡献,并在网上建立关系和社区时表现出具有同理心的行为
		B. 建立学习文化,促进学生对在线资源的好奇心和批判性检查,并促进数字素养和媒体熟练度
		C. 指导学生安全、合法和有道德地使用数字工具并保护知识产权
		D. 建立和促进个人数据和数字身份的管理,保护学生的数据隐私

---

① International Society for Technology in Education. ISTE Standards for Educators (2017)[S/OL]. [2019 - 01 - 07]. https://www.iste.org/standards/for-educators

续表

维度二：学习的催化剂	4. 合作者	A. 投入时间与同事协作制定计划,以创建利用技术的真实学习体验
		B. 与学生协作并共同学习,以发现和使用新的数字资源,诊断和解决技术问题
		C. 通过与当地及全球的专家、团队和学生进行虚拟互动,使用协作工具扩展学生真实的、与现实世界相关的学习体验
		D. 在与学生、学生家长和同事沟通时展示文化胜任力,并作为学生学习的合作者与他们进行互动
	5. 设计师	A. 利用技术来创造学习体验,使其能够适应学生需求并实现个性化,从而促进独立学习,并适应学习者的差异与需求
		B. 设计符合学科内容标准的真实学习活动,并使用数字工具和资源最大限度地促进积极的、深度的学习
		C. 探索并应用教学设计原则,创建能激发兴趣并支持学习的创新性数字学习环境
	6. 促进者	A. 孕育一种文化,让学生在独立和小组环境中掌控自己的学习目标和成果
		B. 在数字平台、虚拟环境、动手操作的创客空间或现实场所,管理技术以及学生学习策略的使用
		C. 创造学习机会,以挑战学生使用设计过程和计算思维来创新及解决问题
		D. 培养创造力和创造性表达,以传达思想、知识或联系,并在这一方面成为学生的榜样
	7. 分析师	A. 为学生提供可供替代的方法,从而让他们展示能力并使用技术反思学习
		B. 利用技术设计并实施各种形成性和总结性评估,以满足学习者的需求,及时向学生提供反馈并提供指导
		C. 使用评估数据指导进度,并与学生、学生家长和其他教育利益相关者沟通,以帮助学生发展自我指导的能力

注：本表为研究者根据美国《ISTE 教育者标准》2017 版内容绘制

（二）美国《ISTE 教育者标准》2017 版的主要特点

综合分析了美国《ISTE 教育者标准》2017 版的出台背景以及制定依据之后,可发现《ISTE 教育者标准》2017 版具有以下特点。

第一,《ISTE 教育者标准》2017 版针对《ISTE 学生标准》2016 版①提出,为美国面向未来培养人才的国家目标所服务,体现了超前于时代的前瞻性。

美国于 2016 年制订了国家教育技术计划《为未来做好准备的学习：重构技术在教育中

---

① International Society for Technology in Education. ISTE Standards for Students (2016) [S/OL]. [2019 - 01 - 07]. https://www.iste.org/standards/for-students

的角色(Future Ready Learning：Reimagining the Role of Technology in Education)》，提出了技术重塑教育的作用，目的是培养适应未来社会发展所需要的人才。① 在这个计划的指导下，ISTE 又在同一年更新了原来 2008 版的学生标准，颁布了《ISTE 学生标准》2016 版，并于 2017 年更新了教师标准，颁布了《ISTE 教育者标准》2017 版。因此，我们分析美国《ISTE 教育者标准》2017 版中教师信息化教学能力的结构不能孤立地仅仅就标准来看，而应该将其置于美国国家整体的教育技术计划的背景之中。不难发现，在整个教育系统中，教师与技术都是为了促进学生学习，目的在于在技术的支撑下实现"任何时候、任何地点的学习"，为其人才培养目标服务。

那么美国希望通过技术的力量培养什么样的人才呢？ 在 2016 版美国国家教育技术计划中对其育人目标也做了清晰的阐述："所有学习者都将在正式和非正式场合中享有能激发兴趣并赋能的学习体验，使学习者在这个与全球联系的社会中成为有道德的、积极的、有创造力的、知识渊博的参与者。"②这份最新的计划提出培养保持全球竞争力并积极参与的公民，强调学校应该在整个学习过程中融入 21 世纪所需要的能力和专业知识，包括批判性思维的发展、复杂问题的解决能力、协作以及在传统学术科目的教学中融入多模态的沟通能力，并强调学生的自主学习能力以及非认知方面的能力。可见，美国的《ISTE 学生标准》强调的并非仅仅是学生的知识储备与技术能力，而是以知识与技术为基础能够在未来多变的不确定的世界中生存与发展的核心素养。

将《ISTE 教育者标准》2017 版与《ISTE 学生标准》2016 版对比(见图 2-1)，可发现，"学习者""公民""设计师"与"合作者"四个角色是一致的，当然其内涵存在具体差异，与学生标准不同的是，教育者标准中这四个角色基本是从教学的角度定义的。而另外三个教师角色"领导者""促进者"与"分析师"也是针对《ISTE 学生标准》，为了实现其所设置的目标而设计的。《ISTE 教育者标准》2017 版明确指出了其标准制定的目的："利用技术促进学习，支持学生达到 2016 版《ISTE 学生标准》"。③ 毋庸置疑，《ISTE 教育者标准》2017 版相应强调的也是教育者具备通过技术支持学生发展面向未来的核心素养的能力，本质上是美国面向未来培养人才的保障机制之一。

第二，《ISTE 教育者标准》2017 版强调技术是支持教师的一种工具，而非最终目标。对于教师而言，技术的最终目标是变革教学与促进学生学习。主要体现在以下几方面。

(1)与美国国际教育技术协会 2000 年版及 2008 年版的标准相比，最新的标准去掉了原标准中"技术"一词，也就是 2017 新标准认为，信息技术能力在美国已是教师作为公民应该具备的素养，而突出强调的是在信息技术无处不在的社会，教师作为专业人

---

① U.S. Department of Education，Office of Educational Technology. Future Ready Learning：Reimagining the Role of Technology in Education：2016 National Education Technology Plan. [R/OL]. [2019-01-07]. https://tech.ed.gov/files/2015/12/NETP16.pdf

② U.S. Department of Education，Office of Educational Technology. Future Ready Learning：Reimagining the Role of Technology in Education：2016 National Education Technology Plan. [R/OL]. [2019-01-07]. https://tech.ed.gov/files/2015/12/NETP16.pdf

③ International Society for Technology in Education. ISTE Standards for Educators (2017)[S/OL]. [2019-01-07]. https://www.iste.org/standards/for-educators

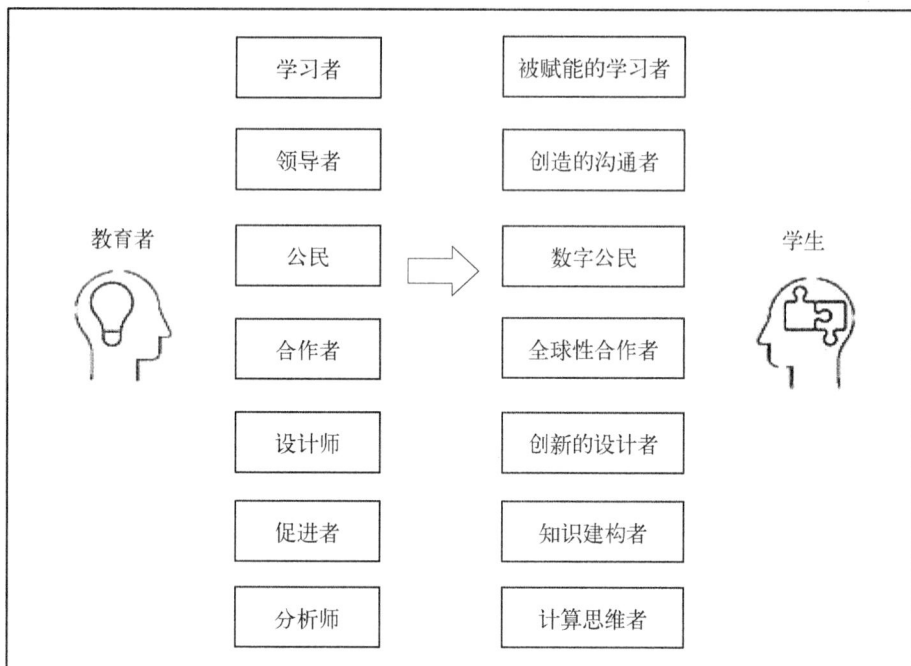

图 2-1 美国《ISTE 教育者标准》与《ISTE 学生标准》对比图

注：本图为研究者根据《ISTE 教育者标准》2017 版与《ISTE 学生标准》2016 版内容绘制

士应该具备何种能力才能利用技术来促进学生的学习。此外，《ISTE 教育者标准》2017版强调信息技术与学科内容的结合。标准以 TPACK 模型为框架，支持教师发展TPACK 知识。

（2）尽管《ISTE 教育者标准》2017 版并没有在标准中陈述其目标，然而我们在美国《2016 国家教育技术计划》中可以看到其明确的目标是：教育者将获得技术支持，使得他们能够与人、数据、内容、资源、知识和学习经验连接起来，获得激励，得以赋能，从而为所有学习者提供更有效的教学，这同样也强调了技术是为了支持教师更好地促进学生学习。[1]

（3）《ISTE 教育者标准》2017 版的第一大维度"被赋能的专业人士"看似是为了教师的发展，但最终的落脚点还是在促进学生学习上面。"被赋能的专业人士"关注的焦点是三个方面：一是教师如何通过持续的专业发展实现在信息化教学能力上的终身学习与成长；二是教师如何为自己所在的教育组织乃至整个复杂的教育系统贡献自己的力量，领导面向未来的教育变革；三是教师如何成为学生的数字公民典范，示范如何安全、合法和有道德地使用信息技术，在技术能力增长的同时，也提升了同理心等人文素养。可见，第一大维度的最终目标是通过教师的专业发展来促进学生在信息社会的学习与健康发展。在该标准的词云统计图上（见图 2-2）最核心的词便是 learning（学习）。

---

[1] U.S. Department of Education, Office of Educational Technology. Future Ready Learning: Reimagining the Role of Technology in Education: 2016 National Education Technology Plan. [R/OL]. [2019-01-07]. https://tech.ed.gov/files/2015/12/NETP16.pdf

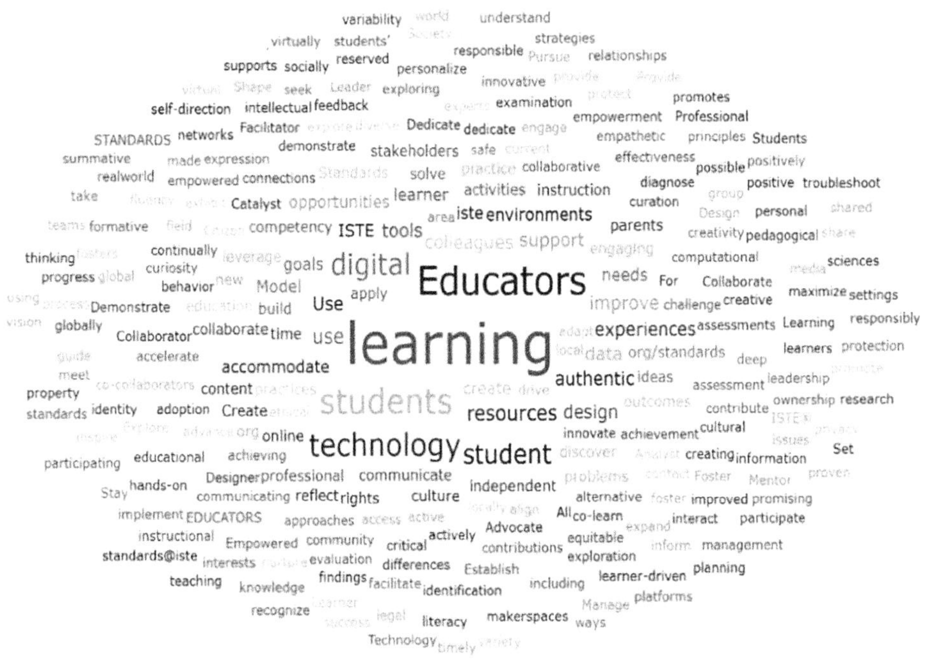

图 2 - 2　《ISTE 教育者标准》2017 版词云统计图

（4）《ISTE 教育者标准》2017 版并不强调某一种技术或者工具的使用。ISTE 明确指出 ISTE 标准不会告诉教师哪些工具最适合在学校或教室使用，"ISTE 标准与供应商和工具无关，这意味着它们不支持特定工具或公司。由于标准侧重于学习和教师的专业能力，因此支持使用各种工具。"①

第三，《ISTE 教育者标准》2017 版强调面向未来培养人才，教师角色也应发生相应的变化。主要表现在以下三大方面。

（1）与 ISTE 2000 版及 2008 版的标准相比，最新的 2017 版标准将教师（teacher）改为教育者（educator），体现了教师角色的变化。根据柯林斯词典的解释，在英语里面，teach 的含义是"help students to learn about it by explaining it or showing them how to do it"，即通过解释或者示范来帮助学生学习，可见在方法上更多的是以教师为中心的讲授法，而用 educator 来替换 teacher，则强调了教师角色的变化，突出了在未来教师不再仅仅是进行教学（teaching），传授知识的角色，而将立足点放在了促进学生学习之上，范围更为广泛，方法更为丰富。为了促进学生的学习，教师不再仅仅是传递知识的角色，而是能整合各方资源的合作者、教学过程的设计师、是学生学习的分析师以及促进者。

（2）《ISTE 教育者标准》2017 版非常强调教师合作者的角色，并且合作的内涵是全方位的。首先，教师能够与学生合作，学生和教师可以成为合作的工程师、学习体验的设计者、领导者、引导者和变革的催化剂。美国 2016 年国家教育技术计划提出，技术有助于对

---

① International Society for Technology in Education. ISTE Standards for Educators (2017)［S/OL］.［2019 - 01 - 07］. https://www.iste.org/standards/for-educators

于学习内容的深度探究,建立新的学习体验,在此过程中使教育者与学生成为共同学习者,认为这种通过技术改进的学习体验能够实现杜威提出的"更成熟的学习者"的理念。[①]此外,技术为教师提供了机会,教育者可以远远超出学校的范围进行合作,并将学习扩展到课堂之外。教育者可以创建学习社区,由学生、学校、博物馆、图书馆和课后活动的教育者,世界各地不同学科的专家、社区组织成员和家长组成。通过技术,教育者可以与社区或世界各地的其他教育工作者和专家联系,以拓展自己的视角并为学生创造学习机会。教育者可以与专注于现实问题的社区组织建立联系,设计学习体验,探索当地的需求。[②]所有这些因素使课堂学习更具真实性,与现实社会更具相关性。在词云图上(见图2-3),合作(collaboration)和真实的(authentic)分别占高频词的第28位与第14位,也证明了在新标准中,教育者运用技术的力量,与各方合作整合资源,为学生的学习创建真实的体验,并与学生共同学习这种合作能力的重要性。

(3)《ISTE教育者标准》2017版强调了在大数据时代教师利用数据进行分析的能力,从而针对学生的不同需求实现个性化学习。《ISTE教育者标准》2017版明确要求教育者理解并使用数据来推动他们的教学并支持学生实现学习目标,并且在新标准中以一个独立的角色"分析者"来突出这个角色的重要性,这是以往两个版本中所没有的,在智能技术迅速发展的背景下,教师利用技术分析数据从而使得学生个性化学习的可能性大大提升,"分析者"这一角色的出现恰恰体现了这一趋势。从词云统计而言,数据(data)一词位居第16位,需求(needs)一词位居第26位,也体现了整个标准要求教师具备分析数据的能力从而来满足学生个性化需求的精神。标准也提出了发展教师在数据分析的基础上,基于证据来和家长沟通的能力,以加强教师职业的专业性。

第四,《ISTE教育者标准》2017版体现了标准制定的系统性。美国国际教育技术协会除了制定了《ISTE学生标准》与《ISTE教育者标准》之外,还制定了《ISTE计算机教育者标准》《ISTE技术教练标准》以及《ISTE教育领导者能力标准》。其背后的理论逻辑支撑便是:培养学生的信息素养是一个系统工程,仅仅依靠教师的力量是无法实现的,还必须整合教育领导者、教师、计算机教师、技术教练等多方资源的力量。

整体而言,美国的《ISTE教育者标准》2017版极为强调教师信息化教学能力在促进学生学习与核心素养发展上的重要作用,强调促进学习而非提升技术能力,强调符合时代需要的教师角色的变化,强调通过提升教师质量来提高未来公民的素养,强调育人的系统性。

二、欧盟《教育者数字能力的欧洲框架》

2017年欧盟颁布的《教育者数字能力的欧洲框架(European Framework for the Digital Competence of Educators,DigCompEdu)》,目的是为欧洲各国的教育者发展数字

---

① U.S. Department of Education, Office of Educational Technology. Future Ready Learning: Reimagining the Role of Technology in Education: 2016 National Education Technology Plan. [R/OL]. [2019-01-07]. https://tech.ed.gov/files/2015/12/NETP16.pdf

② U.S. Department of Education, Office of Educational Technology. Future Ready Learning: Reimagining the Role of Technology in Education: 2016 National Education Technology Plan. [R/OL]. [2019-01-07]. https://tech.ed.gov/files/2015/12/NETP16.pdf

能力提供一个框架。

该框架是由欧盟联合研究中心（Joint Research Center，JRC）研制的，为欧盟成员国在培养教育者数字能力上提供了一致的话语体系与逻辑支持，通过发展教育者的数字能力来帮助欧盟成员国提高其公民的数字能力，从而促进教育创新。[①] 因此，在本质上，《教育者数字能力的欧洲框架》也是为提升欧盟内部各成员的教育质量、面向未来培养高质量的公民这一目标服务的。

（一）欧盟《教育者数字能力的欧洲框架》的维度与层次

《教育者数字能力的欧洲框架》将教育者的数字能力分为教育者的专业能力、教育者的教学能力、促进学习者的能力三大维度（见图2-3）。

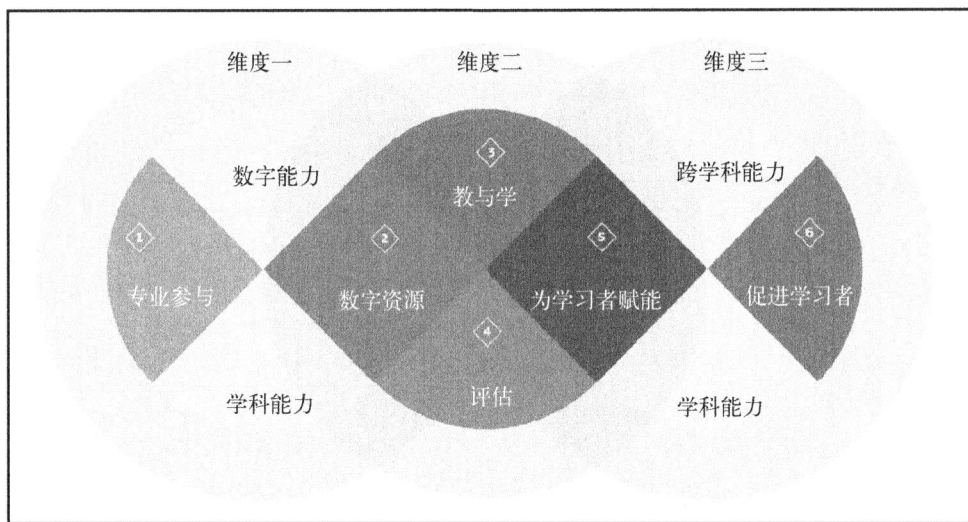

图2-3 欧盟《教育者数字能力的欧洲框架》能力维度图

注：引自 Redecker，C. European Framework for the Digital Competence of Educators：DigCompEdu[S]. Punie，Y. (Ed). Luxembourg：Publications Office of the European Union，2017.

其中第二大类"教育者的教学能力"是整个框架的核心区域，又具体细分为数字资源、教学与学习、评估及为学习者赋能四项，从而形成六个区共22项基本能力（见表2-2）。其中，第1区针对课堂以外教师职业所涉及的广义环境，即教育者在与同事、学习者、学生家长和其他利益主体的互动中使用数字技术，致力于个人职业发展和所在组织的集体利益发展；第2区阐述了教师有效且负责任地使用、创建和共享数字资源以进行学习所需的能力；第3区聚焦于管理和协调数字技术在教学中的使用；第4区专注于使用数字策略来改善教学评估；第5区侧重于数字技术在以学习者为中心的教学和学习策略方面的潜力；第6区详细说明了促进学生数字能力发展所需的具体教学能力。[②]

[①] Redecker，C. European Framework for the Digital Competence of Educators：DigCompEdu[S]. Punie，Y. (Ed). Luxembourg：Publications Office of the European Union，2017.

[②] Redecker，C. European Framework for the Digital Competence of Educators：DigCompEdu[S]. Punie，Y. (Ed). Luxembourg：Publications Office of the European Union，2017.

表 2-2 欧盟《教育者数字能力的欧洲框架》细项表

教学者的专业能力	专业参与	（1）组织沟通：使用数字技术加强与学习者、学生家长和第三方的组织沟通。协作发展并改进组织的沟通策略。
		（2）专业协作：利用数字技术与其他教育者合作，分享和交流知识与经验，并协作实践创新教学法。
		（3）反思实践：独自或集体地反思、批判性地评估和主动发展自己以及自己所在的教育共同体的数字教学法实践。
		（4）数字化持续专业发展：使用数字资料与资源进行持续的专业发展。
教学者的教学能力	数字资源	（1）选择数字资源：识别、评估和选择用于教学和学习的数字资源。在选择数字资源并规划其使用时，要考虑具体的学习目标、情境、教学方法和学习者群体。
		（2）创建和修改数字资源：在可能的情况下，修改和增强现有的公开许可资源和其他资源。创建或合作创建新的数字教育资源。在设计数字资源和规划其使用时，要考虑具体的学习目标、情境、教学方法和学习者群体。
		（3）管理、保护和共享数字资源：组织数字内容，并将其提供给学习者、学生家长和其他教育者。有效保护敏感的数字内容。尊重并正确应用隐私和版权规则。了解开放许可和开放教育资源的使用与创建，包括正确的引用。
	教与学	（1）教学：在教学过程中规划实施数字设备和资源，以提高教学干预的有效性。适当管理和协调数字化教学策略。试验和开发新的教学形式和教学方法。
		（2）指导：指导利用数字技术和服务，在学习环节内外，加强与学习者的个人和集体的互动。使用数字技术提供及时和有针对性的指导与帮助。试验并开发新的形式和模板，以提供指导和支持。
		（3）协作学习：使用数字技术促进和加强学习者协作。使学习者能够将数字技术用作协作任务的一部分，作为增强沟通、协作和协作性的知识创造的手段。
		（4）自我调节的学习：使用数字技术支持学习者的自主学习，使学习者能够计划、监控和反思自己的学习，提供其发展的证据，分享见解并提出创造性的解决方案。
	评估	（1）评估策略：使用数字技术进行形成性和总结性评估。加强评估形式和方法的多样性和适用性。
		（2）分析证据：生成、选择、批判性地分析和解释关于学习者活动、表现和进步的数字证据，以便为教学和学习提供信息。
		（3）反馈和计划：使用数字技术为学习者提供有针对性的及时反馈。根据所使用的数字技术产生的证据，调整教学策略并提供有针对性的支持。使学习者和学生家长能够理解数字技术提供的证据并将其用于决策。
	为学习者赋能	（1）可获得性和全纳性：确保所有学习者，包括有特殊需要的学习者，能够获得学习资源和参与活动。考虑和回应学习者（对于数字技术）的期望、能力、使用及误解，以及他们使用数字技术的情境、设备或认知方面的限制。

续表

教学者的教学能力	为学习者赋能	(2) 差异化和个性化：通过允许学习者以不同的水平和速度前进，并遵循个人学习途径和目标，来使用数字技术，从而满足学习者的多样化学习需求。
		(3) 积极让学习者参与：利用数字技术促进学习者对学科知识的积极、创造性参与。将数字技术融入教学策略中，培养学习者的跨学科技能、深度思考及创造性表达能力。鼓励学习者对新的、现实世界的情境保持开放的态度，并参与实践活动、科学调查或复杂问题的解决，或以其他方式促进学习者积极参与复杂的学科知识学习。
学习者的能力	促进学习者数字能力	(1) 信息和媒体素养：要求学习者明确表达信息需求的学习活动、作业和评估；在数字环境中查找信息和资源；组织、处理、分析和解释信息；比较和批判性地评估信息及其来源的可信度和可靠性。
		(2) 数字通信和协作：要求学习者有效和负责任地使用数字技术进行交流、协作和公民参与的学习活动、作业和评估。
		(3) 数字内容创作：要求学习者通过数字手段表达自己，并修改和创建不同形式的数字内容的学习活动、作业和评估。向学习者教授如何在数字内容方面应用版权和许可，如何注明来源和许可。
		(4) 负责任地使用：采取措施确保学习者在使用数字技术时的身心健康和社会福祉。使学习者能够安全负责地管理风险和使用数字技术。
		(5) 数字问题的解决：要求学习者识别和解决技术问题，或创造性地将技术知识迁移到新情境的学习活动、作业和评估中。

注：本表为笔者根据《教育者数字能力的欧洲框架》内容绘制

　　为了帮助教育者评估和发展自身的数字能力，《教育者数字能力的欧洲框架》还提出了一个包含不同数字能力层次的发展模型（见图 2-4）。[①]

　　该发展模型概述了教育者数字能力发展的六个不同阶段。明确数字能力发展的不同阶段与水平，有利于教育者了解个人在数字能力各个区域的优势和劣势，以帮助教育者确定在目前阶段提高其能力所需采取的具体措施。在发展模型最初的两个阶段，即新手（A1）和探索者（A2）阶段，教育者吸收新信息并进行基本的数字实践；在接下来的两个阶段，即融合者（B1）和专家（B2）阶段，教育者应用、进一步扩展和构建自己的数字实践；在最高阶段，即领导者（C1）和先锋（C2）阶段，教育者传授自己已有的知识，批判现有的实践并开发新的实践，虽然 A1 和 A2，B1 和 B2 以及 C1 和 C2 几个级别密切相关，但 A2 和 B1 之间，B2 和 C1 之间，存在认知上的飞跃。[②]

　　（二）欧盟《教育者数字能力的欧洲框架》的特点

　　综合分析欧盟《教育者数字能力的欧洲框架》，可以发现该标准具备以下三大主要特色。

---

① Redecker，C. European Framework for the Digital Competence of Educators：DigCompEdu[S]. Punie，Y. (Ed). Luxembourg：Publications Office of the European Union，2017.
② Redecker，C. European Framework for the Digital Competence of Educators：DigCompEdu[S]. Punie，Y. (Ed). Luxembourg：Publications Office of the European Union，2017.

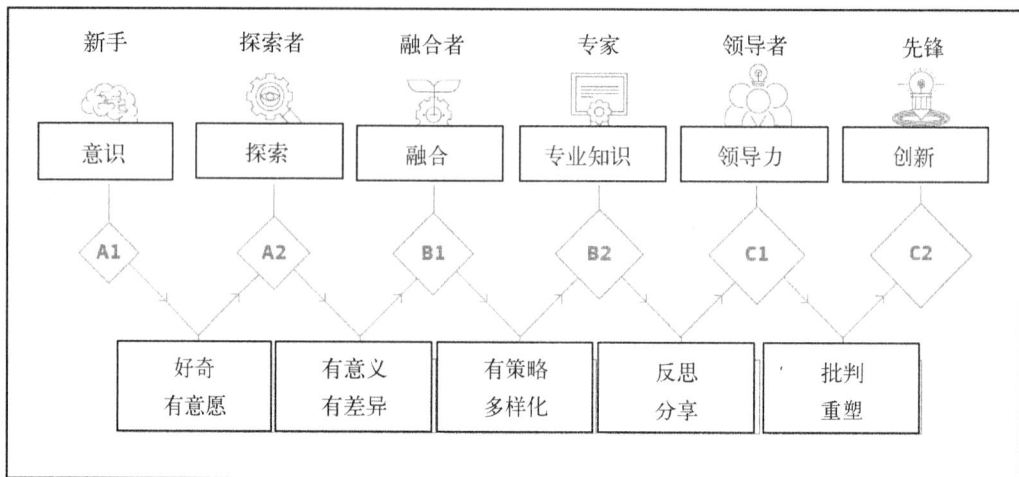

图 2-4 欧盟《教育者数字能力的欧洲框架》发展模型图

注：引自 Redecker，C. European Framework for the Digital Competence of Educators：DigCompEdu[S]. Punie，Y. (Ed). Luxembourg：Publications Office of the European Union，2017.

第一，该标准针对 JRC 的《欧洲公民数字能力框架》而提出，但强调教育者特有的数字教学能力。欧洲国家普遍认识到需要培养所有公民批判性和创造性地使用数字技术所需的能力，2016 年欧盟更新了《欧洲公民数字能力框架》。同时认识到，提升公民的数字化能力，必须提升教师、教育组织等的数字能力。因此又提出了教育者、教育组织和消费者的数字能力框架。①

《教育者数字能力的欧洲框架》认为教育者的数字能力包含两大方面：一是教育者作为普通公民生活在数字时代所需的能力。作为公民，教育工作者需要具备能够积极参与数字社会所需的数字能力，《欧洲公民数字能力框架》便规定了这些能力。教育者又是下一代的榜样，作为榜样，他们需要能够向学习者清楚地展示他们的数字能力，并示范如何创造性、批判性地使用数字技术。二是教育者作为教育专业人士所必须具备的特有的数字能力。《教育者数字能力的欧洲框架》认为教育者不仅仅是学生的榜样，他们首先并且更重要的是学习的促进者。作为致力于教学的专业人士，除了生活和工作所需的一般数字能力之外，他们还需要具有教育者所特有的数字能力，以便能够有效地使用数字技术进行教学。②《教育者数字能力的欧洲框架》的目的便是描述这些教育者特有的数字能力。

第二，突出以学习者为中心，为学习者赋能。《教育者数字能力的欧洲框架》特别设立了一个单独的区域第 5 区，突出教育者必须发展为学习者赋能的能力。《教育者数字能力的欧洲框架》强调虽然它涵盖了 6 大区域，然而其核心是第 2 区至第 5 区，这些区

① Redecker，C. European Framework for the Digital Competence of Educators：DigCompEdu[S]. Punie，Y. (Ed). Luxembourg：Publications Office of the European Union，2017.
② Redecker，C. European Framework for the Digital Competence of Educators：DigCompEdu[S]. Punie，Y. (Ed). Luxembourg：Publications Office of the European Union，2017.

域共同解释了教育者的数字教学能力,即教育者促进有效、全纳和创新的教学和学习策略所需要的数字能力。框架中最为核心的能力是第 3 区,即"教与学",包括在不同的学习过程中设计和实施信息技术的具体使用,[①]这恰恰体现了框架对于信息技术在教学中运用的重视。

第三,注重对教师的数字教学能力分层级,从而给教师进一步发展数字教学能力指明方向,也便于教师在组织中根据能力承担不同的角色。受修订后的布鲁姆学习目标分类法启发,《教育者数字能力的欧洲框架》提出了教育者数字教学能力的六个阶段,布鲁姆学习目标分类法解释了任何学习发展的六个持续认知阶段,从"记忆"和"理解"到"应用"和"分析",最后到"评估"和"创造",据此,该发展模型将教育者的数字教学能力分为六大层级,即新手(A1)和探索者(A2),融合者(B1)和专家(B2),领导者(C1)和先锋(C2)。[②] 发展模型的主要理念是明确六大区域每个基本能力的发展阶段,以帮助教育者明确其目前的能力水平与已经取得的成就,以及他们进一步发展数字教学能力应该采取的措施。

整体而言,欧盟的《教育者数字能力的欧洲框架》同样强调通过发展教师的数字能力而促进学习者的学习与发展,并且通过六大能力层级的划分为教师提供了逐步发展数字教学能力具体可循的指导方针,同时强调在教育组织内部不同能力层级的教师承担先锋、领导者、专家、融合者、探索者等不同角色,通过合作共同促进教学变革,为学习者赋能。

三、联合国教科文组织《教师信息通信技术能力框架》

2008 年,联合国教科文组织与微软、英特尔、思科和美国国际教育技术协会(ISTE)合作,正式确定了联合国教科文组织《教师信息通信技术能力标准(UNESCO ICT Competency Standard for Teachers,ICT - CST)》。[③] ICT - CST 旨在设立一份统一的国际标准来衡量教师运用信息通信技术的熟练程度,从而支持教师的专业发展。2011 年,联合国教科文组织又修订了 ICT - CST,推出了联合国教科文组织《教师信息通信技术能力框架(UNESCO ICT Competency Framework for Teachers,ICT - CFT)》(以下简称 ICT -CFT 框架)。[④] 新的版本吸收了全球学科专家和 2008 版 ICT - CST 用户的意见,并纳入了考试大纲和细则,其内容比第一个版本更为丰富。

(一) ICT - CFT 框架的基本内容

ICT - CFT 框架按照三种通过人力资本促进经济增长的方法(见图 2 - 5)设计了教师

---

① Redecker, C. European Framework for the Digital Competence of Educators: DigCompEdu[S]. Punie, Y. (Ed). Luxembourg: Publications Office of the European Union, 2017.
② Redecker, C. European Framework for the Digital Competence of Educators: DigCompEdu[S]. Punie, Y. (Ed). Luxembourg: Publications Office of the European Union, 2017.
③ UNESCO. UNESCO ICT Competency Standard for Teachers[S/OL]. [2018 - 10 - 08]. http://unesdoc. unesco. org/images/0021/002134/213475E. pdf
④ UNESCO. UNESCO ICT Competency Framework for Teachers[S/OL]. [2018 - 10 - 08]. http://unesdoc. unesco. org/images/0021/002134/213475E. pdf

的信息技术能力框架(见表 2-3),阐述了教师将信息通信技术整合到其专业实践中所需的能力。

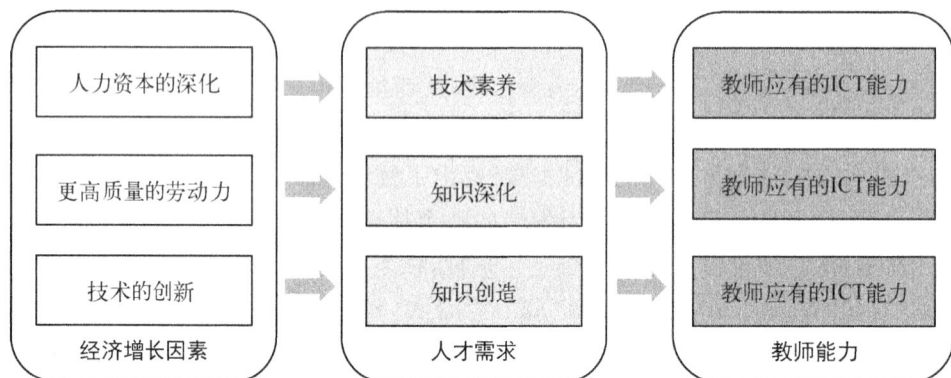

图 2-5 联合国教科文组织 ICT-CFT 框架制定依据路径图

注:本图为研究者根据联合国 ICT-CFT 框架绘制

表 2-3 联合国教科文组织 ICT-CFT 框架能力维度表

教育重点领域	第一阶段 促进学生的技术素养	第二阶段 促进学生的知识深化	第三阶段 促进学生的知识创造
理解教育中的 ICT	政策意识	政策理解	政策创新
课程与评价	基础知识	知识应用	知识社会的技能
教学法	融合技术	复杂问题的解决	自我管理
ICT	基本工具	复杂工具	普及工具
组织与管理	标准的教室	协作性的小组	学习型组织
教师专业发展	数字素养	管理与引导	作为学习模范的教师

注:引自 UNESCO. UNESCO ICT Competency Framework for Teachers[S/OL]. [2018-10-08]. http://unesdoc. unesco.org/images/0021/002134/213475E.pdf

　　ICT-CFT 框架强调了信息通信技术在支持知识获取的三个成长阶段中支持六大主要教育重点领域的作用:首先是技术素养,使学生能够使用信息通信技术进行更有效的学习。第二个是知识深化,使学生能够深入理解学科知识,并将其应用于复杂的现实问题。第三是知识创造,使学生、公民和他们组成的劳动力大军能够创造一个更加和谐、充实和繁荣的社会所需的新知识,显然,ICT-CFT 框架的目标是使教师教育的目标与国家的发展目标保持一致。[①]

　　ICT-CFT 框架认为,教育中使用新技术意味着教师要承担新的角色与运用新的教学法。信息通信技术是否能够成功融入课堂将取决于教师是否能以新的方式构建学习环境,将新技术与新教学法相结合,发展活跃的课堂,鼓励合作互动、协作学习和小组工作。

---

① UNESCO. UNESCO ICT Competency Framework for Teachers[S/OL]. [2018-10-08]. http://unesdoc.unesco. org/images/0021/002134/213475E.pdf

因此,需要教师掌握一套不同于传统的课堂管理技能,包括开发新的方法来使用技术以改善学习环境的能力,以及鼓励技术素养、知识深化和知识创造的能力等。[①]

同理,这也意味着教师教育要采用新的方法。教师专业学习是这种教育变革是否能够成功的关键。因此,在教师的信息技术应用能力的每个成长阶段(技术素养、知识深化、知识创造),针对每一项"教育重点领域",ICT - CFT 框架都制定了与之配套的课程目标及相应的教师能力要求。例如,在第三个成长阶段"知识创造"阶段,框架首先明确了这一阶段的目的是通过培养不断参与知识创造、创新和终身学习的学生、公民和劳动力来提高生产力,在这个目的指导下,又详细阐述了每一个具体领域的课程目标与相应的教师能力(见表 2 - 4)。[②]

表 2 - 4 ICT - CFT 框架"知识创造阶段"教师能力标准

教育重点领域	知识创造	课 程 目 标	教 师 能 力
理解教育中的ICT	政策创新	教师和学校工作人员都将积极参与教育改革政策不断演变的过程	教师必须了解国家政策的意图,并能够参与教育改革政策的探讨,以及旨在实施这些政策的计划的设计、实施和修订
课程与评价	知识社会的技能	课程不仅关注学科知识,而且包括知识社会的技能,如解决问题能力、沟通、协作和批判性思维。学生还需确定自己的学习目标和计划。评估本身就是这个过程的一部分;学生必须能评估自己和他人作品的质量	教师必须了解复杂的人类发展,例如认知、情感与身体的发展。他们必须知道学生如何以及在何种条件下学得最好,教师必须预见并能够有效地应对学生遇到的困难。教师必须具备支持这些复杂过程所需的技能
教学法	自我管理	学生在学习社区中工作,他们不断参与创建知识产品,并获取自己和他人的知识和技能	教师在这种方法中的作用是明确地示范学习过程并创造学生应用技能的情境
ICT	普及工具	各种联网设备、数字资源和电子环境用于创建和支持该社区的知识生产和随时随地的协作学习	教师将能够设计基于信息通信技术的学习资源和环境;利用信息通信技术支持学生的知识创造和批判性思维技能的发展
组织与管理	学习型组织	学校转变为学习型组织,其所有成员都参与学习	教师应该能够在培训中发挥领导作用,并为同事提供后续支持,他们还将能够发挥领导力,与同事一起在以创新和持续学习为基础并由 ICT 所丰富的专业共同体内部,创建和实施学校的愿景

---

① UNESCO. UNESCO ICT Competency Framework for Teachers[S/OL]. [2018 - 10 - 08]. http://unesdoc.unesco. org/images/0021/002134/213475E.pdf
② UNESCO. UNESCO ICT Competency Framework for Teachers[S/OL]. [2018 - 10 - 08]. http://unesdoc.unesco. org/images/0021/002134/213475E.pdf

续表

教育重点领域	知识创造	课 程 目 标	教 师 能 力
教师专业发展	作为学习模范的教师	教师本身就是学习的大师和知识生产者,他们不断从事教育实验和创新,以产生关于学习和教学实践的新知识	教师也必须拥有去实验、不断学习及使用信息通信技术来建立努力创造知识的教师专业学习共同体的能力、动力、倾向、激励和支持

注:引自 UNESCO. UNESCO ICT Competency Framework for Teachers[S/OL]. [2018 - 10 - 08]. http://unesdoc. unesco.org/images/0021/002134/213475E.pdf

可见,在 ICT - CFT 框架下,每一项教师能力都服务于六大领域具体的课程目标,这些课程目标都是为了培养适应 21 世纪的劳动力,从而促进国家的发展。

（二）ICT - CFT 框架的特点

第一,ICT - CFT 框架的最终目标是通过技术的力量促进人才的培养。ICT - CFT 框架的设计思路是首先确定经济与社会发展需要人才具备什么样的能力,然后据此确定教师需要具备什么样的信息通信技术能力才可以促进学生发展这些能力（见图 2 - 6）。因此,ICT - CFT 框架的最终目的是通过提升教师的信息通信技术能力来提升教育的质量,培养学生成为能够合作、能够解决问题、能够创造的学习者,使他们成为有效的公民和劳动力,从而推动经济和社会的发展。ICT - CFT 框架特别强调,教师仅仅拥有信息通信技术能力是不够的,仅仅将这些信息通信技术传授给学生也是不够的,教师需要具备能够使用信息通信技术帮助学生成为协作的、创造性的、解决问题的学习者这样的能力。

第二,ICT - CFT 框架中的教师信息通信技术能力是按照层级逐渐发展的,从促进学生的技术素养,到促进学生的知识深化,最终到促进学生的知识创造,这样逐级的育人目标要求教师具备不同层级的信息通信技术能力,从而实现从使用新技术到拥有高绩效的劳动力,最终达到一个知识经济和信息社会的经济社会发展目标。ICT - CFT 框架将能力从低到高分层、逐渐发展,有利于教师以及教师教育者确定不同阶段的目标,针对教师的能力现状制定不同的专业发展方案。

第三,ICT - CFT 框架注重基于教师现有能力的个性化发展。ICT - CFT 框架认为"一刀切"的培训方法无法满足教师个人的需求,反而会打击教师学习技术的积极性。教师在信息通信技术培训方面的需求会有很大差异,有些教师可能从未使用过计算机,有些教师可能正在使用多种设备、应用程序或者手机应用来促进教学。因此,教师的信息通信技术专业发展也应该基于教师现有的能力进行量身定制,才能真正促进教师的信息通信技术能力的发展。

第四,ICT - CFT 框架特别注重教师在国家教育政策制定过程中的作用,要求教师能够逐步了解国家政策的意图,参与教育改革政策的探讨,并参与设计、实施和修订旨在实施这些政策的计划。其背后的理念是只有教师真正认同这些与信息技术相关的政策,才能在实践中切实贯彻这些政策的精神,否则这些政策将仅仅是被束之高阁的文本。

第五,ICT - CFT 框架具有很强的可行性。除了各级能力的定义之外,该框架还配备了相应的教学大纲和考试规范示例,增加了框架真正落地的可行性。此外,对于每项教师能力,框架都有案例来说明其内涵,也给予落实标准的相关人士提供了参考,给予参照标准发展信息技术能力的教师开展实践的启示。

整体而言,联合国教科文组织的 ICT - CFT 框架同样以通过技术的力量促进人才的培养为其最终目标,并通过三个能力阶段的设置实现教师信息技术应用能力的个性化发展,通过教师参与政策制定以及提供教学大纲与案例来增加该框架真正落实于教学的可行性。

四、三大教师信息技术能力标准的比较与启示

比较上述三大标准(见表2-5)可以发现,这三大教师信息技术能力标准具备以下五大特色。

(1)从制定依据以及标准目标来看,三大标准均为了通过信息技术推动教育变革与创新,促进学生面向 21 世纪的核心素养的发展,特别是批判思维、沟通能力、合作能力与创新能力,从而服务于国家经济与社会发展的需要。其中,美国与欧盟的标准都是在其学生与公民的标准颁布之后颁布的,从本质上而言都是面向社会发展需要通过提升教师质量从而促进学生达到标准的保障机制之一,也就是教师信息技术能力发展的最终目标是促进学生的学习与发展,以适应未来社会的需要。

(2)从名称迭代可以看出,支撑三大标准的理念发生了变化,从对于教师信息技术能力细节的规定转变为宏观的纲领指导。

表 2 - 5　国际三大教师信息技术能力标准对比表

	美国 ISTE 教育者 能力标准	欧盟 教育者数字能力 的欧洲框架	联合国教科文组织 ICT - CFT 框架
最新版 年份	2017	2017	2011
制定 依据	ISTE 学生能力框架	欧洲公民数字能力框架	经济增长三要素:技术素养、知识深化、知识创造
目标	教育者将获得技术支持,使其能够与人、数据、内容、资源、知识和学习经验连接起来,得以赋能,从而为所有学习者提供更有效的教学	1. 描述教育者除了生活和工作的一般数字能力之外,所需具备的特有的数字能力,以便能够有效地使用数字技术进行教学,帮助欧盟成员国提高其公民的数字能力,促进教育创新; 2. 为欧盟成员国培养教育者数字能力提供一致的话语体系与逻辑支持,使得教育工作者能够全面评估和发展他们的数字教学能力	1. 使教师教育与国家的发展目标保持一致; 2. 通过提升教师的信息技术能力来提升教育的质量,培养学生成为能够协作、解决问题、创造性的学习者,使他们成为有效的公民和劳动力,推动经济和社会的发展

续表

	美国 ISTE 教育者 能力标准	欧盟 教育者数字能力 的欧洲框架	联合国教科文组织 ICT-CFT 框架
能力维度	两大维度： 1. 被赋能的专业人士 2. 学习的催化剂	三大维度： 1. 教育者的专业能力 2. 教育者的教学能力 3. 促进学习者的能力	无
能力领域	七个角色： 1. 学习者 2. 领导者 3. 公民 4. 合作者 5. 设计师 6. 促进者 7. 分析师	六大领域： 1. 专业参与 2. 数字资源 3. 教与学 4. 评估 5. 为学习者赋能 6. 促进学习者的数字能力	六大领域： 1. 理解教育中的 ICT 2. 课程与评价 3. 教学法 4. ICT 5. 组织与管理 6. 教师专业发展
能力层级	无层级	六级： 1. 新手 2. 探索者 3. 融合者 4. 专家 5. 领导者 6. 先锋	三级： 1. 促进学习者的技术素养 2. 促进学习者的知识深化 3. 促进学习者的知识创造

欧盟与联合国的标准的英文都从原来的 standard(标准)改为了 framework(框架)，而美国的标准在标准的定义中也将其描述为 framework(框架)。仅仅一个词的变化却大有学问。在英语里,standard(标准)通常是严格的,只提供一种方法或者解决方案,被认为是做某事的最佳方法,而 framework(框架)则只是一个可以指导实践的纲领,不同的人可以使用同一框架来发展不同的方法,框架是灵活的,且允许进行探索实验。标准没有任何选择的余地,必须遵循特定的方法来完成工作,也没有给创新留下空间,它不允许个体进行实验,因为它被公认为是最佳的,必须按照它规定的方法进行实践；而框架定义了一个系统,而不是具体的方法,框架通过提供一套指导方针,允许人们发展最适合他们自己的方法,有助于他们朝着特定的方向前进,因此框架相对而言更为宏观,更具指导意义,更灵活,更允许探索、创新和变通。

这一个词的变化恰恰体现了这三大标准理念上的重大变化,三大标准的制定者均认识到,教育信息化领域的政策需要从自上而下指令性的标准,发展为更具指导性的灵活纲领,从顶层设计上把握宏观上的方向、提供支持、进行问责,而非规定详细的细节,从而给予教师与教师教育组织更大的探索、实验、创新和变革的空间。

(3) 就能力的维度与结构而言,虽然三大标准的结构划分不尽相同,但从本质上而言其实包含的都是两大部分：一是促进学生的发展；二是促进教师自身的专业发展。

在促进学生专业发展这一维度上,除了教师运用信息技术促进课堂教学之外,三大标准又都强调了教师作为领导者与合作者，整合校内外以及线上线下各种资源（包括同事、专家、社区、学生家长等）来促进学生发展的能力。其中，联合国教科文组织的 ICT－CFT 框架还特别强调教师理解国家教育政策、参与政策制定过程等能力。

尽管三大标准关注的都是教师工作的两大维度的内容，深入分析还是存在差异，美国与欧盟的标准都将促进自身的专业发展作为第一维度，置于促进学生的发展之前，而联合国教科文组织的标准是将促进学生的发展置于教师专业发展之前。这并不意味着美国与欧盟认为教师专业发展比起促进学生发展是教师更重要的工作，上文已对此做过分析，美国与欧盟均非常强调教师在促进学生学习与发展上的作用，这样的设置从逻辑上而言其实更加体现了只有教师持续不断的专业发展才能更有效地促进学生的发展这一理念，也就是说教师的终身学习与持续的专业发展是促进学生发展的基础与前提。另一显著差异是联合国教科文组织的 ICT－CFT 框架在最初级的"促进学生技术素养"阶段，在 ICT 模块，规定了教师需要具备使用硬件与软件的能力，而在美国与欧盟的框架中都已经没有了关于基本信息技术能力的规定，究其原因，也不难理解，联合国教科文组织的 ICT－CFT 框架颁布于 2011 年，并且这是一份面向世界各国的框架，在当时可能有些国家与地区的教师还缺乏基本的信息技术能力，而美国与欧盟的框架都是在 2017 年颁布的，已经删除了旧版本中关于教师基本信息技术能力的要求，即默认绝大多数的教师已经具备基本的信息技术能力，而需要发展的是将信息技术应用于教学从而促进学生学习的能力。

（4）从能力的发展层级而言，除了美国的 ISTE 教育者能力框架没有设置层级，欧盟和联合国教科文组织的框架都设置了层级。这也不难理解，欧盟与联合国教科文组织都是国际组织，内部成员国差异较大，设置层级一方面能够体现框架兼顾了各国的差异，另一方面又建立了共同的衡量标准与话语体系，便于相互之间沟通、交流与学习，更重要的是，发展层级的设立为教师发展信息技术能力设定了可以努力的方向，而不会因为要一步到位而觉得困难重重。联合国教科文组织设置了技术素养、知识深化与知识创造三大发展层级，即教师掌握基本的信息技术素养、教师用信息技术优化教学及教师用信息技术变革教学、改变学生学习方式。欧盟标准在布鲁姆学习目标分级理论的指导下，设置了六大发展层级，即新手、探索者、融合者、专家、领导者与先锋，层级细分有利于增加信息化教学能力的自我效能感，让教师可以根据小目标逐级提升信息化教学能力，而不会觉得这是一个遥不可及的目标。

（5）从标准涵盖的内容来看，美国与欧盟的标准都非常注重使用信息技术应该具备的伦理道德意识与社会责任感。

美国标准中的第三个角色"公民"详细阐述的便是教师在使用信息技术时应该具备的伦理道德意识与社会责任感，并且要求教师培养学生的信息伦理道德意识与社会责任感。例如："为学习者创造机会，使他们能够获得做出积极的且对社会负责的贡献这样的体验，并在网上表现出建立关系和社区的具有同理心的行为""指导学生安全、合法和有道德地使用数字工具并保护知识产权""建立和促进个人数据和数字身份的管理，保护学生的数据隐私"等。[①]

[①] International Society for Technology in Education. ISTE Standards for Educators (2017)［S/OL］.［2019－01－07］. https://www.iste.org/standards/for-educators

欧盟的框架也同样在第六大领域"促进学习者数字能力发展"中重点强调了伦理道德方面的内容,例如"在数字环境中查找信息和资源;组织、处理、分析和解释信息;并比较和批判性地评估信息及其来源的可信度和可靠性""要求学习者有效和负责任地使用数字技术进行交流、协作和公民参与的学习活动、作业和评估""采取措施确保学习者在使用数字技术时的身心健康和社会福祉"及"使学习者能够安全负责地管理风险和使用数字技术"。此外在其他领域中,框架也要求教师"有效保护敏感的数字内容,尊重并正确应用隐私和版权规则"。①

联合国教科文组织的框架由于是 2011 年制定的,当时面临的问题多为如何提高教师的信息技术能力,如何运用信息技术促进教学,信息技术可能存在的负面作用还不是那么明显,因此,在这一方面尚未有所强调。

可见,随着信息技术的高速发展,各国也逐渐意识到,在存在不良的信息伦理道德意识、社会责任感缺失而信息技术相关的法律法规滞后于信息技术的高速发展情况下,信息技术可能会带来一些负面效应,特别是在人工智能时代,这一问题的重要性将更加显现。因此,必须通过加强教师的信息伦理道德意识与社会责任感来加强未来公民的信息伦理道德意识与社会责任感。

综上所述,从教师信息技术能力的国际经验中我们可以获得关于制定教师信息化教学能力发展目标的启示:

第一,在制定依据上,围绕国家社会的育人目标来确定教师的信息化教学能力发展目标;

第二,在发展目标上,信息化教学能力的关键在于促进教师教学与学生学习,而非技术能力的提升;

第三,在组成内容上,伦理道德意识与社会责任感在智能时代已经成为教师信息化教学能力不可或缺的组成部分;

第四,在框架基调上,宏观灵活的框架有利于教师与教师教育组织进行探索与创新;

第五,在框架设计上,有层级的框架有利于教师逐步发展信息化教学能力以及教育组织中教师的分工与合作。

第二节 我国教师信息技术 能力标准的启示

我国历史上共有两份教师信息技术能力标准,第一份是 2004 年颁布的《中小学教师教育技术能力标准(试行)》,第二份是 2014 年颁布的《中小学教师信息技术应用能力标准(试行)》(以下简称《2014 标准》),作为《教育部关于实施全国中小学教师信息技术应用能

---

① Redecker, C. European Framework for the Digital Competence of Educators: DigCompEdu[S]. Punie, Y. (Ed). Luxembourg: Publications Office of the European Union, 2017.

力提升工程的意见》这一重要举措。鉴于信息技术的高速迭代这一显著特点,本研究将重点分析 2014 年的标准,作为确定师范生信息化教学能力内涵与结构的依据。

一、《2014 标准》的制定目的

在《2014 标准》中,中小学教师的信息技术应用能力被定义为"中小学教师运用信息技术改进其工作效能、促进学生学习成效与能力发展,以及支持其自身持续发展的专业能力"。[①] 因此,尽管该标准不是针对某一学生标准提出的,其目的显然与上一节分析的国际三大标准一样,旨在促进学生学习,"充分利用信息技术优化课堂教学、转变学习方式,以支持优质、创新的课堂实践与个性、灵活的学生学习为价值取向"。[②] 尽管《2014 标准》中没有提到核心素养,但是在其发展性要求这一发展层次上,强调"支持学生自主、合作、探究学习""探索、反思与创造"以及"为学生提供丰富的学习机会和个性化的学习体验",这些都属于核心素养的范畴,这一点基本上与上文分析的国际三大标准立意相似,但是对于核心素养中关于理想信念、文化传承与理解、批判思维的素养以及与学科的融合强调不够。

二、《2014 标准》的能力维度

《2014 标准》从教师的角色出发,根据教师作为专业人士的三大方面工作内容确定了教师信息技术应用能力的三大模块:基本信息素养、促进学生发展与促进自身专业发展。在能力维度设计上,技术素养为基础素养,为后四大能力维度奠定基础;计划与准备、组织与管理、评估与诊断三大能力维度与教师的教学过程紧密贴合,旨在促进学生学习;而学习与发展能力维度旨在促进自身专业发展。这一特点基本与上文分析的国际三大标准一致。这样设计的优势在于,容易让教师理解信息技术在其教学过程及自身发展中的作用,有利于让信息技术与教师建立关联,让教师认识到信息技术对其教学的积极价值,而不是一项不得不完成的任务,这样教师才会有探索在教学中运用信息技术的意愿与动力。

表 2-6　《中小学教师教育技术能力标准》的能力维度表

教师角色	能力维度
具备基本信息素养	1. 技术素养
促进学生的学习	2. 计划与准备
	3. 组织与管理
	4. 评估与诊断
促进自身的专业发展	5. 学习与发展

注:本表为本书研究者根据《中小学教师教育技术能力标准》绘制

---

① 中华人民共和国教育部.中小学教师信息技术应用能力标准(试行)[EB/OL].[2018-10-15]. http://www.moe. edu.cn/publicfiles/business/htmlfiles/moe/s6991/201406/170123.html
② 祝智庭,闫寒冰.《中小学教师信息技术应用能力标准(试行)》解读[J].电化教育研究,2015,36(09):5-10.

三、《2014 标准》的能力层级

《2014 标准》考虑到各地区教师信息技术应用情境的差异,对教师的信息技术应用能力提出了基本要求和发展性要求两个层次的要求。其中,第一层次"应用信息技术优化课堂教学的能力"为基本要求,这一层次的要求主要是针对没有网络与移动设施的多媒体环境下教师在教学中应用信息技术的情境,因此在这一情境下的教学模式实际上还是以讲授、启发式提问为主,对于教师信息技术应用能力的要求主要指利用信息技术进行"讲解、启发、示范、指导、评价等"能力;第二层次"应用信息技术转变学习方式的能力"为发展性要求,这一层次的要求是针对学生已在网络或移动设施的学习环境的情境,对于教师信息技术应用能力的要求主要指教师"利用信息技术支持学生开展自主、合作、探究等学习活动所应具有的能力"。①

可见,《2014 标准》对于教师信息技术应用能力的层级划分主要是基于其信息技术应用情境的差异,认为在没有网络的多媒体教学环境中与在网络多媒体教学环境和移动学习环境中,教师使用信息技术的目的、教学策略、学生的学习行为以及信息技术工具都是不一样的。标准考虑到各地的差异而设定教师信息技术应用能力的层级,符合我国的国情。然而随着新课标的出台以及各地学校网络环境的完善,《2014 标准》中的发展性需求应该逐渐成为教师发展能力的目标,在这样的背景下,类似于欧盟标准更细的层级有利于将目标分解,更有利于教师发展信息化教学能力的自我效能感提升,也更利于评价的开展。

整体而言,我国的《2014 标准》同样从促进学生学习这一目标出发,将教师的信息技术应用能力分为"促进学生发展"与"促进自身专业发展"两大维度,并提出了基本要求和发展性要求两个发展层次,与国际上三大标准特色基本相符,为我们确定师范生信息化教学能力的内涵与结构奠定了良好的基础。在智能时代的新形势下,还需要在明确核心素养内涵与细化信息化教学能力发展层次上进一步完善。

第三节　师范生信息化教学能力结构

在分析了国际上三大教师信息技术能力的标准内容与研制依据以及我国的教师信息技术应用能力标准的基础上,本节将首先确定师范生信息化教学能力的内涵与结构的研制依据,然后在研制依据的指导下确定师范生信息化教学能力的内涵与结构。

一、师范生信息化教学能力结构研制依据

如何确定信息化教学能力的结构呢? 常见的研制依据有以下两种。

---

① 中华人民共和国教育部.中小学教师信息技术应用能力标准(试行)[EB/OL].[2018 - 10 - 15]. http://www.moe. edu.cn/publicfiles/business/htmlfiles/moe/s6991/201406/170123.html

第一，从教师的角色出发。这一种方法从教师的角色出发确定教师使用信息技术开展教学所应具备的相关能力。

从上两节分析中可以看出，无论是世界上主要发达国家与国际组织还是我国的教师信息技术能力标准，其制定的脉络基本都是从教师的角色出发来确定教师的信息技术能力标准。不难理解，作为标准与框架，其主要目的是为教师发展信息技术能力指明方向，因此阐述的角度必须从教师出发，充分考虑到教师的理解与接受程度，而从教师的角色出发，容易让教师产生认同感，建立关联，不会觉得信息技术是高高在上或者遥不可及的深奥知识。而教师角色的确定又与学生的能力培养紧密相连，基本都是首先根据国家经济与社会发展需求确定培养人才的目标，再相应地制定课程的标准与教师的标准作为保障措施。

第二，从教师的知识结构出发。这一种方法根据教师的知识结构来确定教师信息化教学能力的构成，其中较为典型的就是 TPACK。关于 TPACK 的内容已在第一章国外研究综述中详细阐述，这里不再赘述。从教师的知识结构出发有利于研究者对于教师的信息化教学能力进行学理研究，同时也有利于师范大学据此进行相关的课程建设与师资发展。

从教师的角色出发能够形成信息化教学能力的产出结构，即教师可以通过信息化教学达成什么目标，这一视角有利于教师发展自己的信息化教学能力，明确信息化教学对学生学习的促进作用；从教师的知识结构出发能够形成信息化教学能力的培养结构，即教师的信息化教学能力需要由哪些知识构成，这一视角有利于师范大学根据培养结构进行相关的课程建设与师资发展。因此，本研究将从这两个角度出发来研究师范生信息化教学能力的结构。

二、师范生信息化教学能力的产出结构

在信息社会，教师有三个角色：信息社会的公民、帮助学习者实现学习目标的教育专业人士、作为学校或教育组织成员的教育专业人士。因此，教师的信息化教学能力也是由三方面构成的，即作为公民的基本信息素养、利用信息技术促进学生学习的能力、利用信息技术促进自己及组织专业发展的能力。我国《2014 标准》就是按照这三种角色所确定的，美国与欧盟的标准也涵盖了促进学习与专业发展这两种角色。

在信息社会，理想的状况应该是教师作为学生使用信息技术的榜样，以培养具有使用信息技术的隐私安全意识、社会责任感与法律道德意识的合法公民。目前现实情况是在职老师，特别是年龄较长的在职教师本身就是数字移民而非数字原住民，本身信息技术素养欠佳，无法给学生树立良好的榜样，鉴于此，我们在培养师范生的时候就更应该突出这一角色的重要性。师范生虽然是学生的身份，但同时也是职前教师的身份，师范生的学习也就是职前教师的专业发展，因此，为了有利于师范生建立职前教师的身份意识并发展身份认同，本研究也按照信息社会的公民、帮助学习者实现学习目标的教育专业人士、作为学校或教育组织成员的教育专业人士这三个角色建构了师范生信息化教学能力的产出结构。按照信息社会教师的这三个角色，师范生信息化教学能力应该

包括三大维度：信息化教学的技术素养、信息化专业发展能力、信息化学生发展能力（见图 2-6）。

信息社会教师的角色　　　　　　　师范生的信息化教学能力产出结构

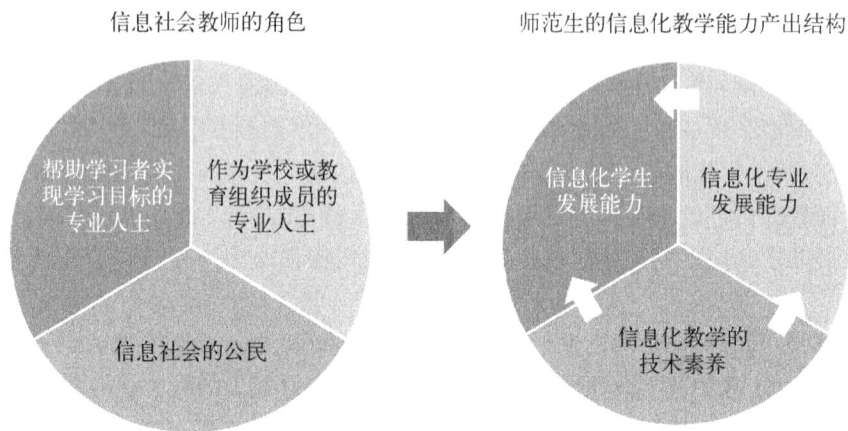

图 2-6　师范生的信息化教学能力产出结构研制图

在师范生信息化教学能力的产出结构中，信息化教学的技术素养为其他两大维度"信息化专业发展能力"与"信息化学生发展能力"奠定了基础，而促进专业发展能力的最终发展目标也是促进学生发展。因此，这个视角的师范生信息化教学能力结构突出了发展信息化教学能力的产出导向。

在三大维度之下，本研究又细分了九大模块。其中，信息化教学的技术素养维度包含了信息技术基本技能（1.1）与信息道德与责任（1.2）两个模块，强调了在信息技术高速发展的背景下，使用信息技术时的道德与责任感的重要性；信息化专业发展能力根据教师在教育组织中的角色，设定了学习力（2.1）、合作力（2.2）、领导力（2.3）三个模块，体现了教师的终身学习者、教育组织内部与外部的合作者以及领导者的三种角色，领导力的角色设置特别突出了师范生是信息技术支撑的教学变革的重要推动力；信息化学生发展能力维度基本按照了我国《2014 标准》的研制思路，根据教师教学工作的流程包含了计划与准备能力（3.2）、组织与实施能力（3.3）、评估与诊断能力（3.4）三个模块，并突出了信息化教学意愿（3.1）的重要性，单独设立了一个模块，共四个模块（见表 2-7），构成了师范生信息化教学能力的产出结构。

表 2-7　师范生信息化教学能力的产出结构

能　力　维　度	能　力　模　块
1. 信息化教学技术素养	1.1　信息技术基本技能
	1.2　信息道德与责任
2. 信息化专业发展能力	2.1　学习力
	2.2　合作力
	2.3　领导力

续表

能　力　维　度	能　力　模　块
3. 信息化学生发展能力	3.1　信息化教学意愿
	3.2　计划与准备能力
	3.3　组织与实施能力
	3.4　评估与诊断能力

三、师范生信息化教学能力的培养结构

在确定了师范生信息化教学能力的产出结构之后,对于师范大学而言,最关心的是如何才能培养师范生指向核心素养的师范生信息化教学能力产出结构中的各项能力。师范大学培养师范生的某种能力最终需要落实到具体可操作的培养路径,更确切地说,如何依托师范大学系统内现有的利益主体对师范生信息化教学能力进行培养? 要回答这个问题,我们必须首先从教师的知识结构出发,来分析师范生信息化教学能力的内部因子,才可以知晓这些因子与系统内利益主体之间具体的联系。

如表 2-7 所示,师范生信息化教学能力各模块其实可以分为两大类:意愿与能力。第一章的文献综述业已总结了信息化教学的意愿、能力与设备被多项研究视为师范生能够进行信息化教学的因素,其中,意愿与能力属于与师范生相关的内部因素,也是师范大学需要培养的内容。鉴于此,我们将师范生信息化教学的培养结构分为信息化教学的意愿与信息化教学的能力两部分,再具体研究这两部分的内部因子。

(一)师范生信息化教学的意愿

如第一章文献综述中所述,基于行动理论、工作动机理论和行为决策理论的技术接受模型,即 TAM 模型,被广泛用于社会学与心理学,用于研究个体使用某项技术的意愿。尽管该模型被多项实证研究证实有效,但是由于其假设的技术使用情境是在组织引进某个信息技术系统或平台后,预测个体对于这项技术的使用意图,然而,这只是师范生信息化教学的情境之一,即在学校统一采购某一技术的情境下可以使用该模型来预测未来教师使用该技术进行信息化教学的意图,但是指向核心素养的师范生信息化教学更理想的情境是师范生自己探索搜寻适合教学的某种信息技术用于教学,也就是说这里技术的范畴并未设定,而是有很多可能性。因此,TAM 模型并不完全适用于预测师范生信息化教学的意愿,但是我们可以从该模型中已受过实证检验的各个因子中受到启发,结合 TAM 在师范生信息化意愿领域已有的研究,以及师范生信息化教学的常见情境,来研究师范生信息化教学能力意愿因子。

综合文献综述中 TAM 三阶段原型以及 TAM 运用于师范生信息化教学意愿的主要研究,我们认为师范生发展信息化教学能力的意愿包括感知有用性与感知易用性两大维度。所谓感知有用性,即师范生认为在教学中使用某项信息技术对其有益,这种有用性的感知包括内部动机与外部动机两大类。内部动机与教学有关,即师范生认为某项

信息技术对于其教学有促进作用,这种对教学是否有用的感知受到师范生的教学观影响;外部动机与教学无关,即师范生并不一定认同在教学中使用某种信息技术能够促进自己的教学,但是感知到他人或组织认为师范生应该在教学中使用某项信息技术,或者认为在教学中使用某种信息技术能够有利于其职业的发展。所谓感知易用性,即师范生认为在教学中使用某项信息技术的便利程度,即对于自己是否需要投入很多时间精力以及是否能获得必要的支持的感知,这也包括内部因素与外部因素两方面。内部因素与师范生个体有关,即师范生不畏惧信息化教学、认为自己能够胜任信息化教学,或者除了完成工作的需要,使用信息技术能给师范生带来乐趣;外部因素,即师范生对信息化教学外部支持条件的感知,包括设备的完善与人员的保障。因此,四个感知有用性因子与四个感知易用性因子构成了师范生信息化教学意愿的八个因子(见表2-8)。

表2-8 师范生信息化教学能力意愿因子表

维 度	因 子
信息化教学 感知有用性	教学观
	感知教学促进性
	主观规范
	社会形象
信息化教学 感知易用性	信息化教学自我效能感
	信息化教学愉悦感
	信息化教学焦虑感
	信息化教学外部条件感知

感知有用性包括教学观、感知教学促进性、主观规范与社会形象四个因子。

(1)教学观:师范生的教学观。多项研究表明教师的信息化教学行为受到其教学观的影响,[1][2]在不同的教学观指导下,在教学中使用同一种信息技术会产生不一样的行为。因此我们将教学观纳入师范生信息化教学意愿的因子中,以便考察在不同教学观影响下师范生信息化教学行为的差异。

本研究采纳客观主义教学观与建构主义教学观两种类型的分类。两者在教学本质、教学策略、教师角色、师生关系以及教学内容五个方面的认知均有差异(见表2-9)。[3]

---

[1] Petko, D. Teachers' pedagogical beliefs and their use of digital media in classrooms: Sharpening the focus of the "will, skill, tool" model and integrating teachers' constructivist orientations[J]. Computers & Education, 2012, 58(4): 1351-1359.

[2] Prestridge, S. The beliefs behind the teacher that influences their ICT practices[J]. Computers & Education, 2012, 58(1): 449-458.

[3] Vrasidas, C. Constructivism versus objectivism: Implications for interaction, course design, and evaluation in distance education[J]. International Journal of Educational Telecommunications, 2000, 6(4): 339-362.

表 2-9　客观主义教学观与建构主义教学观对比表

维　　度	客观主义教学观	建构主义教学观
教学本质	知识是传递的	知识是在情境中建构生成的
教学策略	讲授与提问为主	自主、合作、探究
教师角色	主导	支持辅助
师生关系	师生互动	生生互动
教学内容	教材为主	多种资源

（2）感知教学促进性：第一章文献综述已经总结了 TAM 模型中被证实的三项个体采纳技术的因子，即工作相关性、输出质量、结果可证明性。诚如前述，TAM 的假设情境是人们对于组织引入的一个信息系统的接受程度，这三个因子便与信息系统的特征相吻合，但是教学中使用信息技术的情境存在差异，教师是否在教学中使用信息技术，关注的是信息技术是否有利于自己的教学，因此，本研究将 TAM 模型中与工作相关的因子归纳为"感知教学促进性"，定义为师范生对于信息技术是否能促进自己的教学的感知。

（3）主观规范：TAM 模型证实了主观规范会对个体是否采纳某种技术产生影响，将主观规范定义为"人们认为大多数对他重要的人认为他应该或不应该执行该行为"。[①] 如果人们认为某些重要的人物认为他们应该实施这样的行为，那么即使他们本身并不对此行为或其结果持积极态度，他们也可能选择实施这样的行为，因为他们有足够的动力去遵循这些重要人物的理念。因此，本研究将师范生信息化教学意愿的主观规范定义为：师范生对重要人物、组织或者影响自己行为的人或组织是否期待自己在教学中使用某种信息技术的感知，例如，实习时的指导教师、教研组长、学校领导、家长、学生；师范大学的学科专业教师、信息化教学课程教师等。

（4）社会形象：穆尔和本巴萨特（Moore & Benbasat，1991）从对创新扩散的研究中汲取经验将形象定义为"感知使用某种创新提升个体在社会系统中地位的程度。"[②]TAM 模型将社会形象纳入了影响个体采用某项信息技术的因子，认为个体为了在群体中建立或维持良好形象经常受到社会规范的影响，并证实了社会形象会影响个体对于信息技术的采纳。[③] 因此，本研究将师范生信息化教学意愿的社会形象定义为：师范生对于在教学中使用某种信息技术是否有利于提升自己的职业形象、社会地位的感知。例如，参加某个信息化教学比赛对自己的就业有利。

感知易用性因子包括信息化教学自我效能感、信息化教学愉悦感、信息化教学焦虑感以及信息化教学外部条件感知四个因子。

① Fishbein, M. & Ajzen, I. Belief, attitude, intention, and behavior: An introduction to theory and research[M]. Reading: Addison-Wesley, 1975: 302.

② Moore, G. C. & Benbasat, I. Development of an Instrument to Measure the Perceptions of Adopting an Information Technology Innovation[J]. Information Systems Research, 1991, 2: 192-222.

③ Venkatesh, V. & Bala, H. Technology Acceptance Model 3 and a Research Agenda on Interventions[J]. Decision Sciences, 2008, 39(2): 273-315.

（1）信息化教学自我效能感：TAM 证实了计算机的自我效能感会对个体的感知易用性产生影响，计算机的自我效能即"个体对于自身能够使用计算机完成某个工作或任务的程度的认识"。[①] 然而在信息化教学中，我们应该区分师范生的信息技术的自我效能感与信息化教学的自我效能感，信息技术自我效能感是信息化教学自我效能感的基础，然而两者并不完全等同，信息化教学自我效能感还有赖于师范生的教学法知识，因此，本研究将师范生的信息化教学自我效能感定义为：师范生对于自己是否能够使用信息技术实现某一教学目标的感知。

（2）信息化教学愉悦感：TAM 模型将感知愉悦性定义为"除了工作成效之外，使用某种信息技术本身所带来的愉悦感的程度"，[②]证实了感知愉悦性是个体采用信息技术的内在动机。本研究将师范生的信息化教学愉悦感定义为：除了对于教学的促进作用之外，师范生对于在教学中使用某种信息技术是否让自己觉得愉悦、充满乐趣的感知。

（3）信息化教学焦虑感：TAM 模型将计算机的焦虑感定义为"个体对于使用计算机的担忧甚至害怕的程度"，证实了感知焦虑性是计算机的焦虑感，是个体采用信息技术的因子。[③] 本研究将师范生的信息化教学焦虑感定义为：师范生对于在教学中使用某种信息技术是否让自己觉得焦虑或者害怕的感知。

（4）信息化教学外部条件感知：TAM 模型将外部条件感知定义为"个体对于现有的组织和技术资源能够支持使用某项信息技术的程度的认识"，证实了外部条件是个体采用信息技术的重要因子。[④] 本研究将师范生的信息化教学外部条件感知定义为：师范生对于在教学中使用某种信息技术的外部支持条件是否完善的感知，包括信息化教学设施与技术支持两方面。信息化教学设施是指师范生使用某种信息技术进行教学所需的相关设备，包括网络连接、硬件、软件、应用等；信息化教学技术支持是指师范生在探索、计划、实施信息化教学时能够及时获得相关专业技术人员的支持。

在确定了师范生信息化教学意愿的结构之后，本研究将以此为框架对个案研究中的数据进行编码，从而发现影响师范生信息化教学意愿各因子的因素，从而能够提出针对性的干预策略。

（二）师范生信息化教学的能力

师范大学主要是依托课程对师范生进行培养，发展其未来教学所需要的能力。因此，对于师范生的培养需要明确能在课程学习中获得的未来所需的知识结构。舒尔曼（Shulman）提出了教师的知识结构框架，认为教师的知识包括学科内容知识（Content Knowledge，CK）、教学法知识（Pedagogical Knowledge，PK）以及学科教学法知识

---

① Compeau, D. R. & Higgins, C. A. Application of Social Cognitive Theory to Training for Computer Skills[M]. Information Systems Research,1995, 6: 118—143.

② Venkatesh, V. Determinants of Perceived Ease of Use: Integrating Control, Intrinsic Motivation, and Emotion into the Technology Acceptance Model[J]. Information Systems Research, 2000, 11: 342—365.

③ Venkatesh, V. Determinants of Perceived Ease of Use: Integrating Control, Intrinsic Motivation, and Emotion into the Technology Acceptance Model[J]. Information Systems Research, 2000,11: 342—365.

④ Venkatesh, V. et al. User acceptance of information technology: Toward a unified view[J]. MIS Quarterly, 2003, 27: 425—478.

(Pedagogical Content Knowledge，PCK)，特别强调教授某个学科的教学法(PCK)与一般教学法(PK)之间的差异。[①] 米什拉(Mishra)和凯勒(Koehler)扩展了由舒尔曼提出的教师知识结构 PCK 框架，在这个结构中加入了技术(Technology)这个因子，开发了整合技术的学科教学法知识(Technological Pedagogical Content Knowledge，TPACK)框架，作为指导技术与教育融合的理论。TPACK 框架重点介绍技术知识(TK)，即关于特定工具、软件和硬件的知识；教学法知识(PK)，即关于如何管理、上课和指导学生的知识；以及学科内容知识(CK)，即关于学科的知识；将这些知识结合起来，形成了关于技术与教学实践之间关系的整合技术的教学法知识(Technological Pedagogical Knowledge，TPK)；有关教学实践和学习目标之间关系的学科教学法知识(PCK)；和有关技术和学习目标之间关系的整合技术的内容知识(Technological Content Knowledge，TCK)；TPACK 由 TPK，PCK 和 TCK 的交集组成，涉及知识内部的所有因子之间的复杂关系。[②] 米什拉(Mishra)和凯勒(Koehler)特别强调，所有这些知识都有赖于教师行动时的复杂情境(context)。[③]

可见，TPACK 框架认为进行信息化教学需要学科内容知识、教学法知识与技术知识三类基础知识，由于本研究关注的是信息化教学能力，因此，我们将框架中的"技术"界定为"信息技术"。显然，核心素养不同于学科知识，指向核心素养的信息化教学能力除了有这三种基础知识之外，还应该融入核心素养。将核心素养(Key Competency，KC)与 TPACK 结构融合，便形成了指向核心素养的师范生信息化教学能力培养结构 TPACCK (见图 2-7)。

首先应明确的是四种底层基础知识：学科内容知识(CK)、教学法知识(PK)、技术知识(TK)与核心素养(KC)。鉴于学科内容知识与核心素养的缩写都是 C，本研究将学科内容知识标为 C1，核心素养标为 C2，以示区别。这些知识相互组合，形成了整合技术的教学法知识(TPK)、整合技术的学科内容知识(TC_1K)、整合技术的核心素养(TC_2K)、学科教学法(PC_1K)、核心素养的教学法(PC_2K)与学科核心素养(CCK)、整合技术的学科教学法知识($TPAC_1K$)、整合技术的核心素养教学法($TPAC_2K$)、整合技术的学科核心素养(TACCK)、学科核心素养教学法知识(PCCK)以及整合技术的学科核心素养教学法知识(TPACCK)。

《普通高中新课程标准(2017 年版)》明确提出了核心素养与学科核心素养的理念。因此，结合我国基础阶段育人目标，发展师范生信息化教学能力从本质上而言，需要培养师范生整合技术的学科教学法知识($TPAC_1K$)、整合技术的核心素养教学法知识($TPAC_2K$)与整合技术的学科核心素养教学法知识(TPACCK)。整合技术的学科教学法知识($TPAC_1K$)即为在信息技术支持下如何进行学科教学的知识；整合技术的核心素养教

① Shulman, L. Those who understand: Knowledge growth in teaching[J]. Educational Researcher, 1986, 15(4): 4-14.
② Mishra, P. & Koehler, M. J. Technological Pedagogical Content Knowledge: A Framework for Teacher Knowledge[J]. Teachers College Record, 2006, 108(6): 1017-1054.
③ Koehler, M. J. & Mishra, P. Introducing TPCK[C]. AACTE Committee on Innovation and Technology (Eds.) Handbook of Technological Pedagogical Content Knowledge (TPCK) for Educators. New York: Routledge, 2008: 3-29.

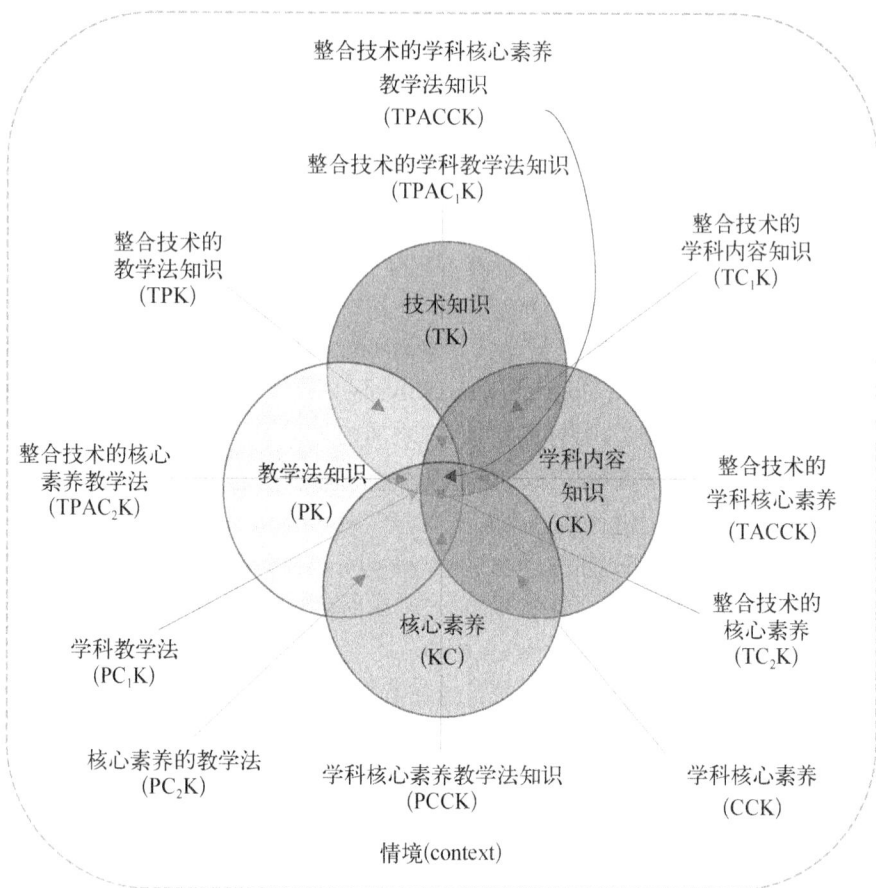

图 2 - 7　师范生指向核心素养的信息化教学能力培养结构

注：本图为研究者根据 TPACK 框架融入核心素养因子后编制

学法知识（$TPAC_2K$）即为在信息技术支持下如何发展学生核心素养的教学法知识；整合技术的学科核心素养教学法知识（TPACCK）即为在信息技术支持下如何发展学生学科核心素养的教学法知识。

　　将师范生指向核心素养的信息化教学能力结构内的各个能力因子与师范大学现有的课程进行对照（见表 2 - 10），可以发现，学科内容知识、学科核心素养可以在学科专业课程中获得、教学法知识与核心素养教学法知识可以在教育心理类基础课程以及教学法课程中获得、技术知识可以在计算机类课程中获得，学科核心素养与学科教学法知识可以在学科教学法课程中获得，整合技术的教学法知识与整合技术的核心素养教学法知识可以在通用信息化教学课程中获得，整合技术的学科内容知识、整合技术的学科教学法知识与整合技术的学科核心素养教学法知识可以在学科信息化教学课程中获得。而核心素养与整合技术的核心素养由于属于跨学科的核心能力，应该在各类课程中都有涉及。在分析师范生信息化教学能力的培养结构过程中，我们发现了各项能力与课程之间可能存在的关系。

表 2－10 师范生指向核心素养的信息化教学能力因子与相关课程对照表

学科专业课程	学科内容知识、学科核心素养
教育心理类课程	教学法知识、核心素养教学法知识
计算机类课程	技术知识
学科教学法课程	学科核心素养、学科教学法知识
通用信息化教学课程	整合技术的教学法知识、整合技术的核心素养教学法知识
学科信息化教学课程	整合技术的学科教学法知识、整合技术的学科核心素养教学法知识

师范生信息化教学能力的培养结构为师范大学依托课程对师范生进行培养提供了学理依据，师范大学可以据此在师范生的相应课程目标中对于相关能力提出培养要求，从而促进师范生指向核心素养的信息化教学能力发展。同时，在个案研究中，我们也将根据师范生信息化教学能力的培养结构来研究师范生信息化教学能力中各主要因子的现状与这些相关利益主体对这些因子产生的影响，以便有针对性地提出干预策略。

第四节 指向核心素养的师范生信息化教学能力发展目标

师范生信息化教学能力产出结构的三大维度相对稳定，然而其内涵却会随着育人目标的变化而相应地发生变化。因此，在确定了师范生信息化教学能力的产出结构之后，我们还需要明确现阶段师范生信息化教学能力的具体发展目标，才能为师范生与师范大学明确发展方向。

一、师范生信息化教学能力发展目标与层级研制路径

依据第一章第三节关于师范生信息化教学能力发展目标的研究路径，本部分将在确定师范生信息化教学能力的发展目标时，以教师角色作为主要依据。首先根据经济社会的发展需求确定基础教育阶段的育人目标，从而确定未来教师的能力要求，并兼顾时代对于教师角色的新定义，以教师的信息化教学能力产出结构为框架获得教师的信息化教学能力具体发展目标。在确定教师信息化教学能力发展目标的基础上，我们还要考虑教师职前阶段的特殊之处，从而最终确定师范生信息化教学能力的发展目标以及发展层级。综上所述，确定师范生信息化教学能力发展目标的路径，首先应该根据经济与社会发展所需确定的基础教育阶段的育人目标，第二是未来教师的角色，第三是教师职前阶段的特征。

（一）基础教育育人目标

从本质上而言，师范生信息化教学能力的内涵与结构问题涉及的是信息化教学观的问题。为什么要发展信息化教学能力？信息技术对于教育有何作用？随着时代的发展，

教师信息化教学能力的内涵也在发生着改变,在微机普及的初级阶段,关于教师信息化教学能力的关注点主要在电脑、投影仪等硬件的操作,Office 等通用软件的应用上;而随着互联网以及移动终端的普及,对于教师信息化教学能力的关注点又逐渐转移到网络资源与手机应用在教学中的运用。随着信息技术的迅速发展,层出不穷,随着我们步入人工智能时代,信息技术在教学中的应用更为细分,为优化教学提供了更多的可能性,亟待我们思考的是,在智能时代在教学中使用信息技术的目标为何。

《教育信息化 2.0 行动计划》清晰地回答了教育信息化的目的这个问题,教育信息化是育人为本,面向新时代和信息社会人才培养所需要的。因此,信息技术可以引领构建以学习者为中心的全新教育生态,实现公平而有质量的教育,促进人的全面发展。教育信息化是为各级各类教育的育人目标所服务的。其次,教育信息化是为国家经济社会发展所服务的,支撑引领教育现代化发展。另外,教育信息化是为了形成新时代的教育新形态、新模式、新业态,实现技术与教育从融合应用阶段迈入创新发展阶段,达成全方位创新。①

因此,师范生信息化教学能力的发展目标的设定首先应该是服务于新时代中小学阶段的育人目标,从而服务于国家经济与社会的发展。在第一章的研究背景中,关于智能时代经济与社会发展对于人才需求的转变,已经做了详细的探讨,21 世纪培养人才的关键是核心素养。《普通高中新课程标准(2017 年版)》指出"普通高中教育的任务是促进学生全面而有个性的发展,为学生适应社会生活、高等教育和职业发展作准备,为学生的终身发展奠定基础",要"进一步提升学生综合素质,着力发展学生核心素养",核心素养分为各个学科的学科核心素养以及不局限于具体学科的跨学科核心素养两类:跨学科的核心素养旨在培养学生"具有理想信念和社会责任感、具有科学文化素养和终身学习能力,具有自主发展能力和沟通合作能力",并强调学生"敢于批判质疑,探索解决问题,勤于动手,善于反思,具有一定的创新精神和实践能力,具有强烈的好奇心、积极的学习态度和浓厚的学习兴趣,能够自主学习,独立思考,形成良好的学习习惯和适合自身的学习方法。学会获取、判断和处理信息,具备信息化时代的学习与发展能力。"②

将以上各项素养归纳、提炼、总结之后,可以发现新课标提出的培养目标其实包括两大类:第一,跨学科核心素养目标:道德责任感、学习动机、信息素养、文化理解力、自主发展能力、沟通合作能力、批判思维、创新能力、实践能力;第二,各个学科的核心素养目标。"跨学科核心素养由学科核心素养推演而来",③学科核心素养的最终指向是跨学科核心素养,学科核心素养起着将学生核心素养转化为内容标准的桥梁作用,便于核心素养的发展融于学科教学,也便于教师开展教学与评价。① 除了两大类针对个体的目标之外,从基础教育的整体层面来看,2017 年版新课标还有两个核心思想:一是"促进学生全面而有个

① 中华人民共和国教育部.教育信息化 2.0 行动计划[EB/OL]. [2018 - 12 - 13]. http://www.moe.gov.cn/srcsite/A16/s3342/201804/t20180425_334188.html
② 中华人民共和国教育部.普通高中课程方案(实验)[S/OL]. [2018 - 12 - 12]. http://www.moe.gov.cn/srcsite/A26/s8001/201801/t20180115_324647.html
③ 李艺,钟柏昌.谈"核心素养"[J].教育研究,2015,36(09):17 - 23,63.
④ 邵朝友,周文叶,崔允漷.基于核心素养的课程标准研制:国际经验与启示[J].全球教育展望,2015,44(08):14 - 22,30.

性的发展",二是"推进教育公平"。①

以上基础教育阶段的育人目标为本研究确定发展师范生信息化教学能力的最终目标提供了依据,如表 2 - 11 所示。

表 2 - 11　2017《普通高中课程方案(实验)》育人目标编码表

跨学科核心素养									学科核心素养	个性化发展	促进教育公平
道德责任感	学习动机	信息素养	文化理解力	自主发展能力	沟通合作能力	批判思维	创新能力	实践能力			
1	2	3	4	5	6	7	8	9	10	11	12

将表中十二项要素与我国 2014 年的《中小学教师信息技术应用能力标准(试行)》细则逐一对照之后,可以发现《2014 标准》明确涵盖了八项要素,对于学习动机、文化理解力、批判思维与学科核心素养四项要素强调不够(见表 2 - 12)。

表 2 - 12　《普通高中课程方案(实验)》要求与《中小学教师
信息技术应用能力标准(试行)》要求对比表

新课标要求	跨学科核心素养									学科核心素养	个性化发展	促进教育公平
	道德责任感	学习动机	信息素养	文化理解力	自主发展能力	沟通合作能力	批判思维	创新能力	实践能力			
编码	1	2	3	4	5	6	7	8	9	10	11	12
《2014》标准	●	×	●	×	●	●	×	●	●	×	●	●

注:●表示明确要求,×表示没有明确要求

核心素养的发展是一个复杂的过程,尽管在发展其他核心素养过程中可能也会涉及这些要素的发展,然而作为标准或者结构,只有包含这些要素发展要求的明确表达,才能使教师在信息化教学过程中重视这些素养的发展,这既有利于教师自身反思,也有利于学校管理层进行评估。因此,这四个未被明确表达的要素是在确定师范生信息化教学能力的发展目标时需要涵盖的。

(二)未来教师的角色

在分析完基础教育阶段育人目标的基础上,我们在思考师范生信息化教学能力的发展目标时,还需要回答的问题是:未来社会,特别是智能时代,教师的角色会发生什么样的变化? 这些角色的变化要求未来教师具备哪些信息化教学能力? 因此,我们必须研究未来教师角色的变化。

1. 传授知识与技能的传统角色将受到挑战

随着互联网的迅速发展,线上拥有海量的信息与数据资源,教师作为知识的权威这一

① 中华人民共和国教育部.普通高中课程方案(实验)[S/OL]. [2018 - 12 - 12]. http://www.moe.gov.cn/srcsite/A26/s8001/201801/t20180115_324647.html

传统的角色已经并且将继续受到挑战。移动终端设备的普及又让学习者可以随时随地获取所需的信息与知识。人工智能已经具备对海量数据进行存储、提取、加工的能力,就知识储存容量与提取的速度而言具有人脑无可匹敌的优势,而且不会受到人类教师因为疲倦、疾病等因素而无法授课的影响。可见,知识获取的途径已经多样化,教师不再是知识的唯一权威,因此教师进行知识传授的传统角色在智能时代将被削弱甚至替代,传授知识这一功能将由少量特别擅长授课的教师以及人工智能所承担,而教师将更为专注于人类所擅长的领域,发挥与人工智能不同的作用。

2. 为学生学习与发展赋能的角色将更为重要

随着传统的知识传授与技能训练这一教育工具性的角色逐渐弱化,未来教师将更多地承担赋能学生学习与发展的角色,这也正是美国与欧盟的教师信息技术能力标准特别强调未来教师促进学生学习能力的原因。未来的教师需要能够对在信息化教学环境中产生的大量学业数据进行分析,从而对学生学业情况做出诊断;能够在数据中获得证据,从而支持个性化学习设计,选择适合学生的学习资源,为每个学生制定个性化的学习发展方案;能够针对学生的情感、心理、性格、能力等差异,有效激发学生的学习动机;能够创建适当的学习空间与环境,支持学生进行自主、合作、探究学习,培育学生的沟通合作能力、批判性思维与创新能力;能够整合线上线下,校内校外各方资源,拓展学生的学习空间,为学生创造真实的学习体验以及与现实世界关联的机会,从而能够发展学生运用所学知识技能解决现实世界复杂问题的能力;能够搜集学生学习的过程性数据,记录学生的发展历程,形成对学生学科知识与核心素养发展的综合性评价。

简而言之,教师不再只是一位将自己头脑中已有的知识传授给学生的讲师,而是一位能够为学生创建良好的学习空间与环境,激发学习者的学习动机与兴趣,分析并诊断学习者的学习状况,选择与整合恰当的学习资源,运用适当的策略、方法与技术支持学生在线上线下自主或者合作地学习,发展 21 世纪核心素养的学习赋能者。

3. 关注学生道德价值与心理情感需求需要教师具备更高的人文素养

从宏观层面而言,科技的高速发展,也对我们的价值信仰、科技伦理、社会法规、公共道德带来了空前的挑战。科学技术本身是中性的,关键在于人类如何使用技术,正如核能可以成为造福人类的能源,也能成为战争中的毁灭性武器。科学的发展如果没有正确的价值信仰、伦理道德引领,给人来带来的将不是福祉而是灾难。可见,价值引导这一角色对于未来教师的重要性不言而喻,因为这一角色的成败与人类的福祉紧密相关,甚至是生存还是灭亡的问题。另外,信息技术日新月异,然而社会法律法规的制定与健全却非一朝一夕,这两者之间的真空地带会造成很多伦理道德与社会责任问题,比如,知识产权、数据隐私、网络暴力等,线上的虚拟世界是未来学生所不可避免的,如何规范未来公民在线上合法、合理、负责的行为,教师能够承担的角色便是在未成年人形成道德价值观的关键时期进行正确的引领。而从微观层面来看,理性的科学技术所带来的各种心理情绪问题,①将会是知识的获取不是主要问题之后教育所面临的新问题,需要教师具备关注学生情感

① 范国睿.智能时代的教师角色[J].教育发展研究,2018,38(10):69-74.

与心灵的需求从而激发学生学习动机,促进学生学习的能力。整体而言,教育的人文性功能将比现在更为重要,而理想价值与伦理道德信仰的引领、人文素养的熏陶、情感心灵的关怀,也恰恰是人工智能目前尚无法承担的角色。

4. 全能型教师赋能模式与专长型教师合作赋能模式将并存

根据上述分析发现,技术的发展一方面将使得教师的职业基于证据而发生行为,因此更为专业,另一方面对教师能力的要求提出了更新、更高的挑战,这也恰恰是教师职业在未来的价值所在以及很难被人工智能所替代的原因。国家频频出台文件旨在提高教师质量,吸引最优秀的人才从教,正是看到了未来教育的功能及教师角色的变化,看到了教师对于人才培养与国家经济社会发展的重要作用。

然而,能够兼具各种角色能力的全能型教师是可贵的稀缺资源,这样的教师也非一朝一夕便能造就。鉴于我国庞大的人口与各地区发展不平衡的特点,对教师质量的要求将与对教师数量的需求产生矛盾,因此我们一方面要强调按照未来的需求培养教师,以期待未来有更多的全能型教师(见图2-8)出现;另一方面也要考虑目前的现实情况,在全能型教师稀缺的情况下,另一种具备可行性的模式便是专长型教师合作共同承担全能型教师的角色(见图2-9)。

图2-8　全能型教师赋能学习者模式

专长型教师合作共同承担全能型教师角色模式是通过发挥每位教师的专长来共同实现促进学习者学习的目标。例如,擅长数据分析的教师承担分析师的角色,擅长教学设计的教师承担教学过程设计的角色,擅长授课的教师承担讲师的角色,擅长情感心理关怀的教师承担学习陪伴、支持与反馈的角色等等,甚至某些职能由更为擅长逻辑分析与数据处

图 2-9　专长型教师合作赋能学习者模式

理的人工智能所承担。这样的模式已经出现并且还将继续发展,例如,线上讲师与线下助教的"双师"模式。这种专长型教师的模式除了对个体教师不同能力的要求之外,还需要教育组织的教育领导力以及所有教师的沟通合作能力。

智能时代的教育将是全能型教师赋能模式与专长型教师合作赋能模式并存的状态。而无论是全能型教师还是专长型教师都需要理解各种信息技术对教学与学习的功用以及局限性,从而能够利用信息技术支撑教学与学习,甚至与"人工智能教师"合作。因为即便是全能型教师,可能也依赖于人工智能强大的分析能力。

将未来教师的七个角色与我国 2014 版标准进行对比(见表 2-13)可发现我国的 2014版标准基本涵盖了这七大角色的内容,只是对于信息化环境与空间的设计没有明确提出。

表 2-13　未来教师角色与《中小学教师信息技术
应用能力标准(试行)》要求对照表

编　　码	未来教师角色	《2014》标准
1	学习分析师	○
2	学习设计师	●
3	授课讲师	●

续表

编　码	未来教师角色	《2014》标准
4	学习陪伴者	○
5	技术支持者	○
6	学习资源师	●
7	空间设计师	×

注：●表示明确要求，○表示有所要求，×表示没有明确要求

可见，时代对于教师的角色提出了新的要求，也意味着教师的能力需要相应地更新迭代。我们在确定师范生信息化教学能力的发展目标时应该考虑到未来教师为学生学习与发展赋能这一重要的角色，同时不能忽视教师的人文素养。

（三）教师职前阶段的特点

除了时代的育人目标以及未来教师的角色，我们在思考师范生信息化教学能力的发展目标时，还需要考虑的是师范生信息化教学能力的发展目标与在职教师的信息化教学能力发展目标是否应该有差异。我们是不是应该给师范生设置比教师职后的信息化教学能力发展目标相对低的发展目标呢？这些问题的答案取决于我们对师范生的培养定位以及教师职前阶段的特点。

诚如前述，目前我国对师范生培养的最新定位是领先于时代，超前部署，以适应未来社会人才培养的需求。因此，我们发展师范生信息化教学能力的目标是期望师范生入职后能够面向未来培养学生的核心素养，能够成为基础教育阶段教育变革的推动者与先锋力量。鉴于此，我们在设置师范生信息化教学能力发展目标，确定师范生信息化教学能力的发展目标时不应该降低标准，使其低于在职教师的标准，而应该充分体现前瞻性、引导性的导向。

国际上大部分国家与机构都没有设置特定的师范生信息化能力标准，往往按照教师信息化能力标准的要求来培养师范生。我国的《2014 标准》明确指出，从我们面向未来培养师范生的角度而言，"有关高等学校和教师培训机构要将《能力标准》作为教师培养培训工作的重要依据，加强相关学科专业建设，完善培养培训方案，科学设置培养培训课程，创新培养培训模式，加强师资队伍和课程资源建设，开展相关研究，促进教师专业发展。"[①]可见，教师的信息化教学能力发展目标应该作为师范生信息化教学能力发展目标的重要参考。

1. 在指向核心素养的信息化教学能力方面，师范生的能力并不一定弱于在职中小学教师的能力

《普通高中新课程标准（2017 年版）》的颁布是"针对长期以来存在的片面追求升学率的倾向，强调普通高中教育是在义务教育基础上进一步提高国民素质、面向大众的基础教育，不只是为升大学做准备，还要为学生适应社会生活和职业发展做准备，为学生的终身

---

① 中华人民共和国教育部.中小学教师信息技术应用能力标准(试行)[EB/OL].[2018-10-15]. http://www.moe. edu.cn/publicfiles/business/htmlfiles/moe/s6991/201406/170123.html

发展奠定基础。"①鉴于中学阶段长期以来的应试导向,教师大多持客观主义的教学观,认为教学是知识的传递,在教学策略上以讲授为主,因此在基础教育的实践中指向核心素养的教学策略还在探索完善中,再考虑到师范生作为数字原住民一代在信息技术应用能力方面的优势,因此,优秀的师范生也有可能具备比在职教师更卓越的指向核心素养的信息化教学能力,我们不能为其发展设置天花板,将其标准低于对在职教师的要求,而是应该在相同的发展目标之下,在培养策略上充分考虑到职前教师的特征。

2. 职前阶段发展师范生的教师职业认同十分重要

倘若将师范生仅仅定位为学生,师范生的学习与发展都会从学生的视角来思考。然而师范生的身份除了学生还是职前教师,师范生在大学四年的学习,无论是学科知识与素养、教学法知识与技能,还是信息化教学能力的发展,都是为了胜任教师的职业而做的储备,因此从本质上而言这就是教师专业发展,只不过是职前的教师专业发展。因此,尽早让师范生进入教师的职业角色,根据教师职业储备知识、发展能力与实践反思,才能在正式入职后更好地胜任教师的教学工作。

鉴于以上三个原因,本研究在设置师范生信息化教学能力的发展目标时强调其与教师信息化教学能力的发展目标的一致性而非差异性。职前职后教师信息化教学能力的发展差异应该在于发展策略而非发展目标。

地区信息化水平差异可能导致师范生信息化教学能力的差异,统一发展目标的设置可能会导致教育不公平,并且在一定程度上损伤信息化欠发达地区师范生的信息化教学能力发展的积极性。通过设置信息化教学能力发展层次有利于这个问题的解决。

国际上重要组织和主要发达国家的教师信息技术能力标准往往都对教师的信息化教学能力发展目标做了层次上的划分(见表 2 - 14),让教师能根据自己目前的能力层次,在信息化教学能力上做相应的专业发展。我国《2014 标准》也根据学校信息化环境的差异将教师信息技术应用能力分为基础性要求和发展性要求两大层级。针对我国地域广阔,各地区发展不平衡,各地各校师范生差异较大的特点,更务实的方案是为师范生信息化能力发展设置不同的层级,各校可以根据自身的情况,确定哪个层级作为其衡量师范生信息化教学能力发展的标准。

表 2 - 14　国内外各主要标准能力层级对比表

	我国中小学教师信息技术应用能力标准	欧盟教育者数字能力的欧洲框架	联合国教科文组织 ICT - CFT 框架
能力层级	两级: 基础性要求 发展性要求	六级: 新手、探索者、融合者、专家、领导者、先锋	三级: 促进学习者的技术素养 促进学习者的知识深化 促进学习者的知识创造

① 中华人民共和国教育部.教育部教材局负责人就普通高中课程方案和课程标准修订答记者问[EB/OL].(2018 - 01 - 16)[2018 - 12 - 10]. http://www.moe.gov.cn/jyb_xwfb/xw_fbh/moe_2069/xwfbh_2018n/xwfb_20180116/sfcl/201801/t20180116_324661.html

鉴于师范生的信息化教学能力有可能高于在职教师的信息化教学能力，更重要的是我们培养师范生的目标是面向未来的教师，对于师范生的定位是教育改革与创新的推动力，因此，在师范生的信息化教学能力的发展目标上应该与教师的信息化教学能力的发展目标一致，而非降低，在目标的设置上可以有层级之分，使得不同的师范生可以根据自己的情况发展信息化教学能力，然而整体要求上不能降低，从而培养高质量的指向核心素养的教育变革先锋。

二、师范生信息化教学能力发展目标

（一）指向核心素养的师范生信息化教学能力的内涵

根据上一节确定的研制路径，本研究以我国《2014 标准》为基础，根据 2017 新课标中的育人目标，兼顾智能时代教师角色的变化，补充了相应的教师能力，确定了指向核心素养的师范生信息化教学能力的内涵。本研究认为指向核心素养的师范生信息化教学能力是未来教师在以学生为中心的教学观的指导下，在教学过程的各个环节中系统性地使用信息资源与信息技术以促进学生核心素养发展的能力，以及为了实现这一目标所必须具备的教学研究能力以及专业发展的能力。通过信息化教学促进学生核心素养发展的能力，具体包括信息化教学的技术素养、信息化专业发展能力与信息化学生发展能力三大维度。

第一，信息化教学的技术素养：在教学中安全且有道德地运用信息技术的基本技术素养，即能够利用通用信息技术与学科信息技术工具促进学生的学习与核心素养的发展，培养学生利用信息技术的版权意识、隐私意识以及道德意识与责任感，形成合理的信息技术价值观。它包括信息技术基本技能及信息道德责任意识。

第二，信息化专业发展能力：利用信息技术促进自身及他人专业发展的能力，即利用信息技术促进专业发展、与校内外同事的沟通合作与教学研究，从而实现通过信息化教学促进学生发展的共同愿景。它包括信息化学习力、信息化合作力与信息化领导力。

第三，信息化学生发展能力：利用信息技术促进学生发展的能力，即针对国家课程标准，利用信息技术分析学生需求，基于证据来设计学习目标与教学过程，批判性地选取并整合数字教学资源，与同事、专家等各方合作，在信息化环境中实施教学，激发学生学习兴趣，利用学习数据进行诊断评估，与学生及家长进行良好的沟通交流，协助学生进行自主学习，从而实现学科核心素养的发展，并在学科教学中促进学生信息素养、批判性思维、创新能力、合作能力、沟通能力、文化理解与传承、实践能力以及自主发展能力等跨学科核心素养的发展。它包括信息化教学意愿、信息化教学计划与准备能力、信息化教学组织与实施能力及信息化教学评估与诊断能力。

据此，本研究确定了指向核心素养的师范生信息化教学能力发展目标的 37 个因子（见表 2 - 15），从而与新课标要求及未来教师角色相对应。

（二）指向核心素养的师范生信息化教学能力发展目标框架

依据指向核心素养的师范生信息化教学能力因子表，以我国《2014 标准》为基础，参考联合国教科文组织 2011 框架、美国 2017 标准、欧盟 2017 框架的相关能力细目，本研究

表 2-15　指向核心素养的师范生信息化教学能力因子表

能力维度	能力模块	能力因子	依　据
1. 信息化教学技术素养	1.1　信息技术基本技能	1.1.1　通用技术	《2014 标准》
		1.1.2　学科技术	2017 新课标要求
	1.2　信息道德责任意识	1.2.1　版权意识	《2014 标准》、未来教师角色
		1.2.2　隐私意识	未来教师角色
		1.2.3　责任意识	未来教师角色
2. 信息化专业发展能力	2.1　学习力	2.1.1　发展意识	《2014 标准》
		2.1.2　自主发展	《2014 标准》、未来教师角色
		2.1.3　研究创新	未来教师角色
	2.2　合作力	2.2.1　校外合作	《2014 标准》、未来教师角色
		2.2.2　校内合作	《2014 标准》、未来教师角色
	2.3　领导力	2.3.1　引领示范	未来教师角色
3. 信息化学生发展能力	3.1　信息化教学意愿	3.1.1　主动探索	《2014 标准》
		3.1.2　批判思维	2017 新课标要求
	3.2　计划与准备	3.2.1　过程设计	《2014 标准》
		3.2.2　资源设计	未来教师角色
		3.2.3　环境设计	未来教师角色
		3.2.4　个性化学习设计	2017 新课标要求
		3.2.5　应急预案准备	《2014 标准》
	3.3　组织与实施	3.3.1　促进学习动机	2017 新课标要求
		3.3.2　促进学科探究	2017 新课标要求
		3.3.3　促进自主学习	《2014 标准》、2017 新课标要求
		3.3.4　促进合作学习	《2014 标准》、2017 新课标要求
		3.3.5　促进批判思维	2017 新课标要求
		3.3.6　促进创新能力	2017 新课标要求
		3.3.7　促进信息素养	2017 新课标要求
		3.3.8　促进实践能力	2017 新课标要求
		3.3.9　促进文化理解	2017 新课标要求
		3.3.10　促进教育公平	《2014 标准》、2017 新课标要求
		3.3.11　个性化教学实施	2017 新课标要求
		3.3.12　支持反馈指导	《2014 标准》、未来教师角色
		3.3.13　创建学习环境	未来教师角色

能力维度	能力模块	能力因子	依　据
3. 信息化学生发展能力	3.3　组织与实施	3.3.14　拓展学习资源	未来教师角色
	3.4　评估与诊断	3.4.1　设计实施评价方案	《2014 标准》
		3.4.2　支持学情分析	《2014 标准》、未来教师角色
		3.4.3　支持个性化学习	《2014 标准》
		3.4.4　支持教学设计	未来教师角色
		3.4.5　支持综合评价	《2014 标准》

最终确定了师范生信息化教学能力的发展目标框架（见表 2-16），共计四十条师范生信息化教学能力细目。此框架具有以下五大特点。

1. 强调促进学生核心素养的发展是信息化教学的最终目标

第一，在"信息化教学技术素养"维度中，"信息技术基本技能"模块区分了通用技术与学科技术，从而强调在信息化教学中通用技术对于核心素养的促进作用以及信息技术与具体学科的深度融合。

第二，"信息化教学组织与实施"模块的前十一个因子与新课标对于学生核心素养的要求一一对应，突出了信息化教学对于学生核心素养发展的促进作用。

2. 依据未来教师的角色，突出发展目标的前瞻性

第一，"信息化教学组织与实施"模块的最后三个因子是从未来教师角色出发形成的，强调未来教师支持指导学习、创建学习环境与拓展学习资源的能力，分别对应未来教师角色中"学习陪伴者""空间设计师"与"学习资源师"三个角色。在"信息化教学计划与准备"模块除了教学过程的设计，还突出了环境设计与资源设计，也同样是针对未来教师角色制定的。

第二，在"信息化专业发展能力"维度，在"学习力"模块加入了"研究创新"因子，以突出师范生发展为研究型教师的重要性，以及对于学生创新能力发展的榜样示范作用。在"合作力"模块中，强调了未来教师和校内外利益相关方合作的能力，为专长型教师的合作赋能模式奠定了基础。

3. 突出未来教师在信息化教学过程中的批判思维与安全道德责任意识

第一，将"信息道德与责任"分解为三个因子：版权意识、隐私意识与责任意识，从而强调随着智能时代的来临，信息道德与责任对于师范生作为未来教师的重要性。

第二，在"信息化学生发展能力"维度，在"信息化教学意愿"模块中加入了"批判思维"因子，强调未来教师在主动探索信息化教学模式与策略的同时，在使用信息技术时要充分考虑信息技术的积极与消极的作用，批判性地选择与运用，以保证学生的身心健康与隐私安全。

4. 突出未来教师利用信息化教学实现因材施教的能力

在"信息化学生发展能力"维度的三大模块都体现了未来教师利用大数据等智能技术，通过信息化教学实现因材施教的能力，个性化的特点贯穿设计、实施与评价三个环节。

表 2 - 16 指向核心素养的师范生信息化能力发展目标研制表

能力维度	能力模块	能力因子	能 力 细 目	新课标核心素养要求	我国2014标准	美国2017标准	欧盟2017框架	UNESCO2011框架
1. 信息化教学技术素养	1.1 信息技术基本技能	1.1.1 通用技术	掌握互联网、移动设备及其他新技术的常用操作,理解其对学科核心素养与跨学科核心素养的支持作用	3	●	×	×	●
		1.1.2 学科技术	了解各种针对自己学科的工具和应用,能够在基于问题和基于项目的教学模式中灵活使用这些工具和应用	3.10	×	×	×	●
	1.2 信息道德责任	1.2.1 版权意识	指导学生使用信息技术与数字资源时注意保护知识产权与遵守学术规范	1.3	○	○	●	×
		1.2.2 隐私意识	保护学生的数据隐私,帮助学生发展保护自己数据隐私的意识	1.3	○	○	○	×
		1.2.3 责任意识	促进学生在使用数字技术时的身心健康和社会责任,负责任地使用数字技术进行交流、避免网络上的校园暴力散凌行为	1.3	×	○	○	×
2. 信息化专业发展能力	2.1 学习力	2.1.1 发展意识	具有主动探索与运用信息技术支持专业学习与发展的意识	×	●	●	●	●
		2.1.2 自主发展	设置专业发展目标,据此选择恰当的数据资源的实现,提升信息化环境下的自主学习能力	×	○	●	○	○
		2.1.3 研究创新	批判性地反思自身信息化教学的实施,主动关注信息化教学的研究发展动态、试验、探索、开发和应用信息技术以实现技术支撑的教学新模式	×	○	○	●	○
	2.2 合作力	2.2.1 校外合作	积极参与或创建教师利用信息技术与同行等网络或移动平台、利用信息技术与专家和同行沟通分享,促进自身专业成长	×	●	●	○	○

续表

能力维度	能力模块	能力因子	能力细目	新课标核心素养要求	我国2014标准	美国2017标准	欧盟2017框架	UNESCO 2011框架
2. 信息化专业发展能力	2.2 合作力	2.2.2 校内合作	有效参与信息技术支持下的校本研修、集体反思，批判性地评估和主动发展学校的信息化教学实践；与同事合作，推进用信息技术发展这一共同愿景的实现	×	○	○	○	○
	2.3 领导力	2.3.1 引领示范	成为同学/同事探索、评估、设计和采用新的数字资源和信息技术学习工具的榜样	×	×	×	×	○
3. 信息化学生发展能力	3.1 信息化教学意愿	3.1.1 主动探索	了解信息时代和国家政策对人才培养的新要求，具有主动探索通过信息化教学支持国家育人目标实现的意识	×	○	×	×	○
		3.1.2 批判思维	批判性地思考各种信息技术对学生核心素养发展潜在的足进作用以及可能产生的消极影响	×	×	●	●	×
	3.2 计划与准备	3.2.1 过程设计	依据教学目标、学生特征、学校信息化设施情况来设计信息化教学，选择适切的数字资源与信息技术来支持教学与学生核心素养的发展	3.4.5.6.7.8.9.10.11	●	●	●	●
		3.2.2 资源设计	根据教学目标与学生特征，合理选择、使用、修改、创建数字教学资源	3.11	●	●	●	●
		3.2.3 环境设计	设计有利于激发学生学习动机、促进核心素养发展的信息化学习环境	2.3.4.5.6.7.8.9.10	●	●	○	●
		3.2.4 个性化学习设计	利用信息技术，为学生设计符合学生特征的个性化学习与学习体验	3.11	○	●	○	×
		3.2.5 应急预案准备	预见学生在信息化环境中学习可能遇到的问题，制订应对方案	3	●	×	×	×

续表

能力维度	能力模块	能力因子	能力细目	新课标核心素养要求	我国2014标准	美国2017标准	欧盟2017框架	UNESCO 2011框架
3. 信息化学生发展能力	3.3 组织与实施	3.3.1 促进学习动机	利用信息技术使学生保持开放的探索态度,具有强烈的好奇心,积极的学习态度和浓厚的学习兴趣	2.3	×	●	○	×
		3.3.2 促进学科探究	利用信息技术促进学生积极、深度、创造性地学习学科知识	3.8.10	×	×	●	×
		3.3.3 促进自主学习	使用信息技术给学生提供发展的证据,让学生在独立和小组环境中能够利用信息技术支持自己实现学习目标,掌控学习进程,发展自主学习的能力	3.5	○	○	●	○
		3.3.4 促进合作学习	(1) 利用信息技术支持,促进和加强学生之间的沟通与合作,并在学生进行项目时提供支持。	3.6	×	○	●	○
			(2) 利用信息技术支持,促进和加强学生的协作学习,促进与学生的沟通交流。	3.6	○	●	○	×
		3.3.5 促进批判思维	理解信息技术对于学习潜在的积极作用和消极影响,促进学生批判性地探索、选择、运用适合自己学习的信息技术与数字资源	3.7	×	●	●	×
		3.3.6 促进创新能力	利用信息技术创造学习机会、挑战学生解决复杂问题的能力,发展学生的创造力	3.8.9	●	●	●	×
		3.3.7 促进信息素养	(1) 发展学生在数字环境中查找信息资源、组织、处理、分析和解释信息,比较和批判性地评估信息及其来源的可信度和可靠性,促进学生的信息媒体素养发展。	3.7	×	○	○	×
			(2) 发展学生通过信息技术修改、创建,分享不同形式的数字学习活动与成果的能力。	3.8.9	×	○	●	×

续表

能力维度	能力模块	能力因子	能力细目	新课标核心素养要求	我国2014标准	美国2017标准	欧盟2017框架	UNESCO2011框架
3. 信息化学生发展能力	3.3 组织与实施	3.3.8 促进实践能力	利用信息技术为学生创造参与实践活动、科学调查或解决复杂问题的机会，发展实践能力	3.9	○	○	●	○
		3.3.9 促进文化理解	利用信息技术促进学生对于本国文化的传承与不同文化的理解，涵养人格，构建积极的信息技术价值观	3.4	×	×	×	×
		3.3.10 促进教育公平	让学生在各种学习活动中平等地获得信息技术资源和参与学习活动的机会，以满足所有学生的不同需求	3.12	●	●	●	○
		3.3.11 个性化教学实施	在进行信息化教学时，允许学生以不同的水平和速度前进，遵循个性化的学习目标与策略，从而满足学生的多样化学习需求	3.11	●	●	●	○
		3.3.12 支持反馈指导	有效使用信息技术工具获得学生的学习反馈，在信息技术的支持下对学生的学习进行及时指导	3	●	●	●	×
		3.3.13 创建学习环境	(1) 利用信息技术扩展、创建真实的学习体验，创建能激发兴趣并支持自主、合作、探究学习的信息化环境。	2,3,5、6,9	×	●	×	×
			(2) 灵活应对学生在信息化环境中学习时可能出现的干扰学习的突发事件。	3	●	×	×	×
		3.3.14 拓展学习空间	利用信息技术整合多方资源，与同事、教育信息技术专业人士、教育领导等学生家长以及博物馆、图书馆等校外学习资源供应方等进行有效沟通、实现学校、家庭、社会在线上线下多维度的连接，为学生提供丰富的学习机会，拓展学生的学习空间	3	○	○	○	○

续表

能力维度	能力模块	能力因子	能力细目	新课标核心素养要求	我国2014标准	美国2017标准	欧盟2017框架	UNESCO2011框架
3.信息化学生发展能力	3.4 评估与诊断	3.4.1 设计实施评价方案	根据学习目标设计实施评价方案，并合理选取加工利用信息化评价工具	3	●	○	○	○
		3.4.2 支持学情分析	生成、选择、批判性地分析和解释关于学生学业表现和发展的数字证据，综合利用信息技术进行学情分析，并提供有针对性的支持	3,11	○	●	●	×
		3.4.3 支持个性化学习	利用信息技术产生的数字证据，为促进学生的个性化学习提供依据，使学生和家长能够理解数字技术提供的证据，以帮助学生发展自主学习的能力	3,11	○	●	●	×
		3.4.4 支持教学设计	利用信息技术产生的数字证据，在教学设计中相应地调整教学目标与教学策略	3,11	×	×	●	×
		3.4.5 支持综合评价	在信息技术支持下获取学生学习过程及结果的数据，丰富评价手段和方法，建立学生学习的数字档案，支持学生综合素质评价	3,11	●	●	●	×

注：×表示标准中没有涉及，○表示标准中有类似内容，●表示标准中的条目内涵基本一致

5. 突出未来教师利用信息技术进行科学的评价诊断的能力

在"信息化教学评估与诊断"模块设计了五个因子,强调未来教师依托大数据等信息技术对学生进行科学的学情诊断从而提升教学设计的针对性,强调利用信息技术的优势实现传统教学评价很难实现的过程性评价,从而对学生的学业表现作出更客观全面的评价。

整体而言,这个师范生信息化教学能力目标框架以产出结果为导向,强调了未来教师通过信息化教学促进学生核心素养发展以及自身专业发展的目标,为后续开展师范生信息化教学意愿与行为的研究奠定了基础。

三、师范生信息化教学能力发展层级

如本章第一、二节所述,在各国与国际组织的标准中,教师的信息化教学能力通常有发展层级之分。因此,教师采用技术被视为是一个通过不同阶段发展的过程:从了解信息通信技术在教育中的可能性,到在课堂实践中更常规地利用信息通信技术,最后到技术创新用于教学和学习。[①] 师范生的信息化能力发展也同样如此。鉴于我国各地区发展差异较大,发展层级有利于师范生以成长性思维来发展信息化教学能力,在反思自己的优点与不足中获得成长。

那么如何确定师范生信息化教学能力发展层级? 我国《2014 标准》中根据信息化教学行为是促进教学还是促进学生学习将信息化教学能力划分为"基本要求"和"发展性要求"两个发展层次;欧盟 2016 标准中根据布鲁姆学习目标分类将信息化教学能力划分为新手、探索者、融合者、专家、领导者与先锋六个层次。结合两者的理念,考虑到文献综述中呈现的师范生信息化教学能力现状、本研究者在实践中对于现状的预判以及师范生在本科学习阶段实践机会有限的现实,师范生指向核心素养的信息化教学能力的差异主要在于其是否有意愿,是否有探索的态度,是否有实践,是否有创新以及是否有发展信息化教学能力的意愿。

鉴于此,根据师范生在有无使用信息化教学促进核心素养、有无探索信息化教学促进核心素养、有无在教学中(比如实习时)真正实践信息化教学促进核心素养、有无在通过信息化教学促进核心素养中进行创新以及有无发展信息化教学能力的意愿这些方面的差异,本研究将师范生信息化教学能力分为传统者、新手、认同者、探索者、实践者以及先锋六个层级(见表 2 - 17)。

1. 传统者

这一类师范生没有意愿使用信息化教学促进学生核心素养的发展,也没有意愿发展信息化教学能力;传统者对于信息化教学总体上持一种保守的态度,不愿意进行尝试与发展。

---

① Knezek, G. & Christensen, R. The Importance of Information Technology Attitudes and Competencies in Primary and Secondary Education[C]. Voogt, J. & Knezek, G. (Eds.) International Handbook of Information Technology in Primary and Secondary Education. New York: Springer, 2008: 321 - 331.

表 2-17 指向核心素养的师范生信息化教学能力发展层级表

发展层级	关键词	通过信息化教学促进核心素养的意愿	探索信息化教学促进核心素养	实践信息化教学促进核心素养	创新信息化教学促进核心素养	发展信息化教学能力的意愿
传统者	保持现状	×	×	×	×	×
新手	产生发展意愿	×	×	×	×	√
认同者	形成理念认同	√	×	×	×	√
探索者	进行探索	√	√	×	×	√
实践者	进行实践	√	√	√	×	√
先锋	进行创新	√	√	√	√	√

2. 新手

这一类师范生通常使用信息化教学促进知识呈现与传递,没有意愿使用信息化教学促进学生核心素养的发展,但有意愿发展信息化教学能力;新手在现阶段对于通过信息化教学促进学生核心素养发展的兴趣较低,但是愿意提升信息化教学能力促进知识传递。

3. 认同者

这一类师范生有意愿使用信息化教学促进学生核心素养的发展,但尚未进行探索与实践,有意愿发展信息化教学能力;认同者已经认同通过信息化教学促进学生核心素养发展的理念,但是在现阶段尚未进行探索与实践,有意愿发展信息化教学能力来促进学生核心素养的发展。

4. 探索者

这一类师范生已经开始探索如何使用信息化教学促进学生核心素养的发展,但尚未在实习中实践,有意愿发展信息化教学能力;探索者已经开始思考、探索、寻求通过信息化教学促进学生核心素养发展的可能性,但在现阶段尚未进行实践,通常发展信息化教学能力的意愿较高。

5. 实践者

这一类师范生已在探索如何使用信息化教学促进学生核心素养的发展,也已在实习中进行实践,有意愿发展信息化教学能力;实践者已经在实习中通过信息化教学促进学生核心素养的发展,并且对其作用有自己的反思与认识,通常会主动发展信息化教学能力。

6. 先锋

这一类师范生已在探索使用信息化教学促进学生核心素养的发展,也已在实习中进行实践,并且在信息化教学促进学生核心素养的发展中有自己的创新,有意愿发展信息化教学能力。先锋不仅在实践中使用信息化教学促进学生核心素养的发展,模仿教师的信息化教学行为,还有自己的信息化教学创新,通常积极主动发展信息化教学能力,自主学习能力较强。

从产生意愿到探索到实践再到创新,这样的层级划分体现了师范生在通过信息化教学促进学生核心素养发展的具体行为上发生的变化，便于师范生、教师、研究者清晰地判断其信息化教学能力的成长阶段与成长方向。

本章在深入分析了教师信息化教学能力标准的国际经验与我国现有标准框架、层级与研制依据的基础上，研究了师范生信息化教学能力的结构，从未来教师角色的视角出发确定了指向核心素养的师范生信息化教学能力产出结构，从未来教师知识结构出发确定了指向核心素养的师范生信息化教学能力培养结构。在指向核心素养的师范生信息化教学能力产出结构的基础上，综合新课标的核心素养要素以及国际、国内标准，确定了指向核心素养的师范生信息化教学能力发展目标。本书以此为基础，结合我国师范生现状，依据意愿及行为上的差异，制定了六大指向核心素养的师范生信息化教学能力发展层级。总之，本章理清了师范生信息化教学能力的产出结构与培养结构，为个案研究的数据分析确定了编码的理论框架依据。

第三章
基于通用信息化教学
课程的培养模式

在预研究中发现,基于通用信息化教学课程的培养模式是师范大学培养师范生信息化教学能力较为常见的模式。这种模式下,师范大学通常在师范生培养方案中设置一门通用信息化教学课程作为必修课,名称有"现代教育技术""教育技术""信息化教学""信息化教学设计"等,本研究中统一称为"通用信息化教学课程",以区别于学科信息化教学课程。本研究中的个案X校采用了基于通用信息化教学课程的培养模式,本章将首先从顶层设计与课程实施两个视角分析X校关于师范生信息化教学能力的相关政策以及课程的具体实施情况,再对该校大四已完成实习的师范生信息化教学意愿与能力各因子进行分析,从而剖析X校师范生信息化教学能力在这种基于通用信息化教学课程自上而下模式下的培养成效,并进一步探究X校师范生信息化能力培养系统中各利益主体对这些因子产生的影响,研究将对培养成效做归因分析,并分析相关主要动力源的影响因素,最后在X校系统内综合分析其培养模式下的各方利益主体,总结基于通用信息化教学课程的培养模式的合理性与局限性。

第一节　顶　层　设　计

综合文本分析与访谈数据,X校对师范生信息化教学能力的培养在顶层设计上主要采用的是依托一门必修的通用信息化教学课程《信息化教学设计》的模式,在此政策指导下进行了师范生信息化教学能力的课程体系建设,并有师资发展、设施配备与平台搭建三大方面的配套机制,X校师范生信息化教学能力培养的治理权力核心在师范大学层面。

一、师范生信息化教学能力培养定位

X校将师范生培养视为其重点工作,并有相关保障机制,重视师范生面向基础教育需求发展核心素养与信息化教学能力。

(一)强调引领基础教育的前瞻性

五年规划通常反映了高校育人理念的核心思想,通过对该校近两期五年规划(2011—

2015,2016—2020)进行文本分析发现,在 2011—2015 词云图(见图 3-1)中关键词"师范生"清晰可见,而 2016—2020 规划词云图中(见图 3-2)没有看到"师范生"这一关键词,但该规划认为在信息技术的推动下,学习方式将发生深刻变化,教育领域也将因此在内容和组织模式等方面发生变革,因此该校需要面向未来发挥其在教师教育领域的优势,从而"推动和引领教育事业发展"。在其 2016—2020 规划文件中,除了 2011—2015 规划中强调教师教育师资队伍建设、师范生实践能力培养外,还特别强调要"加强与基础教育的互动合作"。

图 3-1　《X校 2011—2015 五年规划》词云图　　图 3-2　《X校 2016—2020 五年规划》词云图

（二）强调师范生的核心素养与信息化教学能力

X校在 2011—2015 规划中,专栏阐述了师范生培养规划(共计 789 字,文件总计 16 296 字,占 4.84％的篇幅),提出了"创新型教师"的培养目标,强调要有效提升师范生"现代教育技术综合使用能力",并通过完善师范生培养的课程结构、加强教师教育师资队伍建设、师范生实践教学经费的增长等措施给予保障。可见,X校的顶层设计十分重视师范生的培养工作,注重其核心素养与信息化教学能力的发展,在师范生培养的定位上强调其能够肩负未来在信息技术推动下的教育变革中推动基础教育发展的引领作用,因此 X校将师范生的信息化教学能力培养目标指向了基础教育改革的需要。

二、师范生信息化教学能力课程设置

在综合分析 X校的教师教育政策文件、师范生的培养方案以及相关课程的教学大纲之后,本研究发现该校教师教育课程设置的理念与两份五年规划中对于师范生培养的定位基本一致,与师范生信息化教学能力相关的课程体系遵循了教师知识的发展规律,整体上与 X校关于师范生的培养定位相吻合。

（一）教师教育课程建设理念与五年规划的培养定位保持一致

第一,X校强调教师教育课程目标指向基础教育阶段课程改革所需的师资能力。"根据国家教师教育的战略导向和基础教育新课程改革对新型教师的要求,设定教师教育课程改革与建设的具体目标",尤其强调为教师专业发展提供系统的知识学习和实践训练,要求"课程教学内容与方法紧密结合中小学的教育教学实践"。

第二,强调通过教学方法的转变促进师范生自主学习、沟通合作等核心素养的发展。"促进师范生的自主选择、自主反思、自主建构和可持续发展"。同时,强调通过教师对师范生的教学示范来提升师范生运用各种教学方法的能力,"改变以讲授为主的教学方法,灵活运用小组讨论、案例教学等方法,注重提升师范生的自主学习能力和运用各种教学方法的能力"。

第三,重视师范生信息化教学能力的发展。对于师范生信息化教学能力的培养特别强调要注重实践性、注重与学科的融合,强调在教学过程的浸润中习得性地获得发展,"推进理论与实践知识的融合、学科专业与教育专业知识的整合,加强教育信息技术在课程教学过程中的渗透"。X校对于师范生信息化教学能力培养的关键路径是建设"信息化教学设计"这门通用信息化教学课程。

(二)课程体系的设计符合教师知识的发展规律

通过对该校师范生培养方案以及相关课程的课程大纲进行分析,可以发现该校关于师范生培养的理念在课程体系设计中得到了相应体现(见表3-1)。

表3-1 X校英语师范专业信息化教学能力培养相关课程表

修读学期	课程	知识属性	性质	学时	主要内容
大一	计算机基础	TK	必修	90学时	Office软件应用、多媒体制作、程序设计基础、计算机网络基础、信息安全
大一—大三	学科专业课程	CK	必修+选修	1 674学时	学科知识
大二	教育学	PK	必修	36学时	教育学一般知识教学法知识
大二	心理学	PK	必修	36学时	教育心理学知识
大三上	学科教学法	PC_1K, PC_2K	必修	36学时	学科教学法知识
大三上	信息化教学设计	TPK ($TPAC_1K$, $TPAC_2K$)	必修	18学时(6周)	教育信息技术:微课制作、数字故事制作(学科工具应用探究)
大三上	教学技能训练(微格教学)	PCK ($TPAC_1K$, TPACCK)	必修	36学时	学科教学模拟训练:在课例观摩、教案设计的基础上通过微格训练进行模拟教学,讨论反思(大纲要求使用PPT)
大三上	学科教学技能发展Ⅰ	PCK ($TPAC_1K$, TPACCK)	必修	36学时	学科教学技能

续表

修读学期	课　程	知识属性	性质	学时	主　要　内　容
大三下	学科教学技能发展 II	PCK（TPAC$_1$K，TPACCK）	必修	36学时	学科教学技能
大三下	教育见习	PCK（TPAC$_1$K，TPAC$_2$K，TPACCK）	必修	36学时	教育见习
大四上	教育实习	PCK（TPAC$_1$K，TPAC$_2$K，TPACCK）	必修	一学期	教育实习

注：本表为研究者根据 X 校英语专业师范生培养方案与课程大纲绘制

　　括号表示这不是一门独立课程，但课程大纲中有这一部分知识或者内容的体现

　　第一，在课程体系的结构上体现了信息时代教师专业的知识构架，师范生必修课程涵盖了学科知识（CK）、教学法知识（PK）、技术知识（TK）、学科教学法知识（PC$_1$K）、融合技术的教学法知识（TPK）的课程，虽然没有独立的学科信息化教学课程，但是在信息化教学设计课程大纲中安排了两周六学时的学科信息化教学工具的探究，即融合技术的学科教学法知识（TPAC$_1$K）。

　　第二，在课程层次上体现了"学科知识——教学法知识——学科教学法知识技能——教育实习"这样在理论的基础上进行实践的脉络（见图3-3）。在大一、大二期间课程的重点是学科知识，同时完成计算机基础与教学法理论课程；在此基础上，大三的重点是学科

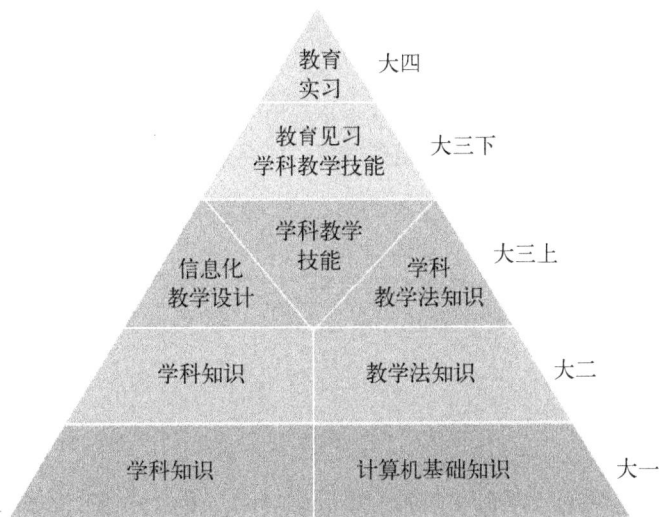

图3-3　X校英语师范专业信息化教学能力培养相关课程层次图

注：本图为研究者根据 X 校英语专业师范生培养方案与课程大纲绘制

教学法、教学技能训练、信息化教学设计等实践类课程,从而将大一和大二的理论知识转化为实践技能;大三下学期与大四上学期进行教学见习与实习(见表3-1),使得师范生将所学的知识技能付诸实践,在学科知识(CK)、教学法知识(PK)、技术知识(TK)三种基础知识之上,再发展学科教学法知识(PC_1K)、融合技术的教学法知识(TPK)等更为复杂的知识,符合教师的知识发展规律。

可见,X校在师范生的课程设置上符合信息时代教师所需要的知识结构以及知识的发展规律,在目标设定与方法选择上注重师范生核心素养的培养,注重教师在教学中对师范生的榜样示范,并强调通用信息化教学课程在培养师范生信息化教学能力中的关键作用。

三、信息化教学的保障措施

X校将教育信息化视为提高该校教育质量的重要推动力,并有相关配套机制。通过对该校近两期五年规划(2011—2015,2016—2020)进行文本分析发现,信息化是该校2016—2020五年发展规划的三大战略之一。从词云权重图对比可以看出,"信息化"这一关键词在2016—2020规划的热词权重图(见图3-2)中清晰可见,与2011—2015的五年发展规划相比,新的五年计划中信息化地位明显上升。在这份政策文件中,"信息化"一词共出现了十七次,在三大战略的关键词中出现频率最高。2016—2020规划文件在其主要任务中专栏(共计934字,文件总计16 220字,占5.76%的篇幅)陈述了其加强信息化建设的规划,旨在"完善顶层设计,大力提升信息化在……提高教育质量中的效能。通过信息技术的深度应用、融合创新,促进教学方法……的变革。"

从该校的政策文件分析来看,该校在校级层面对于教育信息化非常重视,既有政策上的顶层设计,强化信息化领导力,也有信息化环境设施的硬件建设,在信息化教学的目标设计上,也明确提出通过信息技术促进学生新模式的学习。其中,与信息化教学相关的保障措施主要有建设数字化教学平台、推进混合式教学模式与改善信息化教学设施三方面。

(一)建设数字化教学平台

X校依托该校自建的数字化教学平台来促进在线学习。X校对于数字化教学平台的定位主要以课前预习与课后递交作业及交流为主,期望可以通过信息技术突破教学的时空限制。

"调研数据显示,超过半数的教师利用平台提交作业,让学生做课前预习,与学生在线交流互动,也以平台为支持进行网络辅助教学。"(X校2017学年本科生教学质量报告)

(二)发展混合式教学师资

X校在信息化教学的教师专业发展上重点聚焦的是其依托该校的在线教学平台进行混合式教学的能力,无论是平台设施建设还是师资培训的主题都依托该平台展开。从其报告的理念来看,X校对于教师的信息化教学能力的培养并没有将教师作为师范生信息化教学的榜样示范列入其教师专业发展目标，也没有强调师范专业的教师（学科教师教育者）对于师范生的信息化教学示范作用。

> "通过一系列的培训、研讨活动，既促进了教师积极探索新型的线上线下混合教学方法，也提升了我校教师信息化教学水平。"（X 校 2017 学年本科教学质量报告）

（三）改善信息化教学设施

X 校在信息化教学设施完善上主要在于建设无线网络提升网络速度与建设智慧教室和研讨型教室两方面。其中，研讨型教室的建设是为了"顺应小班化教学与研讨型课程的需要"，可见 X 校在硬件设施的完善上注重信息化教学的基础设施与面向未来的学习空间设计。

综上所述，在师范生信息化教学能力培养上，X 校在顶层设计上采用了基于通用信息化教学课程的培养模式，并在此理念指导下进行了课程体系建设，并有平台构建、师资发展与设施完善的三大配套措施给予保障，在师资发展方面注重教师的混合式教学能力的发展，但不强调教师作为教师教育者对于师范生的榜样示范作用。图 3-4 是根据 X 校的模式绘制的 X 校师范生信息化能力发展系统，图中各模块颜色越深表示其对师范生信息化教学能力的影响越大，可以看出，对于师范生信息化教学能力发展的领导力核心在师范大学层面，几乎没有涉及院系管理层的领导作用。由于该校师范生在全国各地进行教育实习，实习学校的信息化教学生态千差万别，并非 X 校所能决定，因此，在 X 校的现有设计下，通用信息化教学课程起了核心作用，而在学科层面基本不参与师范生信息化教学能力培养、学科专业教师不承担师范生信息化教学榜样示范的角色的情况下，X 校的师范生

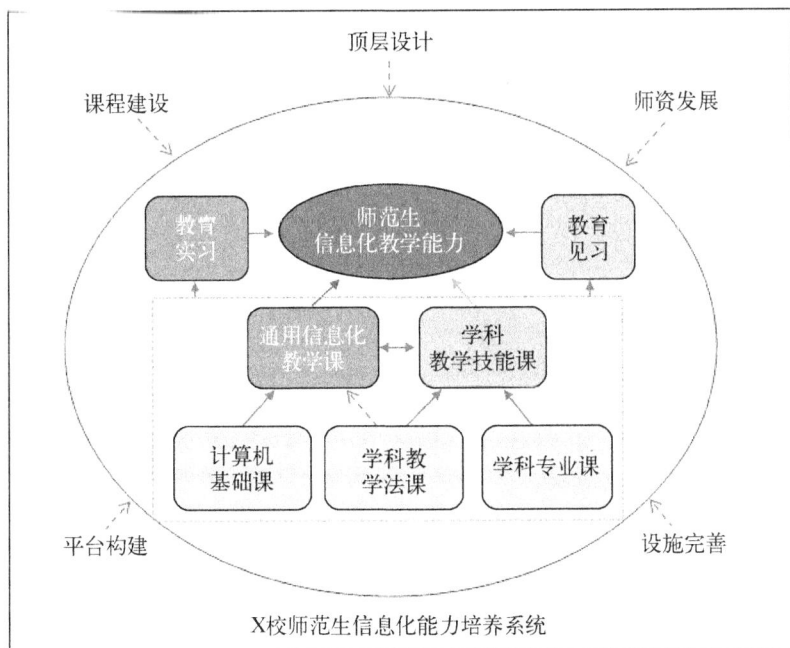

图 3-4　X 校师范生信息化能力培养模式图

信息化教学能力发展基本依托通用信息化教学课程的单一培养路径。

<h1 style="text-align:center">第二节 课 程 实 施</h1>

鉴于在 X 校的培养模式下,课程是培养师范生信息化教学能力的关键路径,因此,本节将首先对 X 校的通用信息化教学课程做深入研究,对比其课程目标与具体的课程实施情况。此外,尽管学科层面未被纳入 X 校培养师范生信息化教学的责任主体,学科专业教师也未被视为师范生信息化教学能力培养的动力源,但是鉴于师范生在四年学习中大部分时间都用在学科课程学习上,本节也将对 X 校学科专业教师的信息化教学行为进行研究,同时为三所师范大学的数据对比分析奠定基础。

一、通用信息化教学课程

本部分将对 X 校通用信息化教学课程的教学目标、教学内容与具体的教学实施情况进行分析,从而研究此课程在师范生信息化教学能力培养中发挥的作用。

（一）通用信息化教学课程的教学目标

X 校通用信息化教学课程的名称为"信息化教学设计",这一名称反映了该课程重视"技术支持教学"的取向,通过对 X 校通用信息化教学课程的课程大纲进行分析,也可以发现该课程在课程目标的设定与教学方法的选择上注重师范生核心素养的培养以及信息技术对于教学与学习的促进作用,主要有以下三方面特点。

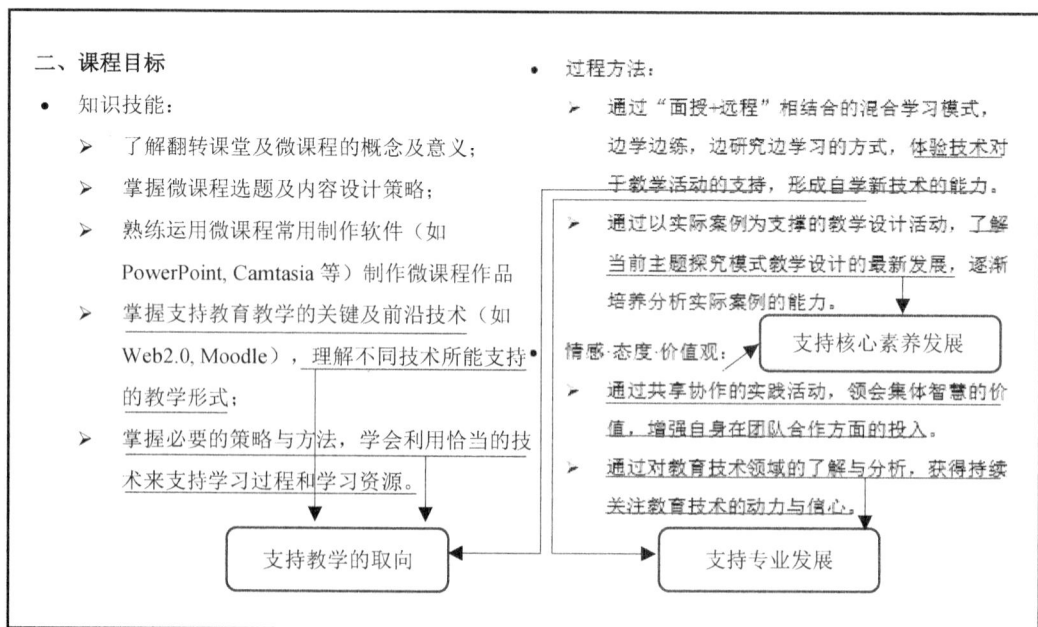

二、课程目标

- 知识技能:
  - 了解翻转课堂及微课程的概念及意义;
  - 掌握微课程选题及内容设计策略;
  - 熟练运用微课程常用制作软件（如 PowerPoint, Camtasia 等）制作微课程作品
  - 掌握支持教育教学的关键及前沿技术（如 Web2.0, Moodle）,理解不同技术所能支持的教学形式;
  - 掌握必要的策略与方法,学会利用恰当的技术来支持学习过程和学习资源。

- 过程方法:
  - 通过"面授+远程"相结合的混合学习模式,边学边练,边研究边学习的方式,体验技术对于教学活动的支持,形成自学新技术的能力。
  - 通过以实际案例为支持的教学设计活动,了解当前主题探究模式教学设计的最新发展,逐渐培养分析实际案例的能力。

- 情感·态度·价值观:
  - 通过共享协作的实践活动,领会集体智慧的价值,增强自身在团队合作方面的投入。
  - 通过对教育技术领域的了解与分析,获得持续关注教育技术的动力与信心。

支持教学的取向　支持核心素养发展　支持专业发展

图 3-5　X 校"信息化教学设计"课程目标分析图

第一，课程目标价值取向上重视"教学取向"。从图3-5中可以看出，X校通用信息化教学课程的教学目标重点在于信息技术对教学与学习的支持，而非仅仅是掌握运用信息技术的技能。而强调师范生"形成自学新技术的能力""获得持续关注教育技术的动力与信心"则突出了在课程中培养师范生持续发展信息化教学能力的意识与能力。

第二，课程目标内涵上注重核心素养的发展。课程目标除了知识与技能的目标设定之外，也重视师范生的自主学习能力、沟通合作能力等核心素养的培养。

第三，教学方法上强调教师的教学示范作用。该课程要求通过混合学习模式，让师范生"体验技术对于教学的支持"，这样的理念能让师范生在自身的学习过程中体验到技术对于教学的促进作用，从而提升信息化教学的感知有用性。

从课程大纲来看，X校通用信息化教学课程并非一门偏重教授师范生信息技术的课程，其在定位上注重信息技术对于教学的支持作用，并注重发展师范生在信息化教学上的终身学习与发展的意识与能力。

（二）通用信息化教学课程的教学内容

从X校通用信息化教学课程的教学大纲来看，该课程对于教学内容的设计主要包括信息技术支持的教学环节优化、数字故事的设计制作、微课的设计制作、PPT的教学应用、学科工具的应用五部分内容（见表3-2）。

表3-2　X校通用信息化教学课程的课程内容表

类　别	课　程　内　容	形　式
教学环节优化	体验信息技术支持的学习环境、学习过程	线下
	信息技术支持的教学环节优化	线上
数字故事	数字故事的制作	线上
微课	微课程的设计与开发	线上、线下
	微课程的媒体策略与设计艺术	线下
	屏幕录屏软件Camtasia	线上
	微视频观摩与评析	线下
PPT	PPT高级教学应用	线上
学科工具	分享学科工具	线下
	初中**教学中的信息技术应用	线上

注：本表为研究者根据《X校通用信息化教学课程教学大纲》绘制
**表示具体学科，如：初中英语教学、初中数学教学

从课程内容来看，其设计理念与课程目标并不完全一致，大部分学时用在了进行数字化教学资源的制作，主要是微课制作的学习，还有数字故事的制作与PPT的制作。对于课程目标中所包含的"理解不同技术所能支持的教学形式"以及"使用适当的技术支持教学过程"在教学内容设计中体现不够。其课程作业，包括数字故事作品、微课设计方案与学习任务单、微视频以及学科工具探究，也主要是在数字化教学资源的制作上。整体而言

课程的内容设计对于教学资源制作以外的信息技术支持教学的形式相对缺乏。当然如果课程实施得当,还是能够在课堂探究与活动中促进师范生利用信息技术解决问题的思维认知发展以及信息化教学能力的发展。第三部分将详细分析该课程在教学过程中的具体实施情况。

（三）通用信息化教学课程的教学实施

本部分将在了解 X 校从事通用信息化教学课程授课教师基本来源、背景的基础上,重点分析其课程的实施行为、对于信息技术对教学促进性的感知以及对于师范生信息化教学能力培养的认知。

X 校从事通用信息化教学课程的授课教师大概有十名,来源多样,既有教育信息技术专业的教师,也有从事中小学教师继续教育工作的教师,还有教师教育实验中心的教师。X 校通用信息化教学课程有两位教师接受了访谈,包括一位男性,一位女性。一位是该校教育信息技术系专业教师,一位是该校教师教育实验中心教师。

1. 教学内容以微课为主,是否指向基础教育及核心素养发展因个体教师而异

正如上一部分在其课程大纲的教学内容中所分析的一样,该门课程的主要教学内容是微课制作,具体的教学方法、课程内容与中小学教学的结合程度以及是否注重促进师范生核心素养的发展主要取决于授课教师。

1）部分教师注重教学内容与中小学教学的结合,重视师范生核心素养的发展

"上课总体上看起来是微课,但是不局限于微课,刚开始都是比较支离破碎的,一般涉及教室中常用的 Word,Excel 和 PPT 的使用、常用硬件设备的使用,然后才是视频的处理、转码、拍摄、照片拍摄和处理,现在基本上集中在微课,这些基本上会在微课的第一节课。现在还包括一些投票的、PPT 特效的、专门做视频的软件。我们上次还发现了一个做实验教学的工具,就是那些理化生做模拟实验(用的工具),原来都是用 Flash,网上很多工具能做虚拟实验,这对理工科的学生(来说)特别好,中学教学里面很需要。"(XIT－1)

"我们这几年也不停地改,现在准备筹建类似于'创课'的实验室,希望师范生动手去做一些教具。我们也在尝试,因为国内搞创新创业教育,师范生出去也是要教高中生的,所以我们提前渗透一下。现在国内大部分都还没有做起来,中学里面基本上都是一些摆设,没有实际的东西。"(XIT－1)

"我的理念是杜威做中学的态度。我们的课程也是这样,作业多,上课讲得少,教学以动手操作为主,先做,然后再去评价。"(XIT－1)

2）部分教师自身信息化教学也以促进知识传递为主

"我觉得现在更多的还是混合式教学。其实上课用 PPT 还是最多,不可能每次上课用那么多技术。一是没有那么多精力去准备课程,二是不可能所有的内容都适合去用这个技术。"(XIT－2)

可见,在教学内容一致的情况下,通用信息化教学课程教师的具体信息化教学行为以及目标还是会极大地受个体教师自身的认知与能力的影响,这也导致了在课程大纲一致的情况下,课程目标的实现程度有较大差异。

2. 教师对于信息技术对中小学教学的感知促进性存在差异

1) 部分教师认为信息技术有助于中小学教学,关键在于如何使用

这类教师更多地从教学视角出发,认为信息技术能够促进学生的学习兴趣,智能白板有助于教学的生成过程,但关键在于教师如何使用,因此对于教师能力提出了更高的要求。

> "智能白板有好处,一是没有粉笔灰的困扰;二是便于他们演示,相对于 PPT,演示更加生动,有很多生成性的东西,可以在教学过程中即时生成,更贴合以前在黑板上板书的方式。第一代多媒体技术抹掉了课程生成的过程,而智能白板弥补了这种缺陷。"(XIT-1)

> "在学生这块,我们跟中学老师做了探讨,做了案例。我们发现可以激发学生的学习兴趣。所以,我觉得只要用得合适,信息技术对教学肯定是有益的,但是对老师的要求越来越高。"(XIT-1)

2) 部分教师认为信息技术在基础教育阶段使用受应试氛围限制

这类教师认为在应试教育的背景下,在中学使用信息技术受到的阻力较大。

> "中学一切以考试为前提,有一些年轻的老师会使用这些技术,年纪大的老师会抵触,因为(这会)加重教学负担。"(XIT-2)

可见,通用信息化教学课程教师的信息化教学行为受到其对信息技术对教学的感知促进性的影响,如果教师对于信息技术对中小学教学的感知促进性较高,便会更有发展师范生信息化教学能力的意愿;如果教师认为在中小学使用信息技术并不现实,自然也就缺乏动力去发展师范生指向核心素养的信息化教学能力。

3. 认为培养师范生信息化教学能力不仅仅是通用信息化教学课程的责任

通用信息化教学课程教师对于培养师范生信息化教学能力的责任主体认识上存在差异,普遍认为这主要是通用信息化教学课程的责任,但不仅仅是通用信息化教学课程的责任。

> "师范生是一个全校性的问题,任何一个系怎么推动得了呢? 就是学校把这个工作交给我们系,我们系也不会接。所以只能从全校层面来推动。"(XIT-2)

对于师范生信息化教学能力发展主观规范较高的教师认为,信息化教学能力应该包括通用技术与学科技术两部分。通用技术是基础,师范生应该在通用信息化教学课程上

获得基本的素养,即利用信息技术解决教学问题的意识与能力,然后再在学科专业层面与自己的学科相结合,发展学科信息化教学能力,而这种能力的重点不是技术能力,而是教学设计能力。

"师范生课程应该是两类,一类是通用的,一类是专业的。信息技术应该是通用的,专用类的是极少的,而不是放在各个专业那边的,每个学科使用的技术差异不是很大,差异大的还是在教学设计那块。要实现这个功能,要使用什么设备,这个体现的是学科特色,这种比较少,师范生最缺的还是最通用的信息技术课。我们现在已经在这样做了,也就是一个学分的公共必修课,但是还做得不够彻底。然后各个专业专门的老师,可以根据学科的需求做一些补充,但这不是他们最缺的,他们知道方法后,学科类的自己很快能学会,因为工具类的东西不会太复杂。"(XIT-1)

"基本上不会针对不同学科介绍工具,基本上介绍的还是通用的技术,每个专业都有自己搞这一块的老师,专业的工具应该(是由)学科教学论的老师来教的。比如,数学专业就有'数学教育技术工具的应用',是他们系开的课。语言类,包括英语、中文,文科确实比较弱,但数学、地理都有。"(XIT-1)

在 X 校的模式下,通用信息化教学课程是师范大学培养师范生信息化教学能力的核心载体,然而,该课程授课教师普遍认为通用信息化教学课程应该是基础,而非唯一的责任主体。

综上所述,X 校通用信息化教学课程在教学目标上重视"技术支持教学"的取向、重视师范生核心素养的发展以及在信息化教学上终身学习的意识与能力的培养,但是在教学内容上依然偏重信息技术技能的掌握以及数字化教学资源的制作,在教学实施上受课程授课教师的教育背景、工作经历、对信息化教学的理念、对师范生信息化教学能力培养的认知的影响较大,在相同的教学大纲下,部分教师重视面向基础教育发展师范生的信息化教学能力,着重培养师范生利用信息技术解决问题的能力而非仅仅技能的学习;而部分教师认为指向核心素养的信息化教学在中小学的可行性不大,自己的信息化教学也是以促进知识的传递为主,并没有在教学中实施课程大纲中旨在让师范生在信息化学习中体验信息技术对教学支持的目标。

二、学科专业教师的信息化教学意愿与行为

X 校的学科专业教师信息化教学情况如何?诚如研究设计中所述,鉴于三所大学的对比分析需要,关于学科教师的研究将集中在一个学科,便于后续数据的比较分析。本部分将具体分析 X 校英语专业教师的信息化教学意愿与行为及其对于信息化教学与师范生信息化教学能力发展的认知。X 校英语专业有约二十位教师参与了师范生的课程教学,其中四位专业教师接受了访谈,包括两位男性,两位女性;两位担任专业基础课的教学,两位担任学科教学法相关课程的教学,分布于各个年级,其中三位有带师范生实习经历(见表 3-3)。

表3-3　X校学科专业教师背景表

学科专业教师	性别	教授课程	年　级	学科教学法背景	带教实习经历
XST-1	女	听力	大二	无	有
XST-2	女	语音	大一	无	无
XST-3	男	课程设计、综合英语	大三、大四	有	有
XST-4	男	学科教学法、教学技能	大三	有	有

（一）信息化教学以促进知识传递为主

X校英语专业教师基本采用了PPT、音频、视频等多媒体技术来呈现知识,利用Email、微信、QQ等与学生进行课后交流;两位学科教学法的教师曾录制教学录像进行点评反馈以及让师范生编辑视频材料作为教学资源,只有一位使用该校的数字化教学平台来收作业。可见,整体而言,X校英语专业教师主要通过信息技术实现加工教学资源、促进知识呈现与传递的作用。

"我们主要使用的是听音室的放音设备,像录音这种比较复杂的设备很少用。一个(原因)是设备比较复杂,那我宁愿只放音,二是我这不是口译,口译用的东西就复杂得多。另外,如果是视听说,放录像就用得比较多,我(的课)不是视听说,放录像比较少。我每节课都会用到PPT的。那么课后,基本上用的是Email。基本上每个班有一个账号,我的作业都是发到每个班的Email中,学生们自己去听、去下载。"(XST-1)

"比如上语音课,课堂时间有限,课后我们会让学生自己听外语台,比如BBC Learning English(BBC英语教学频道)。网上有现在还在工作的播音员的视频。当然还有TED的演讲。"(XST-2)

"我会给学生做video editing(视频剪辑)。怎么样把视频制成上课的素材,如何用视频来设计一个teaching activity(教学活动),就要设计、示范。教小学生和低水平的学习者,使用视频是蛮重要的。语言水平决定的,用video(视频)比不用要更能引起学生兴趣。爱课程网站用得比较多,我的课程是精品课程,会把课录下来,递交给他们。(我)跟学生(交流)没有用社交媒体,主要还是用电子邮件。我没有在用批改网,我觉得因为高中是应试教育,这个对他们(来说)可能有效。批改网给了我一个免费账号,我没有用。我目前用不到这些东西,不需要改作文,在课堂布置作业,只要给他们反馈就可以了。"(XST-3)

"就是课堂上放放PPT了,在QQ群里面解答学生的问题,用＊＊平台收作业。我会放一些优秀教师的教学视频,还有就是专家讲座,给他们看。经常有机会去听一线教师的课对于师范生很有帮助。但是实地去课堂不大现实,所以用这些视频很好。百度上的视频我也搜过,但是不一定适合,不一定是非常好的素材,是鱼龙混杂的,所以主要是我提供的视频。主要的目的是让他们了解真正的课堂教学。"(XST-4)

(二) 发展师范生核心素养面临挑战

X校英语专业教师均认为核心素养的发展对师范生来讲很重要,然而在实际的实施过程中,却碰到了各种问题。

第一,部分师范生学科基础知识薄弱,影响核心素养等高阶能力的发展。

"核心素养是重要,但是他们以后是英语老师,英语老师首先要有扎实的专业知识,然后学有余力才发展核心素养,很多从偏远地区来的孩子困难很大,听都听不懂,首先应该帮他们提升听力。"(XST-1)

第二,部分师范生受自身认知局限,尚无法认识到核心素养的重要性。

"我是真的觉得核心素养对学生来说很重要,也曾经在自己的课上进行了设计来发展他们的核心素养,但结果让我很失望。刚经过高考的学生在应试教育的训练下早就习惯了老师替他们安排好一切,他们最喜欢的模式是老师讲,学生听。你让他们多搞些活动,他们就觉得是老师在偷懒,是'水课',你要是让他们课上自主学习,他们就觉得在'放羊',你发材料让他们课后自主学习吧,他们又嫌作业多。课后自主学习,不让他们交作业,你又怎么知道他们课后的学习情况呢? 我每周会发材料和思考问题给学生,不是传统的那种让学生翻译啊,在文章里面找答案啊,而是思维的训练,这样我每周就要看两个班快八十个学生的作业,下一次课反馈,及时反馈学生才最有收获。我觉得(这)是很有效的方式,有输入也有输出,结果竟然是评教分数很低,因为学生觉得作业耗时多,但是比较优秀的学生会肯定这种模式,但是有什么用啊,优秀的(学生)是少数。"(XST-3)

"当然了! 太重要了! 我上演讲课,让他们做 presentation(陈述),我会让他们录下来,下课让他们自己点评,去反思。第二次,做成PPT,就把它截屏出来,包括图片和音频的东西。我就发现,学生会抱怨这门课看的书太多,作业太多。"(XST-2)

第三,部分师范生受实习经历的影响,认为在中小学阶段发展学生核心素养还受应试教育制约,尚不现实。

"有啊,这些我们都讲的,在英语教学里面交际法的理念与这个比较符合,我们平时会组织学生讨论,或者给他们一个 topic(话题),让他们课后准备,然后做presentation(陈述)。这就是一种探究,有些做得很好,这是英语老师的基本功吧,对他们走上讲台很有用。但是高中里面这种不多的,高一可能还好一点,一切为高考,他们老师PPT都不用,就讲卷子,说这样效率最高。所以师范生也知道的,公开课是一套,实际课堂是另外一套。初中小学可能还好一点,活动多一点。"(XST-4)

可见,X校英语专业教师认识到师范生核心素养发展的重要性,也进行了一定的实践,但是在实践中遇到的困难降低了其进一步发展师范生核心素养的意愿,那么自然也就降低了这些教师探索信息化教学促进师范生核心素养发展的意愿。

（三）信息化教学的感知有用性较低

X校英语专业教师普遍认为信息技术对自己最大的帮助就是提高工作效率,但是在教学上促进作用不明显,并非发生了不可或缺的革命性的影响。

1. 信息技术最主要的作用是有助于提高工作效率

X校的英语专业教师基本上都认为信息技术有助于提高自己的工作效率,使用技术让某些工作变得更为“方便”。

　　“我觉得PPT还是很好的工具。因为听力是有计时的,就是这句话,然后你停下来马上说,如果他(学生)听不懂的话,那这个时候给他正确的信息,这个时候是非常好的。那这个我就是通过PPT(实现)。如果我在黑板上写的话,会浪费很多时间……PPT里面一般包含不懂的(内容),还有生词,句子(主要)是语法问题,可能句子很长。只要影响到听力的,我会列出来。课后,基本上用的是Email。基本上每个班有一个账号,我的作业都是发到每个班的Email中,他们自己去听、去下载。”(XST-1)

　　“用信息技术主要是方便,材料整理起来方便。信息技术就要看是什么技术,电子邮件是很重要的,布置作业和反馈。计算机处理图片比手工的效果要好。文件的管理,没有电脑没法上课。课堂上用一些课件会对学生更有吸引力,老师也很省力,就可以每年重复使用。还有他们(师范生)去中学上课的时候会把录像带回来,我们可以给他们做点评。他们自己会截取视频,反思说这个地方有问题,那个地方有问题,然后让老师点评。这个要归功于技术,我不可能每个小组都跟过去,看他们上课,同时上课的话也不可能看。我们主要运用技术来回放课堂,分析课堂里面的教学问题。”(XST-3)

　　“可以给学生看教学视频、录像,不用去现场挺好的,没有这个我也能做,但是技术更方便。”(XST-4)

2. 信息技术对于教学并非不可或缺

X校的英语专业教师,基本认为目前信息技术对于教学不是必不可少的,没有产生革命性的影响。

第一,X校英语专业四位教师对于信息技术对教学的促进作用的感知是他们基本认为信息技术起到的仅仅是辅助作用,就语言教学以及教师教育而言,其效果无法与真实的语言交流比拟,只是在真实交流无法实现下不得已而为之的“替代品”。

　　“我们必须承认,信息技术目前还是(起到)一个辅助作用,但是语言还是人与人之间的交流,需要看面部表情、肢体语言,一定是人与人之间的对话,机器还是取代不了人。信息技术能节约时间、空间,环保,但是取代不了人,因为语言就是人与人之间的交流,还有其他的因素,文化和心理。所以教育是一个comprehensive system(复杂的系统）。但是这是双刃剑，有些老师过分地依赖 PPT，我觉得那就是一个 disaster（灾难）。我关注了一下，好的老师上课还是要多讲，要板书，板书会给别人思考的时间，信息技术只能辅助，在课堂上绝对不能超过三分之一的时间，否则就是一个 disaster（灾难）。"(XST-2)

"课堂教学上使不使用信息技术没有差异。用视频可能效果好一点，但是培养教师已经是 high-level learning（高阶学习），他们看看 paper（论文），学习一下，学生对于这种低层次的、搞搞笑的，兴趣不大，所以有些东西可以不用。教小学生、初中生，视频会比较有效。"(XST-3)

"技术只是更好地帮助管理这些小组。比如，我们把十五个学生分成五个小组，这五个小组同时上课，那老师肯定跑不过来，如果他们自己录像，他们能把录像带回来。但是这个还是有缺陷，还是教师跟着去最好，因为上完课后的立刻反思是非常重要的。反思有两种反思，一种是上完课后的立刻反思，另一种是上完课过了一段时间后的反思。上完课后的立刻反思对他（学生）后面改进教学帮助非常大，如果过了一段时间，很多技能学习就不合适。没有老师跟着去看的小组的技能学习确实不如老师跟着去看的小组的技能学习效果好，这个差异比较明显。社会文化理论是正确的，一个人的学习，除了内在的因素，旁人的指点是非常重要的。就是光靠（录）视频回来给他指导已经来不及了。除了技术，教师的指导是很重要的，师范生学习离不开他人的帮助。"(XST-3)

第二，X 校的英语专业教师中大部分认为新型信息技术华而不实、可有可无或者尚未成熟，只有一位教师对大数据支持的教学持积极态度。

"个性化教学在我们现在的教学中是比较少的。根据每个人的情况提供帮助，这个跟教育技术没有关系，这个一定要人跟人接触，你才能理解他的需求。因为我们已经很有经验了，比如说看文学作品，我们手头材料很多，不需要再去测试去定他的程度，毕竟考进这个大学，还是满足一定的要求才进来的，这个之间的差异没有达到那么大的程度。"(XST-3)

"有些东西还不是很成熟，可能我们也不知道。但是目前还没有到一个地步，说用了技术之后让我们的教学突飞猛进。我是 ** 外语教育技术协会成员，但是没有让我觉得眼前一亮重大突破的技术，没有带来革命性的变化。我觉得没有印象特别深的，都是可有可无的，没有非用不可的。比如，他们推荐的智能白板，同声传译的软硬件系统。比如说微格教室，摄像头是固定的，现在有一种摄像头是可以移动的，这些都是改进的，没有革命性的变化。网上平台测试这种，即使是同学都选 C，可能这个人选 C 和另一个人选 C 的原因是不一样的。所以我觉得这样的平台不能替代老师。"(XST-4)

但是，学科专业教师对于能够改变自己教学的技术持开放态度。可见，对于能够真正促进教学的信息技术,学科专业教师还是持积极态度的,关键是信息技术能够真正促进教学而非华而不实或者可有可无。

> "我之前在伦敦上学,从那边带(回)来一个软件 Pratt,我一直没有用。现在他们也是在用这个软件在分析语音。过去呢,我只是根据我的经验与感觉,但是你的感知和实际情况是有差异的,不是特别可靠。但是机器的数据是可靠的。所以我也看到了自己的不足,痛感这方面的不足,现在是信息的社会,用数据说话,技术很重要。"(XST-2)

> "我好像听说有这么个软件,可以把声音中很快的那句话放慢,但是放慢可能还有一个 limit(限制),但是这个软件可能还不是很成熟,所以我自己也没有用。我听说过,但是没有找到。如果这个软件有的话,对学生还是有帮助的。很多时候就是说得太快了,所以学生听不懂。因为我知道 Microsoft(微软)曾经想弄一个软件,把人说的话记录下来,转化成文字,做不到。比如说英语中的连读,机器辨认不出来。听力中间还有很多口语性的东西,作为语法不一定对的,这个机器很难判断……我一下没有觉得有需要的信息技术工具,需要把声音转化成文字,但是做不到,因为听力中你听到的东西可能不是他讲的东西。我所需要的就是放慢,但是放慢有可能就会失真,失真以后,还是辨别不出来。所以对于学生来说,提高听力还是一段段听。"(XST-1)

> "技术必须让老师觉得非常方便,可以解决原来很麻烦的事,很多时候就是一个花架子,所以老师不用,关键还是不方便。比如说用微信很方便,大家自然都用了。很多技术的使用不能顺利地迁移到我们的教学里面。我觉得不是老师去探索的问题,而是说明技术还是有问题,用不用差不多,甚至用了更加麻烦。我觉得还在变化的过程中,慢慢地在变,在逐渐方便着我们的教学。可能有一天会有从一个量变到质变的过程,但是教育领域要慢一点。"(XST-4)

X 校英语专业教师基本认为信息技术在教学中的使用是大势所趋,但主要是因为学生对于技术的亲近感,而非信息技术对教学带来了实质性的改变。

> "我觉得这个教学效果与技术没有关系。主要是对于这一代人,技术是与生俱来的东西,脱离不了,不像我们,不用也没有关系。"(XST-3)

> "技术肯定是一个大的趋势,在改变着我们的生活。我曾经写的一本书里面有段话,我读给你听:今天的学生,他们出生在信息技术时代,从他们出生之日起,他们就和信息技术联系在一起,手机、因特网、电脑、微博都是他们与生俱来的生活方式,如果这些技术不仅能成为他们生活中的必需品,也能成为他们课堂交流中的媒介和工具,这将极大促进学生学习的兴趣与动力。作为外语教师,如果能够顺应时代的要求,研究现代技术在课堂教学的应用,将会使我们的教学更加贴近学习者和他们的生活,更加贴近当代青少年的认知方式,那么我们的教学就能更加被他们所接受。使用技术肯定是趋势,关键是怎么样把技术变得更适合老师和学生的使用,以便最终和人

结合起来。"(XST-4)

可以看出,X校英语专业教师目前还是出于贴近学生的动机进行信息化教学,没有真正感知到信息技术对于教学的促进作用,信息化教学的感知有用性整体较低。

(四)信息化教学的感知易用性较低

X校英语专业教师对于信息化教学的自我效能感普遍不高,认为信息化教学所需的技术支持严重匮乏,部分教师认为与自己课程相关的信息化教学设施不够充分,因此,信息化教学感知易用性整体较低。

1. 对于信息化教学的自我效能感不高

X校英语专业教师对于信息化教学的感知还是偏技术而非教学,认为自己在技术方面有所欠缺,只有一位教师(XST-3)认为信息化教学的重点在教学而非技术,而这位教师恰恰具备了深厚的学科教学法背景。

"运用信息技术肯定是有困难的,这个必须承认有年龄的因素,另外,我自己不是很擅长。"(XS-2)

"这些师范生不缺乏技术,他们电脑手机都用得比我们好。"(XS-1)

"真正教学能力的提升不是技术上,而是理解了教学思想和具备了实践性的技能。"(XS-3)

可见,大部分学科专业教师对于信息化教学能力的感知首先还是一种信息技术能力,认为自己技术上不擅长便难以进行信息化教学。这一方面说明了在信息化教学能力的能力结构中基础的信息技术能力的重要性,另一方面也说明了在信息化教学方面X校学科专业教师获得的支持尚十分欠缺。

2. 对于信息化教学的外部条件感知不高

X校的英语专业教师对于信息化教学设施的感知有所差异,对信息化设施要求较高的听力和语音课程教师认为信息化教学设施不足,学科教学法相关课程的教师则认为硬件充分,一位教师认为数字资源不足。

"语音设施太陈旧!没有真正的语音室啊!"(XST-2)

"放PPT这些没有什么问题,我们学校的主要问题是有些设备比较陈旧,用着就会卡住,这个很麻烦。因为我们这儿没有电教人员来弄,这是一个很大的问题,因为机器有时候是需要维护的,现在没有人维护,坏掉了就很麻烦。"(XST-1)

"硬件很好了。微格教学,拍教学视频,给学生讲台的体验。现在三个探头同时录,一个录教案,一个录老师的上课情况,一个录学生的反应。录完之后可以拷走的,我也能在平台上调资料,上课的时候点评。大三半个学期。今年五月,有一个英国老师过来访问,我给他看微格教学,他看了(后)很诧异,他反馈英国也没有做得这么好。"(XST-4)

"没有问题了，国内的硬件软件都上去了，某种程度上，特别是移动设备，我们还更好一点，但是产品和资源是比较缺的。"(XST-3)

但是，在信息化教学的专人技术支持上，X校的英语专业教师意见基本一致，认为学院学校对于自己信息化教学的技术支持非常缺乏。

"如果支持老师用信息技术，电教人员还是很重要的。一方面可以维护这些机器，一方面可以开发这些东西，向老师推荐。老师不管怎么样，都不是搞这个技术的，我们都没有时间精力去研究和探索这些东西。现在要成立这个外语教学技术中心，上次他们就讲这个技术中心将聘专门的技术人员，聘大概一名还是两名。但是问题就是这个技术人员到底能够支持你到什么地步。而且如果他本身不搞英语教学，他可能技术这方面的 sense(感觉)比较强，但是他不知道怎么应用到英语教学上去。当然他们这个方向还是很好的，一点点弄起来，总比没有强。"(XST-1)

"网上平台测试这种，老师必须有使用电脑的习惯，很多老师不喜欢网上操作，有些老师更喜欢批作业本，觉得上网更麻烦。大数据其实早就有了，语料库，但是这事只能出版社之类的做，老师个体没法做的。老师如果技术很强可以自己探索，如果不是，最好有技术人员支持。以后课程设计肯定是一个团队来做，这个团队中一定得有一个技术人员。"(XST-4)

"信息技术人员都很忙的，整天帮领导做PPT、公众号推送，我们老师去找他们要排队，等到他们有时间，我们的课都上完了，还是算了吧。"(XST-2)

整体而言，由于信息化自我效能感不高，X校英语专业教师对信息化教学的感知易用性较低，因此，在缺乏专人支持下，主动探索信息化教学的意愿较低。

（五）在技术支持下有主动探索信息化教学的意愿

有三位教师认识到信息化教学是大势所趋，表示在有专人技术支持下愿意主动探索信息化教学，一位教师持否定态度，认为用不用信息技术关系不大。

"如果有这样的技术人员支持，我愿意去尝试新的技术，我觉得能放慢语速的技术就很好呀。"(XST-1)

"知识是需要更新的，我自费去＊＊大学学习一周，我觉得学习是件很有乐趣的事……运用信息技术肯定有困难，这个必须承认有年龄的因素，另外，我自己不是很擅长，我深深感觉这个东西太重要了。所以我去＊＊大学上课，现在语音方面的研究（人员），有些从美国顶尖的大学毕业，他们原来是研究汉学的，但是采用他们之前的研究框架再加上计算机辅助的技术，就走在了研究的前沿。他们都是六十几岁了，所以我没有道理不去学，不去用。"(XST-2)

"我觉得这个教学效果与技术没有关系。主要是对于这一代人，技术是与生俱来的东西，脱离不了，不像我们，不用也没有关系。"(XST-3)

可见,X校英语专业教师认为信息化教学是大势所趋,在有专业技术人员的支持下有主动探索信息化教学的意愿,但在意愿程度上存在差异。

X校学科专业教师的信息化教学以促进知识传递为主,对于信息化教学的感知有用性及易用性均较低,整体意愿不强,在有技术支持的前提下,才愿意进行信息化教学探索。

第三节 培养成效

在X校基于通用信息化教学课程的培养模式下,师范生的信息化教学能力如何? 为了更好地了解X校培养模式对于师范生信息化教学能力的影响,本节将具体分析X校英语专业大四已完成实习的师范生的信息化教学意愿与其实习时信息化教学的行为,从而可以获得师范生在真实教学实践中的信息化教学行为。

X校英语专业共有三十七位大四师范生,其中六位接受了访谈,包括五位女生,一位男生,他们均已在高中完成教育实习,其中两位在东部省份重点高中实习,其余四位分别在中部、中西部、西北部与东南部省份高中实习。从访谈数据来看,该校师范生经过四年学习之后,信息化教学具有以下特征。

一、通过信息化教学促进学生核心素养发展的意愿整体较低

六位师范生中只有一位具有通过信息化教学促进学生核心素养发展的意愿(XS-2),其他均认为目前信息化教学最可行的模式就是通过互联网搜索素材,使用PPT等工具帮助知识的呈现,以及使用社交应用类工具促进家校沟通,促进学生核心素养发展的意愿普遍较低。

(一)通过信息化教学促进学生核心素养发展的感知有用性较低

1. X校师范生以传统的客观主义教学观为主,影响了信息化教学的感知有用性

六位师范生中有五位都持有以教师为中心的传统教学观,认为教学主要是知识的传递,这种教学观影响了其对于核心素养发展的意愿。

"我觉得高中主要还是老师讲吧。学生自学能力强当然是件好事,但是这个过程很漫长,启发学生自己思考、自己做,或者讨论合作,都很耗时的,一节课上,老师给学生的东西越多,效率越高,他们也考得好。"(XS-1)

"我认为还是教知识为主,英语语言应用能力当然很重要,但是听说能力还不是高考的主要内容,拉分的还是在阅读类的题目,必须做练习啊。高一还好,正常上课,到高三就基本不上了,根本就用不了这些。"(XS-5)

"(多媒体)它可能就是看起来比较新颖,但是可能最终传递给学生的效果还是不如传统教学。"(XS-6)

"这些素养是很重要,不过在高中不是重点,学生还是要考试的。没办法,我们改变不了,还是老师讲最好。"(XS-4)

只有一位(XS-2)持有以学生为中心的建构主义教学观,认为未来教师将成为学习的引导者。

> "老师现在就是传道、授业、解惑,感觉是传统的那种。但是可能随着这个技术的发展,老师就像是一个 leader(引领者),他应当引导你去怎么看,他不会规定你要学会哪些东西,他会给你提供这个方法,比如说让你去探索自己感兴趣的领域,感觉老师就是像提供一种大体的方向和思路,然后学生更多的就是自我探索。所以我感觉老师的作用也会改变。用这些信息技术去探究自己感兴趣的,然后学生的自主性会提高吧。让我感觉可能接下来几年,就是现在不是高考各种改革吗?就是它的侧重点也就不一样了,可能也会要求学生掌握一些那种并不是传统的,而是比较开阔的(东西)。"(XS-2)

2. X校师范生对于信息化教学对核心素养发展的促进性感知较低,影响了其信息化教学的感知有用性

X校师范生受传统教学观影响,对于信息化教学对知识传递的促进性感知较高,对于核心素养发展的促进性感知较低,影响了其通过信息化教学促进学生核心素养发展的意愿。

六位师范生中有四位师范生对多媒体对教学的促进性感知较高,三位师范生对社交应用的教学促进性感知较高,主要认为其有利于家校沟通。两位师范生对该校的数字化教学平台(Learning Management System, LMS)的教学促进性感知较低,对于翻转课堂的作用师范生分歧较大,一位认为翻转课堂模式下无法掌握学生实际自学情况,一位认为翻转课堂模式有利于学生自主学习能力的发展。

将每位师范生对信息技术教学促进性的感知与其实习时实际的信息化教学行为进行对比,可以发现,师范生的教学行为与其对信息技术教学促进性的感知几乎是一一对应的。师范生在教育实习的时候基本上运用了自己感知的教学促进性高的信息技术,而没有运用自己感知的教学促进性低的信息技术。只有一位(XS-4)对手机测试应用的教学促进性感知高但是没有在实习的时候使用,原因在于实习学校规定学生不能使用手机。可见,教学促进性与具体的信息化教学行为高度相关,另外,在教学促进性与实际的教学行为之间还受到外部条件的限制。

对于信息技术的教学促进性除了从具体的信息技术角度来看,还需要从师范生对于信息技术对教学的具体作用的认识来进行分析,可以发现师范生对于信息技术的教学促进性的认知可以分为以下三类。

第一类,认为信息化教学有利于"教"。这一类师范生认为信息化教学具有传统教学所不具备的优势,主要方便了教师传递知识与了解学生。

> "(PPT 对教学)有帮助,可以提示我要讲的东西;课后也会使用社交媒体,可以更加了解学生的心理。"(XS-3)

第二类，信息化教学有利于"学"。这一类师范生认为信息化教学有传统教学所不具备的优势，主要方便了学生，有利于学生接触真实的语料与进行自主学习。

> "这些媒体非常有帮助，可以让学生听到比较纯正的英语发音，可以丰富课堂，活跃气氛。"(XS-4)
>
> "就是课后保存，学生以后还想看这些笔记的时候可以把PPT拷回去，然后以后可以按照那个思路来复习，就是课堂上他不必急于做笔记，可以听，然后课后可以用那些资源自己学习。"(XS-2)

第三类，认为信息化教学与传统教学各有千秋。这一类师范生认为信息化教学只是方便教师，但是对于学生来说负面影响更多，因此并不一定比传统教学更有效。

> "教学效果上用不用PPT没有太大差异，但是对老师（来说）比较方便。但是有了PPT，学生可能不一定认真听老师上课。"(XS-5)
>
> "采用PPT、音频、视频这种形式的话，可能就是对老师来说是方便的，但是可能学生会更注重它的形式，而不是它的内容，比如说会被制作得非常好的这么样一个课件给吸引，（而）忽略了本身的一些知识点的内容。"(XS-6)
>
> "我觉得我还是支持使用信息技术，但是不应该抛弃传统的方式，我觉得教师不应该全部依赖于多媒体，然后基本的板书这些基本功都没有的话，那还是不行的。可以借助多媒体，但是不能完全依赖于多媒体。我个人还是偏向于传统教学的效果好，因为我觉得就是所有这些多媒体的方式，它可能就是看起来比较新颖，但是可能最终传递给学生的效果还是不如传统教学。"(XS-6)
>
> "传统的教学可以落实知识点，比如我今天讲语法，我会在黑板上完成。但是如果用课件完成的话，上面放很多很多练习，反而会让他们不知道重点是什么。"(XS-6)
>
> "就觉得PPT还是挺方便的，然后比较形象，而且老师也减少了很多板书，就是上得快一点，而且讲起来比较顺，如果板书一直要写的话也比较麻烦。然后我就是在这边听他们那个翻转课堂，他们这边老师都普遍在说一个问题，就是说他们录微课给学生看，然后到底它的效果如何，其实也就是不一定能知道他们看的效果如何，这个问题都很难解决，所以其实我自己对微课没有特别感兴趣。"(XS-1)

对于信息化教学，师范生能够不盲目跟风，认识到其局限性，这在一定程度上体现了师范生的批判性思维，然而从师范生的陈述中可以看出，他们提及的很多问题其实本质上是信息技术的运用以及教学设计的问题，如果设计与运用合理，其实是可以避免的。例如多媒体课件让学生分心的问题，课件设计的基本原则是不包含与教学无关的内容，出现让学生分心的问题说明课件上还是有与教学无关的内容出现，为了吸引学生而设计了与教学目标关联度低的内容也是师范生常见的问题。再如翻转课堂要求学生课前看视频学知识，这是发展学生的自主学习能力，同时也能较好地解决不同学生学习进度不一样的问题,关于学生课前是否看了、是否看懂了,这些问题可以通过课堂上的提问、测试等形式来了解学生的具体情况,而课堂上答疑解惑、练习巩固等本身也是翻转课堂的重要环节。因此,这恰恰体现了这几位师范生信息化教学的设计能力还有待发展。

将六位师范生对信息技术的教学促进的感知与其教学观进行对照(见表3-4),可以发现这两者几乎是一一对应的,五位师范生的教学观是传统的客观主义教学观,认为教学是知识的传递,这五位师范生对于信息化教学的理解也是从"教"出发,对于信息技术对教学促进性的感知也是在运用信息技术促进知识传授的层面,谈得最多的也是PPT等呈现性工具的应用。一位师范生(XS-2)持有以学生为中心的建构主义教学观,认为教师的角色是学习的引导者,从XS-2的陈述中可以发现她对于信息技术的教学促进性的认知显然是受她的教学观及其对于未来教师角色的理解所影响的,正是因为她认为未来教师是一个引导者、辅助者,更多的是引导学生自主探索,因此其对信息技术教学促进性的认知也是从学生角度考虑,即如何引导他们进行学习,发展他们的自主学习能力等核心素养,因此她在选择信息工具以及设计具体使用形式时也是从信息技术在帮助学生进行自主探究方面的功用来考量的。

同样是多媒体这一种信息技术,师范生认同教学是促进知识传递的教学观,对于多媒体教学促进性的理解主要是方便教师,形象生动,提供真实语料等(XS-1,XS-4),而认同教师的角色是学习的引导者,对于多媒体教学促进性的理解便是方便保存传输,可以让学生课后自学(XS-2)。同样是翻转课堂这一种信息技术,师范生认同教学是促进知识传递的教学观,对于翻转课堂的理解便是其不利于老师掌控学生情况,容易造成学生分心(XS-1,XS-6),而认同教师的角色是学习的引导者,对于翻转课堂的理解便是可以提高学生的自主学习能力(XS-2)。

可见,师范生对信息技术教学促进性的感知受到其教学观的影响,教学观会影响师范生对于信息化教学中使用何种信息技术的选择,以及具体如何使用这些信息技术的行为。师范生若持有传统的客观主义教学观,在使用新技术支持教学时,着重考虑的是信息技术对于其传授知识的促进作用,而持有以学生为中心的建构主义教学观的师范生,在使用新技术支持教学时,着重考虑的是信息技术对于学生学习的促进作用,即更有利于培养学生进行自主、合作、探究的能力,更有利于学生核心素养的发展。

因此,培养师范生指向核心素养的信息化教学能力,仅仅侧重其信息技术的运用能力是不够的,需要让师范生树立建构主义的教学观,具备培养学生核心素养的意识,并在此指导下有意识地进行信息化教学的探索。

3. X校师范生对于信息化教学的主观规范感知较低,影响了其信息化教学的感知有用性

师范生对于信息化教学促进核心素养的主观规范感知普遍较低,只有一位师范生(XS-2)认为国家对于信息化教学比较重视,两位师范生(XS-1,XS-6)认为其所在的实习学校很重视通过信息化教学来促进知识的传递,所有师范生均认为X校不重视信息化教学及对师范生信息化教学能力的培养。

XS-1的情况是特别值得关注的,该师范生所在的实习学校非常重视信息化教学,但她

认为这所学校是一种很特殊的存在,不是普遍现象,因此不认为这是国家重视信息化教学的体现,可以看出 XS-1 认为翻转课堂是一种特殊存在的模式,并没有对其产生认同感。

> "没有特别感觉国家重视。因为我实习(所在的)这个学校就是在这些方面比较领先,所以就我们有,其他学校没有。"(XS-1)

另外,由于 XS-1 毕业后将在这所学校工作,对于学校要全面推广翻转课堂的模式非常困惑,充满了焦虑。

> "但是,学生究竟有没有看,这个问题很难解决,所以我对微课不是很感兴趣,现在学校好像要强制推广,真的有必要吗?"(XS-1)

XS-6 同样在鼓励信息化教学的学校实习,她认为自己所在学校非常重视信息化教学,也鼓励教师探索,但是她在实习的时候看到了学生使用平板电脑带来的负面效应,以及家长对于平板电脑的强烈抵制,因此,对于基于智能手机与平板电脑的信息化教学抱有比较坚定的负面态度。

> "我觉得学校还是很鼓励信息技术的,比如说在英语的教研会议上,就有老师提出翻转课堂还有慕课这样的概念,整个学校还是比较鼓励老师去尝试、去了解这些新的技术的,还是非常鼓励的,不会说反对。但是学生使用智能手机还是非常受限制的,他们真的只有周末的时间才可以使用这些,那他们(师范生)就是没有办法采用这样的方式进行教学,就平时可能还是传统的教学。我们这边在几个班采用了试点,也是采用 iPad 来上课,然后就过了几个月吧,家长严重地反对,最后还是取消了。就是因为它采用的方式,它不是说学校提供这些设备,是每个小孩都自己买一个 iPad,然后家里可能没有,然后就得为学校去买,他们学生会产生攀比的现象。然后一旦采用了 iPad 的话,就是学生到学校去都拿着 iPad 玩游戏,已经不是在学习了,然后这就比较难控制,难控制他们只使用 iPad 来学习。然后家长就是严重反对,后来就试验了可能就两三个月吧,还是停止了,所以说不大现实。"(XS-6)

所有师范生均认为 X 校不重视信息化教学及其信息化教学能力的培养,这与 X 校在顶层设计上对于信息化教学及师范生信息化教学能力的重视有显著差异,体现了 X 校师范生信息化教学能力培养的具体实施与顶层政策的设计存在较大差异,本研究将在后续部分的归因分析中对背后的影响因素作具体探讨。

(二)通过信息化教学促进学生核心素养发展的感知易用性较低

1. X 校师范生通过信息化教学促进学生核心素养发展的自我效能感较低,影响其信息化教学的感知易用性

X 校师范生利用多媒体等传统信息技术的信息化教学自我效能感普遍较高,六位中

只有一位(XS-4)利用多媒体的信息化教学自我效能感中等,其余五位都很高。然而,对于除了多媒体之外的其他新型信息技术在教学中的应用,特别是促进核心素养方面,六位师范生的信息化教学自我效能感普遍较低,只有一位(XS-2)较高。对于大部分师范生而言,通过信息化教学促进学生核心素养的发展还是一个全新的领域,他们对于信息化教学的认识大多还是停留在传统的多媒体教学促进知识传递上,即使对于慕课与微课作用的认识也是以促进知识传递为主。

> "这个(通过信息化教学促进学生核心素养发展)目前太难了,如果未来真的需要,那是需要培训的,但是近期觉得用不上,中学很少,我感觉微课也是知识点为主。"(XS-1)
> "觉得还是很欠缺的,平板电脑已经很难控制了,其他如何使用更好没有考虑过。中学真的不大用,当时我们用也是用来练习之类的,不是(发展)核心素养。核心素养如何评价打分呢? 感觉很不现实。"(XS-6)
> "这个还是挺新的,没有尝试过。如果真的要往那方面发展,肯定需要培训、听课的。"(XS-5)
> "可以胜任,然后有新的还是可以立马学、立马用。对于核心素养的发展,我还是希望能有更多的培训、观摩这些的。"(XS-2)

在这五位对于新型信息技术在教学中应用自我效能感较低的师范生,除了本身多媒体教学自我效能感较低的 XS-4,都认为目前已有的信息化教学能力足够胜任未来的教学工作,几乎很少有一种要在这方面提升的紧迫感。

> "我觉得基本技术应该还是都可以的,新的还是要年轻优秀的老师才能胜任,我觉得没必要。"(XS-1)
> "中学 PPT 应该可以了,没有问题,我们比中学老师好,用其他也不大现实。"(XS-6)
> "有困难,比如,我要剪辑学生音频,我不知道哪种软件是最好的。想学录制真人视频用于课堂教学,可能效果会比较好,但是我不知道怎么去学,找不到途径,可能自己也没把心思没放在上面,觉得是重要但不紧急的事情。"(XS-4)
> "够了,可以胜任,完全没有问题,新的我也能自学。"(XS-3)

对于师范生而言,信息化教学自我效能感是一种师范生对于自己能否胜任信息化教学工作的感知,因此,信息化教学自我效能感高的师范生并不一定信息化教学能力就一定出色,只是一种自身能胜任目前工作的感知,如果师范生假设的工作环境仅仅需要使用他们非常熟悉的信息技术,那么他们的自我效能感自然就高,如果他们预期未来会需要使用他们所不熟悉的信息技术,那么他们的自我效能感可能就会降低。因此,从这些师范生的自我效能感可以看出,五位师范生基本上预期自己未来在教学中主要使用的就是他们所熟悉的多媒体技术,所以他们才自信地认为自己可以完全胜任。换言之,这五位师范生并没有在近期使用其他信息技术进行教学、促进学生核心素养发展的明确打算。对于通过信息化教学促进学生核心素养发展的自我效能感低会进一步降低师范生探索信息化教学促进学生核心素养发展的意愿,而停留在通过信息化教学促进知识传递的舒适区,保持惯性,难以发生变革与创新。

2. X 校部分师范生信息化教学的焦虑感较高,影响其信息化教学的感知易用性

在信息化教学焦虑感方面,有三位师范生(XS-1,XS-4,XS-6)焦虑感较高,会担心因信息化教学造成某些问题,例如担心信息化教学占用自己太多时间,或者效果不好,发生设备故障等。

> "我也会愿意去参加培训,但是希望不要花太多时间,一两个小时就好。"(XS-1)
> "我不大会剪辑视频、音频,怕效果不好,所以还是用学校配套的。"(XS-4)
> "用信息技术万一设备坏了很麻烦的,可能 PPT 都放不出来。"(XS-6)

可见,师范生的信息化教学焦虑感与外部条件感知相关性较大,倘若信息化教学设施完善且有专人支持,组织有比较宽松包容的文化,就有利于师范生降低信息化教学的焦虑感。

3. X 校师范生对于信息化教学技术支持感知普遍较低,影响其信息化教学的感知易用性

六位师范生对于信息化教学设施的外部条件感知普遍较高,所有师范生均认为 X 校的信息化教学设施完善,足够支持他们模拟信息化教学,也就是信息技术设备这一外部条件并不是他们发展信息化教学能力的障碍。五位师范生认为他们实习的学校信息化教学设施完善,只有 XS-3 认为实习学校设施欠缺,有些软件无法使用。然而,师范生对于信息化教学专人技术支持的外部条件感知普遍较低,当他们在信息化教学与学习中碰到问题时,他们不知道可以从哪里获得帮助,一般都是通过同伴互助解决,无法获得专人支持。在实习学校的情况也较为类似,师范生普遍反映他们在信息化教学过程中碰到问题时很难获得专业人士支持,只有 XS-1 学校有专人支持信息化教学。

> "但是我不知道怎么去学,找不到途径,可能自己也没把心思放在上面,觉得是重要但不紧急的事情。"(XS-4)
> "希望有专门老师来解答一些困惑,具体地辅导,希望可以兼顾每个人,学校有更多的支持。"(XS-6)

对于信息化教学外部条件的感知是师范生的信息化教学感知易用性的重要因子,当师范生感知外部条件不健全,特别是设施不完备时,即便对于信息技术的教学促进性感知较高,还是会影响其信息化教学的意图以及实际行为,因为寻求安全感与不犯错是很多刚刚进入教师职业的师范生的特点。而对于信息化教学焦虑感较高的师范生,如果感知信

息化教学的专人支持较弱,也会加强他们对于信息化教学的焦虑,从而可能因此放弃进行信息化教学的尝试。

综上所述(见表3-4),X校大部分师范生持有传统的客观主义教学观,对于信息化教学的感知促进性主要体现在促进知识的传递,通过信息化教学促进学生知识传递的自我效能感较高;对于信息化教学促进学生核心素养发展的感知促进性、主观规范与自我效能感均很低。对于信息化教学的设施条件感知较高、技术支持感知很低。整体而言,X校师范生通过信息化教学促进学生核心素养发展的意愿普遍较低,通过信息化教学促进知识传递的意愿相对较高。

二、实习时促进核心素养发展的信息化教学行为基本缺失

师范生实习时的信息化教学行为与信息化教学的意愿基本吻合,六位师范生在教育实习的时候均运用信息化教学促进了知识的传递,主要采用的信息技术包括课前上网获取教学素材,课堂上使用PPT与音频、视频进行教学,有一位使用了智能白板以及实习学校的网上阅卷系统。其中有三位课后使用社交应用与家长沟通、布置作业、发布通知等,主要采用的信息技术包括QQ群与微信等。

六位师范生中只有一位(XS-2)在教育实习的时候运用信息化教学促进了学生核心素养的发展。主要采用的信息技术包括让学生通过PPT、翻转课堂以及手机配音应用来发展自主学习能力。

"因为我们英语学科嘛,就是有很多语法点,小小的点,我就把它做成三分钟、五分钟这样的微课,然后可以用来复习的,把这个发给学生。然后学生回家就针对某一个知识点,自己搞不懂了看一看。"(XS-2)

"学生可以把PPT拷回去,以后还想看这些笔记的时候,可以按照那个思路来复习。就是课堂上他不必急于做笔记,可以专心听,然后课后才用那些资源自己学习。"(XS-2)

"因为我之前练口语的时候就是有个App英语魔方秀,然后我就感觉这个挺有用的,又有趣,就推荐给有兴趣的学生,让他们自己用。"(XS-2)

"我这里是比较传统就是PPT、音频、视频,然后老师也就是按部就班,可能那个PPT是好几年前做好的,也并不会去做很大的改动,然后我要上课的时候他(实习指导教师)提供给我。我可能会想说图片是不是可以用比较当下的内容或者当下的话题,我想着去改变,但是我发现这边老师可能那种意识并不是很强烈。"(XS-2)

在没有太多丰富的信息化教学模式示范的情况下,XS-2依然具有主动探索尝试、寻求改进现状的态度,持有较强烈的信息化教学动机与发展意愿,这也是值得深思的。综合分析看来,XS-2与其他五位师范生最大的不同在于XS-2的教学观是以学生为中心的建构主义教学观,因此,其对于教学设计及自己专业发展的思考与选择都是以学生为出发点的。教学观对于信息化教学影响之大由此可见一斑。

表 3 - 4 X 校师范生信息化教学意愿表

影响因子		XS-1	XS-2	XS-3	XS-4	XS-5	XS-6
		女 中西部高中实习	女 西北部高中实习	男 东部高中实习	女 东部高中实习	女 中部高中实习	女 东南部高中实习
主观规范	国家政策	低	较高	低	低	低	低
	师范大学	低	低	低	低	低	低
	实习学校	高	低	低	低	低	高
感知有用性	社会形象	中等	高	低	中等	较高	低
	教学观	客观主义教学观：以教师为中心，教学是知识的传递	建构主义教学观：以学生为中心，未来教师将成为学习的引导者	客观主义教学观：以教师为中心，教学是知识的传递	客观主义教学观：以教师为中心，教学是知识的传递	客观主义教学观：以教师为中心，教学是知识的传递	客观主义教学观：以教师为中心，教学是知识的传递
	感知教学促进性	1. PPT：较高，形象生动、方便教师（学科教师） 2. 翻转课堂：低，无法掌握学生课后学习情况（实习学校） / /	1. PPT：视频：高，有利于自主学习（学科教师） 2. 翻转课堂：高，有利于自主学习（通用信息化教学课程） 3. 社交应用：高，家校沟通、课后练习（实习经历） 4. 配音类应用：高（自学）	1. PPT：较高，方便教师、吸引学生（学科教师） 2. 社交应用：高，了解学生（实习经历） 3. 语义识别：较高（自己感知） 4. 慕课：高（自学）	1. PPT：视频：高，真实语料、丰富课堂、活跃气氛（学科教师） 2. 社交应用：高，家校沟通（实习经历） / /	1. PPT：中等、方便教师、可能干扰学生听课（学科教师） 2. 手机测试应用：高、实时方便（学科教师） 3. LMS：较低、和传统一样（学科教师） /	1. PPT：中等、可能干扰学生听课（学科教师） 2. 平板电脑：低、让学生分心（实习学校） 3. 网上阅卷：高、提高效率（实习学校） 4. LMS：较低（学科教师）

续表

影响因子			XS-1 女 中西部高中实习	XS-2 女 西北部高中实习	XS-3 男 东部高中实习	XS-4 女 东部高中实习	XS-5 女 中部高中实习	XS-6 女 东南部高中实习
	信息化教学 自我效能感		多媒体:高 新型信息技术:低	多媒体:高 新型信息技术:较高	多媒体:高 新型信息技术:高	多媒体:中等 新型信息技术:低	多媒体:高 新型信息技术:低	多媒体:高 新型信息技术:低
感 知 易 用 性	外部条件	师范大学	设施:√ 专人支持:×	设施:√ 专人支持:×	设施:√ 专人支持:×	设施:√ 专人支持:×	设施:√ 专人支持:×	设施:√ 专人支持:×
		实习学校	设施:√ 专人支持:√	设施:√ 专人支持:×	设施:× 专人支持:×	设施:√ 专人支持:×	设施:√ 专人支持:×	设施:√ 专人支持:×
	信息化教学 愉悦感		低	高	低	低	低	低
	信息化教学 焦虑感		较高	低	低	较高	低	较高
信息化教学促进学生 核心素养发展的意愿			较低	高	低	较低	较低	较低
主动发展信息化教学 能力的意愿			中等	高	低	中等	较高	中等

注：括号中的内容表示师范生认知的影响源

综上所述,六位师范生实习时的具体信息化教学行为与他们通过信息化教学促进学生核心素养发展的意愿基本吻合。

三、信息化教学能力培养结构各因子中信息技术能力最强

从学科专业教师的反馈来看,他们普遍认为师范生的信息技术知识(TK)较强,甚至优于学科专业教师,但是学科知识(CK)与教学法相关知识(PK,PCK)尚显不足,核心素养(KC)相关知识更为薄弱。

"师范生上课PPT使用得很多,他们的教案可以做得很漂亮,PPT做得很漂亮,知道很多手法,动漫也可以用上。比如针对初中生,动漫多一点,可能会吸引学生。我觉得师范生信息技术方面的能力,比如制作PPT,并不差。跟他本身的专业知识来讲,他做PPT的能力要比专业知识要强。这一代人电脑能力都比较强,他们所缺的还是专业知识。我觉得要提高的是英语能力,而不是(做)PPT的能力。有一些生源,进来基础就比较差。"(XST-1)

"学生技术用得很好,东西做得很fancy(花哨),但是教学目的没有达到,这种现象还是很普遍的。他们就是追求这种好看的效果,这是新老师的第一个毛病,叫'敲锣打鼓'地开场,找fancy(花哨)的视频开场。我们会点评说这个视频其实和你后面的教学相关性不大,是无效的,因为和你的教学目标不吻合。他们会找视觉冲击力大的图片,吸引学生的注意,但其实是分散了学生学习的注意力。其实用于教学的图片和视频都是很普通的,反而那种有视觉冲击效果的,教学效果都比较差,分散了注意力。"(XST-3)

"现在的学生技术都没太大问题。做PPT,我都做不过学生。"(XST-4)

"语言类的学生沟通合作能力还是不错的,像这些批判思维能力、创新能力都属于高阶能力,学生自身还是比较欠缺的,自己这方面的能力还缺乏,怎么能去帮助别人发展呢?"(XST-3)

"批判思维能力、创新能力、领导力,这些很多师范生自己都没有,也就不知道怎么去教了,中学老师更不知道,整天应试。"(XST-2)

可见,在信息化教学能力的各项基础能力中,师范生的信息技术能力相对较强,而学科能力与教学能力相对薄弱,核心素养最为薄弱。

四、主动发展信息化教学能力的内在动机不足

在主动发展信息化教学能力的意愿方面,X校师范生可以分为三类情况。

1. 愿意自己主动探索

这一类师范生是出于促进学生学习的需要主动探索如何通过信息技术促进教学,即在内在动机驱使下发展信息化教学能力。

"我觉得一方面是满足学生的需求,比如说我们用这种技术然后发现学生有进步,就是他们享受这种学习模式,或者说这种模式可以更吸引他们去掌握这些知识,这是一方面,然后另外一方面我感觉是有时候不能满足他们的时候,就比如说可能当前这种模式还不能满足,我们就更加要探索,想一些更新鲜或者更有效的,这种新鲜的东西。"(XS-2)

"我感觉老师的作用也会改变,如果有这种培训,我会去。"(XS-2)

2. 自己没有主动探索,但愿意参加培训

这一类师范生没有主动探索如何通过信息化教学发展学生核心素养的意愿,但是愿意接受学校提供的信息化教学专业发展机会,大多认为这是趋势,也就是在外在动机驱使下发展信息化教学能力。

"会去参加的,因为自己还不会。学校如果有这样的要求说明学校有这样的需要,可能以后需要用到,所以我会去。"(XS-4)

"需要关于信息技术方面的培训,可以用在什么方面,这是以后的趋势。"(XS-5)

"如果我(参加培训)肯定能提高的话,那肯定会去的,但是希望技术不要太复杂,不要花太多时间学,最好一两个小时的讲座就能学会。"(XS-1)

"会去的,但是想在大学期间可以了解,就是说不用等我工作之后才接触,如果硬件方面允许的话,可以让我们在上'教育信息技术'这门课的时候就实践这些技术,工作后没有时间。"(XS-6)

3. 不愿意探索,也不愿意参加培训

这一类师范生不愿意接受学校提供的信息化教学专业发展机会,认为没有必要,即不存在信息化教学发展动机。

"不会去(参加培训),因为都已经了解了。不需要了解更多的信息技术,因为目前我会的软件应该够用。"(XS-3)

此外,将每位师范生实习时实际的信息化教学行为与他们所感知的信息化教学社会形象一一对比,可以发现,信息化教学社会形象与师范生主动发展信息化教学能力的意愿关联性较大。当师范生对于信息化教学的社会形象感知较高时,他们发展信息化教学能力的意愿也更强。

综上所述,如表3-5所示,X校英语专业师范生通过信息化教学促进学生核心素养发展的整体意愿较低,在实习时也只有一位师范生尝试通过信息化教学促进学生核心素养发展,主动发展信息化教学能力的意愿整体处于中等水平,主要出于学校规定与社会趋势等外在动机而发展信息化教学能力,只有一位师范生是真正认识到信息化教学对于促进学生学习与发展的积极作用而有主动探索信息化教学的意愿。

表 3-5 X校师范生实习时信息化教学行为表

信息化教学行为与意愿	X 校 师 范 生					
	XS-1	XS-2	XS-3	XS-4	XS-5	XS-6
	女 中西部 高中实习	女 西北部 高中实习	男 东部高 中实习	女 东部高 中实习	女 中部高 中实习	女 东南部 高中实习
实习时信息化教学情况	促进知识传递：互联网、PPT	1. 促进知识传递：互联网、PPT、视频 2. 促进核心素养发展：PPT、翻转课堂、配音应用 3. 促进家校沟通：社交应用	1. 促进知识传递：PPT 2. 促进家校沟通：社交应用	1. 促进知识传递：互联网、PPT、视频 2. 促进家校沟通：社交应用	促进知识传递：PPT、视频、智能白板	1. 促进知识传递：PPT 2. 提高工作效率：网上阅卷
用信息化教学促进学生核心素养发展的意愿	较低	高	低	较低	较低	较低
主动发展信息化教学能力的意愿	中等	高	低	中等	较高	中等

第四节 培养成效的归因分析

X校师范生信息化教学意愿与实习时实际的行为与其看似合理的师范生信息化教学能力培养的顶层设计存在着巨大的差距，造成这种落差的因素有哪些？本节将对 X 校师范生信息化教学能力的培养成效进行归因分析。如第二章所述，师范生的信息化教学意愿受其对于信息化教学的感知有用性与感知易用性的影响。师范生通过信息化教学促进学生核心素养发展的能力受其学科内容知识、教学法知识、信息技术知识以及核心素养的影响。因此，本节将以这些因子为基本分析框架，来剖析 X 校师范生信息化能力培养系统中各利益主体对这些因子产生的影响。

一、通用信息化教学课程实施技术取向的负面影响

X校所有师范生对通用信息化教学课程的内容与形式均持否定态度，认为其过于偏理论、效率低下，但是都希望有这门课存在，以便在课程上学习各种信息化教学工具。师

范生希望通用信息化教学课程教师能够在教学中具体示范如何运用这些工具,而不是仅仅教授工具的使用技巧,并且希望自己能够有真正在教学中使用这些信息技术的实践机会。

从师范生的陈述来看,X校的通用信息化教学课程存在以下不利于师范生发展指向核心素养的信息化教学能力的因素。

（一）通用信息化教学课程内容重技术取向

该课程的名称是"信息化教学设计",似乎偏重教学而非技术,其课程大纲中的内容设计虽然以微课制作为主,但也涉及学科应用与信息技术支持教学环节的内容。但从师范生陈述来看,该课程的实施主要是让师范生学习制作微课。在一门课程中,只是介绍一种信息化教学的模式,会极大地限制师范生对于信息化教学的理解,会让他们认为信息化教学就是微课录制与翻转课堂,这不利于师范生发展主动探索信息化教学的意识,不利于他们自己利用信息技术实现教学变革与创新,会让他们形成一种理念:信息化教学必须先接受一种技术的培训才能实现,因此,便不会去思考自己日常使用的信息技术能否促进教学,不会因为想要实现传统教学无法实现的某个教学目标去探索、搜寻、尝试可能有助于教学目标实现的信息技术工具。因此,这种偏重技能的教学模式会影响师范生主动探索信息化教学的意识。

诚如师范生所述,他们理想的通用信息化教学课程可以让他们体验各种各样的信息技术,特别是和学科相关的工具,并且有教师的示范以及自己实践的机会。

"其实最希望的就是说老师多介绍一些软件,然后具体怎么用,减少理论的教学,多一点实践的经验。"（XS-1）

"我希望课程可以（给）介绍我们更多比较新的软件,就是因为我感觉好像有很多很好用的,但是自己不是很了解。希望可以学一些教学中间直接可以用到的一些工具,然后希望老师可以有一些展示,具体怎么来用。"（XS-2）

"微课目前没有怎么使用,学习的时候也没想到将来有用。希望能从课程中学习目前教学中可以使用的新技术,课程中信息技术应该覆盖广一些,但不需要太深。"（XS-4）

"我还是挺希望有这样的课的,但不是像我们上的那样。然后我希望这样的课上,首先可以介绍,就让我们了解现在包括整个国际范围内有哪些先进的信息技术,就是包括国外的情况,可能我们不了解。就是想通过这个课程,学习一些从事教学工作上面可以运用到的一些技术,可以让我们在上这门课的过程中就开始实践这样的技术。"（XS-6）

（二）通用信息化教学课程的教学实施与教学目标存在差异,缺乏优质信息化教学的教学与示范

诚如第二节分析,从该课程大纲中的教学目标与方法来看,该课程意图使用项目学习、混合式学习、讨论探究等方法来促进师范生"理解不同技术所能支持的教学形式"以及

"学会利用恰当的技术来支持学习过程和学习资源"。

　　然而,从师范生的陈述来看,该课程实际的教学实施着重于利用软件进行微课制作的技能掌握与微课概念的理解,恰恰没有涉及相应的教学设计、教学策略与翻转课堂可能会出现的问题。通用信息化教学课程的教师虽然用了混合教学的模式,但是主要用于让师范生用小组呈现课后学习内容的知识点,让师范生普遍认为这个学习任务的目的只是背诵知识点,对于自己的教学没有实际的帮助,可见这位通用信息化教学课程的教师通过混合式教学仅仅促进了知识的传递,而没有在自己的课堂上通过信息化教学促进师范生的核心素养的发展,让师范生认为混合式教学是"新瓶装旧酒",只是换了一种形式促进知识的记忆而已:

　　　　"就觉得老师上课的展示好像不大够,就是让我们自己下来看,就觉得上课的展示不够,而且本来上课的课时就不是很多,然后我记得可能还花了很多个课时来让每个小组做什么 presentation(陈述),我觉得意义不大,还不如老师多讲一点。"(XS-1)
　　　　"我记得我们上这个课好像上了六周,但是这六周好像就学到这一个(微课),我感觉效率其实很低。然后老师前面就是也会讲一些理论,就是一些对我们来说实用性并不是很强的,让我们背微课的特点,就让我们一直背,还一直提问。还有课下学习网上课程还是什么的,他让我们课下去听,就是有些时候不上课,然后他会找同学或者找小组来让我们做 presentation(陈述),反正就是背诵知识点的感觉,但我感觉真的没什么用,其实老师如果能够点评一下我们的微课制作还要有用一点。"(XS-2)
　　　　"这课太偏理论,没什么用,还是实习帮助大。"(XS-5)

　　从本质上而言,师范生从这门课中只是学会应用了录屏软件等微课制作工具,但是该课程对于如何通过翻转课堂来实现教学变革以及促进学生核心素养的发展却未涉及,即便师范生学会了这些工具的技能操作,依然没有在这些工具支持下促进学生核心素养发展的体验与实践,没有在该课程的学习中发展指向核心素养的信息化教学能力。因此,该课程的实施并没有达到课程大纲所预设的教学目标。

　　X校顶层设计中设置通用信息化教学课程的初衷是为了提升师范生指向基础教育需求的信息化教学能力,期待他们能够通过信息技术促进教学变革,引领推动基础教育的发展,但是如果课程上教师本身并没有作为榜样以身示范让学生意识到信息化教学的作用与优势,会让师范生认为新兴的信息技术是华而不实的东西或者过于抽象的理论,对于自己的专业课教学无所裨益,与自己的教学相关性很低;或者,花较多的时间精力学习了一种工具去制作教学资源,却发现与传统教学的效果差异不大,这样反而会降低师范生对于信息化教学的兴趣,只是为了学分而完成学习,降低了他们在课程结束之后以及实习阶段进一步主动探索信息化教学的动机。

　　(三)通用信息化教学课程缺乏与学科教学的深度结合

　　X校通用信息化教学课程的内容设计中有两个课时涉及学科应用的分享。然而,从师范生与学科专业教师的反馈来看,该课程的实施过程中并没有设计与学科相关的信息技术。

"最好能有实用的信息技术工具,比如如何剪辑视频、音频等,然后和我们专业相关。"(XS-4)

"就是微课,没有和我们专业有关的,真的没用。"(XS-2)

"我没有印象有介绍和英语学习相关的应用,反正印象中就是录制微课。"(XS-6)

"学生为什么觉得那门课(通用信息化教学课程)没用? 因为没有学到有用的东西,学生希望看到优秀的教师是怎么在英语教学的课堂上有效使用信息技术。"(XST-3)

"学生给我的反馈,信息化教学的课没什么意思。学生肯定想知道怎么用信息技术把课上好,但是上这个课的老师实际上可能没有学科的背景,讲了很多关于计算机理论方面的东西,但是在英语课堂上应用性不是很强。但是真要教学生怎么用PPT,他们都会,所以这门课蛮尴尬的。"(XST-4)

可见,如果师范生在通用信息化教学课程上体验到的信息化教学模式及策略与自己的学科教学关系不大时,他们会认为这些信息技术离自己很遥远,对于教学的促进性比较低,从而会降低对信息化教学的感知有用性与探索的意愿。

鉴于通用信息化教学课程是X校师范生发展信息化教学能力的关键路径,通用信息化教学课程的质量在很大程度上影响了X校师范生信息化教学能力的发展,X校通用信息化教学课程内容存在偏向技术的教授而非重视信息技术支撑的教学、课程实施与课程目标不一致、缺乏与学科结合等问题,使得X校师范生无法在通用信息化教学课程中获得与自己学科契合的信息化教学策略,无法在优质的信息化教学示范中提升自己的信息化教学能力,也影响了其通过信息化教学促进学生核心素养发展的意愿,X校师范生信息化教学能力各因子中信息技术能力相对较强而教学能力相对较弱的现状也与该课程的实施状况相关。因此,顶层设计的关键动力源通用信息化教学课程教学实施失效是X校师范生指向核心素养的信息化教学能力未获得很好培养的主要原因,与顶层政策设计预期差异较大。

二、学科专业教师的优质信息化教学示范缺失

诚如前述,X校师范生通过信息化教学促进学生核心素养发展的意愿较低、实习时通过信息化教学促进学生核心素养发展的行为基本很少发生。本研究发现,缺乏优质的核心素养教学示范与信息化教学示范影响了师范生指向核心素养的教学观的形成以及指向核心素养的信息化教学意愿与能力的发展。

(一) 缺乏优质的核心素养教学示范

如前文所述,无论是X校的顶层政策还是英语师范专业培养方案均注重对师范生核心素养的发展,从部分学科专业课程的教学大纲中可以发现一些与师范生教学观形成关联较大的课程,例如"学科教学法"等课程,同样重视师范生核心素养的发展,将"以学生为中心"作为其教学观,计划通过"课堂讲授、讨论、反思和探究"的方法来"促进师范生掌握

基本的语言教育理论"。为何接受访谈的大部分师范生还是持有传统的以教师为中心的教学观呢？从访谈数据来看，主要存在以下几方面原因。

1. 学科专业教师的显性教学理念与实际教学行为的不一致不利于师范生发展建构主义教学观

X校师范生认为该校专业教师的理论与实践并不相符。身教大于言传，当教师的教学行为与教师传达给师范生的教学理念相矛盾时，学生会对这种理念产生怀疑，认为这只是纸上谈兵，自然也就少了真正付诸实践的动力，认为这只是书本上的理论，不切实际。

> "我们有些老师虽然讲理论时说这些（核心素养）很重要，但是他自己也只是在那里讲而已，没有教我们方法，所以让人会觉得有点虚。"（XS-5）
> "理论是理论，听起来挺好的，但是老师们自己也还是只以讲为主。"（XS-4）

2. 优质的核心素养教学示范缺乏影响了师范生核心素养的发展

X校的学科专业教师虽然采取了一些看似促进核心素养的模式，例如小组讨论类的合作学习，但是由于在教学设计上欠妥，因此没有真正达到促进合作与沟通能力发展的预期效果。

第一，反馈缺乏针对性。反馈被视为是促进学生作为独立学习者发展的重要方法，通过反馈学生能够监督、评估和规范自己的学习。[1] 研究发现，学生在接受高等教育期间获得的反馈将极大地影响他们未来的学习，无论这种反馈是有意还是无意的。[2] 当师范生在合作学习类的活动中无法获得有效反馈时，他们便容易对这种学习形式产生怀疑，而认为传统的讲授法是更有效的模式，这会影响他们探索尝试与合作学习相似的教学模式的动机。

> "老师上课时还是以讲为主的，也有几次我们分组讨论做 presentation（陈述），但是点评只有几句话，而且都差不多的，都说很棒，没有很针对性的建议，所以不是很有帮助。我觉得其实 presentation（陈述）是一种很好的方式，但是老师的点评很重要，不然学生学不到什么，不会进步。以后趋势肯定越来越重视核心素养了，不然会被机器人替代掉的，高考也会慢慢往这个方向改革，所以我很想学习一些真正能帮助学生（发展）核心素养的方法、活动之类的，但是没有学到。"（XS-2）

第二，组织讨论策略欠妥。一直以来，讨论都被视为一项有利于促进各种课程目标实现的教学策略。社会学习理论强调通过同伴对话获得知识和概念，认为同伴可通过对话分享知识、澄清误解。[3] 此外，这种对话还可以促进沟通能力和推理能力的发展，当教师

① Ferguson, P. Student perceptions of quality feedback in teacher education[J]. Assessment & Evaluation in Higher Education, 2011, 36(1): 51-62.
② Eraut, M. Feedback[J]. Learning in Health and Social Care, 2006, 5: 111-118.
③ Vygotsky, L. S. & Kozulin, A. (Ed.) Thought and Language[M]. Cambridge, MA: MIT Press, 1999: 242-244.

有效地促进课堂上的丰富讨论时，学生便更具备在现有知识框架的基础上继续发展的能力，并能取得更好的学习成果。① 讨论是主动学习（active learning）的一种有力机制，在促进学生参与和积极学习方面特别有效。② 根据布鲁姆学习目标分类，讨论方法能有效地培养学生的高阶思维能力，比如：应用、分析、综合和评估，③在获得有效支持的讨论中，学习者可以在批判性地评估他人观点的同时探索新的想法，因此，也能发展批判思维能力与创新能力。④ 但是这一切的前提是讨论能够获得有效的支持，正如师范生所反馈的那样，如果教师在学生讨论过程中缺位，没有合理的设计、有效的实施与及时的支持，那么讨论在学生看来就是一种费时而低效的教学策略，也自然对于在自己的教学中尝试讨论这种方式兴趣寥寥。

> "这门课主要还是理论，教学技能课就是微格教学，微格教学也主要是训练我们怎么讲，所以其实教学主要还是老师讲。很多课有小组讨论，但是挺没劲的，大家有时候就在那里聊天，然后主要讲的那个人准备一下，老师基本点评每个人都是excellent（很好），good（好），有时候觉得自己准备了半天，却像过场一样。听老师讲讲挺好的啊，有些老师很幽默风趣，讲得很有意思的，可以学到东西，讨论就是浪费时间。还有教学设计课上会分析教学视频，这个挺有用的，所以看视频然后提问是一种很好的方式。"（XS-5）

> "大学里很多老师都会要求分组讨论的，但是讨论的时候很多同学都用中文的，所以其实对英语也没太大帮助，然后很多都在那里打酱油，就一两个要去上去做presentation（陈述）的会很认真地准备。初衷很好，培养合作能力，但是其实也没培养什么。所以我觉得没啥帮助。中学里面时间那么紧，还是别用了。"（XS-6）

从 X 校学科教学法的课程实施与课程大纲的差异来看，课程在实施过程中能否实现课程大纲所指定的教学目标极大地依赖于个体教师的教学。因此，课程大纲再完善，倘若教师的教学理念没有相应地转变，教学能力没有相应地提高，那么教学改革也只是一纸空文而已。施瓦布（Schwab，1983）直言不讳地说，"就这么简单：仅仅告诉教师要做什么，这是没用的。不能这么做。学科专家已经尝试过了，我亲身经历过与他们类似的努力与失败。行政管理者也已经尝试过了，立法者已经尝试过。但是，教师不是装配线的操作员，也不会成为这样的角色。"⑤

① Hollander, J. Learning to Discuss: Strategies for Improving the Quality of Class Discussion[J]. Teaching Sociology, 2002, 30(3): 317-327.
② Claude, M. Mastering the Techniques of Teaching by Joseph Lowman[J]. The Magazine of Higher Learning, 1984,16(6): 51-52.
③ Bloom, B. S. et al. Taxonomy of educational objectives, Handbook I: the cognitive domain[M]. New York: David McKay Co Inc, 1956: 171.
④ Anderson, L.W. & Krathwohl, D. A taxonomy for learning, teaching, and assessing: A revision of Bloom's taxonomy of educational objectives[M]. New York: Longman, 2001: 61.
⑤ Schwab, J. J. The Practical 4: Something for Curriculum Professors To Do[J]. Curriculum Inquiry.1983, 13(3): 239-265.

（二）缺乏优质的信息化教学示范

在学科专业课上缺乏优质信息化教学的体验降低了师范生信息化教学的感知促进性与信息化教学能力的发展。

对于在大学四年期间学科专业教师的信息化教学行为，六位师范生描述基本一致，他们的专业老师在课堂上以 PPT、音频与视频为主，信息技术使用技能水平一般，少数开始使用学习管理平台（LMS），但是师范生认为 LMS 与传统教学没有显著差异。

"大部分老师用 PPT，视频，音频，＊＊老师用＊＊平台（该校的 LMS），没感觉有什么太大差异。"（XS-5）

"专业课老师用多媒体并不是非常多，有些年纪比较大的老师，还是偏向于传统的教学，拿着书讲。有几个老师在电脑的使用上还不熟悉，大三开始有老师用＊＊平台收作业，和收纸质版的作业没什么区别，也没有作业的反馈。"（XS-6）

四年的学习中，师范生接触最多的就是自己学科的专业老师，因此对他们而言，专业课的课堂是最常见的教学生态，在很大程度上会影响到师范生对于"什么是教学"以及"什么样的教学是好的教学"这些关键问题的理解，进而影响到他们整体的教学观。

"在微格教学训练的时候，备课的时候，会忍不住去想我们的老师是怎么上课的、怎么设计活动的，所以觉得专业老师对我们影响挺大的。"（XS-1）

X 校师范生没有在其职前教育中接受丰富的信息化教学示范，看到的是比较单一的信息化教学模式，使得他们认为信息化教学就是 PPT 与多媒体这样一种传统的讲授模式，也没有认识到信息技术除了促进知识传递之外还有其他的潜在价值，没有在专业课堂上体验到通过信息化教学促进核心素养发展的教学，因此没有比较强烈的意愿去发展指向核心素养的信息化教学能力，也没有在优质的信息化教学示范下获得指向核心素养的信息化教学能力的发展。关于学科专业教师信息化教学的深层次分析将在本节第五部分中的主要动力源影响因素中进行。

将师范生信息化教学的现状与学科专业教师信息化教学现状进行对比，可以发现，两者的相关性较高：师范生与学科专业教师在信息化教学中都以促进知识传递为主，对于信息化教学的感知有用性与易用性不高，主动发展意愿不强。这也证明了学科专业教师对于师范生信息化教学行为极大的示范作用。

三、部分实习学校的负面体验

实习学校的负面经历降低了师范生信息化教学的感知促进性，增加了师范生的信息化教学焦虑感，对师范生信息化教学能力的发展产生了负面的影响。X 校师范生的实习学校位于全国不同的省份，每个学校的信息化教学情况也大相径庭，对于师范生信息化教学能力的影响也不尽相同，主要可以分为以下三类情况。

（一）实习学校使用新兴信息化教学工具，但对于师范生信息化教学意愿产生了负面影响

诚如前述，XS-6所在的实习学校十分鼓励信息化教学，也有信息化教学的相关教研活动。但是该校在尝试将平板电脑引入课堂后，带来了一些负面效应，诸如学生上课分心、做与学习无关的事、家长强烈反对等，最终取消了基于平板电脑的信息化教学探索。这种亲身经历使得XS-6得出了基于平板电脑的信息化教学在中学并不现实可行的结论，并且增加了信息化教学的焦虑感。

XS-1所在的实习学校是全国领先的信息化教学特色学校，在翻转课堂与网上直播课程上积累了丰富的经验，也经常有其他学校的教师去该校学习取经，在这样的氛围下，XS-1却对于信息化教学持相当怀疑的态度，并对翻转课堂的信息化教学模式充满了焦虑感，究其原因，主要有两方面。

第一，XS-1认为翻转课堂与网络直播课的新型教学模式是属于少数老师与学生的非常态化教学模式。

　　"说实话，我觉得其他的老师他们觉得网班、翻转课堂通常跟自己没有任何关系，就是网班翻转课的老师，他们就干他们自己的事情，然后其他的老师干自己的事情，是没有什么关系的，不会说有什么竞争感或者紧迫感，我没有感受到。"（XS-1）

第二，对于这种新型信息化教学模式对教学的促进作用存在怀疑，认为其成功是因为老师好而不是这种教学模式的优势，并且对让学生自主学习教师就无法把控学生的实际学习情况这一问题充满担忧。

　　"我觉得一般像这种模式的老师是非常好的，这个老师肯定是选的是最有干劲或者是比较年轻、各方面都很好的老师上这种课，所以这个教学质量是很有保障的，不像一般的班，英语老师是没有保障的，所以这个班的英语在师资方面是很好的。但是我觉得平时上新课或者是讲语法点也没有很特别的地方，主要是在比如说做题、听写、用微课，主要这几个方面比较特别，但是像平时讲课文都还是差不多。但是，学生究竟有没有看，这个问题很难解决，所以我对微课不是很感兴趣，但是学校现在好像要强制推广，让每个老师都来，真的有必要吗？"（XS-1）

这两位师范生，特别是XS-1，能够对信息化教学保持独立思考的良好批判性思维值得肯定，但是两者的经历也发人深省。对于师范生而言，实习阶段可以说是他们职业的起步阶段，由于这个阶段的师范生尚未站稳讲台并建立自信，他们往往希望规避风险而寻求安全感，因此，当他们看到信息化教学的弊端时，很容易对信息化教学产生排斥心理。鉴于此，在师范生信息化教学能力培养的路径中，特别是教学设计、学科教学法或者信息化教学等相关课程中应该对各类信息技术有可能给教学带来的弊端进行讨论，引发学生对此进行思考，寻求解决的方案，一方面培养师范生对信息化教学的批判性思维与解决问题

的能力，另一方面，当师范生对在信息化教学中可能会出现的问题了然于心时，他们在实习阶段再碰到类似问题的时候就能更冷静、沉着、客观地处理，而不会影响他们对信息化教学效能的整体判断。正如他们对多媒体有可能出现的问题的应对态度一样，如果事先预料到了信息化教学可能会出现的问题，他们就能从容面对了。

> "我一般 PPT 会保存三个版本，一个是正常我们用的，另外一个就是只能放映的，然后就是还会有一个版本，就是 PDF 版本。如果说哪个播放不了或者电脑有问题不能用的话，我就用图片的形式直接把它展示出来，它一般都是用不上的。"（XS-1）

当然也必须注意，师范生所描述的对实习学校重视的感知也仅仅是强调教师去探索信息化教学，或者有这种新型信息化教学的存在，而不是具体的激励措施。也就是他们感到是否进行信息化教学并不会对他们的职业发展真正产生差异，因此师范生在感知到信息化教学可能存在的弊端时，也就因为可能带来的问责风险而降低了意愿。

（二）实习学校使用基本的信息化教学工具，师范生在实习学校巩固了传统的教学观与促进知识传递的信息化教学行为

> "有些信息技术工具在实习学校没法用，PPT 就够了。"（XS-3）

这类师范生受信息化教学设施等外部条件影响，对于探索信息化教学的新模式持负面态度，认为这在基础教育阶段运用不现实，因此没有进一步探索信息化教学的意愿。

（三）实习学校基本不使用信息化教学工具，师范生认为信息化教学在基础教育阶段运用的现实性不高

> "大学老师比中学老师重视，中学老师基本不用。"（XS-5）

这类师范生在实习的时候看到中学里并没有像大学那样用多媒体进行教学，因此认为多媒体教学在中学不是常见现象，也就没有太多的探索动机。可见，对于信息化教学的意愿还是在一定程度上受主观规范的影响，特别是对于教学经验尚浅的师范生而言，他们更容易受到利害性较高的重要人物的影响。

综上所述，这些实习学校既包括使用新兴信息化教学工具的学校，也有基本没有信息化教学的学校，对于师范生信息化教学能力的影响也迥然不同。但是相似之处便是，对于大部分师范生而言，当他们在实习时对某种信息技术支持的教学感知促进性较高时，就有使用这种信息技术进行信息化教学的意愿，反之，当他们看到信息化教学的负面作用时，即便实习学校要求他们使用，他们也会对使用这种信息技术进行信息化教学持怀疑态度。特别发人深省的是在使用新兴信息化教学工具学校实习的师范生反而对信息化教学持有较强的质疑态度，更倾向传统教学，其原因在于他们并没有看到新兴信息化教学工具比传

统教学更有效，甚至这些新兴信息化教学工具还带来了风险和负面效应。

鉴于此，在师范大学培养师范生信息化教学能力的过程中，让师范生多体验优质的面向核心素养的信息化教学示范就尤为重要。与此同时，也不能为了使用信息技术而使用信息技术，过度渲染和美化信息化教学，甚至一刀切地强制推广某种信息技术、信息系统或者信息化教学模式，而是应该更为客观地让师范生思考信息化教学可能存在的负面影响，使得他们能够批判性地评价不同的信息技术对教学的支持作用，针对自己的教学选择合适的工具，在碰到问题与困难时也能泰然处之，不会因此而全盘否定信息化教学，而是能够继续保持开放探索的态度，这反而更有利于师范生信息化教学能力的发展，从而支持教学、促进学生学习与核心素养的发展。毕竟，随着信息技术特别是智能技术的日新月异，我们将更多地面临科技带来的很多伦理道德方面的问题，亟需未来教师具备独立思考的批判性思维能力。

四、信息化教学技术支持的缺乏

师范大学与实习学校重视硬件建设而忽视技术支持，降低了师范生信息化教学的外部条件感知。如前所述，师范生普遍反映 X 校的信息化教学设施可以较好地支持其进行信息化教学，但是却缺乏专业技术人员的支持。这种情况在 X 校的相关政策中也可见一斑，X 校在其相关的文件中重点描述了对于硬件设施的建设，例如无线网络、智慧教室、研讨教室等，却没有涉及相关专业人员的配给，这也说明了从顶层设计来看，X 校重硬件轻支持的特点，这在学科专业教师的反馈中也得到了充分的体现（见本章第五节）。

在无法获得专业的技术支持时，即便硬件设施完备，师范生在碰到信息化教学的问题时可能也会不知从何入手，从而降低进一步探索解决方案的意愿，也错失了在问题中发展信息化教学能力的良机，不利于其信息化教学能力的发展，降低了其探索信息化教学的意愿，最终这些硬件设施也未能发挥顶层政策设计所预期的作用。

五、信息化教学能力评价机制的缺位

第一，X 校师范生信息化教学能力的培养目标与评价不一致降低了师范生信息化教学的主观规范与社会形象。六位师范生一致认为 X 校及其所在院系并不重视发展师范生的信息化教学能力。

> "在微格教学的时候老师会点评一下 PPT，其他没有。微格教学的时候也没办法用其他技术，都是讲为主。教学技能大赛有一项要求是 PPT，比的也是你上课的能力。"（XS-1）
> "老师不大注重这方面的，我们很多人 PPT 比老师做得好。"（XS-6）
> "学校不重视，没有感觉到。"（XS-3）
> "毕业要通过计算机考试，但是和教学没关系，所以没觉得怎么重视。"（XS-2）

尽管 X 校在其政策文件中明确了师范生的现代教育技术能力，并且也专门设置了"信息

化教学设计"等相关课程,也有相关的教师专业发展,但是师范生整体都没有感觉到 X 校对于信息化教学以及师范生信息化教学能力发展的重视,可见该校相关政策在执行时没有达到预期的政策目标。同时可以发现,教师行为是师范生对师范大学与院系政策感知的重要媒介,师范生在陈述中常常引用教师的行为来证明师范大学不重视的观点。因此,学科教师与通用信息化教学课程教师的课堂行为是师范大学信息化教学顶层政策落地的重要途径。另外,师范生对信息化教学主观规范的感知显然还受到学校设置的毕业要求的影响。

第二,师范生高利害的考试与资格证书的要求并不强调信息化教学能力降低了师范生信息化教学的主观规范与社会形象。

在师范生毕业要求以及教师资格证等高利害关系的政策规定中没有涉及信息化教学能力,这是师范生感受不到国家对于师范生信息化教学能力重视的原因之一。

> "学生很现实的,他求职的时候,没有人看你信息技术的,他们没有机会用多媒体的,就用黑板、粉笔说课。包括考教师资格证的时候。如果对他们毕业的时候有一个要求,就不一样了。对于他们学科能力有专八,教学能力有教师资格证,但是这个就是没有。信息技术是变化非常快的,需要不断学习,但是我们的计算机考试,考过证就好了。"(XST-4)

可见,国家、师范大学、实习学校真正要推动信息化教学与发展师范生的信息化教学能力,从外部动机这个切入点来看,需要提供实质性的激励措施,才能让主观规范这一因子在感知有用性上产生作用。

综上所述,在 X 校基于通用信息化教学课程的培养模式下,除了通用信息化教学课程的授课教师之外,学科专业教师、实习学校、师范大学政策、国家政策各方利益主体都依然在不同程度上对 X 校师范生信息化教学能力的培养效果产生了影响。在众多影响源中,学科专业教师、通用信息化教学课程教师与实习学校的影响比较突出,鉴于实习学校千差万别,在下一节本书将重点对学科专业教师与通用信息化教学课程教师的信息化教学影响因素做进一步深入分析,从而为师范大学在促进学科专业教师与通用信息化教学课程教师信息化教学的相关政策上提供实证依据。

第五节　主要动力源的影响因素

X 校顶层设计的师范生信息化教学能力的关键动力源与保障措施并未产生预期的效果,影响这些利益主体的因素有哪些? 本节我们将重点分析通用信息化教学课程及顶层设计的保障措施效果未及预期的影响因素。

一、通用信息化教学课程未及预期的归因分析

通用信息化教学课程教师的信息化教学能力对于师范生的信息化教学能力有极大的

示范效应。因此,需要分析对于这个关键的动力源,**X**校的相关政策产生了何种作用? 哪些政策取得了预期的效果? 哪些政策与预期有较大的差距? 通用信息化教学课程的实施与课程目标并不一致,这背后的原因是什么? 哪些因素影响了通用信息化教学课程教师的课程实施与教学行为? 结合第二节中 X 校通用信息化教学课程教师的信息化教学行为,本部分将进一步分析访谈数据来挖掘其深层次的原因。

(一)影响通用信息化教学课程教师信息化教学行为的个体层面因素

1. 通用信息化教学课程教师的个人教育背景与工作经历

两位通用信息化教学课程教师在这门课程中教授的信息技术基本以微课为主,但是由于其个人背景不同,在具体的教学设计上差异较大。

XIT-1 专业背景是教育信息技术专业毕业,有两年中学教学经历,与中学接触广泛,后又回到师范大学深造。受其背景影响,他在课程设计时能够从教学的角度出发,结合中学的教学需求。同时,由于 XIT-1 深爱教学,也注重自身教学能力的发展,会主动探索改进教学。

> "因为我是从中学出来的,首先解决的问题,是这帮学生以后要去当老师,他们首先要具备一些信息技术的基本素养,这个问题解决了之后,然后才是更高层次,他们自己去开展微课,自己开展信息技术课程设计,制作一系列的东西。我们现在就希望学生能把这些技术真正应用到教学之中,我也不期望学生捕捉很多很多的原理。然后我们会在最后一次课收集学生的反馈,看看需不需要其他技术,然后我们再补充进来。对我们要求蛮高的,因为技术更新太快了,所以我们要不停地去捕捉中学中能用的信息技术。我也在不断和中学老师交流,了解他们最新的想法和发展。因为只有知道他们的需求,才能有针对性。"(XIT-1)
>
> "我会自己去探索尝试怎么样能把课上得更好,比如让学生操作,我跟他们交流,小组合作等等,一直在尝试。我喜欢和学生在一起,上课能治病,上课我就很投入。我也去过公司两年,但更喜欢教学。"(XIT-1)

XIT-2 专业背景也是教育信息技术专业毕业,但是没有中小学的教学经历,平时与中小学的接触也不是很多,其研究内容主要涉及师范大学教师的职后发展。因此,XIT-2 对于信息技术在中学使用的情况不甚了解,同时其思考信息化教学的角度也主要是从教育信息技术专业出发,重视技术,而非教学:

> "我们跟中学结合不是很紧,我不清楚中学老师用的程度有多少。"(XIT-2)

可见,倘若有中学教学背景或者对于中小学教学比较熟悉,通用信息化教学课程教师在师范生课堂上的信息化教学设计以及信息化教学行为会更加贴近中小学的教学需求。

2. 受通用信息化教学课程教师信息化教学观的影响

在不同的信息化教学观指导之下,通用信息化教学课程教师的信息化教学行为差异明显。

1）教学取向型教师：认为信息化教学能力是寻找合适的技术解决教学问题

这类教师更多的是从信息化教学的本质入手，培养师范生通过信息技术解决问题的能力。

> "很多工具我不讲，我现在需要什么功能，让他们自己去找软件，自己去找，自己去探索。教育技术类很重要的是学生的信息技术的素养，是怎么去寻找一个技术来解决他的实际问题。"（XIT-1）
>
> "所以我现在自己定位好了，你就是教学辅助人员，你把别人辅助好了，你就成功了，这就是你的价值，所以我把自己心态调整好了。"（XIT-1）

2）技术取向型教师：认为信息化教学能力主要受制于信息技术技能本身

这类教师更多的是从教育信息技术专业出发，对于信息技术的应用重点在于技术要求较高的教学平台设计等，这往往需要一定专业背景，是广大非教育信息技术教师所无法实现，也很少使用的。

> "我当时上的一门教学支持平台的课，完全是围绕几个平台来讲的，主要讲如何去设计一个平台，如何去用一个平台，就里面比较专业的一块，个体差异比较大，这个课程肯定是理科的孩子接受度要高很多。文科的孩子尤其是大一，他们就比较惨，完全不具备这个思维方式，受制于计算技术能力本身。"（XIT-2）

可见，通用信息化教学课程教师的信息化教学行为深受其信息化教学观的影响，倘若是技术取向型教师，便会在培养师范生信息化教学能力时重视技术的掌握，特别是对难度较高的技术的掌握，并按照技术的高难度来判断师范生的信息化教学水平，而非教学的契合度。但是，正如教学取向型教师所言，对于广大未来教师而言，最适合他们的是难度不高的技术，而他们关键要掌握的是教学设计能力，通过技术解决问题的能力，而并非技术能力本身，毕竟不可能让每个未来教师都去制作教学平台，倘若如此，这反而成了一种资源的浪费。

（二）影响通用信息化教学课程教师授课意愿的政策层面因素

X校通用信息化教学课程的目标与实施不一致，基于个体教师的背景与教学观相关，也受到X校通用信息化教学课程相关政策的影响，主要体现在缺乏通用信息化教学课程的教研共同体以及对通用信息化教学课程的授课教师专业发展定位不明确、激励机制不健全这两方面。

1. 缺乏通用信息化教学课程的教研共同体

X校通用信息化教学课程教师来源多样，但是却缺乏通用信息化教学课程的教研共同体，使得课程即便有统一的大纲，在具体实施中差异依然较大，受个体教师的背景与教学观影响较大。多元化背景的通用信息化教学课程授课师资，这原本可以成为一种优势，在不同的视角碰撞中优化这门课程,然而由于缺乏专人的统筹协调,使得教授这门课的教师并没有合作探讨的机会,使得这门师范生的公共课程没有形成类似于计算机、外语、体育等基础课程的教研共同体,也就在课程的具体实施中缺乏了一致性,教师也无法在教研活动中获得信息化教学的反思与发展。课程缺乏质量保障机制,因此质量受到个体教师差异的影响较大。

2. 对通用信息化教学课程的授课教师专业发展定位不明确,激励机制不健全

虽然通用信息化教学课程在 X 校师范生信息化教学能力的培养模式中处于核心地位,但是对于该课程的授课教师而言,尽管他们在背景上存在差异,通用信息化教学课程都不是他们的核心工作,整体从该课程中获得的价值感较低,使得整个课程处于边缘化地位。

对于教育信息技术系的专业教师而言,他们的主要职责是科学研究工作以及本专业学生的教学,而通用信息化教学课程是面向非教育信息技术专业的师范生的公共课程,因此这门课的教学不是他们的主要工作,对于一些教师而言是一项不得不完成的任务,所以积极性不高。只有部分本身热爱教学的教师才会因为自己的教学热情而不受外部条件影响,依然重视这门课程。

> "我们系老师都不愿意开这方面的课,因为要跑到另一个校区上课,很浪费时间,课时费又低,课程建设费只给了前期的一半,后面也没有给。老师都没有积极性去上。硬件上投入很大,教师上投入很少。"(XIT-2)

对于教师教育实验中心的教师而言,授课也是其兼职工作,授课质量极大地受到授课教师教学热情的影响。同时,该中心的教师认为自己处于边缘地位,发展前景不清晰,价值感较低。

> "整个这块,信息技术老师做的工作相对比较边缘化,不管是师范大学还是中学。信息技术的老师要干很多活,很累,但是拿的工资最低。重视程度远远不够,我的师弟师妹现在在 ** 中学,他们确实是比我原来的时候要感觉好很多,但是感觉不到自己很有价值,价值不是在专业上,自己更多是教学辅助人员,在帮助别人,自己在专业上很难发展。因为信息技术是为其他学科服务,总感觉是在帮别人干活,虽然人缘很好,但是是为他人作嫁衣裳。"(XIT-1)

从通用信息化教学课程教师的反馈来看,无论他们的背景如何,都觉得没有获得相应的激励,从课酬、职称以及价值感而言均是如此。

> "现在这方面的政策文件很少,只是靠我们凭良心干活,没有什么激励。信息技术老师评职称是走工程路线,和中学一样,评职称相对是比较慢的,出成果会比较慢,也是影响老师发展非常重要的因素。另外,待遇相对而言也比较低,比同一批进来的

老师工资会低个五分之一。比行政也要低,行政的有机关奖金,我们就没有,但是我们能评职称,他们不能,但是我们相对弱势一点。"(XIT-1)

X校通用信息化教学课程授课教师明显对相关的激励措施不甚满意,从职称、课时费、课程建设费等方面都让相关教师觉得自己处于边缘地位,没有激励措施,而需要不同部门的教师来共同担任这门课程的教学也是教师普遍授课积极性不高的体现。在评价激励不到位,通用信息化教师内在动机没有被激发的情况下,即便承担了这门课程的教学或者甚至有了教研共同体,可能其重视通用信息化教学课程并改善课程质量的积极性也不会获得显著提高。

综上所述,X校顶层设计中将通用信息化教学课程视为师范生信息化教学能力发展的关键动力源,并进行了课程建设,然而由于X校对该课程的师资建设支持不到位,该课程的师资对通用信息化教学课程的整体重视度不高、积极性较低,使得该课程在实施过程中无法得到质量保障,没有发挥师范生信息化教学能力培养关键动力源应有的效果。

二、保障措施未及预期的归因分析

X校顶层设计中将数字化学习平台建设、混合式教学师资发展与信息化教学设施完善作为其推动信息技术与教育教学深度融合的重要保障措施,然而,在访谈数据中,只有信息化教学设施完善被各方利益主体所认同,似乎很少看到其他两项措施的影响,那么哪些因素影响了这两项保障措施发挥作用呢?

第一,数字化学习平台的使用关键在于学科教师,而从访谈数据来看,X校英语专业教师参与度并不高,师范生反馈学科专业教师只是用该平台来进行作业的递交,并未实现X校所设计的课前预习、在线交流等其他效果。

第二,从访谈数据来看,混合式教学的师资发展并不能满足X校学科专业教师的需求。对于X校教师发展中心组织的相关信息化教学培训,只有一位老师感兴趣,学科专业教师认为培训内容与自己的教学相关性不大,希望教学培训能更多地与自己的学科相结合。

"我听说过,他们有时候也会发邮件通知的,但感觉内容主要是PPT制作,**平台应用,这个平台培训我去过,现在我就用来收收作业,其他太复杂,同样的事我不用这个平台也能做,为什么要浪费时间去弄?好像还有微课制作之类的,我觉得也没什么用,我们老师这么忙,哪有时间自己录微课。微课的效果一定比真实课堂教学好?我觉得不见得。"(XST-4)

"好像是有,但是和听力教学关系不大,所以我没去。"(XST-1)

"教师发展中心周三下午有培训,但是周三下午通常会有事。最好一个月有四次同样的课程,老师可以选择适合自己的时间,或者录下来。"(XST-2)

可见,使用这些平台推动信息化教学的关键还在于学科专业教师,因此这些平台能否真正发挥作用还有赖于学科专业教师。

如上所述,X校师范生有意无意地多次提到学科专业教师对自己的影响。诚然,师范生在四年的大学生涯中上的最多的课程是学科专业课程,接触最多的便是学科专业教师,基本覆盖其四年的学习。当师范生开始进行教学时,他们首先思考的问题往往是"我的老师是如何进行教学的? 有哪些设计、方法我可以学习? 有哪些地方我可以做得更好?"而师范生首先参考的教师自然是自己的专业教师,例如英语师范生首先想的便是自己的英语教师是如何进行教学的,而非计算机教师或者数学教师是如何进行教学的。部分优秀的师范生也可能会将其他专业教师的优秀教学行为迁移到自己的教学中,然而他们首先参考的往往就是自己专业的教师。他们会学习自己所观察到的专业教师的优秀教学策略与方法,并运用到自己的教学中。因此,学科专业教师的教学对师范生起了重要的示范作用。同理,学科专业教师的信息化教学行为也会对师范生的信息化教学意愿、能力与行为产生重要影响。

鉴于此,本部分将重点探究学科专业教师的信息化教学行为及其影响因素,从而寻找通过学科专业教师的信息化教学示范发展师范生信息化教学能力的有效策略。诚如前述,尽管学科专业教师目前对于信息技术对教学的促进性感知不高,但是已经意识到信息化教学是大势所趋,也认同信息技术会慢慢地从量变到质变成为教育教学变革的推动力;尽管他们遇到种种问题,也已经意识到指向未来发展师范生核心素养的重要性。那么,是什么影响了学科教师的面向核心素养的信息化教学能力以及具体的行为呢? 综合各方访谈数据,可以发现主要有以下几方面原因。

(一)院系层面未在X校培养师范生信息化教学能力的责任主体之列,导致院系缺乏对于学科专业教师的支持

在X校依托通用信息化教学课程的模式下,通用信息化教学课程是培养师范生信息化教学能力的唯一责任主体,学科院系层面认为师范生信息化教学能力培养并非院系层面的职责,而是高校层面的职责,因而缺乏对师范生信息化教学能力培养的责任认同,从而也未能就推动学科专业教师培养师范生信息化教学能力提供相应的领导与支持,其负面影响主要体现在以下几方面。

1. 信息化教学领导力缺乏

学科专业教师普遍认为师范生信息化教学能力的最佳培养模式是下放到院系层面,与具体的学科深度融合,才能真正提升师范生通过信息化教学促进学生学科学习与核心素养发展的能力。而鉴于目前学科专业普遍缺乏既懂学科专业知识又懂信息化教学的人才,可以以信息化教学团队的模式来弥补这种缺陷,但这需要院系层面的信息化教学领导力,包括面向未来建立发展战略、形成共同愿景、组建信息化教学团队、进行师资建设、提供相应的支持与激励等。

"学校层面要下到院系。在学院层面,领导也要有这种意识,领导就是一个vision(愿景)。早日把专业和技术的整合落到实处,要有一个vision(愿景),看到五

年、十年以后的教学会怎么样。财力物力都要上去的,还有人才。"(XST-2)

> "像广外专业里面专门有一门课程叫'教育信息化',就是英语专业里面的,而且还是必修。这很重要的,我们没有,这是一种办法。其实我们学校的信息化教学的课应该分散到各个学院去,应该跟各个院系的专业去结合的。学科不一样,信息技术使用也不一样,比如学科整合,一定是专业和信息技术的结合。一个人技术好一点,那又能怎么样呢? 一定是个团队的问题。"(XST-2)

然而,X校英语专业所在的院系管理层认为培养师范生的信息化教学能力不属于院系层面的责任。

> "培养师范生 ICT 技术能力,不是各个院系的任务,教学计划没有任何课程是跟 ICT 相关的,ICT 的使用主要是在学校层面的公共课。对于各个专业的 ICT 怎么提高,学院没有这个任务,也没有这个课程。学院管的是专业课,不管你是不是用 ICT,首先要把你的专业基础课打好,第二,专业教学能力和方法,这个是院系两方面的任务。其他的还是学校层面的,是跟师范的基础教育相关、教育相关的基础知识,比如心理学、教育心理学等等。就是三大块的培养,院系负责的两块,所以这个 ICT 培养是没有的。"(XM-1)

因此,对于 X 校英语专业所在院系而言,师范生信息化教学能力的培养不在其责任范畴之内,自然也就没有相关的政策措施来进行课程建设、教师专业发展与技术支持,也没有相应的激励与评价措施。这一点也与师范生和学科专业教师的反馈相吻合。

2. 学科信息化教学人才匮乏

X 校学科专业教师及其所在的院系负责人均认为该院尚缺乏能胜任系统的师范生信息化教学能力培养课程的教师。

> "如果形成系统的课程,可能没有老师能够胜任,还得有教材,准备很多的材料。如果专门设定这样一门,一个学期十八周课,没有东西可以讲,充其量五六次。一门课要形成一个体系,需要很大的精力,靠一个老师去弄,我还不如写几篇文章……另外每个专业不一样,英语和法语不一样,也就是每个专业都需要一个人,院系哪有那么多的人,文件里面提的很不现实。"(XM-1)

> "这门课有点尴尬,如果是一位懂英语的,而且是不仅仅懂英文,要懂英语教学的老师来上,但是问题是这种人在外语学院很难找。所以怎么把信息技术跟学科相结合,这是一个蛮难的东西。"(XST-4)

诚如前述,X 校师范生的反馈也表明,该校英语专业的教师并没有示范优质的信息化教学,在学科教学论课程中也未涉及信息化教学内容,这也是 X 校学科信息化教学人才匮乏的表现之一。

3. 信息化教学专人技术支持欠缺

在学科信息化教学人才匮乏的情况下,学科专业教师探索信息化教学的重要外部条件之一便是有专业的技术人员支持,这可以减轻他们的信息化教学焦虑,弥补其较低的信息化教学自我效能感,从而提升其进行信息化教学实践与探索创新的意愿与能力。然而,由于 X 校院系层面并不承担培养师范生信息化教学能力的职责,也就并不重视为学科专业教师提供信息化教学所需的技术支持。

"也有领导提过,但是没有具体的措施。因为和学科结合就蛮难的。以后课程设计肯定是一个团队来做,这个团队中一定得有一个技术人员。所以我想要学科和技术结合的话,可能一门课就不是一个老师来上,可能大家共同参与,分工负责,比如说专门有一位技术支持的老师,他能够参与到我的教学中来,给我支持,这样可能会相对好一点。就包括大学里面的精品课程,也不是我们上课老师一个人搞定的,他要有团队来做的,有教务处牵头做。老师个体没法做的,我们是没有精力去搞这些东西的,又要做科研,又要上课,还要搞这个。"(XST - 4)

"一定配专人,老师应该可以在学院找到专人,他是专职工作(人员),随时可以解决我们的问题,应该有两三个人。"(XST - 2)

"如果支持老师用信息技术,电教人员还是很重要的。一方面可以维护这些机器,一方面可以开发这些东西,向老师推荐。老师不管怎么样,都不是搞这个技术的专业人士,我们都没有时间精力去研究和探索这些东西。"(XST - 1)

同样,在 X 校师范大学层面,其重设施建设轻技术支持的政策也使得在师范大学层面除了设施保障及培训之外,缺乏对教师进行信息化教学探索的常态化技术支持。因此,学科专业教师在高校层面与学院层面均无法获得技术支持。

(二)师范大学层面的部分政策机制不利于学科专业教师进行教学创新

信息化教学要真正促进学生核心素养的发展,从本质上而言就是一种利用信息技术改变现有教学模式的一种教学创新。而教学创新的重要动力是教师能够主动探索、积极尝试、进行实验。但是创新不一定会成功,而且失败的概率很大,有很大的风险。在这样的情况下,师范大学的政策机制是能够鼓励这样的创新并包容可能的失败,还是严格管理不允许失败? 这个问题的答案会极大地影响教师进行信息化教学探索与创新的意愿。从访谈数据来看,X 校在评价、激励、管理、监督体制上均缺乏对于教师教学创新的鼓励,缺乏包容的试错文化。

1. 评价机制不利于教学创新

在 X 校教师职称体系中,学生评教分数会影响职称的晋升,那么评教分数对于教师而言就成了高利害因素。这种机制的初衷是为了促进教师提升教学质量,但是教师的教学创新可能会突破学生的舒适区,而对教师的教学产生不满的情绪。

"在目前的评教体制下,我们去培养学生的核心素养风险很大。评教的标准真的有问题,问学生老师作业量合不合理,我想除了少数自己很求上进的学生,都是希望作业少一点的好,这样的评教导向性就有问题。有时候给学生一点压力他们才会有收获的,不然就是混日子。这样我们这些想创新的老师会有积极性吗?那些不创新的老师也不用另外花心思去设计自主学习的内容,不用批作业,上完课就结束,评教分数很高。学生目前阶段的目标就是考试好,绩点高,他们还看不到对自己未来发展真正有帮助的学习方式的重要性,也看不到思维训练的重要性,都看不到。这样你让他们来评判老师课上得好不好,对于想创新的老师很不公平!评教分数是和我们的职称评比挂钩的,这样我们怎么还敢冒险!考试最好你告诉他们范围,他们背一背,你如果以其他方式来评价他们,比如做个 presentation(陈述),学生可能会质疑你的公正性,多样化的评价等于给我们自己找麻烦。所以尝试下来,最保险的就是传统的教学,你讲学生听,只要讲得好,学生很喜欢,他们也习惯这种(讲授为主的)模式。真要改变这种模式是要学生突破舒适区的,学校会不会给予我们老师这样的空间?在学生投诉抱怨的时候能够挺我们,支持我们的创新?能够肯定我们的付出?很难,真的很难,不批评我们就不错了,所以没人去做,有这点时间精力大家不如写写论文去发表。"(XST-2)

在这样的情况下,需要调整评教的维度、方法与机制,在导向上鼓励创新。同时,在激励机制上,也要相应地补偿教师因为教学创新而承担的风险与压力。

2. 监督机制不利于教学创新

X 校设置了督导听课与检查试卷的机制,这从本意上是为了通过监督来提升教学质量,然而在无形中却给教师进行教学创新设置了一定障碍,让教师觉得教学创新是高风险的行为。

"现在教务处管得很细,有督导会查我们批阅的试卷,而且(督导)是非外语专业的,他们经常就是拿着答案核对。可是语言这东西,你是无法在答案上穷尽的,填空题只要符合上下文都应该是对的,更不用说问答题了,但是督导一看和参考答案不一样就会提出疑问,然后你还得解释,感觉像犯了个大错。为了避免这种麻烦,我们很多老师只出客观题,批阅也快,督导查也没问题。在课堂上用信息技术,万一网络不行连不上,或者设备坏了,是有很多风险的,要是这个时候有督导听课,就会说你准备不充分。我们不会因为用信息技术获得更多的课时费,这要大量时间准备的,还可能受到批评,何必吃力不讨好。"(XST-4)

因此,如果要鼓励教师们进行信息化教学创新,师范大学在保持监督机制以保证教学质量的基础上,应该有更灵活的政策为教师教学创新创造更好的氛围,例如,可以采取申报教学创新项目、在一定时段内免于听课等形式。

3. 教学管理机制不利于教学创新

X 校学科专业教师也反映了课时设置不够灵活、实践活动难以开展等不利于其通过教学创新来发展学生核心素养的问题。

"课时设置很不利于自主探究合作这类活动的开展，我们专业课最多两个课时90分钟。单纯讲授，90分钟感觉当然很长了，但是如果是让学生去自主探究、合作讨论，再展示，教师再点评，那90分钟肯定不够。快40个人一个班，分六组的话，探究20分钟，谈论20分钟，展示30分钟，就已经70分钟了，探究之前老师要引导铺垫吧？之后要总结概括点评，时间哪里够？如果再让学生加以反思，那时间更加不够了，而反思环节对学生是非常有帮助的。所以这种一刀切的规定很不利于我们开展教学。说到底，定这些规定的人，没有深入课堂听取老师意见，不懂教学，他们可能嘴上说说核心素养、能力多么的重要，制定的措施却都不是利于这些能力发展的，老师有心也无力。语言还是要应用的，我很想带着学生去参加实践活动，去实践活动时间根本不够，一个半小时只够在路上，但是学生说他们的课排得满满的，很难有一个半天的时间。"（XST－3）

（三）师范大学对于学科专业教师的"教师教育者"身份没有充分明确

诚如第一节顶层设计中所析，X校未将学科专业教师视为师范生教学示范的榜样，没有明确学科专业教师作为教师教育者的身份，因此，学科专业教师，特别是没有教学法背景的教师，对于教师教育者的身份认同较低，更多地将自己视为是学科教师，在师范教学与非师范教学中也没有区分，因此，并未有意识地通过自己的信息化教学示范成为师范生的榜样，而更多的是关注学科知识的传授。这种身份认同的缺失不利于学科专业教师有意识的教学示范，使得师范生缺少在优质的信息化教学示范中获得成长的机会。

综上所述，学科专业教师信息化教学存在的问题一方面是由于X校在基于通用信息化教学课程的培养模式下，权利与责任集中在师范大学层面，而在学科院系层面关于培养师范生信息化教学能力的权责不清晰，缺乏相应的支持与激励，也没有明确学科专业教师的教师教育者身份，从而忽略了学科专业教师在自己专业课堂上的信息化教学对于师范生信息化教学的重要示范作用，忽视了这些在时间跨度、课程涵盖数量上更广的隐性课程对于师范生信息教学能力不可小觑的影响力；另一方面是师范大学的相关管理机制限制了教师的教学创新，缺乏鼓励创新允许犯错的宽松文化。

第六节　基于通用信息化教学课程培养模式的启示

本节将在综合X校顶层设计、培养成效、归因分析与主要动力源影响因素分析的基础上，总结基于通用信息化教学课程培养模式的合理性与局限性。

一、基于信息化教学课程培养模式的合理性

基于通用信息化教学课程培养模式的合理性主要体现在由于顶层设计重视而带来的以下四方面优势。

（一）突显了对师范生信息化教学能力的重视

X校通用信息化教学课程必修课的属性突出了X校师范大学层面对于师范生信息化教学能力培养的重视，要求不论专业，每位师范生都在信息化教学能力上获得发展，以适应甚至引领未来中小学教学以素养本位培养学生的需求。顶层设计的初衷意图深远，具备战略前瞻性。

（二）符合教师专业知识的结构与发展规律

X校将通用信息化教学课程安排在大三年级，使得师范生能够在学习学科专业课程、教育类通识课程、计算机类基础课程之后，在具备基本的学科知识、教育学知识以及计算机知识的基础上发展信息化教学能力，符合教师专业知识的结构与发展规律。倘若通用信息化教学课程目标设置合理，课程实施能够实现课程目标，便能有效促进师范生信息化教学能力的发展。

（三）有利于提高培养师范生信息化教学能力的效率

鉴于学科专业教师群体数量庞大，又多为数字移民，在信息化教学能力上差异较大。通过单门课程作为核心机制，倘若能够聚集一批优秀的通用信息化教学课程授课教师，有效地实施这门课程，实现预定的课程目标，将在短时间内提升师范生信息化教学能力。

（四）顶层设计重视有利于信息化教学设施的完善

X校师范生、通用信息化教学课程教师以及大部分学科专业教师对于信息化教学的外部设施条件感知较高，认为硬件基本没有问题，这有利于各方利益主体进行信息化教学实践的硬件设施保障。

二、基于信息化教学课程培养模式的局限性

基于通用信息化教学课程培养模式的局限性主要由于自上而下单一的路径存在以下四方面局限性。

（一）政策层面与执行层面对于师范生信息化教学能力培养的责任主体的认知在存在差异，共同愿景缺失

将X校各利益相关方对培养师范生信息化教学能力责任的认知进行对比（见表3-6），可以看出X校培养师范生信息化教学能力的责任不够明晰，各方理解存在差异，并未达成一致而形成共同的愿景。

表3-6　X校利益主体对师范生信息化教学能力培养责任的认知对比表

利益主体	对师范生信息化教学能力培养责任的认知
师范大学	通用信息化教学课程相关课程教师
院系	教务处、通用信息化教学课程教师
通用信息化教学课程教师	通用技术：通用信息化教学课程教师 学科技术：学科教学论教师

续表

利益主体	对师范生信息化教学能力培养责任的认知
学科专业教师	通用技术：计算机教师、通用信息化教学课程教师 学科技术：学科信息化教学专业团队
师范生	通用技术：通用信息化教学课程教师 学科技术：学科专业教师

从顶层设计来看，X校依据教师知识结构设计了以通用信息化教学课程为核心的培养模式，将通用信息化教学课程相关课程教师视为培养师范生信息化教学能力的责任主体。同样，院系管理层也认为培养师范生信息化教学能力并非自己的职责范畴，而应该由师范大学层面的教务处牵头，由通用信息化教学课程教师为责任主体。然而，通用信息化教学课程的教师却认为自己的课程应该专注于通用类技术在教学中的应用，培养师范生在教学中运用学科技术的责任应该由学科教学论的教师承担。学科专业教师持类似观点，认为由既懂学科知识又懂技术的专业人士来承担这项工作最能促进师范生信息化教学能力的发展，倘若没有这样合适的人选，那么就由学科专业教师与信息技术专业人员组成的学科信息化教学团队来共同承担。师范生也同样希望信息技术能够与自己的学科教学紧密结合。

对于责任主体的认知不同，不利于X校系统内部整合各方力量，形成师范生信息化教学能力培养的共同愿景，而导致各利益相关方在自己的认知支配下培养师范生的信息化教学能力，缺乏沟通与合作。

（二）师范生信息化教学能力培养的单一责任主体模式使得师范生信息化教学能力发展的质量保障较为薄弱

通过单门课程虽然有利于集中精兵强将，提高信息化教学能力培养的效率，然而，由作为核心机制的通用信息化教学课程作为师范生信息化教学能力培养的单一责任主体的潜在风险是，师范生信息化教学能力培养的质量极大地取决于这门课授课教师的意愿与能力。倘若这门课的授课师资教学热情不高或者教学能力不强，师范生在这门课上没有受到优质的信息化教学能力的示范，没有获得很好的信息化教学能力的发展，那么师范生要通过其他途径发展信息化教学能力就存在极大的偶然性。X校受访师范生反馈中就存在这个问题，师范生对于通用信息化教学课程的评价比较一致，认为其教学过于理论化，信息技术过于单一，缺乏与教学的融合，且缺乏与学科的结合。而X校通用信息化教学课程授课教师来源多样，又缺乏必要的激励机制，使得通用信息化教学课程实质上处于边缘地位，还缺乏教研共同体，更加难以保障课程在实现目标上的一致性，只有依靠个体教师自身对于教学的热情来进行授课，使得教学质量参差不齐，通用信息化教学课程的实施质量得不到有效保障，核心机制未有效发挥作用。

（三）师范生信息化教学能力培养的权力核心集中在师范大学层面使得学科院系层面信息化教学领导缺失，学科专业教师的隐性课程力量没有得到有效整合

在X校依托单一课程的模式下，学科院系并不认为师范生信息化教学能力的培养是

院系层面的职责,因此在学科层面缺乏对师范生信息化教学能力培养的相关政策设计,即便领导层认识到在信息社会师范生信息化教学能力的重要性,也不会认为这应该在学科课程建设、师资发展、教研活动中有所体现。结果便是,部分有主动探索信息化教学的学科专业教师因为缺乏相应的技术支持、评价激励而放弃了对这方面的探索与尝试。在顶层设计中没有将学科教学论教师以及学科专业教师视为师范生信息化教学能力培养的责任主体时,X校的相关政策也就缺乏对于学科层面教师培养师范生信息化教学能力的支持,缺乏相关的师资发展、评价激励机制、技术支持以及教研合作平台,使得学科专业教师对于教师教育者的身份认同感较低,在课堂上通过自己的学科信息化教学示范形成培养师范生信息化教学能力的隐性课程这一潜在力量没有得到发挥。

（四）基于通用信息化教学课程的培养模式缺乏信息化教学与学科融合的平台机制,隐性课程的潜在力量没有得到发掘

以通用信息化教学课程为主要培养机制使得信息化教学缺乏与学科的融合,这在师范生、学科专业教师与通用信息化教学课程授课教师的反馈中均有体现,即便一些学科专业教师有培养师范生信息化教学能力的意识,但在缺乏平台机制保障的情况下,学科专业教师与通用信息化教学课程授课教师没有正式的沟通、交流、合作的渠道与平台,信息化教学与学科的融合很难获得常态化可持续性发展。

（五）依托单一课程的模式使得课程结束之后在缺乏专人支持的情况下师范生的信息化教学能力持续发展无法得到保障

在此模式下,即便师范生在通用信息化教学课程上获得了较好的信息化教学能力的发展,具备了主动探索信息化教学的意识与意愿,但是在课程结束之后,倘若没有获得专业人士及时的支持或者在学习共同体中获得帮助,其在信息化教学探索过程中碰到问题、困难而无法解决时,也容易降低进一步探索的意愿。

整体而言,基于通用信息化教学课程这种自上而下驱动的培养模式,其有效性主要取决于通用信息化教学课程的课程实施质量,取决于授课教师的具体教学行为。因此在这种模式下,首先必须确保通用信息化教学课程大纲与指向核心素养培养师范生的目标的一致性。在此基础上,最重要的是有充分的激励与保障机制确保通用信息化教学课程教师的质量,从而保证课程实施与课程目标相一致,并且建立通用信息化教学课程教师的教研共同体促进课程实施与课程目标的一致性。在这种自上而下驱动的模式下,学科专业教师的信息化教学示范效应很难得到有效激励、支持与保障,很难实现常态化发展。在这种模式下,师范生信息化教学能力在通用信息化教学课程结束之后的可持续发展还有赖于专人的支持或者学习共同体的互助。

第四章
基于教师信息化教学
示范的培养模式

综合文本分析与访谈数据,本研究中的个案 Y 校对师范生信息化教学能力的培养没有自上而下的顶层设计政策,整体而言 Y 校对师范生的信息化教学能力重视程度不高,通用信息化教学课程在 Y 校不是师范生的必修课。Y 校师范生信息化教学能力培养的治理权力比较分散,Y 校的信息化教学能力培养目前主要依靠学科专业教师自发的教学示范与引导,以及部分选修通用信息化教学课程的师范生在该课程学习中获得的发展,没有在师范生信息化教学能力培养目标、课程建设与师资发展等方面形成系统性的常态化培养政策。因此,该校师范生信息化教学能力的培养模式是自下而上教师信息化教学示范的模式。鉴于本研究将在个案研究的基础上采用比较研究的方法来分析总结从三项案例中获得的共性启示,因此本章的章节逻辑安排基本上参照第三章对于 X 校的研究逻辑,首先对 Y 校的顶层设计进行分析,再在分析该校大四已完成教育实习的师范生信息化教学意愿与能力各因子的基础上获得其培养效果,并对培养效果进行归因分析,对主要动力源进行影响因素分析,在此基础上,综合分析 Y 校培养系统内各利益主体的因素,获得基于教师信息化教学示范模式的合理性与局限性。

第一节 顶 层 设 计

从 Y 校相关政策文本综合分析来看,Y 校顶层设计虽然重视师范生核心素养的发展,但并不重视师范生信息化教学能力的培养,没有进行系统性的师范生信息化教学课程设置,对于该校教师的专业发展也尚未强调教师信息化教学能力的发展。

一、培养定位未强调师范生信息化教学能力的发展

(一)Y 校将教师教育视为其重点工作,重视师范生核心素养的发展

研究通过对该校近五年规划(2016—2020)进行文本分析后发现,教师教育被列为 Y 校"十三五"的重点工作之一,"教师教育"这一关键词一共出现十六次。

从 Y 校教师教育相关的重点政策文件中可以看出,Y 校重视师范生核心素养的培养,

并通过拓展师范生的实践机会来促进其核心素养的发展。Y校对于师范生核心素养的发展要求涵盖了"自主发展能力、批判性思维能力、沟通能力、团队合作能力以及信息素养"等基础教育阶段核心素养的要求,在此基础上还强调师范生"国际素养"与"领导力"的发展。可见,信息素养位于师范生的核心素养之列,但没有强调师范生的信息化教学能力。Y校通过教育实习、教育见习、海外实习见习三大实习模块来促进师范生发现与解决问题、沟通合作能力等核心素养的发展。

(二)信息化并非Y校的重点战略,整体重视程度不高

通过对该校近五年规划(2016—2020)进行文本分析发现,"信息化"这一关键词共计出现四次(全文 10 494 字),其中三次以"校园信息化"的形式出现,一次出现在"经费管理信息化"中,可见Y校对于信息化的关注点主要是在校园信息化基础设施的建设与管理信息化,而非教师与师范生的信息化教学能力,从五年规划的热词权重图(见图 4-1)中也并没有看到"信息化"一词,因此,信息化建设在当前阶段不是Y校的战略重点。

图 4-1 《Y校 2016—2020 五年规划》热词权重图

二、课程设置尚未形成系统的师范生信息化教学课程体系

(一)Y校师范生培养目标中尚未涉及师范生信息化教学能力的发展

从Y校英语师范生的培养方案中可以发现,其培养目标未涉及任何关于信息化教学能力的内容。在Y校当前的师范生培养模式下,Y校师范生在大一、大二完成专业基础课的学习,在大一完成计算机基础的学习,大三在专业学习的同时,完成教育心理类等教育基础课程以及英语教学法、教学设计等学科教学相关课程的学习。大二、大三每学期有一周的教育见习,共计四周;大四上有十八周的教育实习;大四下有一周的教育研习。Y校英语专业十分重视师范生的学科教学知识,共有八门必修课程与学科教学相关。整体而言,Y校英语师范专业的课程设置与其重视师范生实践能力的培养目标相吻合,重视英语教师的教学能力,但并没有涉及信息化教学能力。

(二)Y校师范生培养方案中尚未将通用信息化教学相关课程设置为必修课程

从Y校英语师范生的培养方案以及访谈数据中可以看出,Y校尚未将通用信息化教学课程列为师范生必修课,部分师范生选修了通用信息化教学相关课程。

"我们师范生没有这门课(教育信息技术),只有计算机课。"(YM-1)

"我没有上,是选修的,选的人比较多,没有选到。"(YS-1)

但是从访谈数据来看，该校已经认识到师范生信息化教学能力的重要性，正着手进行课程改革，将通用信息化教学课程列为师范生的必修课程。

> "大四这届还没有，后面就有了。四个学分，不论专业，成为师范生的必修课，类似计算机考核逐步在实施：原来计算机四个学分，现在计划计算机课程两个学分，教育技术课程三个学分，因为计算机已经普及了。"（YIT-1）

（三）Y 校的通用信息化教学相关课程尚未形成统一的教学目标与教学内容

由于 Y 校的通用信息化教学课程尚未成为全校师范生的必修课，其现有的通用信息化教学选修课程尚未形成统一的教学目标与教学内容（见图 4-2 与图 4-3），但整体而言，从这些选修课的课程大纲来看，这些课程整体的定位比较注重信息技术在教学中的运用，并且强调通过项目学习、案例学习、协作学习、探究学习等多种形式来开展教学。

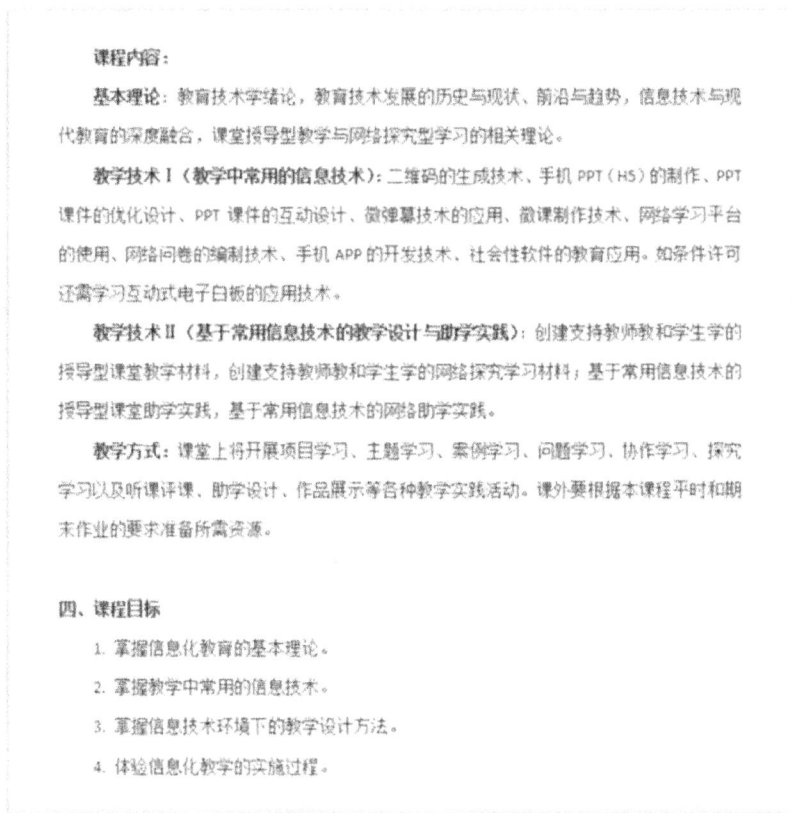

> **课程内容：**
> **基本理论：** 教育技术学绪论，教育技术发展的历史与现状、前沿与趋势，信息技术与现代教育的深度融合，课堂授导型教学与网络探究型学习的相关理论。
> **教学技术 I（教学中常用的信息技术）：** 二维码的生成技术、手机 PPT（H5）的制作、PPT 课件的优化设计、PPT 课件的互动设计、微弹幕技术的应用、微课制作技术、网络学习平台的使用、网络问卷的编制技术、手机 APP 的开发技术、社会性软件的教育应用。如条件许可还需学习互动式电子白板的应用技术。
> **教学技术 II（基于常用信息技术的教学设计与助学实践）：** 创建支持教师教和学生学的授导型课堂教学材料，创建支持教师教和学生学的网络探究学习材料；基于常用信息技术的授导型课堂助学实践，基于常用信息技术的网络助学实践。
> **教学方式：** 课堂上将开展项目学习、主题学习、案例学习、问题学习、协作学习、探究学习以及听课评课、助学设计、作品展示等各种教学实践活动。课外要根据本课程平时和期末作业的要求准备所需资源。
>
> **四、课程目标**
> 1. 掌握信息化教育的基本理论。
> 2. 掌握教学中常用的信息技术。
> 3. 掌握信息技术环境下的教学设计方法。
> 4. 体验信息化教学的实施过程。

图 4-2　Y 校通用信息化教学课程大纲 1

三、教师专业发展未强调信息化教学能力

从 Y 校的"十三五"规划与教师教育学科建设相关文件的分析中可以看出，该校对于师资的建设主要强调师德、创新精神与国际竞争力，对于教师的信息化教学能力没有突出

三、课程简介

通过本课程的教学，使学生能够了解教育技术学的理论流派及历史与发展，懂得现代教育技术在当代教育改革与发展中的作用，能够了解和应用教学系统设计的原理和方法，能够掌握教学的媒体，特别是数字化媒体技术的使用技能，能够运用它们来获取、选择、评价和利用教育信息资源，以及能够设计具有创新意义的信息化教学过程来进行教学改革实践与了解信息技术的学习与教师专业发展的关系。

四、课程目标

- 使学习者对教育技术学学科有全面的认识；
- 了解教育技术学的理论流派及历史与发展；
- 为教育技术的实践和研究提供指导；
- 掌握必要的教学技术工具；
- 认识教育技术在教育学科中的重要性；
- 养成终身学习的意识和态度。

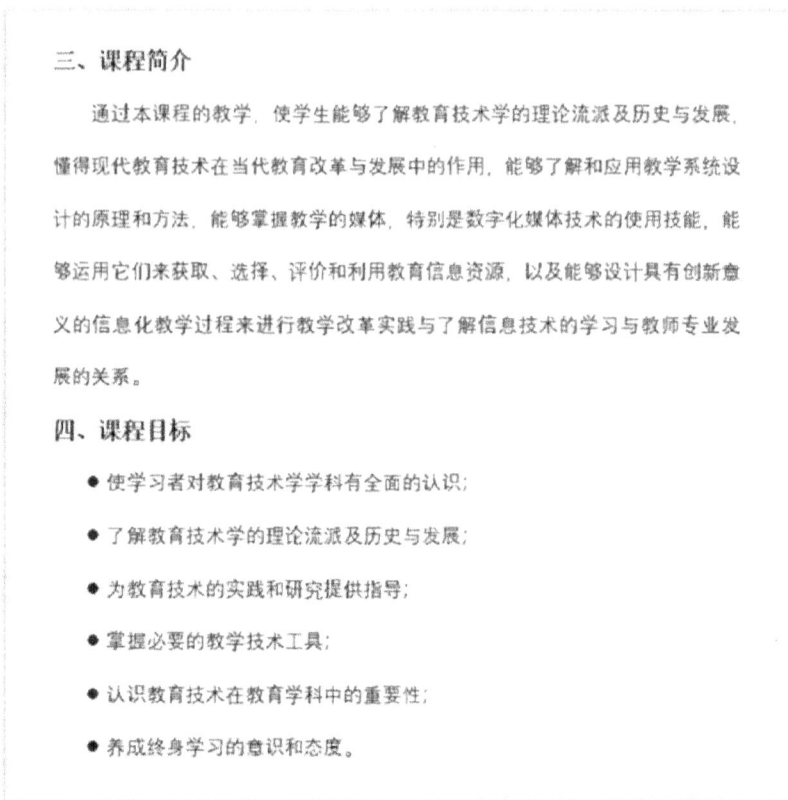

图 4-3 Y 校通用信息化教学课程大纲 2

强调。但是在其本科教学质量报告中，提到了对于教师信息化教学能力的相关培训："帮助教师建立课程网站""借助移动 App 开展本科教学""网络教学平台使用培训"等，可能由于培训的覆盖面问题，在访谈中该校学科专业教师并未提及接受过类似培训。

可见，整体而言，Y 校没有形成师范生信息化教学能力系统化的培养体系与相应的保障机制。虽然 Y 校正在进行相关改革，将通用信息化教学课程设置为必修课，但是由于接受访谈的大四师范生是在通用信息化教学课程选修课模式下进行培养的，因此，本研究将重点考察分析的是，在此模式之下，Y 校系统内各利益主体对师范生信息化教学能力发展产生的影响，以及这种模式的合理性与局限性。

第二节 培养成效

虽然 Y 校的顶层设计并不重视师范生信息化教学能力的培养，也未进行相关的课程设置与师资建设，但是鉴于师范生信息化教学能力发展是一个复杂的问题，在 Y 校系统内可能受到其他利益主体的影响，因此，本节首先分析在 Y 校的系统中，师范生信息化教学的意愿与能力如何？本章第三节将进一步对培养成效进行归因分析。

本节将具体分析 Y 校英语专业大四已完成实习的师范生的信息化教学意愿与其实习时信息化教学的行为。Y 校英语专业共有七十位大四师范生，其中五位接受了访谈，包括四位女生，一位男生。他们均已完成教育实习，其中两位在东部省份初中实习，两位分别在北部与东北部省份高中实习，一位在中部省份初中实习。从访谈数据来看，该校师范生具有通过信息化教学促进学生核心素养发展的意愿整体中等、实习时信息化教学行为以促进知识传递为主、发展信息化教学能力的意愿整体较高的特点，与 X 校的师范生相比，整体的信息化教学体验更为丰富，促进学生核心素养发展的意愿更强，主动发展信息化教学能力的意愿更高。本研究将从以下四方面进行具体分析。

一、通过信息化教学促进学生核心素养发展的意愿整体中等

Y 校五位师范生中有两位具有通过信息化教学促进学生核心素养发展的意愿（YS－2，YS－3），两位意愿中等，一位意愿较低。

两位通过信息化教学促进学生核心素养发展意愿较高的师范生认为信息化教学能够促进学生的学习，YS－2 认为信息化教学能够激发学生的学习动机，而丰富的课堂体验有利于学生发展语言能力以及核心素养，此外，她本身信息化教学愉悦感很高，喜欢探索与尝试。YS－3 认为基于翻转课堂的信息化教学模式能够发展学生的自主学习能力，在课堂上有更多的时间与机会进行语言运用与沟通合作，认为学生可以从这样的教学中获益。因此，YS－3 通过信息化教学促进学生核心素养发展的意愿也较高，但是希望组织能够提供时间、团队以及文化上的支持，同时认为教师与技术结合才能最好地促进学生学习，两者缺一不可。

部分师范生肯定了信息化教学的潜在作用，但是受其教学观的影响，认为某些信息化教学不利于教师掌握学生的情况，容易让学生分心等，从而在一定程度上降低了其信息化教学的意愿。此外，某些外部因素降低了他们通过信息化教学促进学生核心素养发展的意愿，例如，缺乏团队支持、应试氛围浓重等。具体情况主要体现在以下两方面。

（一）Y 校师范生对于信息化教学促进学生核心素养发展的感知有用性存在差异

1. Y 校师范生部分持传统教学观，部分持建构主义教学观

五位师范生中有三位持传统的客观主义教学观，认为教学是知识的传递，有两位持建构主义教学观，注重在活动中发展学生的语言与核心素养。

三位持传统客观主义教学观的师范生认为教学就是以教师为主进行教授，将知识以适当的形式呈现给学生，从而让学生较好地掌握。两位持建构主义教学观的师范生比较关注除了知识以外学生的学习动机、自主学习能力、语言运用能力以及沟通交流能力的发展。

2. Y 校师范生对信息化教学促进知识的传递感知较高，对信息化教学促进学生核心素养的发展感知不同

整体而言，Y 校师范生接触的信息技术种类以及信息化教学模式比较丰富，但对于不同的信息化教学模式的作用存在不同的感知。

1）持传统教学观的师范生基本从"教"的角度出发来衡量信息技术对于教学的促进

作用,对于信息化教学促进知识呈现以及教师工作效率的感知整体较为积极

第一,这部分师范生认为信息化教学有利于知识呈现,能促进知识的传递。

> "不用 PPT 有时候会心虚,不借助 PPT 会怕漏掉知识点。PPT 是教研组讨论的成果,(是)比较全面的,是一个框架结构,我自己准备的可能没有教研组那么全面。"(YS-1)
>
> "用 PPT 知识点罗列清楚,没有 PPT 的时候可能会遗漏。"(YS-5)
>
> "智能白板可以把学生卷子投影在屏幕上,老师可以在上面做记号,这个比那个投影方便。"(YS-1)
>
> "思维导图最实用,可以总结知识,一目了然。"(YS-4)

第二,他们认为信息化教学能促进对学生学业的诊断评估,让教师更准确地了解学生的情况。

> "评估的软件应该蛮有用的,可以让老师对学生更为了解。SPSS 可以用于书面的评估。"(YS-1)
>
> "芝士网,把英语练习题分成不同模块,前后测,马上统计出来,让学习效果马上可见,这个挺好的。"(YS-4)

第三,他们认为信息化教学能提高教师的工作效率。

> "通过信息技术进行评估可以节省老师的精力,老师不用自己花那么多时间去算分、排名。"(YS-1)
>
> "我觉得电子阅卷挺方便的,节省时间。"(YS-5)
>
> "电子试卷批阅的设备还不熟悉,想培训一下,应该对老师很有用。"(YS-1)

2) 持建构主义教学观的师范生普遍从"学"的角度出发来衡量信息技术对于教学的促进作用,认为信息化教学能够促进学生学习

第一,信息化教学有助于激发学生动机,能够吸引学生的注意力。

> "新课有 PPT 好,图文并茂,有趣,不会让学生觉得枯燥无聊。我觉得信息技术很重要,以前有个老师 PPT 做得很好,上课就更加吸引学生。所以肯定有必要去尝试新的,可以让自己的课更吸引人。手机 App,配音软件之类的能测试学生的语音,可以作为练习、作业的方式来增加课堂的趣味性,这样学生不会觉得枯燥。"(YS-2)
>
> "我会自己找媒体,我想让自己的课更有趣,就会自己寻找有意思的活动。"(YS-4)

第二,信息技术能促进教师与学生及家长的沟通。

"还有 communication（交流），通过微信跟学生交流。"(YS-2)

"可以用微信、家校通、晓黑板与家长沟通，让家长了解学生的学习情况。"(YS-4)

"微信，可以了解学生。"(YS-3)

3）师范生对于信息化教学对自主学习能力等核心素养的发展所能产生的作用感知不同

（1）部分师范生对于微课等新型信息化教学模式持积极态度。

第一，该模式有助于学生自主学习、增加运用语言及发展核心素养的机会。

"翻转课堂我觉得应该是（学生）先在家看视频，课堂上有更多的活动，（学生会）很活跃。回去应该是学知识点，课堂（上）是更多的活动。这样知识点的学习可以放在课前，课堂上老师通过各种活动各种项目检查学生知识点的掌握情况，巩固语言的运用。因为如果把知识点的学习放在课堂上，那么活动的时间（就）很少了。知识点自己可以学，但是活动一定要在团体里面才能进行。这样学生自学的能力提高了，语言运用的机会也多了，然后通过活动项目之类的也能培养一些语言能力之外的能力，比如合作等等，这些现在也越来越重要了。"(YS-3)

"慕课对于自主能力强的学生（来说）是很好的资源。老师需要花很多时间，有很多还是照本宣科的，就没意思了，一定要在课堂里面设计很多活动。"(YS-3)

第二，信息化教学能促进学生参与、因材施教以及教育公平。

"在国外的时候，看到用一个 App，老师在上面讲，然后问问题，大家把答案发到大屏幕上，然后老师从答案中挑着讲，我回来也想用，但是国内很贵，八百元一天，没法用。我觉得这个很好，如果一直是口头回答，经常就是几个反应快、有自信的学生参与，有些学生他们想得慢一点，但不是说他们就没有想法，这个 App 就给每个同学表达想法的机会了，真的很好。"(YS-3)

"测试类的软件可以界定学生的水平，强项弱项，我们就可以有针对性地制定教学计划，不会让部分学生受到忽略，可以满足他们的不同需求。"(YS-2)

（2）部分师范生认为微课、慕课等信息化教学模式存在负面效应。

第一，使用微课、慕课让学生自学，可能会分散学生的注意力。

"对于不同年龄段的学生效果也不一样，对于初中以下的学生，可能他们对电脑的兴趣要大于对课程的兴趣。要能坐得住，不受其他诱惑，那么电脑效果会有一点。"(YS-1)

"不可能人人一个电脑，用软件不太现实，因此软件课后用。即使每个人都有iPad，不主张学生太早使用电脑，对视力不好，诱惑会太多，还是传统的教学方式（用得）比较多。课堂上比较倾向老师上课用 PPT 讲，学生在下面听，课外学生可以用这些软件。"(YS-4)

第二,使用微课、慕课让学生自学,教师无法准确把握学生的学习情况。

"我觉得以后可能是要修多少学分,其中一部分是网上修的,看到妈妈在上慕课,但是学校会不会这样不确定。但是我不建议我学生这样做,因为如果我做了慕课,我不知道学生在我的视频上看到多少,因为我抓不住学生的反馈与结果。只能作为拓展性的来用,我觉得有点虚。"(YS-1)

"即使技术可以给我反馈,我也首选面对面,因为我觉得我和学生面对面的直观印象比电脑分析的有用。我更相信自己的判断,面对面授课,可以给学生实时的、直接的反馈,我觉得师生必须有互动。"(YS-5)

"我觉得翻转课堂只能作为辅助,我觉得没有传统的效果来的好,如果学生学习习惯不好,或者说英语布置了视频,语文数学布置了很多作业,学生可能课后不去看视频的,就没有用,不能保证学生做了。学生需要自主性很强,不然翻转课堂是根本没有效果的,我不会用。"(YS-4)

正如我们在 X 校师范生的数据中所发现的那样,教学观会影响师范生对于信息化教学促进性的感知以及具体的信息化教学行为,在不同教学观的指导下,Y 校不同的师范生对于同一种信息技术有不同的感知并产生了不同的信息化教学行为。通过信息化教学促进学生核心素养发展意愿较低的师范生持传统客观主义的教学观,认为目前信息化教学可行的模式就是使用 PPT 等工具促进知识的呈现,对于测试评价类的工具表现出较大的兴趣,认为这些工具有利于提高学生的成绩。通过信息化教学促进学生核心素养发展意愿较高的师范生持建构主义教学观,对于同一种信息技术在教学中的使用会有与前一类师范生不一样的认知,例如,同样用 PPT,YS-2 主要从激发学生学习动机而非促进知识传递的角度来看待 PPT 对于教学的促进作用,同样用测试评价类的工具,YS-2 又认为这类工具有利于其进行因材施教。同样是翻转课堂,YS-3 认为翻转课堂的使用可以使得知识点的学习在课前自主完成,而课上的时间就可以用来进行语言的输出类活动,促进学生语言能力、交流合作能力、创新能力等核心素养的提高;而 YS-4 与 YS-1 会认为这些形式可能会分散学生的注意力,不利于教师把握学生的情况。

3. Y 校师范生对于信息化教学的主观规范感知相对较低,影响了其信息化教学的感知有用性

在信息化教学促进核心素养的主观规范上,师范生对 Y 校对于信息化教学的重视程度普遍感知较低。

"(Y 校)不重视,课程啊、毕业要求啊又没有信息技术的要求,最多老师会讲 PPT 的字体、颜色有问题。"(YS-2)

"师大重视一般,这门课程不是必修课,没有针对性。我们希望有更多这方面的关注。信息技术是大势所趋,微信已经植入到每个人的手机中了。"(YS-3)

对于国家对师范生信息化教学能力的重视程度，Y 校师范生各持己见。部分师范生（YS-3,YS-4）认为国家对信息化教学比较重视，主要来自其在实习学校的经历，认为更多的信息技术进入了课堂，因此国家更重视了。

> "课堂里面确实应用多了。高中慕课联盟等平时在身边发生的事，感觉到技术离课堂近了。"(YS-3)
> "现在有电子书包了，以后信息技术就是趋势，最好有更多这方面的关注。"(YS-4)

部分师范生认为"国家"更重视成绩，而这种感知的形成也是受到在中学实习经历的影响而形成的。

> "觉得国家关注成绩更多，管不了那么多。对中学来说，成绩肯定更重要啊。"(YS-2)
> "不重视。感受不到，觉得国家没空管，更关注文化课。"(YS-1)

可见，除了高利害的标准以及职业资格考试之外，国家层面主观规范对于师范生的影响往往是通过实习学校发生的，因为中小学真实的课堂生态对师范生形成对于教师职业的理解有重要影响。

（二）Y 校师范生通过信息化教学促进学生核心素养发展的感知易用性中等

1. Y 校师范生信息化教学自我效能感较普遍较高，对其信息化教学的感知易用性产生了正面影响

Y 校师范生信息化教学自我效能感普遍较高，认为自己使用多媒体等已经普遍应用的技术能力要高于中学教师，对于新的技术经过短期培训也能马上掌握，并且表现出对于不同的信息技术的兴趣。

> "很有信心（胜任信息化教学），PPT 技能我们比中学老师好，其他的经过短期培训应该就没问题。"(YS-1)
> "PPT 技能我们肯定比中学老师好，其他的也应该很快能学会。我想要学习如何使用现代化教室的设备，比如语音室之类的。我现在如果去语音教室上课，我是慌的，因为没有接受过使用语音室的培训，也没有接受过智能白板的培训，但是觉得有必要。我们学校没有，实习学校给编制内老师应该有，培训一下应该就能用了。"(YS-2)
> "我们接受能力、学习能力很强的，大家经常玩手机、软件，自己下载 App 就用了，很容易了。我们需要了解新的又好用又简单的东西，需要知道这个信息，最好有个讲座一个多小时马上告诉我们，因为自己了解的话会有点烦琐，如果有这么一个讲座，教和练结合最好。"(YS-3)
> "我们知道的（信息技术）可以应用了，新的就要看了。这些新的对于老师而言是

一种挑战,不仅要课堂教学,还要课下录这些课程。问题应该不大,就是比较费时。"(YS-5)

2. Y校师范生对于信息化教学外部条件感知较低,对其信息化教学的感知易用性产生了较大的负面效应

五位师范生对于信息化教学设施的外部条件感知普遍较低,所有师范生均认为Y校的信息化教学较为欠缺。

> "我们学校设备很欠缺,我们都没有去过微格教室。小学教育专业有录课,看看授课过程中有什么问题,可以通过让学生看自己的视频来反思。这个设备我们校区没有,所以没法录像来纠正自己的教态,有微格录像的话就可以更直观地看到自己的问题。"(YS-1)
> "微格教室只有考教师资格证用了一次,使用频率不高,明明有这样的设施,为什么不让我们用?"(YS-3)
> "比方说,语音教室话筒经常是坏的,反正不太给力。"(YS-4)

对实习学校外部条件的感知,Y校师范生认为设施基本完善,但支持明显缺失。Y校师范生普遍认为,在中小学进行信息化教学,第一需要设施保障,第二信息技术易用性要高,第三需要组织层面的支持,包括时间支持、团队支持、文化支持。

> "但是要容易用,学校的设备也支持。如果我觉得某个技术很实用的,但是如果学校设备不支持,我就放弃掉了。"(YS-1)
> "得看自己所在的学校会不会给这样的支持。做这样的事的话应试教育会落下,需要很多时间,需要一个团队一起做翻转课堂,应试上的要求要比较宽松,学生的自主性要比较强。我是愿意尝试,但需要支持,如果失败了,学校、同事都能互相理解,互相鼓励,有宽松的环境会允许尝试和犯错。不然我也不愿意,太冒险了。我觉得这个学生会收获很大。**中学有翻转课堂,学校设施资源与学生都比较好,是市里面的项目,做这方面尝试。"(YS-3)
> "但是希望最好学校有这样的氛围。目前没有,老师的文档工作很多,新教师培训也不是那么有意义。实习的学校老师除了教学,还有很多文案工作,要交很多表格,工作报告,工作计划。新教师培训花了很多时间,但是没有太多意义。如果是信息技术培训我会参加的,老师有课外培训的课,里面可以选,还有摄影课、信息技术课。如果老师的笔头负担没有那么大,我觉得他们还是蛮有兴趣参加的,别的工作太多,就变成了完成任务。"(YS-4)

Y校师范生认为通过信息化教学促进学生核心素养的发展能让学生受益,但是在中学的应试氛围之下,这对于教师而言可能是高投入却又高风险的事情,需要投入很多时间

精力,但存在教学创新失败的风险,可能反而因此被问责,所以这样的教学创新与探索必须在组织支持、团队支持、文化支持下才能进行。结合 Y 校师范生的信息化教学自我效能感来看,师范生表达的这种团队支持从本质上而言并不是对于自己在信息技术能力上的支持,而更多的是因为时间与精力投入巨大,需要有同伴共同完成,并在这种合作中获得一起探索新事物的安全感,即便失败,也不用独自面对一切,而有人共同承担,也就意味着,Y 校师范生对于信息化教学的认知目前还是认为风险多于收获,认为信息化教学是对于学生有帮助而对于教师有高风险的行为。

二、实习时信息化教学行为以促进知识传递为主

五位师范生在教育实习的时候均运用信息化教学促进了知识的传递,主要采用的信息技术包括课堂上使用 PPT、视频与思维导图进行教学,有一位使用了实习学校的网上阅卷系统,但是觉得纸质阅卷更有效。其中有三位课后使用社交应用与家长沟通、布置作业、发布通知等,主要采用的应用包括 QQ 群、微信、晓黑板等。

> "课堂上(以)PPT、视频为主,把微信界面截屏作为 PPT,就是新颖一些。用 XMind 理语法点配练习,其他作为课后补充。还是传统的教学方式比较多,课外用微信公众号推送家庭作业、微课微视频。"(YS-4)
> "PPT,网上阅卷,但我觉得纸上阅卷更好,网上阅卷准确度不高,已经阅完的没法再回去看,但是比较灵活,在家也可以阅卷,比较方便老师。"(YS-1)
> "主要用 PPT,新课用得比较多,习题课不大用,然后用微信跟学生交流。"(YS-2)

五位师范生中只有一位(YS-3)在教育实习的时候运用信息化教学促进了学生核心素养的发展。主要采用的信息技术是利用翻转课堂在课后发展学生的自主学习能力,在课堂上通过活动发展学生的英语语言运用能力与沟通合作能力。

> "我用了翻转课堂,让学生先在家看视频,学知识点,然后课堂上活动,巩固语言的运用。比方说,让他们分组做一个项目,这样有语言输出,有合作,也会有一些成果展示,学生就会很有成就感,然后我再用 XMind 进行总结,基本上就是这样子。"(YS-3)

其中,五位师范生通过信息化教学促进学生核心素养发展的意愿与他们在实习时的具体信息化教学行为基本吻合,一位师范生(YS-2)受中学应试氛围的限制,通过核心素养促进信息化教学的意愿与实习中的实际行为并不一致。

三、信息化教学能力培养结构各因子中信息技术能力最强

在信息化教学能力各因子中,Y 校师范生的信息技术能力较强,教学法知识与教学能力有待提高,从而影响其整体的信息化教学能力,容易进入为了信息技术而用信息技术,而非为了教学而用信息技术的误区。

"(信息化教学)多,非常多,他们甚至可以比我们做得更好,因为他们的教育的对象都是更年轻更小年龄的,他们喜欢那些丰富多彩的、色彩更丰富、有动态的这些材料,他们会用得比较好,他们非常愿意尝试。他们有时候会讨论这些问题怎么用,但是你会觉得他们把这个看得比上课更重要,一个一个链接,一个一个动画的效果设计,有点感觉他们在显摆 IT 技术。而且这个是课前可以准备的,可以让他们比较有安全感,我觉得是能把控的东西,这个事他们做得很花哨。如果我问你为什么我们要再回过头来看看我们教学法的某些原则,对吧?他们会理解这件事情,慢慢会接受你,然后做一些改变。他们的驾驭能力还不够。一个是我们学生的就是教学的方法方面,他们还是要明白,因为所谓的手段都是为教学服务,他们到底要干什么?对教育这一块的,他们要掌握得很深、很透。"(YST-1)

对于刚刚开始教学实践的师范生而言,在教学中往往倾向运用自己最擅长的方面来增加自己的课堂把握能力,以寻求一种安全感,因此自我效能感较高的信息技术变成了这一媒介。可见,在师范生能力的发展过程中,教师教育者应该首先利用好师范生这种对于信息技术有亲近感的特点,同时更加应该促进和支持师范生建构信息技术是手段而非目标的信息化教学观。

四、发展信息化教学能力的意愿整体较高

在发展信息化教学能力的意愿方面,五位师范生均愿意发展信息化教学能力,但动机存在差异,可以分为两类情况。

(一)愿意自己主动探索,认为信息化教学能够促进学生学习,存在内在动机

这一类师范生感知到信息技术对于学生学习的促进作用,因此,有较强的内在动机发展信息化教学能力,愿意在教学中尝试探索新的信息技术。

"单纯觉得有意思有趣,自己喜欢,我还是蛮喜欢去研究这些东西的。我觉得信息技术很重要,以前有个老师 PPT 做得很好,上课就更加吸引学生。所以,有必要去尝试新的,可以让自己的课更吸引人。我现在如果去语音教室上课,我是慌的,因为没有接受过使用语音室的培训,可能有些老师也没有。也没有接受过智能白板的培训,觉得有必要。"(YS-2)

"我觉得现在大家都对于电子产品很熟悉,强调信息技术的话,应该在师范生阶段就进行培养,而不是职后再培训。最好有一个氛围,大家一起动手。我们接受能力、学习能力很强的,大家经常玩手机、微博,各种 App 软件,自己下载 App 就用了,很容易了。都是用户友好型的,很容易。我们需要了解新的又好用又简单的东西,需要知道这个信息,最好有个讲座一个多小时马上告诉我们,因为自己了解的话会有点烦琐,如果有这么一个讲座,马上就能了解。就像我们学思维导图,老师讲一下,教和练结合。"(YS-3)

（二）愿意参加信息化教学培训，看到信息化教学是大势所趋，存在外在动机

这一类师范生对信息技术对于学生学习的促进作用感知不高，但是感受到信息技术发展的大趋势，因此有较强的外在动机发展信息化教学能力。

"需要学习的，像评估方面的信息技术、电子试卷批阅的设备，然后还有可以present the knowledge in a better way（把知识点更好地呈现给学生）。"（YS‑1）

"现在有电子书包了，以后信息技术就是趋势，最好有更多这方面的关注。"（YS‑4）

"如果对评职称有用，我还是会去尝试。对我而言，内在动机更重要，如果参加比赛我的动机可能只有60％，如果我觉得这个有用，我的动机可能是80％，我愿意学到80％。但现在就是没有太多的感觉。"（YS‑5）

"如果这个信息技术工具不仅在课堂上，我生活中也需要用到。比如说PS，我有时候自己要用，所以我会去研究一下。还有发现同学同事在用，用得很好，我也会去试一试。"（YS‑1）

整体而言，Y校师范生发展信息化教学能力的意愿较高，也愿意参加相关培训，但是均希望使用的信息技术复杂性不高，容易学会、易于使用，而培训的目的主要是了解这些信息技术及其可能与自己教学的契合点，而非学习复杂的技术。

综上所述（见表4‑1），Y校师范生整体信息化教学经历较为丰富，发展信息化教学能力的意愿较高，信息化教学自我效能感高，对于信息化教学的感知促进性整体较高，对于具体内涵受其教学观的影响而有不同的认知，部分认为有利于促进知识传递，部分认为有利于促进学生学习，这一部分师范生通过信息化教学发展核心素养的意愿较高，有一位已经在实习时进行实践，但师范生对于来自Y校的主观规范与外部条件感知较低。

表 4‑1　Y校师范生实习时信息化教学行为表

影响因子	师范生				
	YS‑1	YS‑2	YS‑3	YS‑4	YS‑5
	女，北部 高中实习	女，东北部 高中实习	女，东部 初中实习	女，东部 初中实习	男，中部 初中实习
实习时信息化 教学情况	促进知识传递：PPT 网上阅卷：学校规定用，纸质更方便	促进知识传递：PPT，视频 促进家校沟通：社交应用	促进知识传递：PPT，思维导图，视频 促进核心素养发展：翻转课堂 促进家校沟通：社交应用	促进知识传递：PPT，视频，思维导图 促进家校沟通：社交应用	促进知识传递：PPT
用信息化教学促进学生核心素养发展的意愿	中等	较高	较高	中等	较低

影响因子		师 范 生				
		YS-1	YS-2	YS-3	YS-4	YS-5
		女,北部高中实习	女,东北部高中实习	女,东部初中实习	女,东部初中实习	男,中部初中实习
主动发展信息化教学能力的意愿		中等	高	高	较高	中等
教学观		以教师为中心,教学是知识的传递	以学生为中心,因材施教	以学生为中心,教师的很多作用是技术无法替代的	以教师为中心,教学是知识的传递	以教师为中心,教学是知识的传递
感知教学促进性		PPT:高(呈现知识)测试评价类工具:高(提分)其他:低	PPT:高(激发动机)测试评价类工具:高(因材施教)社交媒体:高(与学生沟通)其他:喜欢尝试	PPT:高翻转课堂:较高(条件合适时)思维导图:高表达想法类工具:高(学生参与)数字故事:适合德育信息技术与教师结合效果最佳	PPT:高(呈现知识)社交媒体:高(与学生沟通)思维导图:高测试评价类工具:高(提分)翻转课堂:低	PPT:高(呈现知识)测试评价类工具:高(提分)其他:低
主观规范	国家政策	低	低	高	高	低
	师范大学	低	低	较低	较低	低
	实习学校	低	低	高	高	低
社会形象		中等	高	高	高	中等
信息化教学自我效能感		多媒体:高新型技术:低	多媒体:高新型技术:低	多媒体:高新型技术:高	多媒体:高新型技术:中等	多媒体:高新型技术:高
外部条件	师范大学	设施:×专人支持:×	设施:×专人支持:×	设施:×专人支持:×	设施:×专人支持:×	设施:×专人支持:×
	实习学校	设施:√专人支持:×	设施:√专人支持:×	设施:√专人支持:×	设施:√专人支持:×	设施:×专人支持:×
信息化教学愉悦感		低	高	高	高	高
信息化教学焦虑感		低	低	低	中等	低

第三节　培养成效的归因分析

在 Y 校的政策与顶层设计对师范生信息化教学能力培养并不十分重视的背景下,Y校师范生整体较高的发展信息化教学能力的意愿以及部分师范生较高的通过信息化教学发展核心素养的意愿是如何形成的呢? 哪些因素起了关键的作用? 是否有普适化、常态化的可能性? 在对 Y 校师范生的数据进行综合分析后,本研究发现 Y 校的师范生信息化教学能力发展主要受到学科专业教师优质的信息化教学示范影响,同时部分选修通用信息化教学课程的师范生也在该课程上发展了信息化教学能力,Y 校师范生的信息化教学能力发展也得益于丰富的校外信息化教学实践与学习经历,而不同的实习经历对 Y 校师范生产生了不同的影响,Y 校的课程设置问题对师范生信息化教学能力产生了负面影响。整体而言,鉴于其他影响源都没有覆盖到所有师范生,学科专业教师的信息化教学示范以及 Y 校的课程设置两个因素对 Y 校师范生信息化教学能力发展影响最大。对于各个因素对师范生信息化教学意愿与能力影响的分析具体如下。

一、学科专业教师的优质信息化教学示范

托德尔等(Tondeur *et al.*, 2012)在师范生信息化教学能力培养策略的研究综述中,总结了多项相关研究后发现,师范生通常将学科专业教师视为"教学榜样(role model)",常将学科专业教师的信息化教学行为迁移到自己的教学之中。[①] 因此,学科专业教师丰富的信息化教学示范有利于加深师范生对于信息化教学的认知,从而发展其信息化教学能力。Y 校学科专业教师的信息化教学行为较为多样,让师范生体验到了多媒体技术以外的其他信息化教学模式,因此,拓展了师范生对信息化教学的认识,没有把对于信息化教学的认知局限于多媒体教学,也就开阔了思路,发展了能力,提升了探索与发展的意愿。

"老师用 Adobe Audition 声音处理软件,可以从分析图里看出重音与断音,XST-4 老师用语音分析软件,可以分析我的长短音之类的,我觉得很有用,我自己也会用来分析学生的发音,看学生的问题在哪里,这个图很直观。"(YS-3)

"语音老师用声谱图可以对比英音和美音的区别。修辞学老师课很精彩,图片和主题特别匹配,可以加深印象。"(YS-2)

"进大学之前没有用信息技术的意识。上大学就离不开电脑,递交作业都要通过网络平台或者电子邮箱。"(YS-1)

"语音课录音、剪辑录音。我们学校有一个老师在美国,通过网络给我们师范生上课,用 blackboard(黑板),有一个界面,有互动,有老师展示的黑板,或者他自

---

① Tondeur, J. et al. Preparing pre-service teachers to integrate technology in education: A synthesis of qualitative evidence[J]. Computers & Education, 2012, 59(1): 134-144.

己。"(YS-5)

我们将师范生的描述与学科专业教师的描述进行对比,可以发现,让师范生印象深刻的学科专业教师的信息化教学行为往往是那些对其语言学习产生重要影响的行为,例如,语音教师的语音分析软件及表达想法的应用等。同时,这些学科专业教师的行为也影响了师范生对于信息化教学的认知。而学科专业教师自己通过编程编的词汇书,师范生因为对其编写过程不得而知而没有提及,但是Y校英语专业学科教师重视探索使用信息技术来解决教学中的问题的文化氛围,却对其他专业教师以及师范生的信息化教学产生了潜移默化的深远影响。

二、选修通用信息化教学课程的正面影响

由于Y校的通用信息化教学课程并非必修课,因此,只有部分师范生修读了这门课程,整体而言,这门课程提升了师范生的信息化教学意愿,发展了师范生信息化教学的能力,其他没有修读的师范生也对这门课程表现出明显的兴趣。

"(通用信息化教学课程)有的,现代教育技术,不是每个人都选得上,但是大家都挺想选,课也上得很好,很有收获。我觉得除了基础的计算机课之外,应该给师范生开教育信息技术课。"(YS-3)

"我觉得思维导图最有帮助,用于语法课知识点总结特别好,还教了PPT如何排版可以突出重点,吸引学生注意力,反正比较实用的,也很容易学会。还有数字故事,我觉得比较适合德育,让学生感动,但是比较费时,用得不多。"(YS-4)

Y校通用信息化教学课程的教学内容并未涉及技术难度较高的信息技术学习,但是却让师范生觉得受益匪浅,原因在于该课程教师能够从教学的角度出发,教学内容更多围绕的是信息技术与教学的契合点,让师范生切身体验到信息技术对教学的促进作用,从而提高了信息化教学的能力以及探索信息化教学的意愿。除了少数以钻研技术为乐的师范生,对于大部分师范生而言,最需要的不是高深莫测的技术或者晦涩难懂的原理,而是真正能促进自己教学又容易使用的信息技术。可见,通用信息化教学课程的定位不应是培养师范生成为能运用高难度技术的"技术咖",而是能用信息技术支撑教学的学习促进者。

三、实习学校经历的综合影响

Y校师范生的实习学校分布于全国各地,因此师范生也经历了不同形式的信息化教学,对其产生了不同的影响,总体而言可以分为以下几种情况。

(一)在信息化教学以促进知识传递为主的实习学校

1. 部分师范生巩固了通过信息化教学促进知识传递的理解

这类师范生所在的实习学校基本上使用信息化教学促进知识传递,师范生在这样的

环境下加强了对于信息化教学促进知识传递的认识,因此愈发倾向使用信息化教学来促进知识的传递。

> "那边(实习学校)的老师都在用互动式白板,用得很恰当,很是时候。分析学生的错误,就可以用互动式白板,可以直接在上面圈出重点,比黑板方便。"(YS-1)

> "我实习的中学情况是用 PPT 是理所应当的,班长比班主任用得熟练,经常协助老师。"(YS-5)

2. 部分师范生因应试氛围无法进行促进核心素养的信息化教学实践

YS-2 是唯一一位信息化教学意愿与实习行为不一致的师范生,从这里也可以看出,实习学校的教学理念与氛围作为外部条件对于师范生具体的信息化教学行为会产生重要影响。

> "那个学校还是很应试的,用 PPT 已经很好了,很多习题课都不用。所以我上新课用多媒体学生就很喜欢,但是其他就没办法做了。"(YS-2)

对此,学科教学法的教师也持类似的观点,认为中学的应试环境不太利于教师通过信息化教学来促进学生核心素养的发展。

> "因为可能现在这边的话,老师家长可能对小孩子的手机应用比较敏感,尽管小孩子是偷偷地在弄,但是家长不允许。老师不能这样提出,一旦提出要求,家长就等于认为打开了一个缺口。但我也知道有几所小学在做,有 iPad 电子书,要取代那个教材。中学不大会,因为中学老师不是每天用,这种公开课用得更多一点,平时因为部分人都是应试的,所以应试的无非就讲解卷子,关起门来,他们是做这件事情。所以那些去实习的学校的小朋友当时最喜欢我们师范生,这可能是其中一个原因。"(YST-1)

(二) 在有新型信息化教学模式的实习学校

1. 部分师范生提升了通过信息化教学促进学生核心素养发展的能力

YS-3 在实习的时候了解了翻转课堂,并进行了实践,提升了其通过信息化教学促进学生核心素养发展的能力。

> "那里我第一次了解到了翻转课堂,请了 ** 中学的 ** 老师给所有的教师讲翻转课堂与教育技术,觉得很好,很受启发,所以后来也用了。"(YS-3)

2. 部分师范生反而因此巩固了传统的教学观

YS-4 在实习的时候也观摩了翻转课堂,并进行了实践,却对这种信息化教学模式产生了负面的态度。YS-4所在的实习学校采用的"学生课下看视频,老师课堂答疑"这种模式并没有充分利用翻转课堂的优势,没有将课堂上的时间用来开展一些学生课后个体无法实现的活动,也没有从任务或者项目中来检查学生课后自学的情况,仅仅运用了答疑的方式自然无法全面了解学生的课前自学情况。YS-4在这种经历的影响下,同时在成绩导向的观念下,形成了翻转课堂并不适合中学的认知。

> "成绩还是靠抓的,中学主要抓成绩。我实习的时间比较长,所以比较有感觉。实习学校老师用了翻转课堂,学生课下看视频,老师课堂答疑。我倾向传统课堂,老师先讲,学生再回去练习。传统课堂还会有练习活动,role-play(角色扮演)之类的,当场可以练习,但翻转课堂上只答疑。学生需要自主性很强,不然翻转课堂是根本没有效果的,我在实习的时候,问下去可能学生都不会有反应,我不会用了。"(YS-4)

此外,在实习学校的经历,也让YS-4认识到目前中学教师除了教学工作之外,还有许多表格文案工作,认为这些工作剥夺了教师进行职后专业发展以及信息化教学探索的时间,降低了教师职后发展的热情。

> "但是希望最好学校有这样的氛围。目前没有,老师的文档工作很多,新教师培训也不是那么有意义。实习的学校老师除了教学,还有很多文案工作,要交很多表格、工作报告、工作计划。如果是信息技术培训我会参加的,老师有课外培训的课,里面可以选,还有摄影课、信息技术课。如果老师的笔头负担没有那么大,我觉得他们还是蛮有兴趣参加的,别的工作太多,就变成了完成任务。"(YS-4)

可见,Y校师范生在实习时的不同经历对于其指向核心素养的信息化教学意愿与能力产生了不同的影响,部分师范生因为实习学校鼓励新型信息化教学模式的实践而获得促进核心素养发展的信息化教学实践机会,进一步发展了指向核心素养的信息化教学能力,而部分师范生尽管在鼓励新型信息化教学模式的实习学校,却因为这种信息化教学实践并未真正促进学生学习反而降低了其尝试探索新型信息化教学模式的意愿,而在传统的实习学校,部分指向核心素养信息化教学意愿较高的师范生无法获得实践机会,而部分师范生则巩固了对于信息化教学促进知识传递的理解。正如我们在X校数据中所发现的那样,实习的经历对于师范生信息化教学意愿与行为产生了重要的影响。

四、师范生丰富的校外教学与学习经历的正面影响

(一)校外教学经历促进了Y校部分师范生信息化教学能力的发展

YS-3在自己的家教经历中体验了基于平板电脑的分级阅读系统以及提高口算能力的数学游戏应用,增加了信息化教学对于促进学习动机与个性化学习的认知,但同时也认识到信息化教学因人而异,基于平板电脑的信息化教学模式更适合自主能力强的

学生。

>"家教的时候看得比较多。＊＊小学用 iPad，这是一所比较好的学校，他们的学生对于电子产品的掌握运用和自控能力较强。在学校只有在特定的情景下才拿出来（iPad）的。在课后我也会用 iPad 的系统教，但是小男孩其实是挺想玩平板的，做完作业后，还是想完游戏，尽管这个孩子是很优秀的，自控能力也相当不错了，想法也多，学习兴趣很浓厚。家长也是比较有方法的，如果看到孩子玩游戏也是晓之以理，动之以情。就是因为这样比较宽容的态度，所以孩子对电子产品的掌握程度才比较高，我才能进行这样的教学，如果家长很严厉，平时不让孩子接触这些电子产品的话，我也就没办法这样做了。＊＊小学用的是国外分级阅读系统，彩绘读本，二年级开始有阅读要求，起码的字数是多少。系统会记录所有的书目和词数，一开始做测试定 level（水平），基本读这些 level（水平）的，老师也会建议读更难一些的，这样小朋友就可以根据自己的程度来选择阅读材料。数学老师有个 App 是个闯关的模式，做的题其实就是口算，而且可以看到同班同学的成绩，所以有竞争的感觉，主动性强的孩子会有竞争的意识。所以这种模式对自主能力强的学生非常好，但是需要家长监督，不要用平板沉迷于游戏。"（YS－3）

YS－4 在自己的家教经历中也体验了基于平板电脑的游戏化教学模式，认为这种模式适合小学生，能激发他们的学习动机。

>"家教的学生学校每天看微课，对年龄越小的学生帮助越大，很有趣。小学网站上像游戏一样的练习，其实和作业差不多，就是搬到了 iPad 上，比如说，把单词在 iPad 上打出来，选择题、连线题等等，但是小朋友会比较喜欢，小学生用这个还是不错的。"（YS－4）

可见，师范生在校外的信息化教学实践中丰富了信息化教学的体验，加深了对于信息化教学的理解与批判性思维能力，拓展了对于信息化教学模式可能性的认知。

（二）Y 校师范生的信息化学习经历使得他们普遍形成了教师具有信息技术不可替代作用的认知

从自己作为学习者的角度出发，Y 校师范生反思了自己在信息化学习中的收获与问题，普遍认为信息技术对于自己的学习有一定的帮助，但是教师在实时支持与激发动机上有信息技术所不可替代的作用。值得注意的是，Y 校师范生的信息化学习经历多以看微课与慕课等线上平台或者利用学科软件进行自主学习的形式为主，因此，他们也形成了此类信息化学习模式有赖于学生较强的自主学习能力的认知。

1. 面对面的授课可以给学生实时的、直接的反馈

>"看过 TED，网易公开课。但是面对面授课，可以给学生实时的、直接的反馈。

我觉得师生必须有互动。"(YS-1)

"我自己高中的时候也做过类似的(微课),看过步步高学习机里面的学习视频,光看视频的话没有课堂的感觉,不懂的自己还是没懂,可能因为没有老师答疑。"(YS-4)

2. 有教师支持的学习更能激发学生的动机

"我自己在高二的时候买过一个数学软件,很贵的,也没什么用,因为我在高一的时候没有打好基础,我觉得是老师的教学方法有问题,后来我就没有兴趣了,所以一个老师在课堂的作用是很大的,有很多技术所替代不了的作用。"(YS-3)

3. 微课、慕课等学生自学的模式有赖于学生较强的自主学习能力

"我在初中的时候,我妈妈买过一个英语学习软件,学语法的那部分是先做练习,做完后再看视频讲解,视频展示的是重要的notes(笔记),是答案而不是老师,PPT可以自己点,但是有时候视频太长,就听不下去了,需要有人督促,对于自控能力差的就很难。还有写作,它就是给模板写文章,挖掉几个词填,对于没有写作概念的孩子是很好的帮助,但是还是要老师在旁边效果最好。"(YS-3)

"我修过网络课程,二外日语的考研课程,从学生角度(来看)效果不错,因为我自己已经有了一些基础,一些问题,他解答了我的问题,所以效果很好。但是新课我觉得面对面更好。也要看学生的动机,动机强效果就好。"(YS-2)

"我觉得以后可能是要修多少学分,其中一部分是网上修的,但是学校会不会这样不确定。但是我不建议我学生这样做,因为如果我做了慕课,我不知道学生在看我的视频时看到了多少,因为我抓不住学生的反馈与结果。只能作为拓展性的来用,我觉得有点虚。"(YS-1)

(三)国外交流经历中的信息化学习体验也丰富了师范生的信息化教学认知

国外学习的信息化学习体验其实并没有带给YS-3优质的信息化教学示范,但是由于YS-3信息化教学体验较为丰富,并能够进行反思,因此对此有比较客观的评价,认为只是这一种信息化教学模式的问题,而没有因此整体否定信息化教学。

"大三在美国待过一年。法语课,可以上网做练习,上面有PDF教材、录音、视频,还有贴近现实生活的场景片段,这门课在很大程度上需要依赖平台。老师登录平台,把所有同学加到这个班上,通过这个平台布置作业,我们知道每个礼拜需要完成哪些作业、项目,系统本身有答案。觉得与传统课程差异不是很大,还是语法练习为主,我在平台上花了很多时间做练习。这个系统设置课程配套有练习,老师选择决定我们做哪些练习,练习对每个学生都一样的,在deadline(最后期限)之后无法上传作

业。趣味性不强,主要方便老师管理。系统有词典功能,可以边做边查。离开电脑就没法做作业了,还是有一点限制。"(YS-3)

综上所述,YS-3在Y校师范生中对于信息化教学理解最为成熟,也有较强的信息化教学探索意愿。她并没有因为某些负面的信息化教学体验就否定了信息化教学,恰恰对于信息化教学具备批判性思维,能够根据学生的特点选择不同的信息化教学模式,既不盲目乐观,也不过度悲观。纵观YS-3信息化教学能力发展的各种影响因素,对其影响较大的是各种不同的信息化教学经历以及建构主义的教学观,丰富的信息化教学体验使得她不会因为某些负面的体验就轻易否定与放弃信息化教学,同时也对于有效的信息化教学所需的外部条件以及可能碰到的困难有清晰的认识,不至于盲目乐观,而能为此做充分的准备。而建构主义教学观又使得她能够从促进学生核心素养发展的角度来找到信息技术与教学的契合点。具备这样信息化教学能力的师范生如果进入了支持核心素养发展的学校,在充分的外部条件支持下,便能在促进学生核心素养发展上发挥重要作用。

整体而言,Y校师范生校外的信息化教学与课后的信息化学习经历较为丰富,使得他们在这些经历的浸润与体验中丰富了对于信息化教学的认知,加深了对于信息化教学的理解。

五、课程设置不利于系统性的信息化教学知识学习

在第一节顶层设计中我们已经分析了Y校未形成师范生信息化教学课程体系的现状,而访谈数据证实了这种课程设置对于师范生信息化教学能力发展的负面影响,主要表现在学科教学法知识缺失、通用信息化教学知识缺失、实习时间不足等问题,具体分析如下。

(一)部分出国交流的师范生教育学以及学科教学法知识缺失

由于Y校的课程设置问题,使得部分大三出国交流的师范生无法获得教育学与学科教学法相关的知识,师范生认为这对自己的专业发展不利。

"大三开始才上教育类的课,我大三出国了,这块就特别缺,后来自学不上来的,建议大二开始就应该学教育类课程。"(YS-3)

教育学以及学科教学法知识是教师知识能力结构中的重要组成部分,这一部分知识的缺失可能会影响师范生教学能力的发展。

(二)部分没有选上通用信息化教学课程的师范生信息化教学相关知识缺失

Y校未将通用信息化教学课程设为师范生必修课程。通用信息化教学课程是师范生系统地学习信息化教学知识的显性课程,这门课程的缺失不利于师范生系统性地获得信息化教学所需的知识,会影响其信息化教学能力的发展。

"有这门课的,但是我没有选到,听说很好,很想上。"(YS-2)

"想上的,很难选。"(YS-5)

"因为现在好像课程设置里面是没有这样的一种安排,但是如果有的话,比如说如果学生有一个学期的这样的课程,其实我觉得也是挺好的,能够让学生了解一下有怎么样的一种专业技术能够来支持他的课堂教学。我个人是觉得,首先要有这样的一个类似于老师或者技术人员的人,他能够向学生来传授这方面的知识,然后看学生有没有兴趣,否则你让学生一抹黑也不可能去了解这些东西,然后如果有这样的一些讲座给学生,使所有学生可以课后在自己的电脑上进行操作,其实我个人觉得是一种操作。一种实践对不对?你会操作就行,也就说他不需要知道后面很多很深的理论知识,关键是他能够去用。"(YST-3)

"我们学校不重视,通识课里面也没有这样的课程,没有专门针对英语专业做信息技术的课程,学院也没有专门针对培养师范生信息技术能力制定相关的课程和教学目标。我个人(认为)有必要开设这个课程,教师应该是多面手,掌握技术能让课堂更生动,更好。以后会给学校建议,在学院开设这样的课程。"(YST-4)

(三)学科教学法课程内容影响师范生学科教学能力的发展

Y校师范生普遍反映学科教学法课程内容过于理论化,而学科专业教师指出这门课的课程内容缺少有关教学材料的选择以及活动设计的内容,使得师范生在进行教学设计时只能依样画葫芦,却不明白背后的原理。另外,这门课程的课时不够充分,使得部分学生无法得到应有的关注。

"这课很理论的,对于教学没什么实际帮助。"(YS-2)

"还有一个就是教材是怎么一个事情,大纲是怎么一回事,他也要有适当的培训。我发现我们很多教学法的课程里面,对大纲、教材、材料的选择,包括活动的设计,很少有涉及。那么这样的话,我们出来的老师在这方面都不是非常好,那么整个都不好了,活动的设计方面还比较欠缺,还比较盲从、盲目,就是他感觉好就好,那为什么好?为什么一定要让学生做这个练习?他不太明白的,他只能看着照着别人做,那背后的道理他不是特别理解的,不够深刻。我觉得我们的师范教育这一块还是要加强一下某些教学法上面的一些理解,这些还较欠缺,反思很少。因为学生的人数和我们给予的课时加起来的话,给到每一个学生的关注还是不够的。"(YST-1)

(四)实习的时间不利于师范生教学能力的发展

Y校的学科专业教师认为师范生实习的时间太晚,不利于其尽早进入教师角色。同时,实习时间太短,教学观摩不够,不利于其教学能力的发展。

"还有一个就是,我们的学生,他们的实习从四年级才开始,然后这样的话他们就很少有实习机会,他们也不知道课堂是什么样的,他们的角色还没有完全变过来,实习时间那么短。所以你要叫他这样的那样的,真的是难为他了。他听满一百节课,然后再去教,我觉得就完全不一样了,但是我们没有啊。"(YST-1)

综上所述,由于 Y 校在师范大学层面的政策并不重视师范生信息化教学能力的发展,Y 校师范生的信息化教学能力主要受其学科专业教师、实习学校以及个人经历的影响,部分选修通用信息化教学课程的学生受到了该课程学习的影响。

表 4-2　Y 校师范生信息化教学能力影响源对比表

影　响　源	YS-1	YS-2	YS-3	YS-4	YS-5
学科专业教师	+	+	+	+	+
通用信息化教学课程	0	0	+	+	0
实习学校			+	-	
个人经历	-	+	+,-	+,-	0
师范大学政策	-	-	-	-	-
国家政策	-	-	+	+	-

注:"+"表示正面作用,"-"表示负面作用,"0"表示没有此经历或没有提及

从表 4-2 中可以看出,学科专业教师较为丰富的信息化教学示范使得 Y 校师范生整体信息化教学意愿较强,而选修过通用信息化教学课程、个人信息化教学与学习经历非常丰富,并且在实习学校进行信息化教学有正面体验的 YS-3 信息化教学能力较强。因此,丰富多样的信息化教学体验有利于师范生发展信息化教学能力,形成成熟的信息化教学理念,不会轻易全盘否定,也不会随波逐流。

第四节　主要动力源的影响因素

第三节对 Y 校师范生的信息化教学能力培养成效做了归因分析,发现该校师范生的信息化教学能力在 Y 校系统内部各相关利益主体中主要受到学科专业教师的教学示范影响,部分选修通用信息化课程的师范生也受到了该课程的正面影响,因此,本节将对影响这两个主要动力源信息化行为的因素做进一步剖析。

一、学科专业教师的信息化教学行为及影响因素

诚如前述,Y 校学科专业教师丰富的信息化教学示范对师范生信息化教学能力的发展起了积极的作用。本部分将对 Y 校学科专业教师的信息化教学行为及其影响因素做深入分析,从而研究 Y 校模式下最主要的因素——学科专业教师。Y 校英语专业共有四位教师接受了访谈,其中两位男性,两位女性;教授的课程既有语音、综合英语等语言技能类

课程,也有文化、翻译等其他课程的教学,跨越四个年级,其中两位有学科教学法相关背景,四位均有带师范生实习的经历。

表 4-3 Y 校学科专业教师背景表

学科专业教师	性别	教授课程	年级	学科教学法背景	带教实习经历
YST-1	女	英语教学法	大三	有	有
YST-2	男	综合英语、翻译、文化	大三、大四	无	有
YST-3	男	阅读、综合英语	大二、大三	有	有
YST-4	女	语音	大一、大二	无	有

（一）Y 校学科专业教师信息化教学的意愿与行为

Y 校学科专业教师信息化教学行为整体较为丰富,注重师范生的核心素养的发展,对信息化教学的感知有用性较高,感知易用性存在差异,主动探索信息化教学的意愿较强,具体分析如下。

1. 信息化教学行为整体丰富

Y 校学科专业教师将信息技术与自己的课程紧密结合,具有使用信息技术解决教学问题的意识。除了常见的使用信息技术促进知识传递、与学生进行沟通等应用外,也使用信息技术诊断学情等,运用信息技术整体较为丰富,具有一定的前瞻性,主要在以下几方面促进了教学。

1）丰富教学资源与语言输入

除了常见的视频、PPT 等丰富语言的手段,Y 校英语专业部分教师组成团队利用语料库与自制电脑小程序编制适合不同学期学生学习的词汇表,并通过各种活动促进学生的词汇学习。

"我们平时上课 PPT 用得比较多,然后还有一些链接,讲到某一些话题的时候,特别是师范生的话,那些话题有关的那些链接,让他们有更多的输入。"（YST-1）

"我用英音美音的 talk show（脱口秀）、电影、演讲视频等来进行语音对比。"（YST-4）

"英语专业的学生到四年级毕业时候,我们要求掌握的英语词汇是 13 000 到 15 000。这个要求应该说是教育部提出来的,那为此也有这样的一个教学大纲,其中也有这个词汇表,这是一本书。我们学院把这个词汇表变成了八本书。那么怎么变呢？就是用自己编的电脑小程序,就是英语词频的这个统计程序,把这个一本书的英语词汇都放在电脑里,电脑里用了几十本书作为资料,然后看看每一个词出现的频率是多少。比方说这个词用了一万次,下面一个词用了九千次,还有一个用了五次,这样一来,把频率最高的词就作为学生首先应该掌握的词,就是一年级学生应该掌握的词。那么出现频率最少的词,应该就是四年级同学应该掌握的词,就这样,我们把这本书变成了八本书,那么我们的目的就是让学生来八个学期,四年八个学期,每个学期以一本书的词汇为主,这样一定要掌握。然后就是老师要求学生自己课后去学习词汇,然后我们与学生工作相关的人员和辅导员等和专业教师配合起来,经常搞类似这样的一个小测验,或者说竞赛,英语知识竞赛,希望可以提高学生的词汇能力,这也是用电脑程序搞出来的。"(YST-2)

2) 促进学习诊断、分析学情

Y校学科专业教师注重使用各种信息技术(SPSS、舌位辨位仪、Praat 等)对师范生的学习进行分析诊断,从而提高学情分析的科学性。

"要让学生知道 SPSS 怎么在他的那种教学当中可以使用,用来分析中小学的数据。然后也会让学生有实践机会,那就是我把 excel 的数据给他们,让学生先是回家操练,然后我课堂上会给他们几道题目,他们可以直接分组,然后选一个代表上来操作,然后看看他们到底有没有掌握这些数据分析方法。可能中小学里面现在也没做到这一步,说让老师去分析,但是现在是大数据时代,以后慢慢总有用,对吧? 但其实这的确是一个非常有效的工具。"(YST-3)

"我自己肯定用,比如说我的教学当中,我会用到舌位辨位仪,靠口腔的舌位的变化来纠正语音。我从网上也会搜到一些比如说 E 和 A 发音舌位的变化,唇形能够看得见的这种位移的变化。用 Praat 软件制作就是声学语音学里面的曲线图,这些我觉得已经超越了这个多媒体,已经到了一个更高层次。"(YST-4)

3) 课后与学生的交流沟通

Y校学科专业教师也经常使用微信等社交媒体与学生进行沟通。

"会让学生把自己做的微格教学课后通过微信发给老师,上课制作太浪费时间,没法顾及每个学生,那么通过自己制作的那个 video clip(视频片段)然后发送给老师,我可以给一些 comments(评论),就像一个课堂非常有效的一个补充。"(YST-1)

"有一种好像是和师生互动的那种软件,应该是比较有用的。因为可能大学生那种互动不像中小学生那么多。所以我想如果能够采用某种技术力量支持,然后采取比较多的互动的话可能课堂的气氛会比较活跃。"(YST-2)

"平时和就是和学生的交流方面,主要还是通过微信。"(YST-3)

2. 注重师范生核心素养的发展

Y校学科专业教师认为对于英语专业师范生而言,除了语言运用能力的发展,其沟通合作、自主学习、实践能力也极为重要。

"根据课程不同,应该选择不同的信息技术,需要自己探索,不断地挖掘,提升。这是一种综合能力,我现在还在琢磨母语人士的发音曲线和我们学生的曲线对比。"(YST - 4)

"教学光会语言是不够的,英语好的不一定就能成为好的英语老师。我们一直跟学生强调这一点,用信息技术也一样的,光技术好不够的,要和教学结合起来。"(YST - 2)

"这在美国已经非常普遍了,我们这边还没做到。我们强调学生要增加阅读,了解文化,那你没有先做到阅读的量跟得上,你光学那些语言知识有什么用?"(YST - 1)

3. 对信息化教学的感知有用性较高,认为信息技术对教学的作用取决于教师的具体使用

1) 信息化教学能够激发学生动机

部分 Y 校学科专业教师认识到了信息技术对于激发学生动机的作用。

"如果是用传统的方法上,比方说用粉笔来上课,那就一直用自己嘴巴来讲,那么你效果就差多了,所以跟传统的相比应该说是有很大的进步。"(YST - 2)

2) 信息化教学能够丰富教学资源

部分 Y 校学科专业教师认为信息技术能够丰富教学资源,突破时空的限制,开阔眼界。

"应该说影响是比较大的。用这个信息技术,一个是它可以查资料查得全,否则的话你用过去的手工来做这个支持的范围比较窄,现在有了网络,知识范围可以说是无限的。比方说拿翻译来讲,过去翻译老师是靠一大堆词典,现在你搞翻译呢基本上就用网络去查了,电脑词典很少用了,我只用了少数几本权威的词典,基本上其他的都是网上去查。过去查不到的东西,现在网上可以查到的,所以信息技术用不用是不一样的。是这个知识面的问题,上课也是如此了。"(YST - 2)

"我们更多希望学生能够听到很多不同的人在同一个话题下面,他们的理解,他们的想法,学生听得多看得多,才会有自己真正的想法,所以用现在这个先进的通信技术的话,那你就可能给他们把窗户打(开)得更大,这点非常重要。"(YST - 1)

3) 信息化教学能够提高工作效率

部分 Y 校学科专业教师认为信息技术能提高自己的工作效率,减轻工作量。

"然后就方便我们汇总数据,然后是写那种某门课程的分析表,方便多了。"(YST - 3)

"还有一个就是速度,信息技术让备课变得很方便,很快。"(YST - 2)

4）信息化教学有助于为诊断学生的学习情况提供科学的证据

部分 Y 校学科专业教师认为信息技术能够为自己诊断学情提供依据，更为科学、直观、高效。

> "可以马上看到学生的成绩的分布，比较了解学生的情况。"（YST-3）
>
> "那肯定的，很有帮助，很直观，比如说大圈圈、小圈圈，大圈圈重读，小圈圈弱重读，显示学生的发音振幅。"（YST-4）

5）信息化教学有利于教学反馈与教育公平

部分 Y 校学科专业教师认为信息技术有利于为每位学生创造表达观点获得反馈的机会，从而促进教育公平，这是传统教学所无法实现的。

> "那过去呢，比方说学生要朗读，课堂上叫同学朗读也是很好的方法，但是一节课只能叫几个同学，不能每个同学都要起来是吧？没那么多时间，但你如果用手机把它结合起来，这就是很好的方法，那学生就可以把这朗读字眼发给老师，这个老师听了以后，过关就过，不过关就继续读。听力也是如此，那么其他的课我觉得都可以结合起来，具体如何结合，可能大家还要思考，还是想办法。"（YST-2）
>
> "会让学生把自己做的微格教学课后通过微信发给老师，上课制作太浪费时间，没法顾及每个学生，那么通过自己制作的那个 video clip（视频片段）然后发送给老师，我可以给一些 comments（评论），就像一个课堂非常有效的一个补充。"（YST-1）

6）信息化教学能否促进学生学习取决于教师如何使用

在认识到信息化教学的各种积极作用的基础上，Y 校学科专业教师也清楚地认识到信息化教学能否真正起到正面的作用关键在于教师如何使用信息技术。

第一，信息化教学应该是在教师的主导下进行的，以使信息技术更好地支持教学，教师与信息技术各自发挥自身优势，但是要警惕被技术所左右，而迷失了促进学生学习的最终目标。

> "但我也知道这边有几所小学，有 iPad 电子书，要取代那个教材。我觉得我是谨慎地欢迎，用得不好的话，大家都变成被它所左右了，我觉得它只是用来提高教师的效率的手段，它为我们服务，而不能我们被它主导，因为毕竟学习的时间有限，怎么样更有效才是主要的关注点，如果这个方法更好，那我们就用这种现代技术来做这些。"（YST-1）

第二，信息化教学不能本末倒置，不能为了使用技术而使用技术，应该是为了促进学习而使用信息技术，为了信息化教学而使用信息技术可能会给学生的学习带来负面影响。

"因为我在美国的时候看他们小孩子也有用那个 iPad,我觉得美国老师用得挺好,他知道什么时候用,什么时候不用。他会知道怎么样去调节……这个 iPad 它只是一个工具,是一个辅助教师的工具……如果仅仅是把书弄上去,把练习输入进去让学生去做,我觉得这根本就没必要,就等于是把书翻到这个电子上面还是一模一样,其实没有真正发挥到它的……iPad 独特的功能,它没有发挥。"(YST-1)

"我们既要跟上形势,但是同时要看到学习,特别是外语学习的一些基本的规律,不能让技术牵着鼻子走,如果你外面有什么我就弄什么,有什么就弄什么,结果学生很浮躁,没有真正地学好。所以这一点就是要把握好关系,就是信息技术一定要用在我们的教学和学习上,我们的目的是教好学好,不是说展示出来谁技术玩得最娴熟,就是优等的。不是这样的,但现状很容易这样,因为现在大家都在搞这东西。"(YST-2)

第三,有效的信息化教学需要教师找到信息技术与教学的契合点,使得信息技术能够真正促进教学。

"在美国有的时候老师在讲那种比较抽象的概念,老师会让学生去看一下 iPad,大概是几年级的小学生,然后老师让他打开他的 iPad 到那里去看它是什么样子的,小孩子就马上哗哗哗举手,就是他们一下子就理解了,那我觉得这要比老师来讲更好。这个多媒体起到了给他们视觉、听觉的刺激以后,它这个印象非常深刻,对知识的掌握程度也会更强,我觉得它会 retain(保留)。"(YST-1)

第四,信息化教学必须和传统教学相结合才能更好地发挥信息技术的作用。

"当然这里有一点,传统东西不能完全丢掉,比方说用 PPT 上课和用黑板上课可以结合起来,有的时候板书也是必要的,这个效果更好。所以现在你看很多学校,像我们国内过去那个电脑里面的一个屏幕,一个大的白板,投影屏幕是把整个教室(黑板)全部遮住的,对,没有地方让你写字的。现在很多新的设计是这样的,它只遮住一部分,另外一部分,大概三分之一或者一半是可以在那写的,这就好多了。就是两者结合起来,不能把传统全部丢掉。"(YST-2)

整体而言,Y 校学科专业教师对于信息化教学持较为积极的态度,能从多个视角看待信息技术对于教学的作用,同时,也客观地认识到信息技术的局限性,以及教师在信息化教学中的主导作用,这种比较成熟的信息化教学理念以及与理念相一致的信息化教学行为给予了 Y 校英语专业师范生优质的信息化教学示范。我们发现 Y 校师范生对信息化教学作用的理解与学科专业教师的理解一致性很高,也正体现了学科专业教师对于师范生信息化教学的重要影响,由于学科专业教师与师范生接触广泛,其信息化教学示范作为隐性课程具有潜移默化的影响力。

4. 对信息化教学的感知易用性存在差异

1）Y 校学科专业教师信息化教学自我效能感较高

Y 校学科专业教师普遍信息化教学自我效能感较高，认为自己能胜任信息技术在课堂的应用，新的信息技术应用也能马上学会，而复杂的系统平台制作应该交给专业人士负责，不是学科教师的职责。

"我们老师还是很善于学习的，学新的问题不大，要是对教学有用，那肯定学啊。"（YST-1）

"基本的那些完全没问题，电脑上编程我也行的，手机 App 制作还没尝试过。不过我想用在英语课堂教学上是足够了的，如果要开发系统那要整个团队来做。"（YST-2）

"我觉得没什么问题，现在的应用都是 user-friendly（用户友好），学起来很快的。难度高的我想上课的时候用也不合适，太费时。"（YST-3）

"得自己琢磨，我跟学生说了，Office 软件我比他们用得都好。"（YST-4）

2）Y 校学科专业教师认为该校信息化教学设施较为欠缺。

第一，远程教学设施的不足以及网速问题，限制了教学空间与资源的扩展。

"我们跟美国的一所大学是有一门课（合作），那他希望一半的时间是他在美国每星期跟学生通过 video conference（视频会议）这种形式来上课，或者学生看他的东西，他的那个 PPT、课堂笔记，或者是参考书目。我们专门要为他去要找哪里有能够让学生 video conference 这样的这种教室，就很难实现。"（YST-1）

"设备问题好多，因为我们在学校的那个网络不太给力的。让你感觉到很沮丧，想做没做成。"（YST-3）

第二，电脑数量的限制降低了课堂效率以及每位学生参与的机会。

"我们也只是每个教室有一台电脑，你把讲台留出来给他们，让他们展现自己，这是我们能做到的，而不是一个人会有一台，然后大家可以分享。这个机会不多，要轮流着来分享，那有时候就非常浪费时间，有的学生就没有机会。"（YST-3）

"智能白板这个不多，因为它的费用比较昂贵，不是每个教室都有，这个要配备起来比较昂贵。智能白板对小教室还是很好的，互动性比较强，结合了投影和黑板的功能。"（YST-2）

3）Y 校学科专业教师认为学院的技术支持较好，整体教研氛围较浓。

"我们学院有一个电化室，传统电化室是管语音室的，现在我们里面也有一些小青年，我们招进来的，他们的电脑技术比较好，那有的时候我们老师碰到问题可以向他们请教,基本上都能解决。另外一点,还有我们一些老师,包括我自己在内的少数老师做什么呢,就是开发一些电脑的软件,用在教学,用在研究方面,当然这不是手机啊,就是传统电脑上的软件。"(YST-2)

"我们有相当一部分老师在这方面做得不错的,而且相互帮助交流比较多。"(YST-4)

专人技术支持为 Y 校学科专业教师的信息化教学探索提供了保障,而学科层面教师相互间在信息化教学上的合作交流又为信息化教学创造了良好的教研文化,这也是 Y 校在顶层设计缺失的情况下,师范生信息化教学能力依然获得较好发展的重要因素。

5. 主动探索信息化教学的意愿较强

Y 校学科专业教师整体对于探索信息化教学的意愿较强,在设施齐全与技术支持完备的情况下,都对于探索信息化教学兴趣较大,同时认为教师应该具备不断学习的意识与不断探索的能力。

"我想对老师来说,老师因为那么多年学习还是善于学习的,如果你一旦设备达到,这个大家都在国外看到过了,所以会去尝试做这些。"(YST-1)

"我觉得挺好的。可能一开始还不大熟悉,如果有一本说明书看一下,然后照上面做一下可能会好一点。如果它比较容易操作的话,就像微信这种,那么可能一次两次培训就行了,如果它本身的过程比较复杂,尤其是牵涉到要写程序啊什么的,那肯定是要比较长期的技术支持,因为我们英语专业老师毕竟是门外汉。"(YST-3)

"根据课程不同,应该选择不同的信息技术,需要老师自己探索,不断地挖掘、提升、琢磨。"(YST-4)

部分教师出于本身对于信息技术的喜爱,信息化教学愉悦感较高,实践意愿非常强,也愿意投入时间与精力。

"我是英语专业的在读研究生的时候也学过计算机技术,学过计算机课的,然后以这个为基础,自己再去学习别人的东西,自己去研究,就是专业。从个人利益来讲是没什么好处的,比方说要编个程序要花很多很多时间,尤其我们是业余的,所以就是从经济利益来讲,个人的利益也根本没有,什么都没有。我觉得应该是喜欢,能够对工作带来些好处,对我来讲也是学习。"(YST-2)

可见,Y 校学科专业教师整体主动探索信息化教学的意愿较高,具备信息化教学终身学习与发展的意识。

(二) Y 校学科专业教师指向核心素养的信息化教学行为的影响因素

诚如前述,Y 校学科专业教师整体信息化教学意愿较强,信息化教学实践相对丰富。

那么,哪些因素有助于学科专业教师的指向核心素养的信息化教学意愿以及具体的行为?这些因素是否可以通过政策实现常态化? 又有哪些因素产生了不利的影响,是否可以通过政策来消除其负面影响呢? 综合各方访谈数据,可以发现学科专业教师指向核心素养的信息化教学行为主要受以下因素的影响。

1. 社会发展趋势增强了 Y 校学科专业教师信息化教学主观规范

部分 Y 校学科专业教师认为社会整体的发展趋势更为重视信息化教学,因此在师范大学与学院没有具体政策的情况下,教师还是自发地进行探索与实践。

"那肯定的,你看这边这几所学校在进行用电子书来替代书本的尝试了,他们也是在慢慢地、非常谨慎地在尝试去推广这些东西,但是整体趋势在那里。"(YST-1)

"目前来讲学院好像还没有具体的事,据我所知还没有具体的这方面的政策或者是激励的手段,目前好像还没有,目前可能还是老师自发地在做,就是老师觉得这个是趋势,然后对自己教学有帮助,所以他们做。老师情况也不一样,我讲相当一部分的。比方说有差不多一半的老师或者一半不到的老师,并不是说绝大多数都做得很好。"(YST-2)

2. 对于教学的热爱使得 Y 校学科专业教师信息化教学愉悦感较高,内在动机强

部分 Y 校学科专业教师是出于对教学、技术的热爱,体会到信息化教学对于学生的帮助,而乐于进行信息化教学的探索。

"哪些老师做得比较好,一个是年轻的,他自己对技术比较喜欢,这部分老师他可能科研也搞得比较好,还有一部分老师,他不太重视科研的,但上课上得非常好,学生非常喜欢,那么他们会千方百计地想办法,他不是为了什么写论文,为了评职称,他就为了把课上好,他乐在其中,这部分老师其实也是很可贵的。"(YST-2)

3. 优质的信息化教学观摩经历增加了 Y 校学科专业教师对信息技术教学促进性的感知

部分 Y 校学科专业教师自身在交流中体验了优质的信息化教学,这种经历使得学科专业教师在遇到负面的信息化教学体验时依然能坚信信息化教学潜在的积极作用。

"比如说美国就做得蛮好的,我觉得那个分级的阅读,它本身这个 software(软件)就是 adaptive(自适应)的,那你进步了,它会让你跳一级,那么就是每个人都根据学生自己的情况,然后给他不同的学习材料,阅读的材料,这些我就觉得很好。然后我们这些就也是一种尝试,输入增加,包括激励,我们也可以这样做呀,应该是不难的。"(YST-1)

4. 较好的技术支持与组织文化促进了学科专业教师对外部条件的感知

Y校外语学院的专职技术人员支持以及学科专业层面较好的信息化教学文化氛围促进了学科专业教师的信息化教学探索。

"我们电化室的那些老师还是不错的,你有问题去找他们,他们会很耐心地去帮你一起解决。这样你心里是有底的,碰到问题也没事,不会说是做了半天浪费时间。"（YST-2）

"我们老师中间有一部分还是很喜欢信息化教学的,所以有那么个氛围在那边,会相互影响,相互交流。"（YST-4）

Y校外语学院及英语专业并没有信息化教学的相关政策,但是因为有较好的技术支持与组织文化,学科专业教师并没有感觉到院系层面对于信息化教学的忽视。同时,该院管理层也认识到学院在培养师范生信息化教学能力方面政策的缺失,正在着手进行改革。

"学校不重视,通识课里面也没有这样的课程,没有专门针对英语专业做信息技术的课程,学院也没有专门针对培养师范生信息技术能力制定相关的课程和教学目标。我个人觉得有必要开设这个课程,教师应该是多面手,掌握技术能让课堂更生动,更好。我们会给学校建议,在学院开设这样的课程。"（YM-1）

5. 中学的应试氛围降低了学科专业教师的信息化教学感知有用性

部分Y校学科专业教师认为中学的应试氛围使得师范生的信息化教学能力没有用武之地,从而降低了对于信息化教学有用性的感知。

"有个前提条件就是他以后要去的那个中小学,要支持这方面的使用,如果没有这个方面的要求,他在这学了很快就会忘了的。我觉得他们在中学里面有这个需求了（之后）,再来进行可能会好一点,因为如果没有这个需求的话,他也不会来做这件事情,因为毕竟中学里面是一个教学单位,而且比较强调分数,所以他不可能一直使用这种技术方面的。"（YST-3）

6. 信息化教学设施不足降低了学科专业教师对信息化教学外部条件的感知

部分Y校学科专业教师认为信息化教学设施的欠缺严重影响了教师进行信息化教学探索的热情。

"一个就是我们的设备一定要够,现在很多的事你想做的是设备不让你做,很多的东西都做不到,这是最关键的。现在这些设备,一看到这也不行,那也不行。没有动力去做的,一点都不想做,你都准备好了,然后什么都弄不了,那肯定是特别沮丧的事情。唉,有时候那个课上到一半啊,这个链接不行,那个视频又不能放。"
(YST-1)

7. 师范大学评价体系降低了学科专业教师信息化教学的主观规范

部分 Y 校学科专业教师认为师范大学的评价体系没有激励学科专业教师进行信息化教学探索与实践。

> "但是现在不一样了,你没有博士(学位)不能当大学老师了,因为现在整个评价体制和导向都不一样了,所以的确也会在一定程度上限制到老师去愿意去探索运用信息技术,在教学里面很大程度上会影响到的。现在学校领导的他们的方向,光指导老师的科研,如果同样的在指导老师搞教学,或者是学校上面有一定的评价和奖励,那么会好一些,对的。因为有一些教师,你比方说哪些教师呢?一是年龄比较大的,他那个技术跟不上,还有一部分老师专门是研究型的,他们就是以写论文为主的,教学投入得比较少了。"(YST-2)

表 4-4　Y 校学科专业教师信息化教学行为影响源对比表

影　响　源	YST-1	YST-2	YST-3	YST-4
热爱教学	+	+	+	+
优质信息化教学体验	+	+	+	+
社会发展趋势	+	+	+	+
技术支持	N/A	+	N/A	+
信息化教学设施	−	−	−	+
组织文化	+	+	+	+
中学需求	−	N/A	−	−
师范大学政策	−	−	−	−

注:"+"表示正面作用,"−"表示负面作用,"N/A"表示没有提及

综合 Y 校学科专业教师的信息化教学意愿、行为与影响因素,热爱教学、有志于提升教学质量的内在动机以及终身学习的意识使得 Y 校学科专业教师有较强的意愿进行信息化教学探索与较高的信息化教学自我效能感,也在探索与尝试过程中发展了信息化教学能力,而在交流观摩中获取的优质信息化教学体验以及信息技术迅速发展的大趋势都促进了学科专业教师对于信息化教学有用性的感知,组织较好的信息化教学文化与及时的技术支持又提升了学科专业教师的外部条件感知,这些内在与外在的因素相结合使得 Y 校学科专业教师的信息化教学意愿与能力整体较高。而 Y 校政策上的不重视、评价体系重科研轻教学的导向、信息化教学设施的不足以及中学的应试氛围对 Y 校学科专业教师的信息化教学意愿产生了负面的影响。其中,优质的信息化教学体验、技术支持与组织文

化是可以通过政策来实现常态化保障的因素,而评价体系的导向与信息化教学设施的不足是可以通过顶层政策设计来改变的不利因素。

二、通用信息化教学课程教师的信息化教学行为及影响因素

Y校选修通用信息化教学课程的师范生对于该课程持正面态度,认为课程从内容到形式都十分有利于其信息化教学能力的发展。本部分我们将结合通用信息化教学课程教师的数据来分析该门课程的现状与影响因素。由于Y校没有设置面向师范生的必修课,而是以选修课的性质存在,因此这门课程的师资也比较分散。Y校通用信息化教学课程的两位教师接受了访谈,两位均为男性,其中一位是教授访谈师范生课程的教师(YIT-1)。

(一) Y校通用信息化课程教师信息化教学行为与意愿

1. 不同教师的教学内容及具体教学行为差异较大

YIT-1的课程内容强调通用技术与教学的结合,以思维导图、PPT制作与数字故事制作为主,与师范生描述基本一致。

> "XMind、PPT和数字故事,主要就是这些。我和中学接触的还挺多的,觉得对于师范生最重要的就是他们教学上能够用到的技术,不需要太理论,也不需要太难,像学习平台系统之类的都应该是专业人员来做,或者由那么几个感兴趣的来做,但是要让所有师范生都来做,那不现实,也没必要。"(YIT-1)

YIT-2的课程内容以技术教授为主,强调师范生对技能的掌握,对硬件使用能力、动手操作能力的提升。

> "这门课教育技术理论不是主要的,主要是如何使用设备,如平面到立体、音频到视频、组建局域网。静态动态的都有,满足师范生进入学校后的需求。得强调学生的实践动手能力,不是死记硬背。你把仪器的各个参数记住,但是不会接线,不会采集,没用。"(YIT-2)

> "必须要有很多设备的使用,设备不会用不行啊,摄像、播放、录音、调音台等,都是最基本的。在盖教育技术大楼,目的就是加强师范生对于设备的使用,向国外看齐,动手能力增强,自己连线等。这块实现后,教育技术应用到各个学科会比较好。目前已经逐渐在开了。"(YIT-2)

两位老师的课程均未涉及与学科相关的内容。

> "这个没有,学生来自各个专业,要具体和学科结合比较难,如果按专业分班,是可以实现的。不过,师范生最重要的是能够用信息技术支持教学,如果这种思维有了,他们应用学科的技术也是问题不大的。"(YIT-1)

"不会单独针对某个学科进行信息技术的教学,没有那么细,比如网站怎么加视频、音频等,然后化学的加化学的,物理的加物理的,需要依靠自主学习实践。"(YIT-2)

2. 不同教师对于信息化教学的认知不同

两位教师对于信息化教学的理解差异较大,一位认为信息技术是实现教学目标的媒介,一位认为师范生能从信息化教学中获得学科专业教学中无法实现的成就感。

"我其实不是那么技术型的,因为我觉得这只是一种媒介,后面还有很多东西,比如审美,比如情感,你必须在设计的时候融入进去,最后才能在教学中实现那个效果。你说视频、音频剪辑制作很多人都会,但为什么有的学生做的数字故事能打动人,有的不行,这后面就不仅仅是技术的问题,当然,技术是基础。思维导图也一样,上手很容易,但是怎么做有利于学生,那每个人的领悟还是不一样的。"(YIT-1)

"师范类可以利用这个技术,两条腿走路,利用技术扩展教学。对于数学、化学专业的师范生,利用 App 的搭建平台进行搭建,他们对新东西的兴趣比较强,(对)动画、视频、音频、摄像,以及编辑的软件非常感兴趣,可以弥补他们专业课程的不足,比如数学的自己课程理论多一些,让他们自己搭建局域网,可有成就感了,像搞网络工程一样。化学也是这样,一天到晚跟实验室打交道,现在能把实验放在网络上。"(YIT-2)

3. 对师范生信息化教学能力发展的主观规范感知较高,但认为这不仅仅是通用信息化教学课程的责任

两位教师均认为培养师范生信息化教学能力非常重要,但是仅仅依靠通用信息化教学课程的培养是不够的。

"肯定的,对于这个时代的教师(来说)这就是一种基本素养。但是光靠这个课不够,我前面讲了,还有其他的能力,这其实是一种综合的能力。"(YIT-1)

"我们信息技术课程设计会按照中小学新的教材调整教学方向。因为中小学课程在变,利用互联网＋,利用 App 搭建,发展中小学各学科的延伸,因此师范大学培养师范生这方面要加强,网络课程、网络软件的应用,因此在这方面会突破,然后各专业再结合起来。"(YIT-2)

对此,学科专业教师认为通用信息化教学课程教师能够为师范生开阔视野,使得他们了解信息化教学领域的最新动态,但是学科专业教师要引导学生如何与自己的专业相结合。

"他们宏观上掌握东西比较多,还有就是他们了解的情况比较多,比方说全国的最新的发展,世界上最新的这个情况,最近发展情况,他们了解的比我们一般的老师

多,他们一些讲课和研究的内容当然对我们的老师、学生是有帮助的,那是肯定的,但是我们的老师要学会跟专业结合。"(YST-2)

"如果他是英语专业出身,然后是掌握了一定的这个技术层面的知识,那么他讲的东西相对来说可能是比较浅的,会在中小学里面用到的这方面的内容,他也就是讲的这部分东西,然后学生可能就学了这部分也就够了。因为他实际操作不可能用得更深的,然后这就是他的优势,如果说让专业技术人员来讲,他可能在这方面会讲得更深。如果有的学生不满足于自己专业老师所讲的这些内容,然后他可能会从专业技术员那获取更多的知识,然后他可以以后在教学使用当中拓展,所以我觉得专业老师和技术老师都需要。"(YST-4)

可见,Y校通用信息化教学课程与X校存在类似的情况,课程的内容与实施受个体教师差异影响较大,在技术取向与教学取向不同理念指导下的通用信息化教学课程可能会对师范生信息化教学的意愿与能力造成较大差异的影响。同时,Y校通用信息化教学课程教师同样认为师范生信息化教学能力的培养仅仅依赖一门课程是无法实现的。

(二)Y校通用信息化课程教师信息化教学影响因素

除了教师个体在对于信息化教学认知上的差异之外,Y校的部分政策也对该门课程的发展产生了不同的影响,主要表现在以下三方面。

1. Y校对于信息化教学缺乏重视使得信息化教学设施较为欠缺

与师范生的描述一致,Y校通用信息化教学课程教师同样认为该校在信息化教学设施上较为落后,正在完善之中。

"由于目前的实验大楼还在建设,目前没有足够的设施和资源覆盖全校所有的专业,主要是理科院系,生物、化学、数学、物理。"(YIT-1)

"教育信息技术大楼的建设,其他师范大学已经做了,我们已经滞后了。主要看上面的投入,财力人力,还有理念上的前瞻性。"(YIT-2)

2. Y校未将信息化教学能力列入师范生的毕业标准影响了其地位

Y校通用信息化教学课程教师认为应该将信息化教学能力作为师范生的毕业标准之一,这样信息化教学能力将会更被师范生重视。

"如果师范大学真正把教学技术普及到计算机等级这样的基本素养,这样就提高了学生的综合能力,这比计算机能力强多了,因为他还要了解教学,是种综合能力。"(YIT-1)

"市里边重视程度不如其他地方,得有教育信息技术考核后才能让师范生毕业,有些省市做得比较好。我们前期在做,原来主要考虑理科生,现在要全覆盖。"(YIT-2)

3. Y 校注重通用信息化教学课程教师的专业发展有助于教师的专业成长

尽管 Y 校的硬件设施相对薄弱，但是比较注重通用信息化教学课程教师的专业发展，促进了此类教师的专业成长，也使得师范生从中获益。

> "每年都有教育技术专业的老师去国外交流，能够获得最新的发展动态。召开了教育信息技术的年会，邀请美国、日本、韩国、中国的专家，分享教育信息技术课程设计以及师范大学如何相应地开展教学，准备增设一些课程。"（YIT - 2）

整体而言，Y 校通用信息化教学课程教师在信息化教学行为与理念上存在一定差异。由于该校尚未将通用信息化教学课程设为师范生的必修课程，该校也缺乏相关的信息化教学教研活动，基本上处于个体教师各自为政，按照自己的理念进行教学的状态，师范生信息化教学能力的发展并未常态化与系统化，因此师范生的信息化教学能力发展受个体教师差异的影响较大，那些获得优质信息化教学体验的师范生在课程中获得了信息化教学能力的发展。

第五节　基于教师信息化教学示范
培养模式的启示

综上所述，鉴于 Y 校师范大学层面与学科院系层面均没有师范生信息化教学能力培养的政策，师范生信息化教学能力的培养主要是 Y 校教师们自发地根据自身的认识在进行，因此，Y 校是自下而上的教师信息化教学示范的培养模式。虽然 Y 校师范生整体表现出较高的信息化教学意愿与能力，我们仍然需要综合师范生、学科专业教师、通用信息化教学课程教师以及学科管理层的数据来分析这种模式培养师范生信息化教学能力的合理性与局限性。哪些因素是可以常态化的？哪些又具有偶然性？从而为师范生信息化教学能力培养的政策与实践提供启示。

一、基于教师信息化教学示范培养模式的优势

基于教师信息化教学示范培养模式因其自下而上产生的动力而具备了强大的变革生命力，具体表现在以下三方面。

（一）教师信息化教学的内在动机较强，有利于真正促进教学的信息化教学行为的发生

Y 校师范生信息化教学意愿与能力主要是受其较为丰富的信息化教学体验所影响。在这些丰富的信息化教学体验中，既有学科专业教师的示范，又有通用信息化教学课程教师的教授与示范，也有师范生自身实习经历、校外经历与学习经历的影响与反思。由于通用信息化教学课程是选修课，而师范生自身的经历差异较大，因此该模式下最稳定的因素便是学科专业教师的信息化教学示范。

由于 Y 校没有自上而下的师范生信息化教学能力培养政策,所有信息化教学行为均为该校教师自发产生,也就意味着这些行为的发生是教师真正认同而非被迫或者为了完成任务而产生的。学科专业教师真正感知到信息技术对于教学与学生发展的促进作用,才发生了信息化教学行为,因此其探索信息化教学的意愿较强。这种"为了教学而使用技术"而非"为了技术而使用技术"的行为对于师范生信息化教学能力的发展有较好的正面效应,让师范生在自己专业的课堂中加深了对于学科信息化教学的认知,这与为了使用信息技术而使用信息技术的培训存在本质上的差异,更有利于师范生产生真正促进教学的信息化教学行为。

（二）隐性课程的存在使得师范生获得更多的信息化教学体验

鉴于通用信息化教学课程持续时间较短,仅仅依靠通用信息化教学课程来培养师范生信息化教学能力会让师范生的信息化教学体验受到限制。学科专业教师是师范生四年学习生涯中接触最多、对师范生影响最大的群体,因此,自下而上地由学科专业教师自发的信息化教学示范对师范生信息化教学能力的影响面更广、时间更长。而这种隐性课程的示范与通用信息化教学显性课程上的教授及实践又存在差异,隐性课程对于师范生的影响更多的是潜移默化却持久性地影响着其对于信息化教学的认知。由于这是在自己学科专业课堂中的体验,师范生很容易会将这样的经历与认知迁移到自己未来的教学之中。

（三）自下而上的变革使得该教育系统的信息化教学生命力较强,在合适的机制支持下能获得较快的发展

由于信息化教学是学科专业教师自发的行为,意味着这些学科专业教师对于信息化教学已经产生了认同,无须自上而下的政策激励,对于政策制定最为重要的是为学科专业教师提供信息化教学所需的必要外部条件,特别是信息化教学设施与技术支持,在这些外部条件成熟的情况下,学科专业教师会自发地进行探索与实践,而部分学科专业教师的探索与实践又会进一步影响其周围的其他教师,从而使得信息化教学的生态更为积极良性地发展。因此,在这种模式下,信息化教学已经有了良好的基础,常态化持续发展便较为容易实现。

二、基于教师信息化教学示范培养模式的局限性

基于教师信息化教学示范的培养模式虽然具备了强大的变革生命力与较为明显的优势,但也存在着一定的局限性,主要表现在以下四方面。

（一）自下而上模式的常态化发展有赖于组织的支持

诚如前述,信息化教学的探索从本质上而言是一种教学创新,需要较大的时间与精力的投入,具有一定的风险,因此,即便学科专业教师有较强的内在动机进行信息化教学,倘若没有适当的技术、人员与组织文化的支持,也可能在遇到困难与挫折时放弃。Y 校模式在没有师范生信息化教学能力培养的顶层设计下仍然能够取得较好成效并不仅仅是教师个体的因素,也受到一些政策因素的支持。一是在学科专业层面有专业技术人员支持教师进行信息化教学,同时学科专业教师也形成了较好的信息化教学教研文化;二是通用信息化教学课程教师能够获得较多的专业发展机会。因此,自下而上的教师信息化教学示

范模式必须有组织的支持才能获得常态化、可持续的发展。

（二）顶层课程设置的缺位使得师范生缺少系统性的信息化教学知识

由于缺乏顶层的师范生信息化教学能力培养政策，使得自下而上模式下师范生信息化教学能力的培养缺乏系统性的课程设计与建设，学科专业教师的信息化教学示范为师范生提供了良好的隐性课程，但是通用信息化教学课程这一显性课程的缺失使得师范生在教师知识结构中缺少了信息化教学的系统性知识，这会在一定程度上限制师范生后续的信息化教学能力的发展。

同时，由于通用信息化教学课程建设的缺失，不利于该课程形成统一的教学目标，也缺乏教研活动与教研组织，使得选修该课程的师范生信息化教学能力发展受个体教师差异影响较大。

（三）顶层保障机制的缺失使得信息化教学设施无法得到保障

顶层设计的缺位还使得信息化教学设施无法得到保障。由于硬件设施，特别是公共教室的硬件设施，主要是在师范大学层面规划建设，因此，倘若师范大学层面不重视信息化教学，便会忽略这方面的设施建设与保障，而学科专业层面往往资源有限，仅仅能顾及与学科相关的设施，这便使得教师开展信息化教学以及师范生进行信息化教学实践所需的设施无法得到充分保障。

（四）自下而上模式依然需要学科院系层面的信息化教学变革领导力

尽管在自下而上的模式下，学科专业教师信息化教学的内在动机较强，但毕竟这只是一部分教师自发的行为，学科专业教师的信息化教学行为也只是相对丰富，还有很大的发展空间。学科院系层面如果能够提供更多的支持与激励，例如，常态化的教研团队建设、校内外的信息化教学交流、对于优质信息化教学的激励、学科信息化教学课程的设置、师范生信息化教学交流的平台或者学习共同体等等，使得这股自发的力量获得更好的整合与发展，将更有利于促进师范生信息化教学能力的发展。

整体而言，Y校在学科专业教师内在动机驱动下自发地实践信息化教学给师范生带来的优质示范这种自下而上的模式具有强大的生命力，也证实了在隐性课程熏陶之下师范生在信息化教学能力上获得了发展。当然，这种自下而上的模式还有许多可以发展的空间，如果顶层设计能通过显性课程建设、外部条件保障、评价体制激励提供支持，学科院系层面能够通过团队建设、平台搭建等支持变革，那么这种自下而上的模式将在培养师范生信息化教学能力方面发挥出更大的力量。

第五章
多方协同的综合培养模式

综合文本分析与访谈数据,Z校培养师范生信息化教学能力采用的是多方协同的综合培养模式,在顶层设计上既设置了通用信息化教学课程"现代教育技术"与学科信息化教学课程"英语多媒体课件制作"的显性课程,又有学科专业教师信息化教学示范、信息化教学设计大赛、数字化平台教育实践等隐性课程的设计,并设立了教师教育中心进行变革领导以及完善信息化教学设施作为保障。由于培养动力源的多元化,Z校师范生信息化教学能力培养的治理呈现出师范大学与学科院系上下联动、学科教育与教师教育协同,形成多方责任主体的特点。

本章将首先具体分析这种多方协同综合培养模式的顶层设计,以师范生信息化教学意愿与能力各因子为框架剖析其培养成效,在此基础上再对培养成效做归因分析,并研究其主要动力源的影响因素,最后综合各利益主体的数据总结该培养模式的合理性与局限性。

第一节 顶层设计

通过对Z校重要的政策文件进行文本分析,可以发现Z校在师范生信息化教学能力培养的政策上呈现出培养定位强调未来教师促进学生发展的角色,注重信息化教学能力与核心素养的发展,在培养策略上设置了多元化的培养路径,课程建设强调学科院系与教育专业的联动,在保障机制上依托核心组织的变革领导,重视硬件设施完善等特点。

一、师范生信息化教学能力培养定位

Z校顶层设计重视教师教育与教育信息化工作,而教育信息化工作也将信息技术与教育教学的融合置于首位。在Z校的战略规划中,教师教育与教育信息化均为其重点工作,这体现在师范生培养的定位上便是重视指向未来教师的角色培养师范生的教学能力,重视师范生信息化教学能力与核心素养的发展。Z校的师范生培养呈现出学科专业知识与教育专业知识并重的特色,因此在师范生信息化教学能力培养上也注重师范生学科信

息化教学能力的发展。

（一）强调未来教师促进学生发展的角色

从 Z 校师范生的培养目标来看，其培养目标指向未来教师促进学生学习与发展的角色，Z 校师范生培养方案明确要求师范生树立"理解教师是学生学习的促进者，相信教师工作的意义在于创造条件帮助学生自主发展"的教师观，并"形成终身学习的意愿"，要求师范生能够"保护学生的学习自主性、独立性与选择性；尊重学生的个体差异，相信学生具有发展的潜力，乐于为学生创造发展的条件和机会"。因此，Z 校对于师范生培养目标的定位能够面向未来，重视教师的角色转变、终身学习意识的形成，在未来成为学生学习与发展的促进者，这一定位与指向核心素养的教师能力十分契合。

（二）注重师范生信息化教学能力与核心素养的发展

在 Z 校《2017—2018 学年本科教学质量报告》中，Z 校总结了其"提高信息化能力，推进'互联网＋'教师教育创新行动"的实践，突出了信息化教学能力在师范生能力中的地位。该报告也强调了该校加强"以学生为中心的教学模式与教学方法的改革力度，倡导自主、合作、探究式学习"。可见，Z 校也十分重视师范生教学实践能力的培养，同时重视发展师范生的创新能力与教研能力，这些都体现了 Z 校对师范生核心素养的重视。

该校旨在培养"掌握学科科学和教育科学的基础理论、基础知识与基本技能"的未来教师，将师范生的学科专业知识与教育专业知识置于同等重要的地位。因此，该校在师范生信息化教学能力培养上也强调了学科信息化教学能力的发展。

整体而言，Z 校的顶层设计重视教师教育工作，面向未来在基础教育阶段促进学生发展的需要来培养师范生，并且形成了师范生学科知识与教学知识融合发展的特色，注重基于学科的师范生核心素养与信息化教学能力的发展。

二、师范生信息化教学能力培养的多元路径建设

Z 校在顶层设计中设置了培养师范生信息化教学能力的多元化路径，既包括通用信息化课程、学科信息化课程等显性课程的设置，又包括发展学科专业教师的信息化教学能力从而推动信息技术与学科教学的融合、组织微课等信息化教学大赛、依托数字化学习平台开展教育实践活动等隐性课程的设计，整体呈现出多方利益主体参与、共同推动师范生信息化教学能力发展的特点，具体有以下四大培养路径。

（一）信息化教学课程设置

从 Z 校的师范生培养方案可以发现，该校对于师范生培养的定位强调教师促进学生学习与发展这一角色，与指向核心素养教师能力相一致。Z 校培养方案中的课程结构依据信息时代教师的知识结构，强调在学科层面培养师范生的信息化教学能力。

Z 校的师范生课程分为学科基础课、学科专业课与教育专业课三大类。其中，教育专业课包括通用教育类课程、学科教育理论类课程和学科教育实践类课程。纵观其课程设置与安排（见表 5-1），Z 校的师范生课程设置遵循教师的知识结构，重视学科知识、教学法知识与技术知识三者之间的融会贯通，特别强调教学法知识及信息技术知识与学科知识的深度融合，突出学科信息化教学能力的培养。

表 5-1　Z校英语师范专业信息化教学能力培养相关课程表

修读学期	课　程	性质	学时	主　要　内　容
大一	计算机基础	必修	90	Office软件应用、多媒体制作、计算机网络基础等
大一—大三	学科专业课程	必修+选修	1 400	学科知识
大一上	教育学原理	必修	40	教育学心理学基础知识、教学法知识
大一上	基础心理学	必修	40	教育学心理学基础知识
大一上	教师口语	必修	30	教学法知识
大一下	青少年心理健康与教育	必修	30	教育学心理学基础知识
大一下	中学英语多媒体课件制作	必修	40	学科多媒体设计制作、信息与资源搜索
大二上	基础教育改革与发展	必修	40	教育学心理学基础知识
大二上	青少年心理发展与教育	必修	40	教育学心理学基础知识
大二上	现代教育技术	必修	40	多媒体制作、Flash制作、微课设计
大二下	班主任与班级管理	必修	30	教学法知识
大二下	教师职业与教育	必修	30	教育学心理学基础知识
大三上	教育研究方法	必修	40	教育心理学知识
大三上	课程与教学论	必修	40	学科教学法知识
大三上	中学英语教学设计	必修	60	学科教学法知识
大三上	中学英语课程标准与教材研究	必修	40	学科教学法知识
大三下	中学英语教学技能训练	必修	4 周	微格教学、多媒体课程资源开发、现代教育技术体验、教学技能大赛
大二—大四	教育见习	必修	6 周	学科教学(教学观摩、教学诊断与评价、教学模拟)、班级管理、学校管理
大四	教育实习	必修	8 周	学科教学(教学设计、课堂教学、指导活动课、学习评价)、班级管理、学校管理;教育调查、教学研讨、项目研究

注: 本表为研究者根据Z校英语专业师范生培养方案与课程大纲绘制

　　Z校师范生课程在课程结构上体现了信息时代教师的知识结构,师范生必修课程涵盖了学科知识(CK)、教学法知识(PK)、技术知识(TK)、学科教学法知识(PC_iK)、融合技术的教学法知识(TPK)以及融合技术的学科教学法知识($TPAC_iK$)。整体呈现出将学科层面纳为师范生信息化教学能力发展的责任主体、强调学科层面参与培养师范生信息化教学能力的特点。

　　第一,在师范大学层面设置"现代教育技术"课程作为师范生的必修课,这门课在大二上修读,每周两学时,主要内容包括多媒体制作、Flash 制作、微课制作等。

第二,在学科层面设置学科信息化教学课程"中学英语多媒体课件制作"作为英语师范生的必修课,这门课在大一下修读,主要内容包括英语多媒体课件制作、信息资源搜索等。

第三,在学科教学法课程"中学英语教学技能训练"中涵盖了微格教学、多媒体课程资源开发、现代教育技术体验、教学技能大赛等信息化教学实践活动,使得信息化教学实践能与学科紧密结合。

由于该校对师范生培养的定位指向核心素养以及促进学生发展的未来教师角色,所以在许多师范生课程的教学大纲中对于实现这一培养目标都有所体现,即重视师范生核心素养的发展,因此,如果课程实施与课程目标一致,那么师范生与核心素养相关的知识也应该在这些课程中获得一定发展,包括整合技术的核心素养(TC_2K)、核心素养的教学法(PC_2K)与学科核心素养(CCK)、整合技术的核心素养教学法($TPAC_2K$)、整合技术的学科核心素养(TACCK)、学科核心素养教学法知识(PCCK)以及整合技术的学科核心素养教学法知识(TPACCK)。

Z校的课程设置反映了其注重学科知识与教育学知识融会贯通的理念,在师范生信息化教学能力培养上极为强调将其落到学科层面,无论是信息化教学知识的建构与实践能力的发展都注重与学科的结合,促进师范生学科信息化教学能力的发展,能够在学科教学中运用信息技术。但在其培养方案中也存在两个问题。

第一,通用信息化教学课程与学科信息化教学课程从课程名称到课程内容的设计都显示出重技术偏教学的倾向。通用信息化教学课程"现代教育技术"主要内容包括多媒体制作、Flash 制作、微课制作,均为数字化教学资源的制作;学科信息化教学课程"中学英语多媒体课件制作"主要内容包括英语多媒体课件制作、信息资源搜索等,同样偏重信息技术为教学设计与准备所服务,似乎没有涉及信息技术对于教学其他环节的支持。这一问题有待于在访谈数据中进一步获得关于课程实施状况后进行验证。

第二,学科信息化教学课程安排在大一下学期,在学习通用信息化课程之前,这种安排不符合教师知识发展由简到繁的规律,特别是师范生在大一期间尚未进行学科教学法的学习,也就是尚未获得学科信息化教学所需的先前知识(prior knowledge)。除非学科信息化教学课程在教学设计中先进行学科教学法知识的教学,否则师范生是否能够掌握学科信息化教学知识值得进一步验证。

(二)学科专业教师的信息化教学示范

除了通过显性课程的设置推动师范生信息化教学能力的发展,Z校还重视以信息技术驱动的教学变革,鼓励各学科专业教师积极探索实践信息化教学,这在本质上为师范生信息化教学能力的发展提供了由学科专业教师信息化教学示范形成的隐性课程。Z校推动以信息技术驱动的教学变革主要有三方面措施。

1. 重视以信息化为支撑的教学模式改革的顶层设计

Z校通过教改立项的途径,加强对以信息化为支撑的教学模式改革的资金投入与课程建设。

> "学校加大资金投入,加强课程建设,引导鼓励教师参与到教学改革中来,从每门课程的教学内容、教学方法和教学评价等方面入手,大力推进以信息化为支撑的教学模式改革。加强教学改革立项的顶层设计与系统规划,培育一批高水平国家级的教学改革研究成果。"
>
> (Z校《2017—2018 学年本科教学质量报告》)

2. 推广混合式教学模式

Z校通过网络教学改革立项,鼓励教师探索混合式教学模式、翻转课堂教学模式的改革与实践。

> "学校加强网络课程建设,促进课堂教学模式改革……鼓励教师探索混合式教学模式、翻转课堂教学模式的改革与实践,取得了一定的成绩。"
>
> (Z校《2017—2018 年本科教学质量报告》)

3. 重视学科专业教师的信息化教学专业发展

Z校教师教育中心整合教育学教师教育者与各学科教师教育者的力量,加强该校教师教育者队伍建设,并注重为学科教学论教师创造专业发展与教研的机会,有助于该校教师教育队伍的专业化发展。

> "加强学科教学论教师的培训力度,召开学科教学论教师培训会,组织教师深入中小学进行课堂观摩与教学研讨活动,更新教学观念,开阔教学视野,提升教学能力。"
>
> (Z校《2017—2018 学年本科教学质量报告》)

> "去年教师教育中心做了很多这样的培训,他就叫我们师大内部的一个什么工作坊,好像是教育技术的什么工作坊,这些名称我忘了,但是有很多这样的培训,比如说三月的是某一个主题工作坊,它有一个主题,然后四月有一个主题,就是每一次会有一个不同的主题,然后你感兴趣的话就直接去就可以了。还有一个是整整这一周我们就在新校区,然后就接受各种培训,然后也会有实操的训练。"(ZST-1)

(三) 基于数字化学习平台拓展师范生教学实践机会

Z校以教师教育中心为依托,为师范生搭建教学实践平台、积累数字教学资源,促进师范生自主学习以及核心素养的发展。

第一,加强数字化学习平台资源建设,录制积累各学科的教学视频,成为课内外学习的案例资源。

> "加强教师教育资源建设,满足师范生教学需要。2017—2018 学年,学校开展教师教育优质数字化教学视频资源建设工作,增加各类数字视频课程 4 000 节,各类教学视频资源总数达到 8 200 节。为学校教师开展教学研究和师范生开展观课活动提

供了案例资源。"

（Z校《2017—2018 学年本科教学质量报告》）

第二，依托数字化学习平台拓展师范生的教学观摩机会，使得 Z 校师范生的教学观摩具备系统性与递进性的特点。从该校对于师范生培养的总结文件中可以发现，该校师范生的教学观摩从大二第一学期开始到大四第一学期结束，观摩总课时数超过一百节。每学期均有不同的观摩课型，遵循师范生的认知发展规律排列：从基础的"教育前沿动态"讲座到中小学"优质课"，再到更细化的加强技能训练的"教学技能课"与"班主任课"，最后是发展批判思维、反思能力、教研能力与创新能力的"常态课"与"研讨课"，遵循了从记忆理解到分析应用再到评价创新这样一种思维能力由低到高发展的规律。

Z 校能够依托数字化学习平台，遵循师范生认知规律，来统筹安排师范生的教学观摩，突破了信息化建设停留在资源积累阶段的局限，体现了其通过信息技术支持师范生学习的理念，并能通过设计观摩的主题与顺序为师范生的学习提供支架，既发展了其自主学习的能力，又提供了适当的支持而非放任不管。

第三，依托数字化学习平台促进学生学习方式的改变，从而发展师范生自主学习能力、沟通合作能力等核心素养。

　　"通过中心网站的建设与应用，推动了信息技术与教师教育深度融合，促进了师范生自主学习，改变了师范生学习方式，形成了集体学习、个别学习和小组学习等多种学习方式。"

（Z 校教师培养模式报道，2014 - 08 - 22）

从顶层设计来看，基于数字化学习平台开展的师范生教学实践活动是 Z 校推动师范生教学能力发展的重要路径之一，力图在信息技术驱动下突破教育见习受时空约束的局限。

（四）开展信息化教学比赛

Z 校依托教师教育中心组织各类教学技能大赛，十分重视师范生的信息化教学能力，包括微课设计、模拟教学比赛与多媒体课件制作比赛等。这些比赛为师范生进行信息化教学实践创造了机会。从比赛名称来看，这类比赛还是比较注重数字化教学资源的制作，对于通过信息技术实现对教学其他环节的支持较少。

三、师范生信息化教学能力培养的保障措施

Z 校师范生信息化教学能力培养的保障措施主要在于设立教师教育中心进行课程建设与组织各类实践活动，并重视信息化教学设施的完善。

（一）依托教师教育中心加强师范生培养的变革领导

由于 Z 校的师范生培养在学科知识上依托各个学科院系，在教育学知识上依托教育学院，Z 校在教务处下设教师教育中心。从中心的简介来看，该中心以"发展教师教育学科与培养教育人才"为使命，以"为师范生搭建学习教育知识、培养教育能力、形成教师职

业意识的平台"为宗旨,可见 Z 校设立教师教育中心旨在以此为平台加强培养师范生的变革领导,从而提升师范生的教学能力。该中心主要通过课程建设、师资发展、教学研究、信息化教学实践平台构建等策略来推动师范生培养的变革,提升师范生培养的质量。

鉴于教育信息化是 Z 校的重点工作,该教师教育中心也极为重视师范生信息化教学能力的培养,主要包括领导信息化教学课程建设、领导教师信息化教学专业能力发展及教研共同体的建设与组织师范生各类信息化教学大赛。因此,在 Z 校的顶层设计中,教师教育中心在推动师范生教学能力的发展上处于变革领导的核心地位,Z 校以此中心为依托整合各方利益主体的力量来提升师范生的教学能力,而信息化教学能力是其重要的抓手。

（二）重视信息化教学设施的完善

Z 校对教育信息化整体重视程度较高,强调信息技术与教育教学的全面深度融合。通过对该校"十三五"规划进行文本分析可以发现,"信息化"这一关键词共计出现十一次（全文 20 267 字）,在其"十三五"规划热词权重图中（见图 5-1）,"信息化"一词清晰可见,说明该关键词占全文权重较高。在该校"十三五"规划的信息化建设专栏中第一条便是强调信息技术与教育教学的全面深度融合,足见 Z 校在顶层设计中对信息技术与教育教学深度融合的重视,而非仅仅是对校园设施的信息化建设或者管理信息化的推动。

图 5-1 Z 校"十三五"规划热词权重图

在信息化教学设施建设方面,Z 校首先在战略规划中强调了对于信息化设施建设的重视,在具体的政策实施中加强了无线网络的覆盖以及基于云计算大数据的智慧校园建设,目的是以此促进信息技术支撑的人才培养。

　　"完善信息服务保障体系和运行机制,加强校园无线网络建设和现有校园网的改造升级,不断增加带宽,大力改善上网速度和上网体验,实现两校区宽带网络和无线网络的全覆盖。"

（Z校《"十三五"规划》）

"开发基于云计算、大数据的新一代应用平台，实现信息技术与人才培养的深度融合。"

（Z校《2017—2018学年本科教学质量报告》）

从该报告中可以看出，Z校进行信息化设施建设的首要目的是实现信息技术与人才培养的深度融合，因此，该校的信息化设施建设是信息技术支撑的教学改革的保障措施之一。总之，从Z校的信息化教学设施配置政策来看，这些政策措施的设计都体现了强调通过信息技术支撑Z校教学的作用。

整体而言，Z校培养师范生信息化教学能力的动力既非自上而下仅仅依靠顶层政策驱动，亦非自下而上由学科专业教师发起，而是呈现出上下联动、各方协同的多方动力源多元化参与的特点（见图5-2）。本研究在后续章节中将重点考察分析的是，在Z校这种

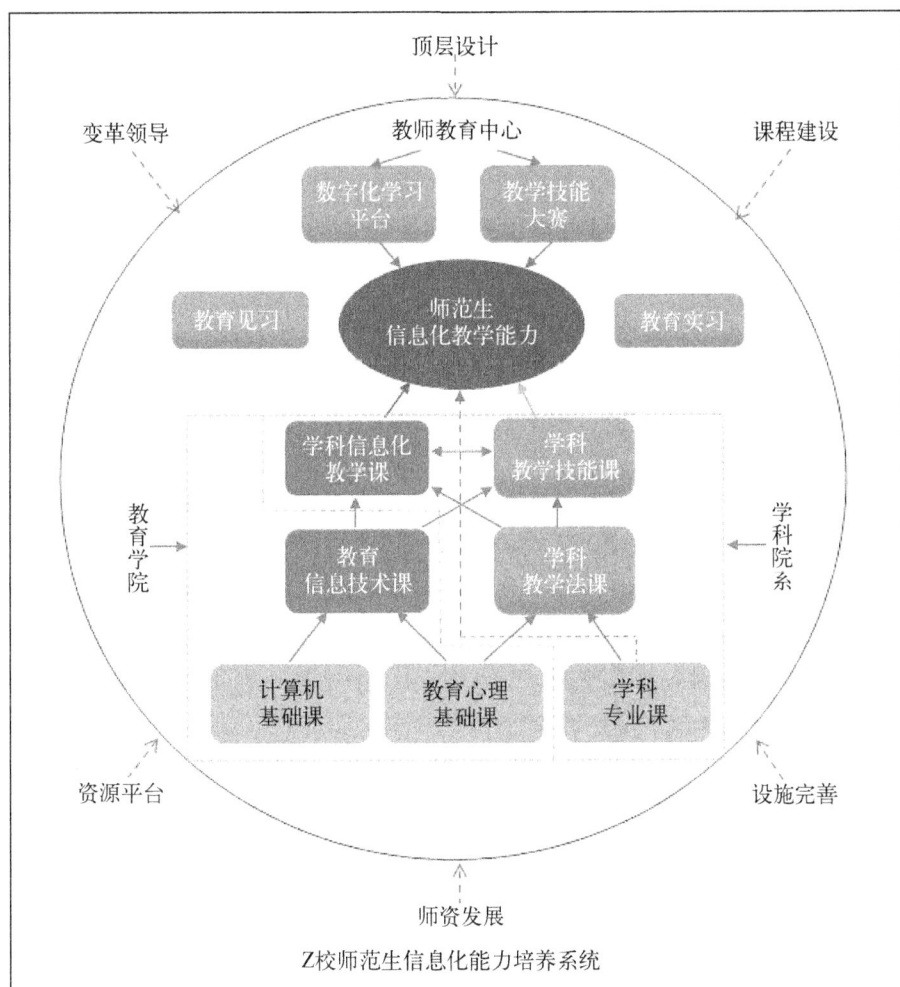

图5-2　Z校师范生信息化能力培养模式图

上下联动多方协同综合培养的模式之下,Z校系统内各利益主体对师范生信息化教学能力发展产生的影响,以及各利益主体之间的相互影响,最终总结这种模式的合理性与局限性。

第二节 培养成效

在Z校多方协同的综合培养模式下,师范生信息化教学能力培养成效如何?是否与其顶层设计中面向未来的教师角色定位相吻合?师范生通过信息化教学促进学生核心素养发展的意愿与能力如何?本节将具体分析Z校英语专业大四已完成实习的师范生的信息化教学意愿与其实习时信息化教学的行为,从而来研究这种模式的培养成效。

Z校英语专业共有三十四位大四师范生,其中六位接受了访谈,包括五位女生、一位男生,均已完成教育实习,六位师范生均在Z校附属学校教育实习,其中三位在高中部,三位在小学部。从访谈数据来看,该校师范生呈现出通过信息化教学促进学生核心素养发展的意愿整体中等、实习时的信息化教学行为受授课次数限制以多媒体教学为主、信息技术教学能力与高中时代相比普遍获得提高、发展信息化教学能力的意愿整体内在动机充分的特点,并且师范生信息化教学的意愿与能力各因子的整体一致性较高,具体分析如下。

一、通过信息化教学促进学生核心素养发展的意愿整体中等

六位师范生中有三位具有通过信息化教学促进学生核心素养发展的意愿(ZS-1,ZS-2,ZS-6),一位意愿中等(ZS-3),两位意愿较低(ZS-4,ZS-5)。其中,信息化教学的感知有用性和一致性较高,感知易用性上存在差异。

(一)对于信息化教学促进学生核心素养发展的感知有用性、一致性较高

Z校师范生整体而言在未来教师角色、信息化教学的感知促进性、信息化教学的主观规范这三方面的认知较为一致。

1.Z校师范生部分持传统的客观主义教学观,部分持建构主义教学观,但均认同未来教师角色的变化

Z校师范生中两位持传统客观主义教学观,认为教学是知识的传递,有四位持建构主义教学观,注重在活动中发展学生的语言与核心素养,但是都认为教师肩负了参与学生成长的重要角色。

两位持传统客观主义教学观的师范生认为教学是知识的传授,同时他们也认为教师还扮演着陪伴学生成长的角色。他们认为教师的角色在未来会发生改变,除了扮演知识传授者的角色者之外,还要成为学生学习的支持者。

"我是越来越喜欢(做老师),就是刚开始的话可能就是觉得比较稳定,后来我才觉得就是做起来,尤其在这次实习之后,觉得和同学们相处特别有意义,然后能

够不仅教他们知识，还可以参与他们成长的一个过程，所以觉得特别有意义，很有成就感。"(ZS-5)

"就是以前一直觉得老师就是教同学们怎么学习英语，然后反正就是传授人知识那种（人），但是现在实习之后就是感觉老师还可以和学生相处，跟他们一起交流，然后反正是感觉特别奇妙，就是感觉和他们一起成长，有那种感觉，可能我们现在年龄也和他们差不了多少。"(ZS-6)

"我觉得随着时代的发展，而且就是时代的潮流前进的话，你仅仅课上讲是不够的，你需要在课下通过网络之类的给学生进行补充，进行梳理，进行辅导，所以我觉得就是作为一个将来的老师的话，这些信息技术，那些各类软件、资源的使用，就是自己十分熟练、十分熟悉是十分必要的，因为像现在的趋势就是这样。"(ZS-6)

四位持建构主义教学观的师范生认为外语学习不仅仅是学习知识，也需要关注除了知识以外学生的学习动机、语言运用能力以及文化理解力的发展。

"尤其是学习语言的话，不仅仅是需要一些简单的知识点的罗列和叠加，它需要一些更多的技能，听说读写还有各个方面，它都同时在进行，然后还有让他们了解更多关于文化方面的知识，还有一些情感方面的培养，其实都特别有益。"(ZS-2)

"我是带小学，然后就是和小孩沟通，然后尤其小学，现在就是培养兴趣阶段，尤其是对于小孩子就是小学生来说，因为他们这个阶段英语就是最重要的，他们对英语的热忱需要激发起来，不要说小学阶段就开始厌恶英语了，越往高年级，对英语的那个兴趣就更难激发了。所以就要设计很多活动，课堂得活泼，得适合小孩，让他们在活动中学习英语，这样他们又有兴趣，又学了语言。"(ZS-3)

"我感觉高考刚考完的时候对外语的认识还比较基本，你觉得就是另外一门语言，但是上大学（后）越来越发现，其实通过这个外语可以了解很多其他国家的文化，包括就是整个人看事情的眼光都会变的，可能更多角度或者说更多元、更包容。所以，我感觉外语学习不是光学语言这样子，要给学生更丰富的东西，就是一个老师带给学生的不是只是知识。"(ZS-1)

"外教讲的课，我就是感觉获益特别特别大，就是他一些教学方法，就是像他主讲talk（谈话），就是来回repeat（重复）的形式特别多样，和孩子的互动性特别强。外教比较注重让孩子去运用语言，我感觉这一点对孩子的语言能力，包括他们后面的学习很有帮助。因为能用了，他们会有那种满足感，然后就很有兴趣再去学，再参与进来，只是语法点的话可能孩子就觉得比较枯燥。"(ZS-4)

Z校师范生对教学以及教师角色的认知整体而言面向未来，即便因为中小学外部条件的限制，目前还支持传统教学的师范生也已经认识到未来教师角色可能发生改变，因此,师范生对于教学形态的可能性呈现出一种开放探索的积极态度,这与Z校对于师范生培养的整体定位基本符合。

2. Z校师范生对信息化教学的促进性感知较为一致

Z校师范生接触的信息技术种类以及信息化教学模式比较丰富,对于信息技术对教学的促进性整体感知较为一致,对于不同的信息技术对教学的作用存在不同的感知。

(1)Z校师范生对于信息技术对教学的促进性整体感知很高,在具体的作用上认知较为一致。他们主要认为信息技术在五个方面对教学有明显的促进作用。

第一,信息技术有助于突破时空的限制获得优质的教育资源。由于Z校位于国内相对欠发达地区,优质教学资源相对较少,Z校师范生对于信息技术能够突破时空带来的优质资源感受特别强烈,他们认为网课、慕课与微课等形式让他们获得了原来只能在一线城市获得的优质教学资源,开阔了眼界。

> "微课可能可以接触到自己无法接触的全国甚至全世界的老师,我也觉得作为课后补充比较好,老师讲的应该比较系统化,微课可以作为补充让学生搜集更多的信息。"(ZS-1)

> "有用和教育……它就是一个平台,教学资源平台,上面有很多教学方案,特别丰富,可以选择最适合的给学生。课件、视频都有,不同层次的,我觉得这上面小学的资源很适合小孩,和咱们自己在网上查不一样,自己查的话资源良莠不齐,很乱很杂,这个很系统,上面都是精选,像是资源库,有利于老师备课。"(ZS-2)

> "我上过新东方网课,可以听到北京名师的课,价格比去北京报一个实体班要便宜很多。还有很多直播课堂、YY语音、考研帮,都有可以与老师互动的直播课,就是那种文字互动。对于我们这边特别好,不用去一线城市就能听到那边老师讲的课。而且实体班可能教师质量还参差不齐,但是网上直播的老师一般是那种很好的。所以能接触到一二线城市的名师,特别开阔眼界。"(ZS-3)

> "那个感觉就是资源更丰富了。就是如果是像以前那种传统课堂的话,你资源也就是课本上的,还有老师自己手头上的资源,那几本参考书,现在自己能从网上找到东西。"(ZS-4)

> "我就是觉得信息技术像是一个特别大的资源库,就是想找什么上网一搜就完全能出来了,就可以浏览,还有现在那些网络课程也比较发达,你就在家里面连上网就可以上课,就是听老师讲课,听考研课,听四六级课都挺方便的。"(ZS-5)

> "我就觉得在报了那个网班之后,然后听了北上广一线的那种名师讲课,真的是觉得更开阔眼界,有一些东西真的是我们这些二三线的(城市)有时候都接触不到的东西,所以就是还挺好的。"(ZS-6)

第二,能够拓展语言学习的空间,获得更多真实的语言实践机会与文化体验。Z校师范生均在一门该系开设的"世界历史"课上通过网络视频体验了与美国学生同步上课的经历,获得了真实的语言交流与体验不同文化的机会,认识到真实的交流与课堂交流及书本知识的差异。

"有通过网络与美国学生一起上课,大概是两个学期吧,就是直播的形式,可以看到对方的教学模式,感受他们的教学氛围、教室的设置、老师上课的状态、学生上课的状态,真的很直观,很真实,可以了解对方的思维,然后会觉得差异特别明显。"(ZS-2)

"我们院就是和美国大学通过网络同步上课,大二的时候,世界历史课,讲中国历史的时候咱们同学老师也讲,然后同学也有 presentation(陈述),然后他们也可以听到咱们的课,我们也可以听到他们的课,我觉得这种形式也挺好。外国老师平时说的英语,就觉得还是和咱们的外教不一样,因为我感觉外教在咱们这边,说英语用的词汇就特别简单,是刻意的吧,还应该去听一下人家的那种真正的那种课堂,真实的展示。"(ZS-3)

"(世界历史课上)我们这个班的每位同学和美国的那个班级的每位同学,就是匹配好朋友,就是把联系方式互换,然后或者通过邮件或者通过微信的方式有一个交流。平时有个别同学还保持交流,说有的时候去聊一聊,讨论一下各自的兴趣,然后偶尔老师还会说给他们讲一下,就给一个特定的题目让他们去讲,这种觉得挺好的。"(ZS-4)

第三,信息化教学有助于激发学生动机,能够吸引学生的注意力,从而促进学生学习。从教师的视角出发,Z 校师范生对信息化教学作用感知最深的是其促进学生动机的潜力。

部分师范生认为,鉴于学生注意力持续时间较短的特点,信息技术让课堂更多元,能够吸引学生的注意力,促进学生学习。

"学生的专注度只有二十分钟,如果一直是老师讲的话会比较枯燥,所以我上课会配一些听力,或者图片、视频,学生还是比较有兴趣的。老师也可以去读音频的内容,但是读出来的效果和他们去听去看还是不太一样。所以,信息技术让课堂更为多元化,能引起学生兴趣。"(ZS-1)

"一个是课堂也变得多样了,学生可能更容易集中(注意力),因为如果仅仅是以讲授或者板书的形式,像一堂课四十五分钟甚至更长,学生可能注意力就是会有不集中的时候,但是如果多媒体设计得比较合理的话,可能有一些地方就是让学生缓冲一下或者是用一些多媒体的文件,然后就可能会让课堂安排得更紧凑,同时就是利用率更高。"(ZS-6)

"我还挺感兴趣,那些游戏和小设计,感觉那些还挺好的,在课堂上的运用也越来越广泛了。小孩本身就对新鲜的事物比较有兴趣,可能有一些这样的东西会更吸引他们注意力。"(ZS-4)

"使用信息技术,你的课堂肯定会活泼一点,就是新颖一点,然后你如果不使用的话,就是仅仅是讲书上的课文,然后现在就是一般年轻老师,吸收了新的那些教学方

法,也会有一些小组活动,但是还是不如那种信息技术带来的那些视频和游戏有吸引力。"(ZS-5)

部分师范生认为,信息技术能够创造更多的学生参与的机会,有助于语言的运用。

"让他们(小学生)给动画配音,他们会模仿声音、语气,就参与度很高,不像仅仅是朗读课文,参与过程会比较苍白。"(ZS-2)

"我觉得还有丰富性,传统的方式很难,比如说像分享新闻,PPT可以让你听说读写都可以练到,展示的信息量也特别大,如果不用PPT的话,就是觉得课堂还是没那么生动。"(ZS-3)

第四,信息化教学有利于知识的呈现,能促进知识的传递。Z校师范生认为信息技术能够节省课堂时间,提高效率,促进知识呈现的逻辑性、形象性与连贯性,有利于提升新教师的课堂教学自我效能感。

"还可以节约时间,像我讲精读课文,可以把课文的大意和重点通过一张表格呈现,就一目了然了,不用在黑板上写。"(ZS-1)

"还有他们对于动画很有兴趣,有些动画上的词虽然不是课文上的,但是学生也能记住。所以觉得挺能帮助学生学习。"(ZS-2)

"就是感觉那个老师的思路也比较容易被串联,就是像因为讲课之前我们都要写教案,可能就是思路这些东西都在教案上,但是如果有PPT的话,他自然而然上一页就是下一页一个铺垫,然后你可能讲到这页,就是如果对讲课内容足够熟悉的话,你看到这一页自然就想到了下面你要讲什么,然后就自然而然到了下面的环节,就是感觉课堂更加流畅吧,应该就是对于老师来说的话。"(ZS-5)

"我觉得就是信息技术可以给我很大的帮助和信心,我感觉就是因为像那种传统的讲课形式,对老师整个人的综合素质,尤其是那个知识储备方面要求非常高。然后如果就是运用信息技术的话,课堂多样的同时,就是也可能我在制作的过程中会反复地去查证一些东西,会让我自己的心里面更有底气一些,然后讲课的时候也会尽量保证自己讲出来的东西都是正确的,同时也让自己的课堂更有趣。"(ZS-4)

(2) Z校师范生认为部分信息技术在教学中的运用效果不佳。

Z校师范生对基于语料库的作文批改网站普遍感知教学促进性较低,认为其只能修改最基本的语法错误,智能程度有待提高。

"那个批改网,语料库里面没有的话,就改不出来。高年级就不太有用了。"(ZS-1)

"有一个批改网。我们把作文递交一下,然后这个批改网就把你的作文修改,我们自己再反复改完后,把最终的给老师。适合改硬伤,适合大一的时候水平不是特别

高的时候。"(ZS-2)

"还有在线上批改作业的时候,我们其实大学在大二上那个语法课的时候一个老师就是让我们写过作文,然后放到网上去批,那个网站自动的一个系统给我们进行的批改,然后我觉得批改出来的效果,80%可以说是很好的,但是剩下的20%的话其实它还是有一些 bug(漏洞)。比如说它说你一句话里面有两个错误或者有一个错误,然后你改正了之后它就说你另一处也是错的,你怎么改它都说你不对的那种,所以采用机器判的话,其实还是有一些问题的,就是老师在线上实时跟踪判的话应该会好一些,尤其是在作文这方面就是主观性比较大,然后需要人的一个实时的跟踪和监控。"(ZS-5)

"刚才也说那个批改,那个当时我们全班都参加了。语言它是一个非常具有灵活性的东西,而且每个人风格也不一样,机器它毕竟只能找出一些语法上的错误,随着时代的发展,语言也在进步,不断会有那种新兴的语言出来,这种新的语言,新出现的一种用法写上去,它就识别不了。所以我觉得用机器批改这种方法要不就得它那个系统随时更新,要不就得人为在后面监控一下。"(ZS-6)

(3) Z 校师范生认为教师的信息化教学行为是信息技术能否对教学产生积极作用的关键。

Z 校师范生普遍认为同一种信息技术可能会对教学产生不同的作用,教师的具体信息化教学行为对于信息技术对教学的作用产生了关键的影响,例如,同样是多媒体,不同的教师使用的方法不同可能会产生不同的教学效果,有些促进了教学,有些反而起了负面作用。

"在听说课上面吧,咱们用多媒体肯定是会帮助咱们,基本上我觉得听说课上不用的情况就很少,但是如果就上一些比较传统的,比如说要上一些语法和知识点的讲解,就是这些给我们打基础非常必要的一些知识的时候,我觉得有时候如果过度地使用那个的话,有的老师他会造成一种依赖,就只会读那个上面的东西,或者是只会依靠那个多媒体上面的资源,然后就缺乏了自己的一种讲解,然后也会分散学生的注意力。"(ZS-3)

"像我以前的话我就觉得还是老师用黑板讲我可能听的效率比较高,但是就是通过这快四年的时间,然后就觉得其实 PPT 的效率,只要正确地运用其实会更高,这样他就是提前都准备好了。"(ZS-5)

"我个人就感觉上课的时候,有的时候如果老师过度地使用那个多媒体的话,我就觉得我有点忙不过来,就不知道该看那上面的呢,还是听老师讲呢,如果老师把握得好还好,他给你一段时间去看,然后再给你空下来时间听他的讲解,这样还 OK(可以),但如果有的老师他把握不好这个时间段让学生去接受的话,就会造成坐在下面的学生觉得负担有点大,有可能就是什么都没听好,也没听老师讲,也没看到那个PPT 上是什么东西,或者会分散他们的注意力。还有一个现象就是,有的同学就像我吧,其实有的时候我会照下来,大多数时间就来不及记,我会照下来一些内容,结果呢,照下来只是存在手机上,并没有把那个真正内化到我自己的头脑中,其实这个过程,这个线下的过程也是需要培养学生很高的自觉性。我就觉得如果有的学生他没有自觉性,他只是课上走了那个过程,但其实给他自己造成一种假象,我学到了但其实只是记录到手机或者一些多媒体设备里而已。"(ZS-6)

"比如说有的老师可能过多地依赖,因为它只是一个工具,但是如果所有的东西都依靠它的话也不可以,就是它只是一个辅助,还是说要把老师本身的能力提高了(才行)。然后像我之前提到过的一些传统的教学工具,比如说黑板,他把这些都有机地结合起来,我觉得才可以把这个课堂的作用发挥到最大。"(ZS-4)

对于微课,Z校师范生同样认为关键在于具体如何使用,他们认为微视频适合课后拓展,不适合课堂教学,需要教师线下支持采取混合教学的模式才能有利于学生学习。

"师大有一个微课的平台,我们自己也录过微课。我们这一届没有,下一届单周面授,双周看微课。对于大学,老师讲为主,学生课后有问题问老师。初高中学生问题比较多,微课不是很合适。微课作为拓展比较好,介绍知识点,但是纯粹上课不行,只有一套课不能照顾到特别好与特别差的学生,这样个性化不行。"(ZS-1)

"各有利弊。传统课堂可以与老师实时互动,老师可以回答问题。微课作为课后补充比较好,老师讲的应该比较系统化,微课可以作为补充让学生搜集更多的信息。"(ZS-2)

"我觉得那个慕课微课这种可能比较适用于那种网络教学,而且时间也不长,可能是十分钟左右的一个,可能是讲清楚一个知识点,可能课堂上互动也就没有那么大,比如说像小学生,他们学习压力不大,那个课余时间用,就觉得没有必要在上课的时候用,比如说有一些可能基本的错误,它可以给你找出来。但是也不可以完全依赖,因为可能有一些地方,它毕竟是一个程序,或者说一个应用,肯定是有一些更细致,或者说口语表达中的地方它照顾不到,所以可能就是要运用它的同时还是要配合线下的。"(ZS-4)

Z校师范生对于信息技术对教学的促进性的感知整体较为一致,认为信息技术在突破时空限制获得优质资源、拓展语言实践机会、激发学生学习动机、促进个性化学习与教育公平上作用较为明显,均认为信息技术对教学的作用关键在于教师的具体使用,信息技术不能替代教师的作用,线上线下混合式教学是理想的模式。可见,Z校师范生在对于信息化教学整体持开放积极的态度的同时,也持有一种积极而又理性的思维去看待信息技术的潜在优势与局限性。

3.Z校师范生对于信息化教学的主观规范与社会形象整体感知较高,提升了其信息化教学的感知有用性

在主观规范方面,Z校师范生认为Z校对于师范生信息化教学能力的重视程度较高,

而对于这种重视的感知主要来源于学科专业教师在教学中对于师范生在信息化教学方面的要求以及对最新信息化教学模式发展动态的分享介绍。

"我感觉我们的任课老师他们还是挺重视的，有一些需要打分的项目或者是老师给提建议的时候，如果就是比如说信息技术运用得好与不好的时候会有一个相应的评价。"（ZS-4）

"嗯，应该是重视的，因为我们经常会做 presentation（陈述），然后老师的要求是必须一边做 presentation（陈述）一边有 PPT 的展示。这对我们将来讲课有帮助，因为将来讲课基本上都是这种形式，一边给同学讲一边展示 PPT，所以就是我们基本上每年都会有那么一到两门课程，要求我们上去做 presentation（陈述），所以我觉得对我们这个多媒体应用技术还是蛮重视的。"（ZS-5）

"我觉得我们学校还挺重视的，尤其我们学英语的，不管是学院还是老师们，他们就是经常会出国，或者是非常关注一些最新的国外的一些动态，就像微课、慕课刚出来的时候，老师就有给我们介绍。然后 PPT 的话就更不用说了，我自己平时也会做很多的一些 presentation（陈述），所以就是觉得还是特别重视。"（ZS-6）

Z 校师范生同样认为国家对于信息化教学的重视程度较高，这种感知一方面来源于实习时所体会到的信息化设施的完善，感受到信息化教学发展的趋势，同时，他们还认为未来也会有教师信息化教学能力等级证书的出现。

"我觉得是，我觉得这个国家层面，也就是说国家的教育部。然后我们去实习的这个小学，它讲台上那个电脑，就不是像我们大学的那种电脑，他们那个直接就是插到那个屏幕，那个展示板上，把 U 盘插上去直接播放 PPT，他们没有那个电脑的，然后就直接放映，还要用电子书，我觉得，这就是一个那种重视的体现，从设备上来讲。"（ZS-3）

"国家方面我就觉得就是特别重视，因为现在基本上每一所学校都可以安装那些多媒体设备，每个班里都有。我记得我小学的时候就是全校只有一个多媒体教室，就是那些多媒体课什么的，就是全班同学搬凳子去那个多媒体教室去上课，然后上了高中以后就是每个班全部都是安上一个多媒体技术，就是所有老师在上课的时候都可以在自己班里使用多媒体，而且现在这个多媒体也在不断更新，不是说那年给你安上就好了。就像在我们大学就是去年吧，换了一次，就是整体多媒体更新一次，把这些硬件就是老旧的全部都换掉，换成了新的。"（ZS-6）

"我觉得国家应该还挺重视的，因为毕竟现在也是信息时代了，而且现在一些单位都会对你的英文或者是你的计算机水平有一个基本层次的一个证明，比如说像不是英语专业的人，他们要有四六级的证明，你的英语大概是在一个什么样的水平。或者说像我们计算机二级考了之后，就是说你的计算机操作大概是一个什么样的水平，所以可能我觉得在不久的将来应该就会有一个各种信息技术应用（考试），这种考核就是你使用这些信息技术展示知识也好,或者是你想要分享东西的能力是不是能够达到一个什么样的标准,以至于让你想要展示的东西足够丰富,然后同时又能够包含多方面的,比如说知识点或者是一些吸引眼球也好或者是引起兴趣的东西,所以我觉得应该还是挺重视的。"(ZS-4)

"我觉得就是挺紧迫的,因为就是在国家这个方面来讲,它在对老师的一些技能的要求上面,就是多媒体的运用已经特别明确,已经被列出来,是一个非常必要的一个技能。"(ZS-5)

Z校师范生对于教师信息化教学能力的社会形象感知也较高,认为信息化教学是未来的趋势,信息技术在课堂上的使用使得教学与时俱进,更贴近学生的生活。

"以前中学里面是幕布投影,现在都是电子白板,趋势就是这样,技术会在教育中运用更多。"(ZS-1)

"如果课堂不能够在这方面(信息技术)与时俱进的话,可能学生的注意力会更容易被其他的东西分散,因为他们现在可能就是接触这些东西,多媒体啊包括信息技术的一些东西都(接触得)很早很早,然后如果课堂只是像以前单纯的讲授形式,对他们来说可能就失去吸引力了。比如说如果他坐在那里听老师在课堂上讲,但是还没有在家里面去看一个讲解的视频有趣的话,他可能就会对课堂的讲解失去兴趣,所以我觉得这个还是挺重要的。"(ZS-3)

Z校师范生对于信息化教学的主观规范与社会形象整体感知较高,而这种感知主要是从师范大学的学科专业课程以及实习的中小学课堂上获得的。

整体而言,Z校师范生认同未来教师的角色变化,对于信息化教学在学生核心素养发展上的促进性感知较高,认为信息技术在突破时空限制获得优质资源、拓展语言实践机会、激发学生学习动机、促进个性化学习与教育公平上作用较为明显,对于信息化教学持较为成熟理性的态度,均认为信息技术对教学的作用关键在于教师的具体使用,信息技术不能替代教师的作用。同时,Z校师范生对于信息化教学的主观规范与社会形象感知较高。因此,Z校师范生整体而言对于信息化教学的感知有用性较高,并在认知上存在较高的一致性,这种认知上的一致性也在一定程度上体现了师范生信息化教学能力发展的影响源一致性较高。

(二)通过信息化教学促进学生核心素养发展的感知易用性中等

Z校师范生通过信息化教学促进学生核心素养发展的自我效能感普遍较高、焦虑感较低;对于外部条件的感知存在差异,其中对于Z校信息化教学设施的感知较低,对于实习学校信息化教学设施的感知不同,但均认为技术支持缺乏。

1.Z校师范生信息化教学自我效能感较高而焦虑感较低,对其信息化教学的感知易用性产生了正面影响

Z校师范生信息化教学自我效能感普遍较高,焦虑感较低,认为自己使用多媒体技术

的运用已经能够胜任中小学的教学，并且表现出对于不同的信息技术以及信息化教学新模式的兴趣。

> "大学老师让练得很多，所以可以胜任。综英（综合英语）老师课前给五分钟让做了很多 presentation（陈述），围绕一个主题讲，做了很多 PPT，因此在实习学校觉得用得很顺手。"(ZS-1)
>
> "老师给我们翻转课堂，让我们自己查资料，所以我们在备课上就很熟悉了，因为大学做了很多类似的作业，已经知道在哪可以找到资料，所以觉得用起来还比较轻松，但是我们必须借助这些技术，脱离了就不行，有点依赖了。"(ZS-2)
>
> "我感觉我准备做得还挺好的，因为就是我比较倾向运用的主要还是 PPT，然后如果需要日后学习，就比如说还需要这方面再增进的话，可能就是其他软件的一些应用，或者是说其他一些新鲜的信息技术的应用上面可能还要多多学习。就是光从 PPT 角度来讲，已经准备好了，然后其他的话可能到时候到中学再学。"(ZS-3)
>
> "应该是可以了，但是感觉也还有很长的路要走，好多新的操作就是录微课很不熟练，就是当初就录过一次，我不知道现在还记不记得怎么录了。还有就是慕课那些根本就没有接触过，不知道该怎么弄才好，（还有）就是直播技术，不知道那些是怎么回事，然后就是觉得都是随着时代发展的，自己摸索的。"(ZS-5)
>
> "找资料那些（技术）我们现在都应该是没有问题了，就是新出来的东西，我们还是要学习。现在应该还可以，因为还年轻，还有学习的精神的。"(ZS-6)

可见，Z 校师范生较高的信息化教学自我效能感与较低的焦虑感主要来自其在实习前的充分实践，对于多媒体技术的运用自我效能感非常高，对于其他信息技术保持着开放的学习态度，认为信息化教学能力的发展是一个持续的过程。

2. Z 校师范生对于信息化教学外部条件感知存在差异，但是都认为与高中时代相比进步很大

六位师范生对于信息化教学设施的外部条件感知普遍较低，所有师范生均认为 Z 校的信息化教学设施较为欠缺，主要是网络连接问题影响了同步课堂的质量，但是这并没有让 Z 校师范生否定与美国学生同步课堂的这种模式。

> "通过网络与美国学生一起上课，两个学期，直播的形式，网络会卡，画面不太同步，模式很好，硬件没跟上。外教有点口音，网络慢的话，我们有时候听不懂。"(ZS-1)
>
> "那个课（世界历史课）缺点就是网络会卡，接受对方信息的时候会有障碍。"(ZS-2)
>
> "比如说同传室，还有就是那种听力教室，其他学校的外语学院有，其实我们学校、我们院也有语音室，但是都是坏的。世界历史课与美国（学生）一起上，形式特别新颖，但是这设备和网络有问题，就是往往效果不好，觉得没有理想的好。"(ZS-3)
>
> "外语系经常上课的四楼的那些教室，学生的桌子上有电脑，但不知道是哪个软件出了问题还是怎么样，就是基本上用不了，然后那个电脑在那摆着，对我们来说基

本上是一个妨碍,就是占着桌子,但是并没有什么用,然后有的电脑还是坏的,根本都打不开,所以我觉得这方面还挺欠缺的。而且就是看了那个我们实习学校的他们的黑板和多媒体,感觉我们这个多媒体和电脑,包括系统都还是老一批的,可能就还需要更新。"(ZS-4)

"平时上课的话应该是够了,就是网络不是特别好。"(ZS-5)

"网络覆盖还是不太全,不是每个地方都有 WIFI(无线网络)。"(ZS-6)

对于实习学校的外部条件感知,Z校师范生感知存在差异,整体而言,Z校师范生认为实习学校的信息化教学设施要优于Z大学。

"多媒体为主、已经是智能白板,原来我们都是幕布的,所以觉得发展得还是很快的。"(ZS-1)

"还是比我们的先进,比大学里面在用的要先进。我们当时有的还是用幕布那种的,因为他们这个学校就是特别的新,才五年,然后基础设施和硬件都比较好。"(ZS-3)

个别师范生在使用信息化教学设施时碰到了困难,这对其信息化教学的意愿产生了负面影响。

"像我们老师(实习指导教师)的话是带了两个班,就是二班和四班,然后二班的话呢,那个电脑显示屏是比较好用的,所以它每次还能比较顺利地进行,但是四班的话就会(不太好用),有时候你点它,它不动,然后突然一下哗哗哗闪过好多片,所以她就觉得不方便,然后她为了让两个班协调一点,她就可能会选择用得少一点,因为在四班的话就是这样,进行下来会比较慢,她带两个班协调一下进度,所以她就会折中一下。"(ZS-5)

"但是在课上,我觉得运用这个信息技术还不是特别方便,因为就是互联网在班上用的时候可能经常会断,会突然连不上,所以就是老师课上播的那些视频、音频全部都是提前下载好的,然后从U盘里直接拷出来,它出现故障的概率比较大。那个机器,有可能是那些老师们就是不太会用,反正经常会出现类似于连不上网的问题等。"(ZS-6)

Z校师范生认为,实习学校对Z校师范生信息化教学的技术支持比较缺乏。

"没有给我们培训怎么使用,就是上课的时候看老师怎么用,然后课下自己找一个没有人的教室摸索一番,其实挺好操作的,就是点一下两下或长按,我们也就是演示PPT这些就够了,至于别的我们也不知道有什么功能。但是我听别的实习的同学说他们老师教过他们那个还可以连接手机,然后用手机那个屏幕操作,但是我们老师也说应该是有非常多的功能,只是很多不知道或者说没有了解过。"(ZS-5)

此外,Z校师范生认为该地区学校教育的整体设施条件与教师观念限制了信息化教学的实践,这也降低了其对于信息化教学外部条件的感知。

> "咱们中国现在的情况,再就是像咱们这些地区就是很难做到有那么多的那个资源和硬件方面,就是学生的手机、iPad 这方面都是一个问题,然后还有网络那个速度是否跟得上,还有就是在那个服务 App 终端那方面,他们技术能够做到跟上,我觉得如果实行起来应该也是需要一个挺漫长的一个过程,需要各方面的能力。还有就是那个上课用 pad(平板电脑)这些,我觉得即使是硬件解决了,老师也不太想给学生在课上用 pad(平板电脑)这些东西,而且他们觉得一联网学生想干的事情就多了,就不仅仅是学习了,就跟现在老师收学生的手机是一个道理的,就是怕他们用手机上网,干除了学习之外的事情,所以说观念上可能还得再发展十年左右,现在观念也更新得比较快,就是近几年这个我觉得是没有什么可能的。"(ZS-6)

可见,Z校师范生感知到其实习的学校是在该地区信息化教学领域较为领先的学校,可能在其他学校尚不具备进行信息化教学的外部条件。

从以上分析中可以发现,师范大学的信息化教学设施不足并没有影响师范生对于信息化有用性的认知以及探索的意愿,但是实习学校因为信息化教学设施问题而引起的负面经历却对师范生的信息化教学意愿产生了消极影响,而对于基础教育阶段整体信息化教学设施与理念现状的感知直接影响了师范生的信息化教学意愿。

在信息化教学的感知易用性方面,整体而言,Z校师范生的自我效能感较高,外部条件感知差异较大,对于实习学校外部条件较低的感知影响了师范生通过信息化教学促进学生核心素养发展的意愿。尽管实习学校的外部条件对于信息化教学的实践尚不理想,但由于师范生感知到中小学信息化教学的外部条件要大大优于自己当时的情况,依然能够用发展的眼光去看待中小学信息化教学的未来,认为近几年困难较大,但是长远而言,这是一种必然的趋势,这一种理念也提升了其指向核心素养探索信息化教学与发展信息化教学能力的意愿。

(三)Z校的学科专业教师认为师范生信息化教学意愿整体较高

从 Z校师范生的陈述中,我们看到了他们较高的信息化教学意愿,而 Z校的学科专业教师也同样认为该校师范生信息化教学意愿较高,相对于传统教学更倾向信息化教学。Z校的学科专业教师认为师范生较高的信息化教学意愿主要得益于师范生成长的信息化大环境使得其有丰富的信息化学习经历,提升了其感知有用性,与此同时,信息化教学的实践也提升了师范生的自我效能感。

第一,师范生成长的信息化大环境使得师范生对信息技术有亲近感。

> "他们其实在教学上使用信息技术的意愿还是挺强烈的,他们自己也在探索,因为他们真的是越来越离不开手机,就是使用手机的频率更是高。因为我们去上所有

专业课的时候,就会给他们很多这样的机会,然后他们也很愿意通过多媒体就是各种信息手段去学习,或者是去做他们的功课,就是他们现在自己的学习上用到这些信息技术(的机会)会比较多。"(ZST-4)

"我觉得好像整个大的环境的影响,就已经给他们一个很好的(条件),包括他们自己,就是他们这一代学生的习惯,就已经和数字化的东西相关,所以他们是有很强的这种意愿。另一方面我觉得他们自己也很受益,他们觉得这样很方便,然后也很有意思。"(ZST-1)

"他们会去慢慢探索,因为现在真的是 App 特别多,各种各样的学习 App,所以我觉得肯定是要比我们这一代在使用这个上面要强一点。"(ZST-2)

第二,师范生的信息化教学感知促进性较高,认同信息技术对于教学的促进作用。

"比如说讲到时态,比如说一些词汇的比较,如果说你用到多媒体的话,可能用很生动形象的一个故事途径或者 Flash,这样一比较,一下就明白了,所以会弥补一下师范生他自身一些能力上的不足。"(ZST-1)

"(意愿)非常强,我们有技能培训课,传统课讲一节,然后多媒体课讲,我就问他们哪一种课好讲,学生还都说多媒体好讲,多媒体生动。"(ZST-3)

"他们挺有意愿去尝试的。尤其是教英语,初一、初二、小学,对视觉非常感兴趣,教词汇用图片,学生特别感兴趣。"(ZST-4)

第三,信息化教学能够提升师范生教学的自我效能感,使得他们在职业初始阶段更有胜任教学的信心。

"信息技术能够弥补他们自身讲课当中的一些知识性的不足,然后多媒体有时候也能够缓解一下他们自己上课的紧张(情绪),比如说你看这时候给学生放一小段视频,或让他们听一小段英语文章,他们可能会调节自己的一些情绪,或者是他们自己能马上去看一看这个教案。然后如果说让他们专门去讲这传统板书课的话,学生注意点就在老师的讲授上面,然后他们可能会觉得自己从能力上来讲,可能会有一些不足,而且多媒体一设计出来的话,他们也会觉得这是种享受,出来的东西,很多(是)很复杂的东西。"(ZST-1)

综合 Z 校师范生与学科专业教师的访谈数据可以发现,Z 校师范生整体而言信息化教学的感知有用性与自我效能感较高,因此即便在外部条件感知不充分的情况下,探索信息化教学的意愿依然较强。

二、实习时的信息化教学行为以多媒体教学为主

如前所述,Z 校师范生的信息化教学意愿整体较强,但是在实习中他们的信息化教学

行为依然以促进知识传递为主,实习时教学机会的匮乏影响了师范生通过信息化教学促进学生核心素养发展的实践。Z 校师范生均有为期一个月的教育实习机会,但是在这一个月里,他们只有两次上课的机会,一次试讲一次公开课,其他时间都是进行教学观摩以及辅助实习指导教师工作。在这两节课上,师范生基本上只运用了多媒体技术,但实现的目标有所不同。

(一) 部分师范生使用多媒体技术主要用来引起学生的兴趣,促进学习动机,提高学生课堂参与

> "我们就上了两节课,所以就用多媒体,其他都用不上。学生他们会模仿声音、语气,就参与度很高,不像仅仅是朗读课文,参与过程会比较苍白。(学生)对于动画很有兴趣,有些动画上的词虽然不是课文上的内容,但是学生也能记住,所以觉得挺能帮助学生学习。"(ZS-2)

> "学生的专注度只有二十分钟,如果一直是老师同样的声音音调讲的话会比较枯燥,所以我上课会配一些听力,或者图片、视频,学生还是比较有兴趣的。老师也可以去读音频的内容,但是读出来的效果和他们去听去看还是不太一样。所以,信息技术让课堂更为多元化,能引起学生的兴趣。"(ZS-1)

> "用了 PPT,还有就是他们(实习学校)那个教学光盘,PPT 我们做起来还都挺娴熟的。然后另一个是那个光盘,它已经不是像我们小时候的磁带或者后来的光盘,那种基础的就是一些音频,现在完全是那种可以点读的,可以放小动画那种的,就特别方便的一个光盘,然后那个我也用了,很能引起学生的兴趣,小孩很喜欢。"(ZS-3)

> "主要就是多媒体,用一些动画去吸引小朋友的注意,引起他们的兴趣,多让他们开口说,多活动。"(ZS-4)

(二) 部分师范生主要使用多媒体技术来促进知识的传递
在高中实习的三位师范生通过信息化教学来呈现知识。

> "还可以节约时间,像我讲精读课文,可以把课文的大意和重点通过一张表格呈现,就一目了然了,让学生填几个词就可以,不用在黑板上写。"(ZS-1)

> "最主要的就是我们自己在准备课件吧,就是用那个 PPT 呈现一下。"(ZS-5)

> "就是多媒体。其实我们讲课现在不是顶岗,就是讲一节试讲,讲一节公开课,就是可以在全班面前讲两节课,内容一样,然后就是做的 PPT 也都一样,我就觉得特别简单。"(ZS-6)

由于 Z 校师范生只有两次上课的机会,因此较大地限制了其信息化教学行为,然而 Z 校师范生依然在条件有限的情况下通过信息化教学激发了学生的学习动机,促进了学生的课堂参与。

（三）师范生对于未来信息化教学的设想

鉴于Z校师范生在实习中受到授课机会的限制，其实习时的信息化教学行为无法充分说明其信息化教学的意愿与能力，在访谈中本研究进一步挖掘了Z校师范生在未来教学中打算探索、尝试实践的信息技术。Z校师范生主要对于能够促进个性化学习、增加学生参与面、促进教育公平的信息技术兴趣较大；在小学实习的师范生对于能够激发学生动机的游戏化教学兴趣浓厚；此外，师范生对于信息化教学还有一些独特的创意。

第一，Z校师范生对信息化教学促进个性化教学，从而促进教育公平的潜力表现出极大的兴趣与探索意愿。他们普遍认为信息化教学能为不同的学生创造机会，提供适合他们的资源，扩大课堂活动时学生参与面，这样有利于教师关注到每一个学生，从而促进教育公平。

"我想尝试那个可以根据学生水平来提供不同材料的技术，因为我们平时给学生提供材料很难有区分度，这样的话针对性更强一些，更个性化。"（ZS-1）

"设计游戏的时候规则等等各方面可能就是公平，公正性也要更好一些，因为如果自己设计游戏，有的时候会有一些疏漏，所以比较喜欢游戏化的教学App、软件之类的。"（ZS-2）

"有些同学比较内向，但是他也挺有思想的，我觉得像类似这种App也可以让他更好地表达自己，老师也更好地去了解每一位同学的想法，能有更好的交流。"（ZS-3）

"因为我觉得我自己就是一个上课不太善于表达自己观点的（人），还有就是老师提出一个什么问题，真的是想得比较慢，经常跟人说话的时候，一句话接不上来，就是过了很久了才想起来他那句话我该怎么回答，所以大家就在课上通过那个App（应用）表达自己观点，然后老师再统一来看，那个App（应用）不错。"（ZS-4）

"错误率啊什么的，我觉得如果用电脑统计出来会更有利于老师进行教学，侧重哪一方面进行更多的讲解。然后我觉得那个分级的那个特别的好，分级的那个测试我觉得是最吸引我的，就是很新颖，然后觉得这样的话就是可以关注到每一个学生，尤其在中国就是人这么多的情况下，长期以来老师可能只能关注到一部分，甚至于在有的那种班级，实习的时候就看到，就是老师都明着跟我们说，你们就看前一半的学生，或者就看前十几名就可以，所以就是说如果用分级软件的话，其实可以关注到更多的学生。"（ZS-5）

"那个分level（级别）的，我觉得也不错，因为毕竟人总是这样参差不齐的，总有擅长的也有弱项，阅读好不一定听力也好，根据你的那个水平往后给你相应的材料，有利于你的提高。要不然如果你是A level，我给你做C level你就觉得太简单了，要不你是C level我给你做A level的练习，然后觉得太难了，你就失去了对学习的兴趣。"（ZS-6）

第二，在小学实习的师范生对于游戏化教学模式兴趣浓厚，认为其有利于激发学生动机。

"我对用游戏的 App(应用)感兴趣。实习的时候外教三节课,中教三节课,其实内容是差不多的,外教用更多的游戏,所以孩子更感兴趣,可以边玩边学,自愿接受,所以寓教于乐,我以后当老师的话也想实践。"(ZS-2)

"我觉得要是我教的话,那个做游戏的 App(应用),很新颖,感觉小孩会很喜欢,我想尝试一下。"(ZS-3)

此外,Z 校部分实习生还认为可以利用信息化教学进行师生合作学习,以促进教师专业成长。

"如果老师和学生一块使用那个信息技术的话,就是学生可以自己从网上找到一些什么东西,然后这种资源就汇集在一起,就是那种多样性和丰富性,可以相互补充。"(ZS-4)

"(微课)这个形式我觉得好的一方面就是你可以先写出教案来,然后按照教案,你把自己的课或者是说课说下来,然后录下来,或者是讲一遍,把 PPT 放进去。这种讲一遍课我觉得可以先录下来,比如说现在你的那个教学 level(水平)不是特别高,可以先录下来,然后等你一点一点成长,自己能保存下来,然后再后来回来看的时候可以看到你一个成长的轨迹,我觉得对老师很有帮助,也挺有意义的。"(ZS-3)

可见,Z 校师范生虽然在实习期间因授课机会的限制无法尝试多样的信息化教学模式,但是整体而言 Z 校师范生对于探索尝试新的信息化教学模式兴趣较大,并且明显为面向个性化学习、扩大学生参与、促进教学公平、师生合作学习、教师成长等有利于核心素养发展的学习模式。

三、信息化教学能力在四年中获得较大提升

Z 校师范生中较大部分来自欠发达地区。

"基本 98% 都是省内的,极个别来自其他地区。像城市里面的孩子一般都考到省外了,我们的生源都是来自三线城市,农村的孩子多一些,城市的孩子可能占10%。师大是一本录取,生源应该都是很不错的。"(ZM-1)

Z 校师范生在中学阶段对于优质信息化教学体验较为欠缺,他们在 Z 校获得相对丰富与优质的信息化教学体验,极大地提升了信息化教学的感知有用性,改变了在中学阶段对于信息化教学的认识,并且在实践中获得了信息化教学能力的发展,因此形成了积极探索尝试信息化教学的态度。

"高中只有地理课用,大学英语老师也用,他们的 PPT 上放的不是课文而是关键点,给学生展示比较方便,字很大,学生容易看清,要比老师慢慢地在黑板上写节省时间,给我们带来了便利。"(ZS-1)

"像我的话高中很少接触，但是大学频繁应用，觉得已经非常熟悉了。以前我对就是课程使用多媒体认知就只有PPT，但是现在就是课后你可以让同学们用一些App的，然后让他们完成一份课下作业什么的，这样就是同学们又感觉兴奋有趣，然后又会引导他们进行一些线下资源搜索，然后就是不仅仅课堂上你教给他们知识了，然后你也可以教他们在线下自己找一些学习的资源，还有现在新出现的微课什么的。"(ZS-2)

"对我的影响就是特别大，我刚才回忆了一下，我高中三年好像就没用过，我们就是每科老师几乎就特别特别少用PPT，都是传统的板书教学。然后我后来一开始上来大学的时候我还有点不适应，就是我因为我高中老师也不用，而且就是从来也不要求我们做什么presentation(陈述)，然后什么课堂的这种展示，然后就是特别生疏，一开始上来我还特别不适应。大一的时候每到做这种presentation(陈述)我就特别愁，后来就慢慢地大二、大三到大四的时候，就开始觉得特别得心应手，有时候不用反而觉得说缺点什么。"(ZS-3)

"就我个人而言，我们家那边算是相对比较落后的地方，可能那个就是我们高中时候用到的多媒体算是比较发达的，但是也远不如我们现在实习学校这个小学的。然后像我们初中和小学时候用的多媒体就更不用说了，然后高中时候老师用多媒体的情况就比较少，而且就是个别用的还是那种设计特别简单，然后就极其单调的那种PPT为主，但是上大学以来包括我们平时听课也好，做课堂展示也好，对这方面的接触特别的多，尤其我感觉好像我们外国语学院跟我们学的这个专业，又有可能因为是师范，然后有很多讲授，就是像上公共课的时候，发现也有一些其他学院同学，可能就是用起来这种多媒体没有我们娴熟，然后就是用惯了这些东西，就觉得在课堂上它们还挺实用的，然后也挺不可缺少的。"(ZS-4)

"就像我大学以来，我感觉从开始什么都不会，到后来就是有跟老师学，也有跟同学去学，然后就还学到了特别多的东西，感觉都很有用，所以如果有这种学新的技术的机会的话，就是肯定都会特别的积极。"(ZS-5)

"像我以前的话觉得还是老师用黑板讲我可能听的效率比较高，但是通过这快四年的时间，然后就觉得其实PPT的效率，只要正确地运用其实会更高，然后还可以使课堂更加多样，就是不光学一些基本的技能知识，还可以看一些相关的人文内容，还有一些电影，来补充一些自己的其他的方面的知识，其实学到的东西会更多，所以就是由一个比较消极抵触的一种态度，变成了一种积极主动，比较喜欢去探索的那样的态度。"(ZS-6)

Z校师范生在四年大学学习之后，与高中阶段相比，所产生的对于信息化教学认知的改变、信息化教学意愿的提升以及信息化教学能力的发展，都是丰富优质的信息化教学示范对师范生信息化能力发展产生积极作用的有力证据。

四、信息化教学能力培养结构各因子中信息技术能力最强

在信息化教学能力各因子中，Z校师范生的信息技术能力较强，学科专业知识与能力、核心

素养以及教学法知识与教学能力有待提高,从而影响了其指向核心素养的信息化教学能力的发展,但是整体而言 Z 校师范生的信息化教学能力在四年大学学习中获得了较大的提升。

(一) Z 校师范生的信息技术运用能力较强

Z 校学科专业教师普遍认为这一代师范生出生于数字化时代,本身对于信息技术就有亲近感,焦虑感较低,因此信息技术运用能力较强,甚至胜于许多学科专业教师,包括多媒体制作、语音系统、搜索资源、问卷调查、微课制作、手机应用等。学科专业教师的这种感知也与师范生的信息技术自我效能感基本相符。

“他们(做)PPT 就是没有问题,然后像一些网站也没有问题。还有就是我之前说的这种的,我们这边有购买那种高教社、外研社的这种系统,像这种语音学习系统也都没问题。包括网上查的词典等等这些,这都没问题,但是具体使用可能就是每个学生会有一些差异,但是我看到他们都在尝试使用越来越多的信息技术工具,包括录制视频。像我们课上经常可能会让他们做一个调查,像我在写作课上用到的就是让他们去做一个调查,然后他们做一个简单的 survey(问卷),可以用像问卷星这样的问卷,可以把问卷传到微信里面看,先直接生成链接,然后去做这样的问卷调查,然后再做视频采访,这些都没有问题。”(ZST - 1)

“他们有很强的这种信息化的能力,或者技术能力,特别快地学东西或者上手是很快的。所以我觉得他们肯定也会有这样很强的能力,也有意愿能够做这样的事情。”(ZST - 2)

“他们必须要参加微课制作大赛,我看到了他们在使用白板上的心得,然后是录课的一些心得,挺好的,录课视频用得特别好,真的比我们有些老师录得好,学生其实学习新的技术能力比老师有时候要快,因为这种年纪越轻,接受新事物的能力比较强,特别快,尤其他们这一代人完全就是这种,因为他们是数字化时代的。而且我们还有这种配音大赛,我想起来,比如有些想要去语音那个课程,我之前让学生做过,让他们去录音配音,给电影趣配音等等,这个都没有问题,他们都做得特别好,就是用这样的软件。我觉得他们已经接受了,而且关键他们有很强的这种欲望去使用这样的软件或者 App(应用)。”(ZST - 1)

“他们的能力(较强),就每位同学都能很自如使用多媒体技术设计出来的,包括做 Flash 也好,包括找的一些资源也好,都还挺到位的,挺不错的,所以他们在做的时候我都会去借鉴,我会下载下来,我(觉得)这个挺不错,以后放起来也可以用。”(ZST - 3)

“比他们(中小学教师)要强好多了,只要是师范大学培训过的师范生,我觉得他们的技术能力(要更好)。因为我们的师范生有一个学期是要到各个地方去实习的,到中小学,所以他们有反思报告,我们要问到他们,我们的学生下笔之后,他们的长处就是现代信息技术这个手段,绝对都能用到,要强百倍。”(ZST - 3)

(二) Z 校师范生的教学能力发展较大,但仍有待提高

与信息技术运用能力相比,Z 校学科专业教师认为师范生的教学能力经过四年学习

得到了较大的发展,特别是在教学方法的多样性与学生的沟通方面整体上要优于在职中小学教师,但在重难点知识的呈现、练习与评价的设计等方面有待提高。

"(师范生)教学的方法要比当地的中小学老师要强,就是他们叫作多样化,而学生都很喜欢我们这些师范生实习老师,特别喜欢他们的教学。他们非常喜欢这些新老师带来的这些新鲜的教学方法,手段不是特别复杂的,还有就是因为他们的思维各方面不一样了,可能知识面很广,比他们老师给他们传授东西要广泛一点,这是很受欢迎的。唯一实习期间体现出来的不足,就是教学经验不足,在讲课当中可能有很多的点在当地老师来看的话,可能重难点掌握性不是很好,因为他们毕竟也没有太多的意识,但是要说跟学生沟通,他们在师生互动沟通方面要好于当地的老师,因为他们有这个意识了。所以总的来说的话,只要是经受过正规的师范培训的学生,他们今后当老师的能力还是比较强的。"(ZST-3)

"所以我现在告诉他说多媒体你可以适当去使用,但是讲课的时候,必须要给出来和学生他的实际的生活相关的一个例子来,你不要去取我们以前上课课本上那些例子,大家都没有接触过,也没有去亲身体验过的。你要学会观察生活,你要去找生活中例子去做比较、去讲解,他前面有说我们的任务教学,因为我觉得就这个任务来讲,其实它就是来源于真实生活的,所以现在要注意,注重从生活当中去找找语言学习的例子,我会让他们现在主要注重这方面的,就是能够从教学的思维理念上面让他们拓宽一点,不要太死板于书本上的机械性的练习。你要说没有多媒体,你只要把这个生活化的例子找好了,让课堂上学生做的练习任务设计得符合他的年龄认知了,你再配合其他的一些就够了。因为有这些师范生技能,你还有唱的技能,还有很多其他的技能,像简笔画技能,你有这两个技能,你配合起来就足够了,其实你可以又唱又画,学生也很(喜欢)丰富的课程,我觉得其实非常好了。"(ZST-1)

"技术方面,学生因为只要给他下载软件之后,他一般都很快就会上手了,只要十分钟。反正在给他们看的时候也会分析,在他们将来十分钟的作品或讲课内容中,就是大部分同学的重难点还是找得不是太准,在讲课的时候,我说你要涉及的有讲、有练、有最后的评价,十分钟我要浓缩一下上课的内容,在这三个方面学生可能还是比较注重把知识点往上罗列,还是抓不到重难点,不知道怎么去讲,即使他抓到重难点了,但他讲出来的时候,我听他们在讲或看他们课件的时候,我就说我没有看出来你这个重点、难点在哪里,还不是特别清晰。我觉得因为也是这两年开始比较注重任务评价这方面之后,我也是每次都给他们强调,但是好像这方面来讲的话还不是特别的理想,所以我后来每年我要再带这个课,这方面来讲,学生在课堂上讲是一回事,让他们如何去设计练习与评价,达到有效检验学生是否真正理解了这一目标,是另一回事。其实他们因为是师范生,他们教学经历也不是很丰富,所以可能这方面的把握与经验丰富的老师还是不一样。"(ZST-3)

"他们技术运用上基本没有问题了,但是教学上还是欠缺的,特别是和那些好的

师范大学学生相比,还是要差很多,这个非常明显。"(ZST-4)

（三）Z校师范生的学科专业知识与跨文化理解能力等核心素养有待提高

Z校学科专业教师认为师范生的学科专业知识与能力也同样有待提高,包括语言知识、语言运用能力、跨文化的理解能力等。

"要是从他们能力上来讲的话,我觉得首先还是最基础的语言学习的听说读写技能基本功,基本功打扎实以后,你无论是讲多媒体也好,讲传统教学也好,你都会能够应用自如,讲解自如。"(ZST-1)

"文化背景语言和英语国家文化背景一定要很熟悉的,要具备一定的文化和文学的修养、背景。因为这个语言当中,现在你们从小学讲的英语都是有很多跨文化因素在里面的,不像以前是光讲词,所以说让他们去留意着语言当中所蕴含的文化,再让他们去讲课,就必须要从这个语言当中去找出文化点来,所以跨文化方面的东西我让他们要去注重,然后文学性的东西,因为我们也有文学,英美文学课也开设好多,所以文学方面我也在提醒他们,文学课其实除了就是说你可以充分扩大词汇量之外,其实你很多方面是了解人文背景的一个特别好的一个材料。可能你当时看完不觉得什么,但是你一讲课你脑子里就呈现出来,比如说说到英国下午茶,说到美国某个节日的时候,说到某个乡村生活的时候,讲到中小学课文当中你就会做拓展了,所以学生现在在人文文化背景方面,他们的生活经历,他们这方面的能力还是欠缺了。我们这地区来讲,学生在跨文化这方面能力还有欠缺,一方面就是说课本上面可能就是自主的,他课外看得少,另一方面大环境社会环境,他们接触到的这种的国外交流的东西很少,就本身来讲学生这方面的意识很淡弱,然后中学来讲的话,我们这边也很死板,可能我觉得这方面讲得也不是太多,还是以应试教育为主,如果说你们要改变这个观念,你比方不仅包括听说读写,还要包括文化素养这一很重要的方面,所以让他们要注重自我的文化修养。"(ZST-3)

"我在课上用的多媒体去讲,大部分都是重点的东西在多媒体的课件上面,但是你会发现我的学生下面他们记得特别勤快,就是我说你们这东西不用都记下来,你只要把你认为的重点和难点记下来就可以了,但学生好像还是比较倾向喜欢高中生那种学习方式,所有东西都记。他又想记下来以后要回去慢慢地看这样的,可能跟学生的一些学习方法策略,这种技巧可能还是有一些关系的。中学那种的传统对他们的影响太深了,一黑板一黑板的笔记,然后它相当于老师把那些重难点都一点一点全部的手把手告诉他们,所以他就是自主学习性还是比较弱,就觉得不能把老师黑板上写的一点给落下了,自主性学习这个还真是比较欠缺的,其实他要是课堂上面注意听了,其实很多东西它不用听到都要记在脑子里面,它肯定会有那么一两点重难点,他感兴趣的会内化再到脑子里面,下课后查一查资料,然后多看看课外书,其实这就解决了,但是学生现在还是突破不了。"(ZST-4)

可见,Z校师范生的信息化教学能力在四年中获得了较大提升,从信息化教学能力的各个构成因子来看,Z校师范生的信息技术运用能力较强,但学科知识、核心素养与教学能力相对薄弱。

五、发展信息化教学能力的意愿整体内在动机充分

在发展信息化教学能力的意愿方面,Z校师范生也较为一致,均愿意自己主动探索、终身学习、发展信息化教学能力。

Z校师范生感知到信息技术对于学生学习的促进作用,并且在自己尝试新技术的经历中感知到自己的成长,因此有较强的内在动机发展信息化教学能力,愿意在教学中主动尝试探索新的信息技术。

"肯定要学的,现在信息技术发展得那么快,大学四年就明显感受到这种变化了,必须不断学习啊。"(ZS-1)

"比较习惯尝试新技术,因为确实在这四年也体会到这个好处。"(ZS-2)

"本身我自己就是比较喜欢新鲜,追求新鲜的事物,喜欢玩一些没玩过的东西啊,也特别愿意去学习新的东西,对自己帮助很大,我的态度就是在工作中不断地学习,不断充电。"(ZS-3)

"我们应该还是要不停地去学习,最主要的不是说掌握现在某一个技术,而是说掌握一种学习的能力,它出来之后,我们可以自己去研究和探索它,然后掌握它,运用到我们的教学中,然后想着怎么能更符合自己教的学生的情况,让他们来更好地学习英语。其实还是一个很长的路,还是需要我们自己下去多研究,多去探索。"(ZS-4)

"我就觉得(信息化教学能力培训)是一个很好的提升自己的方式,就是有时候学东西不只是需要学一些死板的东西,还要学一些就是很新的东西,这样的话才可以更好地运用起来。"(ZS-6)

可见,Z校师范生有较强的终身学习与持续教师专业成长的意识,对于发展信息化教学能力持十分积极的态度。

综上所述(见表5-2),Z校师范生发展信息化教学能力的意愿普遍很高,对于信息化教学的探索与运用持相当积极开放的态度,认为未来教师的角色会发生变化,愿意探索通过信息化教学促进学生核心素养的发展,信息化教学自我效能感高而焦虑感低,对于信息化教学的感知促进性整体较高,且较为一致,对于信息化教学在突破时空限制获得优质教育资源、拓展学习空间、扩大语言实践与文化体验机会以及丰富课堂激发学生动机的作用上感受深刻,同时认为信息技术对于教学能否产生促进作用以及能否带来教育变革关键在于教师如何运用。Z校师范生对于信息化教学的主观规范与社会形象普遍感知较高,感知到Z校与国家对于师范生的信息化教学能力都很重视,认为信息化教学能力是未来教师的重要能力。然而,由于实习时授课机会的限制,Z校师范生仅仅通过信息化教学促进了学生的学习动机与学生的课堂参与,并没有太多机会进一步尝试与实践,同时,在实

表 5－2 Z校师范生信息化教学意愿与行为表

影 响 因 子	师 范 生					
	ZS－1	ZS－2	ZS－3	ZS－4	ZS－5	ZS－6
	男 西北部高中实习	女 西北部小学实习	女 西北部小学实习	女 西北部小学实习	女 西北部高中实习	女 西北部高中实习
实习时信息化教学情况	促进知识传递促进素养发展	促进知识传递促进素养发展	促进知识传递促进素养发展	促进知识传递促进核心素养发展	促进知识传递	促进知识传递
用信息化教学促进学生核心素养发展的意愿	较高	较高	较高	较高	较低	较低
主动发展信息化教学能力的意愿	高	高	高	高	高	高
教学观	以学生为中心、因材施教	以学生为中心、因材施教	以学生为中心	以学生为中心	教学不仅传递知识，也应促进学生成长	教学不仅传递知识，也应促进学生成长
主观规范 国家政策	高	高	高	高	高	高
主观规范 师范大学	高	较高	较高	较高	高	高
主观规范 实习学校	中等	高	高	较高	低	低
社会形象	高	高	高	高	高	高
感知教学促进性	PPT: 高（呈现知识,提高效率,激发动机,促进学习）测试评价类工具: 高（个性化）微课: 中等 网络同步课堂: 高	配音类: 高（激发动机,促进学习）社交媒体: 高（师生互动）教学资源平台: 高（备课）游戏化教学工具: 高	PPT: 高（丰富教学资源,激发动机）表达意见类应用: 促进学习与教育公平 微课/慕课: 中等（促进教师专业发展）	PPT: 高（教学内容多样性,激发动机,提高效率,辅助上课思路）游戏化教学工具: 高（激发动机,促进公平）	PPT: 高（丰富资源,激发动机,文化熏陶,情感培养）测试评价类工具: 高（个性化）配音类: 高（激发动机,促进学习）	PPT: 中等（丰富资源,促进课后自主学习,能提高教师效率,但过多信息会对学生造成干扰）社交媒体: 高（师生互动）

续表

影响因子	ZS-1	ZS-2	ZS-3	ZS-4	ZS-5	ZS-6
	男	女	女	女	女	女
	西北部高中实习	西北部小学实习	西北部小学实习	西北部小学实习	西北部高中实习	西北部高中实习
感知教学促进性	较高（促进学习）语义识别类工具：较低，不完善	高（激发动机）网络同步课堂：较高（促进学习）微课（促进学习）：中等 语义识别：较低	网络同步课堂：较高（促进学习）配音类：高（激发动机）智能白板：高	微课：中等（促进知识点传递、应用与线下结合）网络同步课堂：高（真实语言环境）配音类：高（激发动机、促进学习）智能白板：高 思维导图：中等（发散思维）	表达意见类工具：促进学习与教育公平 微课：中等（突破时空限制）语义识别：较低	语义识别类工具：较低 平板电脑：低 表达意见类工具：促进学习与教育公平 测试评价类工具：高（个性化）配音类：高（激发动机、促进学习、拓宽视野）
信息化教学自我效能感	多媒体：高 新型技术：高	多媒体：高 新型技术：高	多媒体：高 新型技术：高	多媒体：高 新型技术：高	多媒体：高 新型技术：高	多媒体：高 新型技术：高
外部条件 师范大学	设施：× 专人支持：√	设施：× 专人支持：√	设施：× 专人支持：×	设施：× 专人支持：×	设施：× 专人支持：×	设施：× 专人支持：×
外部条件 实习学校	设施：√ 专人支持：×	设施：√ 专人支持：×	设施：√ 专人支持：×	设施：√ 专人支持：×	设施：× 专人支持：×	设施：× 专人支持：×
信息化教学愉悦感	高	高	高	高	高	高
信息化教学焦虑感	低	低	低	低	较高	较高

习时感知到中小学对于移动设备的限制与态度也影响了部分师范生通过信息化教学促进学生核心素养发展的意愿。在 Z 校师范生信息化教学能力各因子中，信息技术运用能力相对较强，学科知识、核心素养与教学能力有待进一步发展。整体而言，Z 校师范生的信息化教学能力在四年学习中获得了较大的提升。

第三节　培养成效的归因分析

Z 校师范生整体积极主动探索信息化教学的态度、发展信息化教学能力的意愿以及对于信息化教学较为深刻的认知是如何形成的？在实习学校外部条件不充分的情况下，为何还保持着较高的信息化教学探索意愿？Z 校的顶层设计是否对此产生了影响？哪些策略起了关键的作用？哪些有普适化、常态化、长效化的可能性？哪些策略没有达到预期的效果？本节将对 Z 校师范生信息化教学能力的培养成效做深入的归因分析。

一、学科专业教师丰富的信息化教学示范

Z 校学科专业教师的信息化教学行为整体较为多样，让师范生体验到了多媒体技术以外的其他信息化教学模式，因此，拓展了师范生对信息化教学的认识，没有把对信息化教学的认知局限于多媒体教学，促进了 Z 校师范生积极探索尝试新的信息技术与信息化教学模式的意愿；Z 校学科专业教师还注重为师范生创造信息化教学的实践机会，并能够提供反馈与支持，因此促进了 Z 校师范生信息化教学能力的发展。

Z 校师范生在信息化教学的感知有用性以及自我效能感上较高的一致性也体现出 Z 校师范生信息化教学能力发展影响源的一致性，而正如师范生所述，主要的影响来源于学科专业教师。学科专业教师主要采用三种策略促进了师范生信息化教学能力的发展。

（一）通过丰富的信息化教学示范提升了师范生主动探索信息化教学的意愿，发展了师范生信息化教学的能力

从 Z 校师范生的陈述中可以看出，Z 校学科专业教师使用了各种信息技术进行教学，为师范生创造了较为丰富的信息化教学体验。

1. 拓展课内外学习空间，创造语言实践与文化体验的机会，促进核心素养的发展

Z 校学科专业教师运用微信、网络直播课堂、手机 App 等信息技术工具让师范生在课堂上获得与美国学生同步上课的机会，在课后进行演讲、朗诵、配音等各种语言运用与实践。

"然后大三翻译课上，老师让我们选自己感兴趣的话题，学生当老师来讲，发在微信，分享给同学，然后大家反馈。世界历史课上通过网络与美国学生一起上课，还有批改网。"（ZS-1）

"世界历史课上和美国同步上课，就是我们老师也讲，他们美国老师也讲，然后也看得到对方的学生，很新颖。文学课老师布置任务，关于某个作家、某段历史，然后让我们分组自己课后上网查，然后到课上做 presentation（陈述），我们分享后，老师再补

充总结。语音课上让我们用荔枝 FM 录制英文诗,然后给别人听,会让我们自己有点小满足。"(ZS-2)

"老师推荐荔枝 FM 之后,他给我们留了一个作业,老师他自己也有账号,然后就是把自己的作品发给老师,他觉得读的特别有感觉的,会跟大家分享。"(ZS-3)

"就是让我们在一个那种可以自己播音的小应用上面读诗,然后里面有一些听起来就觉得不错的会下载下来,然后看看是不是自己喜欢的类型,比如说有一些电影配音的,像有些同学就特别感兴趣,就会用一用。"(ZS-4)

"英语文化概况老师让我们用一个 App(应用),然后配音,诗朗诵后发给他,然后就给我们一个平时成绩,这也算是一项作业。虽然是课下做,但是我们就是来课堂也会有讨论,然后大家互相讨论哪首诗比较美,会学得特别的生动,学诗和欣赏诗歌这方面就是需要一些美的东西来一起衬托,才会觉得更加的深入,有那种情感的感受。"(ZS-5)

"他给我们留作业的那个(App)让我们读诗的就是荔枝 FM,然后就是在里面可以有一个自己的频道,这个作业之后也有我们同学在上面读诗,然后给我们讲英文故事。这然后还推荐过电影配音,这个我觉得也还蛮好的,因为大部分人都肯定喜欢看电影,然后或者可能有些同学偏爱一些纪录片之类的,把我们平常的一些兴趣或者是喜欢看的一些东西,然后和练习英语结合起来了。因为我也有用过那个电影配音的软件,然后就是因为它每一个片段都不长,然后也包含了不少的句子,是听完原音,在录自己的时候,如果自己可能说的不标准,或者不是那么好听的话,有一个对比就希望自己能够多加练习,然后练得更好一些,然后说得更标准一些,还挺实用的。"(ZS-6)

2. 推荐信息技术应用,发展师范生自主学习的能力

Z 校学科专业教师向师范生推荐了一些数字资源、手机应用、网上平台等,鼓励师范生自己课后探索应用,还设计任务促使师范生进行实践。

"很多老师都会在自己的课上推荐一些好的网站,英美国家概况＊＊老师每天都会推荐一个资源,然后还用资源换资源,让学生用自己的资源换。"(ZS-2)

"老师还会介绍各种新技术,微课和慕课这类的,世界历史老师推荐我们进 Zoom,可以和全世界学生一起参加一个课堂,然后进行讨论。"(ZS-3)

"之前我们有一个老师,他经常给我们推荐一些比较实用的手机软件,然后还留作业。"(ZS-4)

"语法老师让我们上网去批改作文。还有给我们推荐就像思维导图那种 App 帮助进行学习,就是要帮助梳理一下那些知识点什么的。"(ZS-5)

3. 丰富教学资源

Z 校学科专业教师在课堂上充分运用数字资源,丰富学习内容。

　　"应该比别的系的老师强多了,其他系老师(上课时)我们也经常路过教室,他们开着门,就看见了,他们真的就是在黑板上写字,然后就开始讲,然后顶多是用那个PPT,就是提示一下他接下来干什么了,该干什么,该讲哪个点,然后就是没有充分利用那些资源。我们的老师就会从网上下载一些音频,然后就找一些跟课文相关的就是视频资料跟课文相互补充,能帮助我们学习,就是应用资源用得还是种类比较丰富一点。"(ZS-6)

　　"视听说课会有很多视频,那种挺丰富的。"(ZS-2)

　　Z校师范生普遍认为学科专业教师的信息化教学示范对其信息化教学能力的发展影响最大,主要有以下几方面影响。

　　(1) 多样化的信息化教学拓展了师范生对于信息化教学的理解。诚如前述,师范生通常将学科专业教师视为"教学榜样",因此常将学科专业教师的信息化教学行为迁移到自己的教学之中。Z校学科专业教师在自己的课程中使用了不同的信息技术进行信息化教学,使得师范生拓展了对于信息化教学的认识,而没有将信息化教学仅仅局限于多媒体教学、微课或者慕课的范畴。

　　"老师给我们推荐(的内容)就是让我们开阔了视野,可能自己平时都没有关注到这些,然后由老师推荐后,就会自己下去查一些,有可能查到更多的知识,然后在课堂上的话也会特别的活跃。"(ZS-5)

　　"那种带新资源进来的老师就是把我们带进一个新的领域的那种感觉,就像那个给我们推荐App,配乐诗朗诵的,我们以前也就是听过那么一两个,就是配乐诗朗诵到底是什么样的。然后他给我们推荐了那个App以后,我们就可以在那个App上听到更多别人录的,然后我们就可以向人家学习,然后再通过学习,根据老师的要求自己配乐诗朗诵,往后再完善一下,感觉自己就是多了一个新的技能,感觉可以从这个地方学习到东西,就像打开了一扇扇门,然后你会觉得有些新的事情。"(ZS-6)

　　(2) 学科专业教师的信息化教学示范对师范生的信息化教学能力产生了潜移默化的影响。由于师范生入职后首要的职责便是学科教学,因此学科教师的信息化教学行为对于他们有极大的示范作用,师范生在学科专业课上体验到的信息化教学模式更容易迁移到自己的教学上。正如师范生所言,在其他课程上学到的技术,除非有人"点拨"一下,通常不会从教学的角度去考虑。

　　"英语老师对我们使用信息技术影响最大。他们在这个英语行业待了很长的时间,展示的是关于英语的应用,很实用。"(ZS-2)

　　"我觉得还是英语专业的老师(对我们影响最大),那个专业教我们多媒体技术的老师的话,他可能就是会比较集中,然后他会就某一点技术讲一下,这样的话和我们的那个教学内容还有方法结合得比较少,还是在平时吧,就是每一位我们专业的老

师,可能一举一动都会影响我们,所以说还是我们的专业老师对我们影响最大。"（ZS－5）

"专门教多媒体制作的老师的话,他就是从技术方面教你这个可以怎么做,就是完全没有和任何教学方法相挂钩,教的时候就是从纯技术方面的角度教你,然后你就从那个纯技术方面的角度去想,也就是没有一种想法可以跟你的教学相关联,就是觉得没有人点拨一下,就不会从那个方向想,感觉。我们英语系的老师会介绍那些软件和网站给我们,就是让我们自己去在网上学习,觉得这个对我们影响还是比较大的,觉得跟英语教学很贴近。"（ZS－6）

（二）创造信息化教学实践机会,发展了师范生信息化教学能力

实践被视为培养师范生信息化教学能力的重要策略,观摩信息化教学与实践信息化教学对于信息化教学能力的发展影响有所不同,观摩无法完全替代实践的作用。[1] Z校学科专业教师在自己的学科课程教学中设计任务,为师范生进行信息化教学实践创造机会,发展他们利用信息技术设计与准备教学以及实施教学的能力。

"大学里面老师让练得很多,所以可以胜任。综合英语老师课前五分钟让（我们）做了很多 presentation（陈述）,围绕一个主题讲,做了很多 PPT,因此在实习学校觉得用得很顺手。教师技能课上老师也要求板书必须和多媒体相结合。"（ZS－1）

"从大一开始做 presentation（陈述）,到后来小组讲课,最后每个人讲课,在这个过程中老师并没有强制要求,但是我们会自己感觉必须用上多媒体,这样效果好,就是老师潜移默化地让我们觉得多媒体是个基本技能,然后自己上课的时候就会去用。"（ZS－1）

"每个老师都会在课堂上进行要求,没有强制要求,但是重视在自己课堂上引导,让我们成为一种习惯,老师虽然没有强制要求,但是我们已经觉得脱离不开,无法离开信息技术。"（ZS－2）

"老师给我们翻转课堂,让我们自己查资料,所以我们在备课上就很熟悉了,因为大学做了很多类似的作业,已经知道在哪可以找到资料,所以觉得用起来还比较轻松,但是我们必须借助这些技术,脱离了就不行,有点依赖了。"（ZS－2）

"因为我们经常会做 presentation（陈述）,然后老师要求就必须一边做 presentation 一边有 PPT 的展示,就是对我们将来讲课有帮助的,因为将来讲课一般基本上都是这种形式,一边给同学讲一边展示 PPT,所以就是我们基本上每年都会有那么一到两门课程,要求我们上去做 presentation,所以我觉得老师对我们这个应用技术还是蛮重视的。"（ZS－5）

"上英语教学法的时候,老师就让我们录过一个微课,给我们那个软件,然后让我

---

[1] Tearle, P. & Golder, G. The use of ICT in the teaching and learning of physical education in compulsory education: how do we prepare the workforce of the future? [J] European Journal of Teacher Education, 2008, 31 (1): 55－72.

们自己备课,往后录课。"(ZS-6)

但是值得注意的是,Z校学科专业教师为师范生创造的信息化教学实践机会以依靠多媒体、微课等信息技术促进知识的呈现与传递为主,尚缺乏为师范生创造使用信息化教学工具支持其他教学环节、实现其他教学目标的教学实践机会。

(三)给予及时的反馈,促进了师范生信息化教学的反思

及时的反馈对师范生发展信息化教学能力极为重要,反馈能够让师范生了解自己在信息化教学中存在的问题,因此有利于其进行反思并获得进一步的发展。[1] Z校学科专业教师在为师范生信息化教学实践创造机会的同时,也能够给予有针对性的评价与及时的反馈,这非常有利于师范生对自己的信息化教学设计与实施进行反思,会逐渐发展在教学设计时思考如何使用信息技术来支撑自己教学的意识,因此,他们在这样的"思考——设计——实践——获得反馈——反思"的过程中,发展了信息化教学能力。

> "他们会在我们做 presentation(陈述)和做一些PPT的过程中,(提)一些特别细小的问题,就像上个学期,我们上过一门课,英美报刊选读,然后就是当时在做这个PPT的过程中,我自己学到特别多。这个老师就是特别严谨,大家做PPT的过程中特别细小的东西,就是不太注意到的东西,老师都会给你指出来,感觉受益挺大的,就会理解深刻一些,哪些内容应该放在PPT上,哪些不应该放。当时可能觉得说很抠,但是事后自己反思的时候确实这些这么小的点,自己都没注意到,觉得也挺感谢老师给提出来的,就觉得在细节上老师也会特别关注和明白。"(ZS-3)
>
> "我感觉我们的任课老师他们还是挺重视的,有一些需要打分的项目或者是老师给提建议的时候,如果就是比如说信息技术运用得好与不好的时候会有一个相应的评价。比如说像我们讲过课之后除了我们的教案,像我们运用过的多媒体或者是信息技术这块的东西,老师都会一并拷走,就是也算是把这个看作是我们教学过程当中的一个部分。"(ZS-4)
>
> "他(英语教学法教师)在看过(师范生录制的微课)之后给我们的一个回馈,说了一下我们讲得怎么样。哪里好,哪里不好。"(ZS-6)

可见,Z校学科专业教师丰富多样的信息化教学示范、为师范生创建的信息化教学实践机会以及及时的评价与反馈均对师范生信息化教学能力的发展产生了重要的影响,使得他们对信息化教学的认识不仅仅局限于PPT与多媒体,对熟悉的信息化教学工具有批判性思维,对新的信息化教学模式与形态保持着积极开放的态度,对自己的信息化教学行为能够进行反思。虽然Z校学科专业教师有丰富的信息化教学示范,但在为师范生创造的信息化教学实践的丰富性上仍有所欠缺。

---

[1] Barton, R. & Haydn, T. Trainee teachers' views on what helps them to use information and communication technology effectively in their subject teaching[J]. Journal of Computer Assisted Learning, 2006, 22: 257-272.

二、各类信息化教学活动与比赛的正面影响

Z校教师教育中心通过组织微课大赛、多媒体设计大赛等比赛,基于数字化学习平台组织师范生进行远程教学观摩与反思等增强了师范生信息化教学的意识,在观摩与比赛的准备与交流中也发展了信息化教学能力。

"教育见习的课,他们修学分,一定要在网上选修这门课程,要观摩这些视频,要写一些reflection(反思)或者观后感。也就是第一学期教育见习是从听课开始,第二学期的先从录像开始,第三个学期就是进课堂,听学院老师的课,然后到后面就是他们自己讲课。也就是每个学期教育见习都会有不同的内容。教育教师研究中心会要求学生每个学期视频和音频听够多少,多少个小时的录像,完成作业。"(ZST-1)

"像现在我们师范生每年都有这种微课制作大赛什么的,我觉得对他们也是促进,我觉得可能就是会有一些推动作用。微课制作大赛,还有师范生的教师技能大赛,都可能会对他们有一些影响,而且像参加这些比赛,我们现在都知道的是,不管是老师还是师范生的教学技能大赛,它有一项得分的项目都是用教育技术的手段,是不是在使用新的这种手段,所以他们都在尝试使用,这个因素就很重要。"(ZST-1)

"我们学校都会办师范生的微课技能大赛,它有常规的多媒体教学,也有让学生做十分钟的微课,所以这两年可能我自己在微课制作上面尝试得不是太多,但是学生这方面给他们指导了,让他们去做得多一些。我主要也是通过学校给我们老师做了这样一些培训,就告诉我们一些微课的制作软件,然后我们再把这方面的信息告诉我们的学生,他们学生可能这方面掌握起来更快,然后他们去找到这些软件之后,他们就会下载安装。"(ZST-3)

"那个教师教育中心要求进行一个微课全校师范生大赛,那么微课大赛之前它就要求系里挑几个教授教学法的老师,然后再带上班里的就是带上五六个,就是感觉电脑用得挺好的学生,教你怎么制作微课,学会了以后回来孩子们再到班里教其他的学生,然后大家制作,然后比赛。我们的教师教育中心更多的是什么,它那有一个很多很多的,全国的,还有全区的一种优秀教师的课程,然后我们学校也有不同的年级,要去观不同的课,有那个观课报告,最后要收起来的,然后它检查完了,同时也交到我们这边,我们就给学生一个成绩。"(ZM-1)

然而值得注意的是,在信息化教学大赛的影响方面,学科专业教师与院系管理层明显提及的比师范生要多,也反映了这些比赛对于部分参赛的师范生影响较大,但对于未参加比赛的师范生影响非常有限,因此通过比赛的方式来提升师范生信息化教学能力的影响受参赛学生规模限制,但是这有利于激发一部分师范生的信息化教学探索与实践。

三、通用信息化教学课程技术取向的负面影响

Z校师范生普遍认为该校的通用信息化教学课程的内容主要是Flash制作,与学科教

学相关性很低,均认为学习这种信息技术耗时甚多但实用性不强,他们认为从网上可以获得许多现成的优质动画资源,自己再去制作过于费时且对教学帮助不大,因此很少在自己的教学中使用 Flash 制作。

> "学校有一门 Flash 课,针对所有师范生,比 PPT 连贯流畅,但是制作起来比较复杂,所以也没怎么用。"(ZS-1)
>
> "技术老师虽然 Flash 动画制作得很好,但是跟英语教学没有关系,而且很多网站都有现成的资源,而且做得已经非常好了,没有必要浪费时间自己制作。"(ZS-2)
>
> "然后像后来还学过一个叫什么教育信息技术,主要学的是 Flash,然后反正当时跟着做还可以,但是后来都没做的话就完全忘了。当时做的时候特别有趣,但是后来不练习了,那些工具啊什么的就又忘了。"(ZS-4)
>
> "(教)Flash 的那个老师是传媒学院的,那门课叫教育信息技术,然后是一个学期,他一个学期就只教怎么做 Flash,基本上就是从浅到深。从一些最基础的,然后到一些动态的,但是我觉得我们学到最后做出来的那个画面还是不够,不足够精美,我觉得就是看起来挺基础、挺老的那种,所以也不太用,因为你从网络上很容易(就能)找到一些精美的短片,而你自己较劲又很费时,如果做出来可能又没有那么好看,就是对于老师来讲,其实它的实用性是不高的。"(ZS-5)

在访谈中,提到通用信息化教学课程,所有师范生首先想到的是 Z 校学科信息化课程,慢慢才想起还有一门通用信息化教学的公共课,大部分只记得学了 Flash,但是已经忘记了具体如何进行 Flash 动画的制作,部分师范生甚至没有主动提到这门课程,可见这门课程对师范生信息化教学能力的影响较小,主要原因是课程比较注重技能的掌握,与学科相关性较低,降低了师范生对于 Flash 制作的感知有用性。

在本章第一节分析 Z 校关于师范生信息化教学能力培养的顶层设计时,本研究便提出了关于通用信息化教学课程定位的疑问,从其课程内容设计来看,该课程偏技术取向,从访谈数据来看,师范生的反馈也印证了这一点,Z 校通用信息化教学课程注重信息技术的技能掌握,但是与教学相关度较低,没有体现出信息技术对于教学的支持作用,因此师范生认为该课程对自己的信息化教学能力发展帮助不大。

四、学科信息化教学课程设置问题的负面影响

在第一节顶层设计分析时,本研究就对 Z 校学科信息化教学课程设置的时间与课程内容的技术导向提出了疑问,从师范生的访谈数据来看,该课程对师范生的课件制作能力有较大的促进作用,但是由于课程设置与定位问题,在师范生指向核心素养的信息化教学能力培养上作用欠缺。

Z 校师范生对于学科信息化教学课程印象较深,认为在该课程上学到了一些实用的技术,主要是 PPT 制作、信息检索以及推荐的外语学习软件。

"有'中学多媒体课件制作'。这课对高中接触多媒体比较少的学生作用比较大。"(ZS-1)

"知道很多PPT制作的新方法,在PPT上可以做一些选择题,挺有帮助的。还包括一些信息的检索,就是你寻找一些视频或者是其他资源的(方法),从哪儿找。"(ZS-2)

"我感觉帮助还是挺大的,因为那个老师就是当时就给我们演示过一些可能相较于那种基础的来说比较高级的一些制作方法,然后最后做作业的时候也想要取得高一点的成绩,我们会下很多的功夫。然后可能会有一些其实是老师没有提到的,但是这个东西要怎么做呢,然后自己思考一下,应用以后就会记住了。如果这个很好的话,就会经常用,其实就是熟能生巧,做出来的PPT就会更多样化一些。"(ZS-3)

"有的,＊＊＊老师上的,专门学做PPT。老师真的是技术咖的那种,他虽然不是专业搞计算机的,但是他好像懂的东西特别多,而且他除了PPT还讲其他的,就是五花八门,什么都讲的那种。然后他推荐的各种软件是外国的一些课件,比如说文献检索的一些软件,就是推荐了好多好多,就是特别广泛,他教的东西。"(ZS-4)

"教我们一下如何制作PPT,他就教那些稍微高端一点的PPT制作的技术,然后还给我们推荐了一些英语学习软件,然后学习其他的语言,给我们推荐了一些国外不错的网站。还有就是一些写论文方面的,比如说那个参考文献的生成器,或者就是一些快捷的方法,反正就是比较实用的那些软件之类的。"(ZS-5)

"就是一些技巧会缩短我们自己去摸索的时间,还挺有用,还有就是那些用模板什么的可以使那个PPT更精美一些,就感觉瞬间高端、大气、上档次,然后就是自己看着也赏心悦目,然后呈现给学生,他们也会觉得这个老师技术好棒,然后就是使自己的那些课件做得美一点,然后精致一点。"(ZS-6)

可见,Z校师范生认为学科信息化教学课程对自己的帮助主要在提升PPT课件制作能力上,但是这门课程在课程开设时间、授课方式与教学内容上存在问题,缺乏对于师范生除了课件制作之外其他信息化教学能力方面的培养。

(一)学科信息化教学课程设置在大一,先于学科教学法课程,影响了师范生对于信息化教学的理解

Z校学科信息化教学课程设置在大一暑期小学期,从师范生知识获得的规律而言,大一师范生主要是进行学科专业知识的学习,教学法知识的积累还非常有限,尚未进入教师的角色,对于学科信息化教学课程的学习尚无法从教师教学的角度进行思考,因此对于在这门课上学到的知识可能无法与教学相结合进行理解,使得对于学科信息化教学的理解停留在技术的层面,对于其信息化教学能力的发展影响较小。

"我觉得教育信息技术课应该是每个学期都有,但是大一还应该不要有,因为大一的话还刚上来嘛,然后也没有形成一个概念,这样的话我们就先看一下老师是怎么

在课堂上讲课,平时自己先熟悉一下,然后到了大二、大三甚至大四都可以继续有,就是因为它在不断更新,我们每一年学的内容都必须要紧跟它新出来的一些内容。"(ZS-5)

"我觉得教育信息技术课应该可以和教学法那个课结合着上,因为教学法我觉得就是设计一个课堂,然后一块学这个信息技术的话,我们可以把教学法上学到的东西直接运用到这个 PPT 上面,然后就是相结合的学,这样就是互相增进那种感觉。在大一的时候根本什么都没学过,上来就教你做,然后你也没什么概念,你就学一下,而且当时觉得特别没意思,做这个能对自己的课堂有什么改进啊,那会儿就没有这些概念,就是在学了教学法之后才知道,原来如果你做得好的话也会对你的课堂有一定的帮助。"(ZS-6)

从 Z 校师范生对于学科信息化教学课程的反思中可以发现,信息化教学能力是一种信息技术支持的教学能力,因此这种能力的发展必须以教学法、学科教学法知识为基础。

（二）学科信息化教学课程采用集中讲座模式,影响了教学效果

Z 校学科信息化教学课程采用的是集中讲座的模式,在暑期小学期每周一次十二课时,一共四周。这种模式使得课程偏于填鸭式的知识传递,缺乏让师范生进行实践、获得反馈、进行反思的时间,不利于师范生将知识内化,不利于其发展信息化教学能力。

"老师会边操作边往后给我们介绍这个功能是怎样的,你可以这么做,这样子的,但是就是由于课时比较短,只有四整天,就是没有什么让我们自己实际操练的时间,哦也有,就是比较少,有的他讲了,然后你听了后来就忘了。可以像平常别的课那样,下课以后我们有时间自己用电脑去操作一下,他那种就是一个大讲座,上午讲完后,下午又讲,然后就没有时间去回忆一下那些东西。"(ZS-5)

"其实不要像现在这样一整天上课,然后没有自己练习的时间。可以像其他的课程一样,分配到每周,每周可能有一两节,这样我们可以自己有点时间来练一下,主要就是给我们一个引入,我们已经是在大学了,有自己的一个学习的能力,只要老师稍微提示一下,我们就可以有兴趣下面做很多自己的学习,这样的就挺好的。"(ZS-6)

（三）学科信息化教学课程内容缺乏影响了师范生学科信息化学能力的发展

学科信息化教学课程设置的初衷是使得信息技术与学科教学深度融合,弥补通用信息化教学课程与学科相关性不高的缺陷,然而 Z 校的学科信息化教学课程内容基本还是偏通用技术,强调技术而非教学。

"专门教多媒体制作的老师的话,他就是从技术方面教你这个可以怎么做,就是完全没有和任何教学方法相挂钩,教的时候就是从纯技术方面的角度教你,然后你就从纯技术方面的角度去想,也就是没有一种想法可以跟你的教学相关联,就是觉得没有人点拨,就不会从那个方向想,感觉。我们英语系的老师会介绍那些软件、网站什

么的给我们,就是让我们自己在网上学习,觉得这个就对我们影响还是比较大的,觉得跟英语教学很贴近。"(ZS-6)

"那个专业教我们多媒体技术的老师的话,他可能就是会比较集中,然后他会就某一点来讲,这样的话和我们的那个教学内容还有方法结合得比较少。"(ZS-5)

因此,Z校学科信息化教学课程对师范生的信息化教学能力发展,特别是课件制作能力有一定的提升作用,但由于其课程设置以及课程的通用技术取向,使得该课程在促进师范生指向核心素养的信息化教学能力以及学科信息化教学能力的发展方面还比较欠缺。

五、实习学校经历的综合影响

Z校师范生的教育实习均在一所学校,部分在小学部,部分在高中部。由于带教班级的不同,师范生也经历了不同形式的信息化教学,对其产生了不同的影响,总体而言可以分为以下几种情况。

(一)实习学校的经历提升了师范生对于信息化教学主观规范与社会形象的感知

Z校师范生在实习的学校看到了一些以前未曾接触过的信息化教学设施与资源,开阔了眼界,也使得师范生感知到信息化教学在中小学阶段应用的趋势与氛围,提高了其对于信息化教学的主观规范以及社会形象的感知。

"我实习是在师大的附属中学,师大的教研成果首先在这里运用。我自己在高中的时候,那时候老师用多媒体还不是很多,像这个学校用多媒体就特别多,像微课也挺多的,老师在校本课程上进行小范围运用。"(ZS-1)

"这边的老师多媒体运用得特别多,每个老师基本上都会用到,小孩也会自己做PPT,自己播放,操作比较熟练。"(ZS-2)

"他们学校的多媒体上面有一个 App,好像是沪江英语开发的,然后就有一个电子白板,他们的教室应该都是一样的,都有。那就是一个应用,然后打开就会有一个电子白板,其实可以用来打开课件,然后可以把多个打开的窗口都放在里面,比如说要同时用到课件和他们的那个光盘,就把两个东西同时拷到那个应用当中,他切换起来就很方便,就不用说中途把 PPT 关掉,然后再打开那个光盘,然后再关掉光盘打开PPT,所以挺先进的。"(ZS-4)

(二)实习学校对于移动信息技术设备的限制与态度降低了师范生进行基于移动设备的信息化教学的意愿

Z校师范生,特别是在高中部实习的师范生在看到信息化教学趋势的同时,也注意到中学应试氛围以及对于移动设施的限制使得移动教学的应用很难实现,因此降低了其这方面的使用意愿。

"可能我们现在能应用的只有 PPT 这种在上课时较大范围使用的工具,然后其实这个比较窄,课下的话呢,主要他们是高中(生),然后他们那个手机都被老师收上去了。但是我觉得在大学里,像我们用手机比较方便的话,就可以有现在那种微课、慕课,还有那个网易的公开课,还有一系列的 TED 演讲,那些就是学习的 App(应用)。还有一些平台就是让我们可以更多地运用自己的课余时间,还有一些零碎的时间自主地找一些资源进行学习。但是这个在高中我觉得是不太现实的,因为他们的手机就是收上去的,周一到周五都是被老师收起来的状态,然后之后才会发下去,所以可能这种线下的资源需要运用得更多,然后线上的话应该大学用得最多,初高中就是用 PPT。"(ZS-5)

"就是因为实习学校,我们那会儿带的是高中,现在高中一切以高考为主。然后他们上课就是一切就是为了赶课,要在高二之前把必修的书全部学完,然后高三一年就用来复习,所以他们就是在赶课,根本没有时间做那些活动,所以那些信息技术用得其实也不多,也就是用来展示一下知识点什么的,就是介绍一下背景资料,给一些图片,让同学们有一个那种直观的感受,一些课文内容之类的。"(ZS-6)

(三) 实习期间教学实践机会的匮乏影响了师范生信息化教学能力的发展

Z 校师范生只有一个月的实习期,在此期间他们每个人只有两次授课机会,这影响了其在教学实践中发展信息化教学能力,限制了师范生尝试实践各种信息化教学的模式,因此在师范生的陈述中更多的是对其观摩课堂教学的描述,对于自己的信息化教学行为描述与反思较少,也就意味着 Z 校师范生在实习期间的信息化教学能力发展有限,主要的影响是信息化教学意愿由于主观规范与社会形象感知的提升而得到加强。

"其实我们讲课现在不是顶岗,就是讲一节试讲,讲一节公开课,就是可以在全班面前讲两节课,内容一样,然后就是做的 PPT 也都是特别简单。我好像也没遇到什么问题,就是插个图,然后打点字,偶尔插个动画那种,然后就是一个超链接,然后链接一下小视频。"(ZS-6)

"实习非常重要,实习的时间越长越好。现在他们实习时间太短了,真正上课的机会又很少。最好至少是保证所有人都半年时间,最好一年。因为时间一长,就有更多机会把学到的东西应用到实践教学中,但是主要中学不愿意接受。现在有很多学校,特别是顶尖的师范大学在改革,实习时间比较长,能跟更多的学校建立实习合作或者实习基地,不需把实习集中到一年。模拟跟真实的不一样,很多环节都不一样。"(ZST-2)

由于 Z 校师范生在实习之前已经在学科专业课上获得了丰富的信息化教学体验,在实习学校师范生又观摩了信息化教学在中小学的使用,这强化了其对于信息化教学有用性的感知,增强了其信息化教学的意愿,但是在实习期间的信息化教学实践较为欠缺,影响了师范生在真实的教学场景中进行信息化教学实践,特别是对于通过信息化教学促进学生核心素养发展的实践匮乏,使得其无法通过实践获得信息化教学能力的提升。

六、师范生信息化学习经历的正面影响

由于 Z 校位于欠发达地区,优质教育资源相对缺乏,Z 校师范生利用信息技术获取优质教学资源的意识较强,基本都有线上学习的经历,因此 Z 校师范生对信息技术在获取丰富的教学资源作用上感知较为强烈,这种通过信息技术促进学习的认知也迁移到其教学中,促进了其信息化教学的意愿。

> "我觉得用手机 App 对英语学习挺有帮助的,我自己用沪江词典,它就是把游戏与背单词相结合,很有趣,还有百词斩,是图片与单词相结合,背起来会相对容易一些。然后你的理解是形象不是中文的翻译,所以我觉得其实让学生用也挺好的。"（ZS-2）

> "准备考研的时候我们就报了那种考研的补习班,它的运营方式就是把一线名师讲的课录下来之后,在线传给二三线的城市或者更小的城市,这样统一来一个机构一起播放,然后大家就像看一个电影一样,特别大的屏幕,然后坐在一起,其实这样的话那个运营成本特别低,因为就是只需要请几个特别好的老师,他们为了保证自己的那个课堂质量,所以就请那种名师,然后人家都是针对考研有很多经验的,然后录下来,只需要去放一下就好了。我觉得这种其实对于我们的启示也非常大,以后学校我觉得也可以用,就公立学校他们也可以借鉴这样的方式。"（ZS-6）

可见,师范生自身的信息化学习经历在其进入教师角色之后会在一定程度上迁移到其信息化教学之中,积极的信息化学习经历会提升师范生对于信息化教学的感知促进性,反之亦然。

表 5-3 Z 校师范生信息化教学能力影响源对比表

影响源	ZS-1	ZS-2	ZS-3	ZS-4	ZS-5	ZS-6
学科专业老师	+	+	+	+	+	+
学科信息化教学课程	0	+	+	+	+	+
通用信息化教学课程	-					
实习学校	+	+	+	-	-	-
数字化学习平台	0	0	0	0	0	0
信息化教学大赛	0	0	0	0	0	0
个人经历	+	+	+	+	+	+
师范大学政策	+	+	+	+	+	+
国家政策	+	+	+	+	+	+

注:"+"表示正面作用,"-"表示负面作用,"0"表示影响甚微或者没有提及

综上所述,尽管 Z 校在师范大学层面的顶层设计中设置了多元的培养路径来促进师范生信息化教学能力的发展,但是在归因分析中可以发现,由于该校通用信息化教学课程的内容与学科信息化教学课程的设置、模式、内容存在问题,通用信息化教学课程与学科信息化教学课程的显性课程设置这一主要路径并未取得预期的效果,实际上对 Z 校师范生信息化能力发展影响最大的是学科专业教师,同时师范生也受到实习学校以及个人经历的影响(见表 5-3),而 Z 校教师教育中心的各类信息化教学大赛促进了部分参赛师范生的信息化教学能力发展,对于数字化学习平台的作用学科专业教师有所提及,但师范生均无提及。Z 校学科专业教师丰富的信息化教学示范、为师范生创造的信息化实践经历、及时的评价反馈使得 Z 校师范生增强了信息化教学的感知促进性与自我效能感。而 Z 校对于信息化教学的重视又提升了师范生信息化教学的主观规范,在实习学校的信息化教学的观摩提升了师范生信息化教学的主观规范与社会形象,这些因素使得 Z 校师范生在大学四年的学习中较大地发展了信息化教学的意愿与能力,对于信息化教学有积极开放的探索态度与终身学习的意愿。

第四节　主要动力源的影响因素

学科信息化教学课程是 Z 校师范生信息化教学能力培养的顶层设计中的关键动力源,在第三节的归因分析中可以发现,该课程对于 Z 校师范生信息化教学能力的发展虽然起了一定的作用,但是影响不及预期,而学科专业教师的示范却对师范生产生了较大且较为一致的影响。那么,是什么影响了 Z 校学科信息化教学课程对发展师范生信息化教学能力的积极作用呢? 又是什么促进了 Z 校学科专业教师发展师范生信息化教学能力? 为了进一步挖掘 Z 校系统中各方利益主体在师范生信息化教学能力发展中的作用,本节将深入分析 Z 校学科信息化教学课程教师的教学行为与影响因素,以及 Z 校学科专业教师的信息化教学现状与影响因素,从而为系统化培养师范生信息化教学能力的策略提供多元依据。

一、学科信息化教学课程教师的教学行为及影响因素

在 Z 校师范生信息化教学能力发展的顶层设计中,学科信息化教学课程是推动师范生信息化教学能力发展的关键主体,也是信息化教学融入学科的关键路径,然而从 Z 校英语专业师范生的访谈数据来看,这门课程对于师范生的信息技术应用能力有一定影响,但是与教学相关性较弱,对于其信息化教学能力发展影响有限。本部分我们将从 Z 校学科信息化教学授课教师的视角来看待师范生信息化教学能力的发展,从而分析影响 Z 校学科信息化教学授课教师实际教学行为的各种因素。

在 Z 校政策要求在学科院系层面开设学科信息化教学课程的影响下,Z 校外语学院开设了"中学多媒体制作"课程,由该院外语教育技术中心的教师承担课程教学,该教师同时也是该院其他语言专业的专业教师。

"在2006年左右,开设了教育学课程,不管是英语系、日语系、俄语系,都要开设与教育学相关的课程,其中有一门课是由所在学院负责的,叫中学英语或者俄语多媒体课件制作。当时,因为学院各个系老师的电脑有什么问题都找到我,所以就问我是否来讲授这门课。因为这门课跟自己的兴趣点比较吻合,而其他老师觉得操作电脑又有点难度,所以就由我来开。"(ZTT-1)

"授课老师是我们学院的,但不是英语系的老师。他对多媒体课件制作比较熟悉,这些年一直都是他在授课。他是用汉语上课,课程内容是针对外语来做。他英语也是比较好的。"(ZM-1)

(一)Z校学科信息化教学教师信息化教学行为

从访谈数据来看,Z校外语学院学科信息化教学课程主要呈现出以下几方面特点。

第一,课程目标并不遵循教育部颁布的《中小学教师信息技术应用能力标准(试行)》,而是结合上课学生的实际情况。

"教学的设计根据学生具体的一个需求,然后来做。因为我觉得标准可能相对来说主要是由于经济和文化这种发展不平衡,咱们这有很多学生,可能他们连电脑操作的一些基础技能也还没有解决,然后教这方面的东西可能对他们来说就麻烦一些。当然可能今后会考虑到,因为我个人在教的过程中也感觉到越来越多的学生起点就比之前的学生要高,有些东西你就不用讲了。"(ZTT-1)

Z校学科专业教师认为,该校为数不少的学生在入学时还不会进行基本的电脑操作,因此这门课首先要解决的是这些基本操作问题,才能进一步深入,这也与Z校师范生的陈述一致。

"有'中学多媒体课件制作',这课对高中接触多媒体比较少的学生作用比较大。"(ZS-1)

第二,课程定位并不针对师范生,而是考虑到外语专业学生整体的情况,主要是基本信息技术技能,包括电脑的基本操作、搜索文献、外语学习词典以及翻译四部分内容。

"英语系(毕业后做老师的比率)相对比较高,因为英语是一个大语种,个人所知,每年可能不一样,可能三分之一到一半左右去做老师,然后还有的继续从事学习,考上研究生。所以上课需要针对毕业以后不需要从事教学的同学。"(ZTT-1)

"计算机学院有些课程对我们学生来说难度有点大,学生普遍反映速度比较快,另外那个是按照通用教材来开展的。而我结合自己的经验,推测他们在工作中会碰到问题,把这些可能的问题结合在一起,形成一套解决问题的方式,来给学生做一些演示。比如某些特定软件的使用,或者特定技术的使用,可以分成这么几个大的部分：第一部分，保证电脑和网络可以正常工作，解决病毒、电脑死机这些问题，还有多媒体制作；第二部分，怎么有效地从互联网获取素材，搜索文献等等；第三部分，主要是英语学习过程中会用到的工具和软件，比如说词典、百科全书之类的；第四部分，怎么使用电脑进行翻译，比如如何简单使用语料库。因为是本科生，课程时间又短，所以介绍得比较简单。"（ZTT－1）

学科信息化课程的内容也基本与Z校师范生的描述一致，课程设计意图上主要偏重与基本的信息技术运用、与外语学科有一定结合，但与外语教学相关度不高。

正如Z校学科信息化教师所言，在该校师范生普遍信息技术技能起点较低而通用信息技术课程又难度过高的情况下，这门设在大一暑假的课程应该首先解决师范生基础的信息技术运用技能，这种定位契合了师范生在这一阶段的发展要求。同时从Z校师范生反馈来看，尽管这门课与教学相关度很低，但对其信息技术基本技能的发展帮助较大。然而，师范生使用信息技术支持教学的能力没有在该课程上得到发展，这样的课程设置也导致了师范生在高年级缺乏关于学科信息化教学知识的系统性学习。

（二）Z校学科信息化教学教师信息化教学影响因素

在Z校的顶层设计与Z校外语学院的相关政策中有哪些促进了该学科信息化教学课程教师的信息化教学以及师范生信息化教学能力的培养，又有哪些不利因素？本研究分析发现课程设置不当、专业师资缺乏、教研共同体缺乏是影响该课程达到预期效果的主要因素。

1. 课时的长度以及课程的性质使得学科信息化教学课程的影响有限

Z校学科信息化教学课程教师认为，由于自己并非英语专业师范生的专业教师，只有在学科信息化教学课程短短四天的课程中与学生有接触的机会，无法在学科专业课上通过自己的信息化教学潜移默化地使师范生感受到信息技术对于教学的促进作用，因此，对师范生信息化教学能力发展的影响比较有限。

"对于我们专业的学生，我会不断在课上潜移默化地渗透，比如手机上出了新的App(应用)，比如Google(谷歌)用的 translator(翻译器)，向他们展示新的技术。通过这种展示，可以让他们意识(到)，通过互联网，用一些信息技术，可以更好地学习语言。但是对英语系的学生来说，接触不多，有点鞭长莫及。"（ZTT－1）

Z校学科教学法教师认为该专业学科信息化课程仅仅在大一暑假小学期开设是不够的，需要在高年级阶段再开设类似课程或者相关的讲座与培训，使得他们可以了解多种信息技术与信息化教学模式。

"这方面的话，我觉得除了我们一个必修的信息技术课之外，我觉得学校还应该在大四阶段或大三阶段再给学生开，哪怕给学生在每一学期能够开设，比如说九周或十周这样的短期一点的信息技术课，就弥补一下我们，因为我们毕竟不是技术专业出身,所以弥补一下我们讲课的不足。让我们去讲微课是怎么回事?不是从我们手里面去讲微课的技术,因为我们想不到那么多新的技术,让学生再去多听一听,或者说给学生再多一些这种课外的,就像给老师培训一样,给师范生多一些信息技术的培训,还有讲座。"(ZST-3)

2. 专业师资缺乏使得唯一的学科信息化教学课程教师力不从心

Z校学科信息化教学教师认为师范生信息化教学能力的培养仅仅依靠一门学科信息化课程是不够的,需要一个教学团队合作共同来开展,才能更有成效。

> "目前只有我一个人在做,但是我的教学任务也很重,真的精力有限,需要组建团队。一个人去做这个,相对而言,付出的精力不少,可能效果也不一定好,自己考虑的方方面面也不够。团队的群策群力,效果相对就会更好。"(ZTT-1)

3. 师范大学层面缺乏在学科信息化教学方面跨院系的横向交流与合作

尽管Z校有教师教育中心,但是尚未搭建平台或者沟通渠道促进院系之间关于学科信息化教学的横向交流与合作。

> "有类似精品课程平台,但是大家都不是很积极地参与。要不就是各个院系自己雇一个人来制作,其他院系也有像我这样的,就由他来折腾一下,各个院系间好像没有这种横向交流。我们有两个校区,开车需要一个多小时,那边主要集中所有本科的教学,我所有的本科学生都在那边。教师教育数字信息化平台是在我们本部,两个地方比较远,所以老师上完课,不会再跑到这个地方去研究这个东西,组建团队还是政策要支持啊。"(ZTT-1)

可见,Z校学科信息化教学课程目前在课程设置与师资配置方面存在的问题影响了学科信息化教学课程目标的实现,对于师范生信息化教学能力培养尚停留在基本的信息技术技能发展上。

整体而言,学科信息化教学课程的设置强调了师范生信息化教学与学科的融合,这一初衷十分有利于师范生信息化教学能力的发展,但是学科信息化教学课程真正要促进师范生指向核心素养的信息化教学能力的发展还有赖于课程的具体实施情况,受开设时间是否合理以及师资是否充分等因素的影响。

二、学科专业教师的信息化教学行为及影响因素

诚如前述,Z校学科专业教师丰富的信息化教学示范对师范生信息化教学能力的发展起了较大的积极作用,师范生普遍认为在Z校所有相关动力源中,学科专业教师对其信息化教学能力的发展产生的积极影响最大。本部分将对Z校学科专业教师的信息化教学行为及其影响因素做深入分析,从而研究Z校模式下促进学科专业教师信息化教学的

动因。

Z校英语专业四位教师接受了访谈,其中两位男性,两位女性。他们教授的课程既有阅读、写作、语法、视听说、综合英语等语言技能类课程,也有教学法、语言学等其他课程的教学,共跨越四个年级,四位均有学科教学法相关背景和带师范生实习的经历(见表5－4)。

表5－4　Z校学科专业教师背景表

学科专业 教师	性别	教　授　课　程	年级	学科教学 法背景	带教实习 经历
ZST－1	女	阅读课、综合英语、写作	大一、大二、 大三	有	有
ZST－2	男	精读、英语写作、英语语法、英语综合技能	大一、大二	有	有
ZST－3	女	英语教学法、综合英语、英语语言史、英语教学技能、二语习得	大三、大四	有	有
ZST－4	男	综合英语、精读、写作、视听说	大一、大二、 大三、大四	有	有

(一)Z校学科专业教师信息化教学意愿与行为

1. Z校学科专业教师信息化教学行为整体而言较为丰富

Z校学科专业教师将信息技术与自己的课程教学紧密结合,具有使用信息技术解决教学问题的意识,除了通过信息化教学优化知识呈现、促进师生沟通之外,Z校学科专业教师还主要通过运用信息技术来拓展师范生的学习空间,丰富语言的学习资源,创造真实的语言运用与文化体验的机会,以弥补该地区优质教学资源相对缺乏对师范生造成的影响。他们运用信息技术整体较为丰富,重视以参与式、合作式、项目式、探究式等学习形式促进师范生核心素养的发展,主要呈现出以下五大特点。

1) 拓展学习空间,创造真实的语言运用与文化体验的机会

Z校学科专业教师通过网络同步课程、翻转课堂等模式积极拓展师范生的学习空间,让师范生与美国学生同步课堂,共同学习,创造了运用语言以及文化体验的机会。诚如前述,这种模式也被Z校师范生普遍认可。

"跨文化这门课是专门跟美国一个院校合作,我们做这个网络同步的视频课已经做了三年。我们在上课的时候,美国的学校是跟我们同时在上课,我们是晚上八点,他们早上八点,一起来上课,我们是两个老师同时讲,有一些部分可能是他来主导,有些是我来主导,也有一些课程是我们同时来主导,学生来讨论。课下,学生可以通过Skype、微信、QQ,还有邮件来(完成)我们布置(的)一些作业。世界历史也是我们这边正好有一个世界历史课,然后就是比较好对接,所以会一起上,我们想建议搭建这样一个平台,就是做一个网站,然后起码把一些课程资源什么的都把它传上去,正好

上学期美国的几位老师到咱们学校访问,然后商量这件事,看看以后怎么样把这件事做下来,而且我正好就是上学期也申请了一个学校的项目,还有一个好像也是教师教育中心牵头做了一个这种教改项目,然后我就正好申请,就是想做做一些这种小规模慕课,录一些课。因为同步的这种网课毕竟时间还是有限的,我们每次可能就一个半小时的时间,因为太晚的话就是学生下课就会太晚了。录一些这样的课程,然后除了录一些美方老师的课程、中方老师的课程,除了每周一次的同步的视频课,我们可能会让学生在课下多观看一些剧、视频等等,等于有点像翻转式课堂一样,翻转课堂能把课上宝贵的时间多用于讨论,对他们来讲会特别有帮助。"(ZST-1)

从该学科专业教师的陈述中可以看出,在网络同步课程的建设中,学科专业教师一直在反思与改进课程的细节,并从同步课程逐渐拓展到慕课、翻转课堂等模式作为教学的补充。

2)优化知识呈现,促进学生理解

Z校学科专业教师利用视频资源来解释抽象的理论知识,促进了学生对于理论的理解与内化。

"这两年我主要带着教学法、英语语言学、二语习得课,在之前,在我的意识里面,多媒体的手段还不是那么丰富的时候,我当时做多媒体,PPT其实说实话还是都以文字为主的,当时自己的意识不是特别强,说我要去找很多的视频、音频什么的,那时候就脑子里面这方面很淡很弱,但是每年讲完一门课之后,学生也会给我一些反馈,然后我自己也感觉到我哪些方面其实应该是加大一下这种教学手段的多样性的。所以像我这两年,主要这几年,主要是这三门课,我找到了教学法流派这些的视频、一个系列的讲座、直接法等等,因为这些方法在课本上面,文字其实(是)很死板很抽象的,再后来我在网络上就找到了这些方法的视频教学,美国这个教师,他这个是培训世界各国的老师们的一个视频,他用了特别生动的一些案例,然后演示这些教学法,然后我就放给学生去看,我就弥补了我的教学不足了,比我让他们去说理论,这是什么方法?这是什么特点?这是什么应用?要好多了。语言心理学上的一些实验,像巴甫洛夫的狗狗流口水这个实验我都找到了视频。"(ZST-3)

3)丰富语言学习资源,激发学生学习动机

Z校学科专业教师利用视频、图片等数字资源来丰富师范生的真实语言输入及对抽象知识的理解,激发学生的学习动机,引起学生的兴趣。

"还有很多一些图片,讲学习风格时候,看图片心理测试,学生特别感兴趣,我也感觉课堂一下就活跃了,特别好。"(ZST-3)

"PPT用得多一些,音频和视频,特别是视听说这门课,丰富了学生的语言输入,很好,他们也很喜欢。"(ZST-4)

4) 促进师范生核心素养的发展

第一，Z 校学科专业教师通过信息技术工具，采取项目式学习的方式，让师范生在课后进行一些探究活动，促进学生自主学习与探究能力。

"我通过课程班级的微信群，然后让他们做一些小的 research（研究），然后让他把录像或者他自己的录音传到这个微信群里面。比如一般学生是轮流做，每天一个人，他自己去念一段新闻，教一个新闻，然后来给大家介绍一下新闻，然后他要去查背景方面的知识，然后一些新的单词，还有一些短语让他通过录音的方式，再传到微信里面。"（ZST-1）

"他们班级有群，我就加入他们班级的群，然后会给他们布置任务，让他们自学完成。"（ZST-2）

"我要是看到一些好的文章或者是知识性的东西，我会放到微信群里面让他们去看一看。然后也会给学生布置作业，或者是让他们提前预习这些东西，文章让学生去下载、去看，从弥补教材这方面来讲，可能微信就是比较方便的，然后学生就在平时也会用到电子邮件，所以电子邮件也会联系，现在目前来讲主要就是微信了。介绍微课一些软件的文章，我就发给他们去看，还有它英语语言史有很多特别好的关于讲解语言发展的文章会发给他们看，然后给他们介绍一些比较好的公众号，让他们去关注一下，还有文化背景方面的。"（ZST-3）

"慕课微课这些新出来的（东西），我们学校有些会在公开课使用，听说有几个年轻的教师已经在尝试，有一个老师教英美概况，做一些音频和视频的课录下来，提前给学生发下来，我后面也会尝试一下。"（ZST-4）

第二，Z 校学科专业教师还通过信息技术工具促进了学生的沟通交流能力。

"我把一些好的资源发给他们，然后我们每周有一个讨论，就是会在群里面进行讨论。主要是因为我们学校就是两个校区，我们新校区挺远的，可能开车五十分钟才能到，因为我们老师基本上就是上完课然后就回来了，所以很大的问题（是）跟学生之间的交流特别少，然后没有这样讨论的时间，很多老师，不光是我一个人在做，都有这样的微信群，然后就这样布置作业或者讨论等等，在微信群里面做一个补齐。"（ZST-1）

第三，Z 校学科专业教师还通过信息技术工具，以参与式、合作式、项目式学习的形式，促进学生的合作能力。

"这要看课程，比如精读，涉及一个题材，拍个小电影，他们也挺（快）乐的。"（ZST-2）

"平时讲课当中也经常会让学生有小组式的参与式学习，感觉以前自己讲课也是可能死板一些，我在上面讲学生在下面听，然后问问题，学生回答问题。但这两年也是有了一些这样的改进,就是有很多的这样的开放式的话题,然后小组式的让他们去做一个 poster(海报),每个小组让他们做个 poster(海报),做完之后上来 presentation(陈述),比如说教学法第一节课就是说教学观和教师观的,然后我就会让他们去讨论,比如你认为传统的英语教学是什么样的方式,然后你理想中的英语教学是什么样的课堂,然后去做对比,然后去讲解。还有你们认为理想中的比较优秀的英语教师是什么样的,这样开放式的话题让他们去做讨论,我说你尽量不要用文字去写,你用图片去表达,然后去讲解,所以平时上课来讲的话,就给学生这样一种参与的方式比较多,我也觉得自己以前可能教条一点,(讲)书上的内容,然后问学生,学生回答,但是这样不会让所有的学生都参与进来,所以慢慢地我们学院都在大力推进参与式学习,就是小组合作,形式多样化,每人都有分工或者做一个项目,或者做一个中等或者说一个小的 project(项目),进行这样一个报告,反正小组的形式可能会慢慢多一点了,合作式学习。因为单打独斗,学生他能力差异性很大的,有的时候学生在个人的那种学习的环境当中可能提高不是很大,可以小组一起学习,他自己(被)激励一下,不懂的互相去问一下,有难点的地方会沟通一下,所以这两年我们都是比较突出这方面的,我们的教学组织方式就多样化了。"(ZST-3)

5)促进与师范生的沟通交流

Z 校学科专业教师通过社交媒体在课后与师范生进行沟通交流,主要用于答疑及获得反馈,作为课堂的有益延伸与补充。

"微信里面就是可能我课堂上面所讲的东西不清楚,他们可能都来问我了,他们有什么不清楚的地方,他们会问的,他们问我问题的时候,我就知道了,哪一部分可能没有讲得很清楚,相当于听到了反馈的一种方式。有的学生可能不好意思课堂上问什么的,他可能在非正式的场合更加放松一点,来问问题。反正倒是对于我来讲,我没有把它当成我某一门课课外的一个必须要去给他们补充东西的任务,我只不过是把它当作跟他们课下进一步沟通的一个手段,就是加深一点师生关系。"(ZST-3)

"课后最近是微信用得比较多一些,对,每个班级建个群,课上没来得及讲的,都可以放上去。学生需要答疑什么的,也会提出。有些提出的问题,其他学生也可以答,他们答不了,我会出来解答。还有,我在有些地方看到比较好的东西,拍下来,我也可以通过群分享给他们。以前微信没出来的时候,有一个公共邮箱。"(ZST-4)

Z 校学科专业教师的陈述与 Z 校师范生的描述一致性较高,Z 校学科专业教师整体信息化教学手段较为丰富,注重师范生在课堂上的参与。这些行为是 Z 校学科专业教师有意识地通过信息化教学促进师范生核心素养发展的意图的体现。

2. Z 校学科专业教师注重师范生信息化教学能力的发展

与 Z 校师范生的描述相一致,Z 校学科专业教师在教学中通过有意识地为师范生创造信息化教学实践、提供及时的反馈等具体策略来发展师范生信息化教学能力。从访谈数据来看,这些行为并非无意识地发生,部分 Z 校学科专业教师是在发展师范生信息化教学能力的目标指导下有意识地采取了这些策略,并重视引导师范生形成"信息技术促进教学"的信息化教学观、积极探索信息化教学的态度,具体表现在以下五方面。

1）引导师范生树立正确的信息化教学观

Z 校学科专业教师,特别是学科教学法教师,在专业课堂上注意对师范生信息化教学观的引导,避免他们本末倒置为了信息技术而使用信息技术,强调信息化教学为实现教学目标服务的教学观。

> "因为作为语言来讲,我们还需要这种大量的视频、音频技术,一定（要）去看,去听,就光靠传统的不行。所以我对学生讲,就传统和多媒体现代信息技术来讲,你不用说偏向于哪一类,你不要说哪个为主哪个为辅,你只要把这知识点最终讲透（讲）清楚就可以了。我倒不想告诉你,必须说要掌握好,说你要微课做得非常好,非要多媒体掌握得多么好,这样说我也达不到这水平,我都差学生比较远,但是我都觉得你只要能把自己表达清楚,重点是在知识讲解上面,不是一个说多媒体做得多么漂亮,关键是看教学目的有没有达到。"（ZST－3）

但值得注意的是,在学科专业教师陈述教学目标时,主要的还是促进知识的呈现与传递,这也会潜移默化地影响师范生对信息技术在教学中的作用的理解。

2）促进师范生发展积极的信息化教学探索意识

Z 校学科专业教师注重激发师范生积极的信息化教学探索意识,避免师范生对于信息化教学的认知仅仅局限于多媒体技术,而未去探索其他的信息化教学模式。这种多样化、开放式的态度有利于师范生使用信息化教学进行教学创新。

> "比如我让他们录视频,如果没上过这门课（微课制作）的,他说怎么录视频,我就说你去摸索,我会告诉他们用哪个软件去录。还是得让他们有自己摸索的意识,现在很多软件应用都是傻瓜式的,其实上手很快,他们马上能学会。"（ZST－1）
>
> "就是给他们激发一些意识。让学生也明白信息技术,多媒体除了多媒体课件之外,还有一些其他的手段,就一直给他们做（微课）了。"（ZST－3）
>
> "现在一些新技术,学校培训的时候要把这个趋势告诉老师,有这么一个东西这样说,老师不一定在教学中用,但我虽然没有用,我知道现在社会上面有这样的趋势,我就会告诉我的学生,他们接受能力很强,他们都会去试的。信息技术发展那么快,他们总要有自己去试,看看适不适合教学,这样一种能力,对吧。"（ZST－3）

3）为师范生创造信息化教学实践机会

Z 校学科专业教师在自己的课堂上为师范生进行信息化学习与教学的实践创造机会,这与 Z 校师范生的描述一致,也使得他们从中获益匪浅。

"因为我们上所有专业课的时候,就会有很多老师给他们很多这样的机会,然后他们也很愿意通过多媒体各种信息手段去学习,或者是去做他们的功课,就是他们现在自己的学习上用到这些信息技术会比较多。"(ZST-1)

"我在讲完一些理论性的东西之后,我会把剩下大量的时间留给学生,他们亲自上台去讲课,做实践。"(ZST-2)

"然后我平时上教学法课要用很多方面,要让他们去做一些这样的小小的微课,所以在讲课当中除了传统的板书、多媒体,还让他们做微课视频,然后这一方面也是在配合学校了,因为它每年有微课大赛,学生也在平时多一些练习。"(ZST-3)

"用的,师范生会开一个多媒体制作课,九月份毕业班的学生暑假还开一门综合技能训练课,主要让他们讲课,老师点评。这个时候,传统的黑板教学方式试一试,多媒体的也试一试。"(ZST-4)

4）为师范生的信息化教学提供及时的反馈

同样如师范生所描述的,Z校学科专业教师在为师范生提供信息化教学实践机会的同时,能够提供及时的评价与反馈,使得师范生获得信息化教学的反思机会,从而发展信息化教学能力。

"现在这两三年可能就是介绍微课技术,然后让学生做一个尝试,尝试过程当中学生会有很多反馈,他们也看别人的微课,(比如)以前的微课大赛这些获奖的,他们有自己的观点,他们也会提出来。"(ZST-3)

"比如说我觉得通过微信来培训是个挺好的渠道,它虽然很 easy(容易),但是可能也很容易忘记。但是我们可以通过一个 App(应用),自己去设计一个 App 或者就给他们一个评价,就是能有一个这样的平台,有培训,也有这种一般的评价,所以我觉得可能这样是一个挺好的趋势,慢慢去给他们一些非常及时的这种指导。"(ZST-1)

5）与师范生合作学习,发展信息化教学能力

Z校的学科教学论教师并没有因为自己在信息技术运用上相对薄弱的现状而放弃了培养师范生信息化教学能力的责任,而是通过与师范生共同学习探讨这种师生合作学习的方式,师生共同发展信息化教学能力。

"然后他们做的时候我也在学习,他们去做,我也会问到他们的技术上面的一些手段什么的,反正跟他们互相学习,就是这样的互动环节。"(ZST-3)

这种合作学习的方式所营造的宽松包容、允许犯错、鼓励创新的学习文化,非常有利于师范生发展积极探索信息化教学的意识,提升他们的信息化教学自我效能感,因此,Z校师范生在整体上表现出较高的信息化教学探索意愿与这种鼓励尝试探索的文化是分不

开的。

整体而言,Z校学科专业教师具备在自己的教学中培养师范生信息化教学能力的意识,并通过创造实践机会、提供及时反馈、师生合作学习等策略发展了师范生的信息化教学能力,同时注重引导师范生的信息化教学观与探索信息化教学的意识。

3. Z校学科专业教师对信息化教学的感知有用性整体较高

Z校学科专业教师对于信息化教学的感知有用性整体较高,感知到了信息技术对于教学的促进作用,认为信息化教学主要有以下几方面作用。

1) 信息化教学能够激发学生的学习动机

Z校部分学科专业教师认识到信息技术对于激发学生动机的作用,认为信息化教学更为形象生动。

"我觉得肯定有帮助,比如多媒体,以前做板书,没法加一些图片和视频,或者生动有趣的东西。"(ZST-2)

"跟传统的原来的板书相比,我的亲身体会是会有帮助,特别直观。我就觉得在我这些知识性和理论性特别强的这样的课上,加大视频量特别有帮助,它不再是一个抽象的那么枯燥的文字了,对学生(来说)可能他一想到我放的视频,他就能够联想到和课本上一些相关的内容,所以可能这个视频,从对种的知识性的理论性的东西弥补的方面来讲的话,它弥补了老师讲课的不足。"(ZST-3)

2) 信息化教学能够丰富教学资源

Z校部分学科专业教师认为信息技术能够丰富教学资源,增加真实的语言输入,突破时空的限制,开阔学生的眼界。

"所以这个课是学生受益挺大的一个课,从他的语音,然后包括老师上起来,虽然一开始备课什么的工作量很大,主要一开始要一起商量制定什么的,整个内容比较多,但是上下来以后老师反馈也挺好,然后学生也特别喜欢,学生肯定会觉得收获很大,对他们来讲,对他们英语能力提高的确是很有帮助,然后可能美国学生他也想了解中国文化,的确是双赢的,挺好。对,这个也存在问题。"(ZST-1)

"把这种现代教育信息化那几块,就把它模块化每一个方向,然后做一些这种小的微信的培训课程,然后让他们根据需求去选修,然后再去得到一些分数,学分。因为学生很喜欢微信,他花费在手机上的时间太长了,但是你要是坐到课堂里面去上课,有的时候可能反而不好,尤其我们因为学生在新校区,特别远,即使是有这种培训,他不可能去比如说去北京或者去上海去参加这样的培训,但是网络能提供给他们。"(ZST-3)

"现在使用PPT多一点,信息量大,对高年级来说优点比较突出,比如同样两节课时间,视频音频信息量大。"(ZST-4)

3) 信息化教学能够提高工作效率

Z校部分学科专业教师认为信息技术能提高自己的工作效率,减轻工作量。

"省时间,比如例句准备好就行,不需要板书。"(ZST-4)

"微信,联系比较及时,而且不会打扰老师平时的工作。以前学生有事给老师打电话,话费也挺高的,微信在学校可以用免费的网,对于双方都挺好的。"(ZST-2)

4) 信息化教学有利于实时交流与资源共享

Z校部分学科专业教师认为信息技术有利于与学生进行实时交流,分享资源,也为更多的学生创造了表达观点的机会。

"对,当然了,我觉得有微信沟通更便捷了,然后我们讨论它是大家都能看到的,在资源共享方面。然后第二方面就是在实时交流这块,教师可以给学生实时的这种支持,我觉得学生之间也会有这种小小的竞争,然后也会有资源的共享,觉得这三方面还挺有帮助的。"(ZST-1)

5) 信息化教学能否促进学生学习需要结合学生的实际情况

在认识到信息化教学的各种积极作用的基础上,Z校学科专业教师也清楚地认识到,需要结合学生的实际情况实施信息化教学才能真正促进学生的学习。

"但是大部分地方的师范大学里面,从老师到学生来讲,很大的一个程度,其实受限制的还有学生这样的一个自主学习能力。如果我们把微课慕课弄出来之后,让学生自学,我们就能够想象到就我们学生能力来讲,各方面来讲,这个可能是很难达到的。所以说这个也是要根据其实各个方面的因素来考虑的,还有师生的互动没有了,要面对面,我要看到你,是最直接的,我们说这样的传道、授业、解惑,所以这个其实是挺大的一个弊端的,我觉得。因为人还是社会性动物,跟机器进行交流和人跟人交流还是不一样的。"(ZST-3)

整体而言,Z校学科专业教师对于信息化教学持较为积极的态度,认为信息化教学能激发学生学习动机、丰富教学资源、促进实时交流与资源分享。同时,他们也客观地认识到信息技术的局限性,认识到信息化教学的运用必须结合学生的具体情况,这种比较成熟的信息化教学理念也促进了师范生理性的信息化教学观的形成,而Z校学科专业教师与这种信息化教学观相吻合的信息化教学行为又为Z校英语专业的师范生提供了优质的信息化教学示范,可以发现Z校师范生对信息化教学作用的理解与学科专业教师的理解一致性很高,也正体现了学科专业教师对于师范生信息化教学意愿、认知与能力的重要影响。

4. Z校学科专业教师对于信息化教学的感知易用性存在差异

Z校学科专业教师在信息化教学自我效能感以及对于外部条件感知上存在差异,因此,整体上对信息化教学的感知易用性存在差异。

1）Z 校学科专业教师信息化教学自我效能感存在差异

Z 校学科专业教师普遍信息化教学自我效能感较高,认为能胜任将信息技术应用于课堂教学,新的信息技术应用也能马上学会,而复杂的系统平台制作应该交给专业人士负责,不是学科教师的职责。

两位在信息化教学上探索较多的学科专业教师反而自我效能感相对不高,认为自己的信息化教学能力还有很大的发展空间。

> "时间精力是第一点。第二点我提出技术跟进的问题,因为现在可能这样的培训,像外研社它有一个叫什么中青年骨干教师,它每年大约有个手机培训,它也会针对各个环节,然后这个都很短,其他很多老师去参加,我觉得也会带回来一些新的东西,但是可能最重要的一些技术上的问题,比如像现在微课、翻转课堂,很多老师可能还是对微课一些技术上的问题还是有一些困扰,我觉得也是。可能如果真的是让你录一个微课,其实真的是很费时间的,然后可能技术上也会有一些限制。然后比如说这种录屏软件的使用,有的老师也不太会使用,所以技术这方面也是有很大的因素,也是一个很大的限制。"(ZST-1)

> "有,这个真的是挺大的一个困难的,对于我来讲,我能把我的 PPT 多媒体和我能找到的一些其他资源丰富进来,我现在就已经能够做到这一点。但是至于说让我花大力气去做微课,还要有一些其他含量,现在来讲我没有做到,可能自身也是能力有限,可能也没有涉及很多的其他方面像技术性的东西,信息技术,就算对我来讲,我最主要还是制作多媒体,所以主要是这方面的讲课方式了。"(ZST-3)

诚如前述,自我效能感是教师对信息化胜任力的自我认知,由于 ZST-1、ZST-3 接触的信息化教学模式相对较为丰富,会让他们感觉自己还有许多可以探索的空间,还没有将很多他们所了解的信息技术运用到自己的教学中,这种意识相应地降低了两位学科专业教师的自我效能感。而还有两位探索相对尚少的学科专业教师自我效能感较高,认为技术能力不是主要问题。

> "技术不是问题,主要还没时间精力尝试。"(ZST-2)
> "我觉得只要有机会用,技术应该没问题。"(ZST-4)

2）Z 校学科专业教师对信息化教学设施感知存在差异

部分学科专业教师认为信息化教学设施配备充分。

> "硬件挺好的,有语音室,我们还有语料库、实验室,对他们(来说)已经足够了。我们买了一些语料库,还有同传的实验室,还有可以用于教学录播的实验室。"(ZST-2)

部分学科专业教师认为 Z 校无线网络设施有待改善。

> "他们用信息技术需要网络,你就需要上网,你上网你就需要有 WIFI(无线网络),很多情况下学生很受限制的,而且学生他(们)不是人人都有笔记本电脑的,因为还有很多,尤其师范生当中,贫困生占相当一部分的。他们去图书馆用公用电脑,的确也还是说能应付解决平时的一些,比如作业各方面,他们这方面没问题,但你要说再进一步让他们去用到技术手段去做一些别的事情的话,可能就会有很大难度了。"(ZST-3)

> "无线网络覆盖不够广,食堂、图书馆、宿舍区应该全覆盖。我们学院有一些实验室,主要是语料库实验室。"(ZST-4)

3) Z 校学科专业教师对于技术支持感知有差异

有一位 Z 校学科专业教师谈到了学科信息化教学课程教师对其的技术支持,感知到了技术支持的重要性。

> "因为他(ZTT-1)感兴趣的方向就是现代教育技术,所以我们很多老师比如说有这个方面的问题,他就像一个技术员一样的,有这样一个人还挺好的,因为就是大家有什么问题,比如说录课有什么问题都去找他。"(ZST-1)

其他学科专业教师也认为专人支持很重要,但是目前学院没有专人支持。

> "帮助我们去做就行了。比如说要让我去录这个微课,我只要把十分钟的微课内容做好之后,能够和某一个专业人员技术人员合作,比如说我去做幕后音,然后他来负责技术上的东西,这样的话我就觉得可能会减轻很大负担,否则的话又让我去做自己的专业,又让我去做非专业技术性东西,我把握不了,因为老师教学科研,然后各方面的任务就已经很重了,太重了,实际上就是我自身能力上面有限,也是一个挑战。"(ZST-3)

> "没有听说过学院有(专人支持)。"(ZST-4)

> "这个肯定会帮助很大,很多老师都会有兴趣使用,如果有专职老师的帮助。"(ZST-2)

从 Z 校学科专业教师对于技术支持的感知差异来看,Z 校外语学院对学科专业教师的技术支持其实并非常态化行为,对于学科专业教师的支持存在差异,并非每位教师在信息化教学中都能获得专业人员的技术支持。

整体而言,Z 校学科专业教师的自我效能感不高,因此特别需要信息化教学设施与技术支持这些外部条件的完善,然而在这两方面,Z 校学科专业教师的感知均有差异。鉴于此,Z 校学科专业教师信息化教学的感知易用性整体不高。

5. Z 校学科专业教师主动探索信息化教学的意愿较强

Z 校学科专业教师整体探索信息化教学的意愿较强,但动机上存在差异,有些是因为信息技术可以解决教学上的问题而自发地探索信息化教学,有些则是因为看到信息化教学不可避免的趋势而使用信息技术。

1) 部分学科专业教师信息化教学感知促进性较高,存在内部动机

这类学科专业教师在自己的信息化教学中真切地感知到信息技术对于教学的帮助,因而主动探索信息化教学的意愿强烈,并且在实践过程中不断反思、改进信息化教学。

> "其实很多老师很喜欢用这种教育技术来改变自己的教育,就是解决一些问题,我们不能说真的为了改变而改变,不是说我们就都得用这种手段,它毕竟是一个手段,而我们发现问题就想用这种技术去改变,就像我用微信就是因为发现了这样的问题,所以用它去改变。然后语料库也是,因为我积攒了很多这样的学生语料,特别是少数民族学生,因为涉及翻译,所以我觉得给他们一个语料库,以后一些常见的问题,他们就能搜索到,包括一些搭配等等都能用到,因为这个事挺好的,所以就去做了,但是这个也要花点时间精力在上面。"(ZST-1)

> "我也是在每学年改进,因为我们是在大三的第二个学期就上了教学法的课,基本每一年在上之前,我也会根据前一年学生的反馈,还有我的一些反思,给学生上课的时候,可能会在一些信息技术上面,可能会有他们一些这样的修改、修剪或者偏重的内容。"(ZST-3)

除了已经实施的信息化教学实践,这类学科专业教师还有一些尚未实施但正在完善的信息化教学计划。

> "我其实对语料库比较感兴趣,但是现在我只是处于一个搜集的阶段,就是因为上写作课,我现在已经在做学习者语料库或者一些学生的作文和每年学生的毕业论文,在建立学习者的语料库,但是这个库还没完全建成,我自己还没有把搜索这些都弄好,所以还没有用来进行教学。"(ZST-1)

> "我觉得我其实自己一直想做,因为我之前没有考虑这个问题,但是我一直想做,就是想把学生他们实习时上的课程,讲课的时候给他们录下来,其实做一个多模态的一个语料库。我们现在先把真实的语料保存下来,以后就可以进行很多的分析,比如他们使用多媒体或者使用现代技术手段,包括再做一些后期的访谈,我觉得这个是一个特别好的一块资源,就是从中能发掘出很多的这种数据,就是学生的不同阶段,或者他们在学校讲课的时候把视频保存下来,以及他们在去实习学校以后讲课的视频,就可以看出他们的一个成长。我当时还想比如说可以做这种纵向的,等他们毕业以后,然后工作一段时间以后的课,就可以看到他们成长的不同阶段,比如说他们使用多媒体手段的变化。"(ZST-1)

2）部分学科专业教师认为信息化教学是未来趋势，存在外部动机

这类学科专业教师看到了信息化教学的趋势，在自己的教学实践中使用了多媒体、微信等信息技术，认为自己以后也需要探索信息化教学的新模式。其中也存在一定差异，ZST-2 更多是出于 Z 校的政策要求，"象征性"地使用，并没有真正的认同感；而 ZST-4 认为已经被证明有效的信息化教学值得实践，但目前还没有精力去尝试其他新的模式。

> "比如像微课、慕课迟早都要用，但是感觉还没有涉及这个，还比较遥远。有些技术是一个潮流，比如翻转课堂学校明年要用这个，那我们也得象征性用这个。可能现在需求还没有到那儿，但是迟早会用一些。这些技术迟早会适合，只是还没到尝试而已。大的环境，对大家都有这样的压力，然后整个从大的环境，就是这个时代的环境，智能手机的广泛使用，无线网络的使用，然后小的环境就是我们小的课堂教学，小的这种的环境的改变，所以老师就开始这样使用。"（ZST-2）

> "现在是让学生用 peer revision（同学互相改作业），所以一直没试过（批改网）。并且软件开发的重点会不一样，有些是着重于词汇衔接。有一些用不同的软件批改，得的分数不一样，所以有些还是需要人工修改。每年教学检查、督导听课，会提倡使用多媒体，但不是强调必须使用。现在不像三十年以前了，信息技术那么发达，还是要去探索尝试的，特别那些已经被证明有效的，尤其年轻老师。就是现在科研压力比较大，还没精力。"（ZST-4）

在信息化教学感知易用性不高的情况下，Z 校学科专业教师主动探索信息化教学的意愿、发展信息化教学能力的意愿整体较高，这也体现了 Z 校学科专业教师真正认识到信息化教学的重要性，尽管在动机上存在内外之分。

（二）Z 校学科专业教师信息化教学行为的影响因素

诚如前述，Z 校学科专业教师整体信息化教学意愿较强，信息化教学实践相对丰富，能够促进师范生树立正确的信息化教学观与积极的信息化教学探索意识，注重师范生核心素养与信息化教学能力的培养，并且具有较强的信息化教学榜样示范的意识。那么，哪些因素有助于学科教师指向核心素养的信息化教学能力以及具体的行为？又有哪些因素产生了不利的影响呢？综合各方访谈数据，可以发现影响 Z 校学科专业教师的信息化教学行为主要有以下几方面因素。

1. Z 校顶层的政策促进了学科专业教师信息化教学意愿与能力

由于 Z 校师范大学层面将信息技术与教育教学的深度融合视为其教育信息化的首要目标，因此该校十分重视信息技术驱动的教学改革与创新，通过教改项目立项等措施体现其促进信息化教学的政策导向，建立变革领导组织教师教育中心来牵头开展各类教师专业发展活动，从而促进教师的信息化教学能力发展。

1）政策导向促进了学科专业教师的信息化教学探索

Z 校学科专业教师认为 Z 校的政策导向非常注重教师进行信息化教学的探索，实践以信息技术支撑的教学改革，这在一定程度上推动了学科专业教师的信息化教学实践。

"因为在这样大的环境当中,比如说申请项目,我们知道有些校级项目或者是包括省级的科研项目,很倾向像这样的,这种的(信息技术)。如果不做这样的项目的话,我可能就很不容易申请到,你看现在因为我们学校特别地倡导,你这个项目是尤其你用教学改革是基于现代教育技术,所以这就是无形当中给老师讲,因为你如果想做你的课堂改革,你如果想申请项目,你当然就要做这样的尝试,当然导向性非常重要。"(ZST-4)

2) 各类教师专业发展的活动促进了学科专业教师信息化教学能力的发展

Z校教师教育中心通过各种措施进行信息化教学的变革领导,通过常态化教师专业发展、搭建跨院系的合作平台以及师范大学与中小学沟通的长效机制来推动教师的信息化教学实践。

第一,Z校教师教育中心组织常态化的信息化教学工作坊与教学法培训。

"有,去年教师教育中心做了很多这样的培训,它就叫我们师大内部的一个什么工作坊,好像是教育技术的什么工作坊,这些名称我忘了,但是有很多这样的培训,比如说三月的是某一个主题工作坊,它有一个主题,然后四月有一个主题,就是每一次会有一个不同的主题,然后你感兴趣的话就直接去就可以了。还有一个是整整这一周我们就在新校区,就接受各种培训,然后也会有实操的训练。所以校内的培训也是挺好的,而且就在自己学校里面。"(ZST-1)

"像我们学校这两年做得很好的一点,就是它每一学期就会邀请国内的师范大学的这些学者和专家来做大量这样的教师教育方面的培训,也会介绍一些比较好的教学方法,然后我们也会经常去听这样的一些讲座,培训得确实挺好。"(ZST-3)

"然后他们这个中心挺好,还请那种全国的名师来给我们讲这个信息技术和教学,我们很多年轻教师都去,那个中心挺好的。"(ZM-1)

第二,Z校教师教育中心促进跨院系之间的合作沟通。

"我们学校有一个传媒技术学院也挺好的,因为我们学校计算机学院已经有慕课,然后传媒技术学院也在,他们也做翻转课堂,所以会给其他学院的老师提供很多的这样(技术)的帮助。"(ZST-1)

第三,Z校教师教育中心建立学科教学法教师与中小学教师的长效互动机制,使得学科教学法教师能够深入了解中小学教学的现状,而中小学教师也能从师范大学专家的反馈中获益,了解学科教育理论最新的发展动态。

"(教师教育中心)也会组织我们比如说各科教学法的老师们去到我们当地的中学去进行观课,然后和当地中学老师建立长效的这样的一个互动机制,就是我们听完课之后,我们会当面和英语老师、教学年级组进行互动,指出他们的问题,或者是让他们去谈谈他们的困惑,然后学校和中学之间要建立这样的一个互动的关系。我们每学期都会到几所中学去听课的,因为我们要去了解到底中学是怎么去讲课的,到底中学是什么样子的,我们先接了接地气,然后我们再回来才能给学生去讲中学的例子,要(不然)学生说你一天到晚就是书本上东西了,而真实的、实际的东西,学生一听老师都不知道,所以你自己讲都没底气了,所以我们也会经常去找这些地方听课,就看看他们学生的这种状态,反正我觉得学校应该多加大一些这方面,就是师范大学和当地中小学的交流,所以必须让师范大学老师去下放,就下到中小学去了解情况,去听课。"(ZST-3)

尽管 Z 校英语专业教师并非全体参加了教师教育中心组织的教师专业发展活动,但是正因为这些政策上的导向,英语专业教师整体上均感知到 Z 校对于信息化教学的重视以及相应的政策导向,这在一定程度上促进了相当一部分学科专业教师的信息化教学探索与实践。

2. Z 校学科院系管理层的重视提升了学科专业教师对外部条件的感知

Z 校外语学院管理层对于信息化教学的重视增强了学科专业教师的信息化教学探索意愿,而院系相应的支持又促进了学科专业教师的信息化教学实践。主要体现在以下四个方面。

1) Z 校外语学院管理层鼓励学科专业教师进行信息化教学探索

Z 校外语学院管理层对于信息化教学持开明的态度,鼓励学科专业教师在自己的教学中尝试探索,这种宽松包容的组织文化非常有利于促进学科专业教师的信息化教学意愿。

"我们领导很提倡教育技术在教学中的作用,只要适合教学的新技术,都可以随便用,不保守,比较开明。"(ZST-2)

2) Z 校外语学院管理层重视学科信息化教学的课程建设

在 Z 校的课程设置体系下,教育类课程与学科专业紧密结合,因此院系管理层对于培养师范生的学科教学能力与信息化教学能力的责任意识十分强烈,也进行了相应的课程建设。

"和学科相关的那就是各系上,比如说教材分析肯定是各个系上,比如说教学技能培训各系上,都是我们来做,通识类公共类的在教科院上。"(ZM-1)

"太明显的不知道,在课程设置上,会有提倡,课时有压缩,从 200 多到 150 多,但是多媒体制作还是保留的。从这个角度来讲,还是重视的。"(ZST-4)

这门课程的设置看似初衷是培养师范生的学科信息化教学能力,但是从学科专业教师的反馈来看,学科信息化教学课程的设置也让学科专业教师认识到信息化教学的重要性,从而促进了其信息化教学的探索与实践。

> "老师们看到学生技术用得那么好,也有压力,所以都很积极地去参加培训。"(ZM-1)

> "就不像以前相对像我们在做师范生的时候,可能就是一个多媒体的培训,对设备类的这种多媒体技术的应用,完全都是后期通过自己摸索完成,但是他们在本科阶段都已经掌握了这样的技能,所以他们可能比我们更有这样的优势,就是没有那样的恐惧感,因为我们现在很多老师对技术有这样的那样的恐惧感,他们没有。其实技术没有什么高深的东西,只不过就是不愿意迈出那一步,但是学生他们已经掌握了这样的技能,所以我觉得他们在用起来可能要比老师更敢于迈出这一步。反而是我们老师可能有的时候是被逼无奈的,比如说学院要求要有做这样的一些教学改革,可能有些老师真的是为了提升或者搞科研,或者为了提升自己的课堂质量,然后可能被逼无奈去学这些东西。但是学生真的是,他们真的是特别,给我感觉他们得心应手,而且特别喜欢,而且你觉得是大部分学生都是这样子。他们不喜欢那样枯燥,比如给他们一个 pad(平板电脑)让他们做这样的微课就很高兴,就是挺喜欢的了。"(ZST-3)

3)Z校外语学院管理层鼓励学科专业教师的信息化教学能力发展

Z校外语学院管理层还非常鼓励学科专业教师参与各类信息化教学专业发展活动,既有学校学院组织的信息化教学工作坊,也有学科教师自己感兴趣的校外培训包括国外培训,这样政策上的支持首先非常有利于学科专业教师在各类培训与交流中了解最新的信息化教学动态,获得优质的信息化教学示范,从而发展信息化教学能力,此外,对于未能参加培训的学科专业教师也是一种触动与影响。

> "我们因为是我们学院要求年轻老师最好都去(信息化教学工作坊),所以差不多大部分年轻老师感兴趣的都会去,然后研究生的导师必须要参加,年轻老师最好都参加。都是自己选择的,你看到一个好的培训,这样一个课程,你就可以跟学院申请,我们基本上都是很鼓励老师去的,然后就可以派出老师去参加培训。"(ZST-1)

> "有很多培训班,每年都派个老师过去。也有派老师去国外如澳大利亚、英国进修的,两个多月。"(ZST-2)

> "教师教育中心有很多培训,我们都鼓励老师去的,看得多了,自然会有收获。那些去的老师后在自己的课上运用,其他没去培训的老师也会受到启发。"(ZM-1)

4)Z校外语学院建立了外语教育技术中心来支持信息化教学

Z校外语学院建立了外语教育技术中心,包括语音室、同声传译实验室、卫星的转播设备等,来支持学科专业教师的信息化教学实践。

　　"(外语教育技术中心)它是在我们实验室的基础上,分管我们语音室、实验室、同传室,同时做一些技术上的支持,教授一些课程。我刚才提到的这个 ZTT-1 老师,也在带语料库这门课。还有我们卫星发射转播塔,他主要做一些技术方面的拓展和支持,管理我们的实验室。"(ZST-1)

　　"这个你要是想学的话,问一下 ZTT-1 老师,就是去组织起来,老师们都想学的话随时去讲。我们有一个数据库,ZTT-1 老师就组织年轻人,谁愿意学这个数据库,用这个数据库将来搞科研。今天下午给你上课,年轻老师都会去,因为只要你想学,没问题,我们学院完全可以做,所以 ZTT-1 老师给年轻老师讲了好几次那个数据库。学校还是太大了,你找谁去,我们学院正好有这么一个老师挺好,现在年轻老师也挺愿意学。"(ZM-1)

　　诚如前述,从学科专业教师的反馈来看,该中心的负责人 ZTT-1 老师起到了一定的技术支持作用,但覆盖面有限。Z 校外语学院学科信息化设施的建设为学科专业教师开展信息化教学的实践提供了一定的条件。

　　3. 教师教育者的身份认同促进了学科专业教师的信息化教学探索

　　教授师范生的学科专业教师扮演着教师教育者的角色,在培养师范生的学科专业知识与能力的同时,还肩负着未来教师的教学榜样示范的责任,但是由于我国长期以来学科专业教师都是既为师范生授课又为非师范生授课,甚至师范生与非师范生在同一课堂的情况极为普遍,因此学科专业教师对于"师范大学教师"的专业身份认同较高,"教师教育者"身份的认同感较低,[①]在教学中通常更为注重学科知识的传授与专业能力的培养,对于教学示范的角色意识较为淡薄。然而 Z 校学科专业教师对教师教育者的身份认同感相对较强,有明确的教学示范意识,认为自己的信息化教学行为会潜移默化地影响师范生,对其产生示范效应。

　　"我感觉那样的课可能老师在技术方面的指导更多一点,但是我们这样的课,比如说从我们的专业课堂上获得它的运用方面的更多一点,就是他们只是知道在大课上学到了技术之后,怎么样去剪辑这个视频,但是在真正的课堂上,他们看到老师用(信息技术),通过老师运用这种展示,他们学到了就是怎么样去运用这样的机制。"(ZST-1)

　　"我觉得肯定有潜移默化的影响吧,比如老师的 PPT 上有很多文字,字又小,会对学生产生负面影响。如果老师的 PPT 上字少,只是框架几个字,或者加上图片、文字或者视频,学生就会觉得这个 PPT 好,自己也会这么做。"(ZST-2)

　　"我们学院有十一位老师,包括我在内,我们都去瑞典参加过一个儿童权利和课堂学校管理这么一个培训,它是国际培训项目,然后这个项目当中,其中很大的(部分)就讲到了儿童的权利问题,其中有个参与权,就在学校怎么样去让学生实现参与

---

① 郑丹丹.教师教育者专业身份认同剖析[J].江苏高教,2014(03): 113-115.

权,除了课堂上我们这种参与式教学,就是让学生参与在教学当中,学生他是一个主导的角色,然后让学生课堂上面要充分发挥出能动性来参与老师进行的教学,然后教学管理上学生要献计献策。所以我们回来之后,其实我们主要是用在我们师范生教学事务上,我们就把这样的理念传授给我们的师范生,鼓励他们当老师之后,也能够在课堂上面有这样的一种组织方式,然后也能够注重学生参与权利。我们在课堂上采用这种参与式的教学,师范生参与了,体会到它的好处,以后在课堂上也可以用。"(ZST-3)

"因为老师就开始这样使用,他们(师范生)就是这样被教学的,所以我觉得他们可能以后也会理所当然地觉得会去尝试。"(ZST-4)

4. 师范生是基础教育变革动力源的认知促进了学科专业教师的使命感

部分 Z 校学科专业教师认为该地区中小学教师整体教学能力偏弱,而该校师范生的能力整体优于在职的中小学教师,能够推动中小学阶段的教学变革,在这种理念的指引下,学科专业教师的教师教育者身份认同感增强,有更强的使命感去成为师范生的信息化教学榜样示范以及发展师范生的信息化教学能力。

"中学来讲的话,我们这边也很死板,可能我觉得这方面讲得也不是太多,还是应试教育为主,我们这边听和说就不是很重视,他们中学老师就讲语法,讲阅读,讲写作,所以信息技术用得很少。比如说地市一级的学校里面,现在学校里面都要求安装了,都有多媒体的设备,但是老师上课来讲很少用到多媒体,他们(用)多媒体的时候就是公开课,大部分时候多媒体是锁着的,然后我们也曾经问过老师,说你们为什么不喜欢用多媒体? 这些地方老师就觉得说,一来是他们这个技术不熟练,二来是他们主要认为用多媒体讲课太费时间了,做卷子效率高。我们师范生的信息技术能力、教学的方法要比当地的中小学老师要强,就是他们叫作多样化,而学生都很喜欢我们这些师范生实习老师,特别喜欢他(们)的教学。他们非常喜欢这些新老师带来的这些新鲜的教学方法,手段不是特别复杂的,还有就是因为他们的思维各方面不一样了,可能了解知识面很广,比他们老师给他们传授东西要广泛一点,这是很受欢迎的。唯一实习期间体现出来的不足就是教学经验不足,在讲课当中可能有很多的点在当地老师来看的话,可能重难点掌握性不是很好,因为他(们)毕竟也没有太多的意识,但是要说跟学生沟通,他们在师生互动沟通方面要好于当地的老师,因为他(们)有这个意识了。所以总的来说的话,只要是经受过正规的师范培训的学生,他们今后当老师的能力还是比较强的。我们也很希望通过师范生一批一批,让基础教育有些变化,现在太应试了! 语言的运用能力、文学修养、跨文化能力,都很不重视。"(ZST-3)

5. 科研教学工作的繁重不利于学科专业教师信息化教学的实践

Z 校学科专业教师普遍认为科研与教学任务繁重,缺乏进行信息化教学探索与实践的时间精力,即使有探索的意愿也会觉得力不从心。

> "当然了,语料库之所以一直都没有最后全部完成,是因为课时的压力、科研的压力,然后因为我还有一定的行政工作,没有那么多精力。"(ZST-1)
>
> "科研教学占用了很多精力,这可能算得上主要原因吧。"(ZST-2)
>
> "因为带课任务挺重的,我们因为带好几门课,真的没有时间精力。"(ZST-3)
>
> "我了解了一下批改作业的网站。网上批改作业,一是人数少,二是我教的是综英多一点,再一个是忙一些,一直都没有尝试。上次去参加外研社的培训,介绍了一款软件。我们学院院长也邀请外研社开发这个软件的人来介绍过,特别想试试,因为各种原因,都没能试成。但我感兴趣! 学院邀请外研社过来做讲座的,我还专门去听过。"(ZST-4)

科研与教学任务繁重影响学科专业教师的信息化教学探索,这本质上反映了 Z 校评价体系上还是更重视科研,信息化教学的实践没有对 Z 校学科专业教师的职业发展产生太大促进作用,只有在项目立项上有一定的导向性,还需要更多的顶层政策支持。

6. 缺乏技术支持与教学团队建设降低了学科专业教师对于外部条件的感知

尽管有 Z 校顶层设计与外语学院管理层对于信息化教学的重视及支持,学科专业教师依然普遍希望在信息化教学探索时有专人支持与教学团队合作进行实践,认为这是其优化信息化教学的关键。

> "靠一个人,我觉得毕竟还是有一些短缺的,比方某一个课程的团队,因为这课程不止我一个人,我们还有好多老师也在,如果把老师组成一个团队,我们就可以把每一章东西再浓缩出来,我们先自己设计出来,比如说,有技术员在那,我都能够做出来。"(ZST-2)
>
> "像我们在去年的时候,我们学校专门开了个教学法方面的各科老师们的会议,就培训了一下,其实也是讲到了这些困难,我们都提出来了,学校现在也只是在做一个摸底,它也在了解情况,但是学校它肯定一开始初衷是让我们老师自己去做所有东西的,但是我们现在跟它反映说我们做不来,我们没有这么大的精力和能力。所以几乎所有人反映都是没有时间,没有精力,没有能力的,然后我们需要专业的技术平台支持,而且这东西还需要资金投入的,不是说我一个老师能完成,而且需要建立一个教学团队,比如讲微课(也)好慕课也好,它都是有分工的,可能就教育层面来讲,不同的老师(按)自己的专长都会讲某一方面内容,然后再有专业技术员做后台支持。所以这样来讲的话,要团队才行。"(ZST-3)

ZST-1 老师比较了有团队支持与没有团队支持下的信息化教学实践,认为在有技术人员支持及教学团队合作的情况下,信息化教学的探索和实践可行性更高。

"我们正好下学期有这样一个课,世界历史就是计划要这样上了,它会有同步的这种视频课,因为那个老师特别的有经验,是特别好的一个历史学者,他自己已经录了一些课,所以我们就想下学期尝试一下这种,把这些资源都给学生共享分享出去,然后他们也就有了课程的视频。我们做了三年了,也不敢说非常成熟,还在摸索,因为我们现在可能有几位老师,差不多六七位老师都带过这个课,已经有个team(团队),肯定还会有很多需要改进的地方,所以我们下面就想慢慢再一直改进。"(ZST - 1)

"几年前我是对这个理论感兴趣的,感兴趣时间比较长,我就参加过很多这样的培训,然后给我印象比较深的时候就是在上海交大参加 ＊＊＊ 老师的培训课程,然后他们有一个翻译学长达一个月的培训,我觉得那个还挺好,对我帮助挺大的,就是有很多的想法,但没有时间去做,实施起来,有点孤军奋战的感觉。"(ZST - 1)

需要技术以及教学团队的支持其实与科研教学工作繁重是紧密相关的,Z 校学科专业教师提出的这个普遍认识本质上也反映了教师们觉得时间精力不够充分,而信息化教学的探索以及信息技术驱动的教学创新又需要投入大量的时间与精力。

7. 财政政策的规定使得硬件投入很大,而相关设备的培训支持欠缺

Z 校外语教育技术中心的 ZTT - 1 老师认为,财政政策上对硬件配置的重视,对于师资培训、人员配置等软性条件的意识薄弱,导致该中心硬件设施完备,却缺乏培训与技术人员支持,使得其单打独斗、力不从心,学科专业教师尚未获得相关学科信息化教学设备的良好培训与支持,对于这些外语信息化设施的运用能力也有待提高。

"这两年对于我个人感觉就是说,国家对于这方面,它硬件的投入非常多,像这几年就是我负责,我买回来的设备已经好几百万了,但是这设备是否能够真正落实到应用,我觉得机制包括意识上的这种改变可能更重要一些,软性的东西还没跟上,我就能感觉国家政策它只能负责到片面的东西,比如我每次写的报送一个同声传译的设备,我里边往往写了一个派相关的翻译专业的老师去参加培训,或者请一些专业的公司的人员来跟进培训,但往往这个部分是不会批的,因为什么? 它没法进行验收。国家说你这个东西必须能验收,你比方你 CPU 是八个 G 的,内存是八个 G 的,好,我们一点就是八个 G 的,好了通过验收,这种的(培训)它就验收不了,它不允许你去进行招投标,国家在建设的时候只考虑到硬件,没有考虑到要如何普及,所以就导致拿过来以后,大家大眼瞪小眼不怎么会用。就是说我们在投标的时候只能作为一个加分项,比如说您是 A 公司,您投完我就说如果您能给我们提供这种培训服务,我们给您多打半分,最多也就半分,然后那么这个东西没有写到这个合同里边,没有写到供货的参数里边,您怎么培训我,那就完全是你的个人爱好,就半天讲完了,懂不懂我们就走了,反正我不可能把这技术人员长期驻到你这里来,然后可以进行培训,但是如果我明确地写了我会给你两万块钱,你必须得给我培训五十课时并且什么,我们也可以明确地写,但是就即便写成这样国家也不会批,因为这个东西属于人工费、劳务费

而不是购设备费。所以说我们是硬件软件买了很多，但是大家都不会用，就说公司也好厂商也好，派人来培训就像走马观花一样，就走了，他反正已经卖掉了，他也无所谓，他还没完，就着急地说我要赶飞机，我还有下一场，因为你没给人钱，说白了就是因为你没给人钱，人家不会非常认真地来做这个事情，国家政策应该考虑的，因为设备是要人使用的，但是你看国家又怎么着，你要咱这个屋子里边要安电脑，它就会给你比如说不超过5%的环境改造费和装修费，就是你不能把电脑都安在这水泥地上，不行，但是你既然可以匹配装修的费用和环境改造费，为什么不能匹配一些培训费？或者说反正类似这样的费用，它如果从政府比如说每一百万的投资必须得匹配五万，或者说这个比例我不好说，举例五万的话，可能对于我们下边来说就比较好操作。"（ZTT-1）

诚如前述，财政政策的重设施轻支持也在学科专业教师的反馈中得到了充分的反映，Z校学科专业教师普遍反映技术支持与教学团队建设有待加强。

表 5-5　Z校学科专业教师信息化教学行为影响源对比表

影　响　源	ZST-1	ZST-2	ZST-3	ZST-4
推动基础教育改革的责任意识	+	N/A	+	N/A
教师教育者的身份认同	+	+	+	+
院系政策-技术支持	+	−	−	−
院系政策-团队支持	+ / −			
院系政策-课程建设	+	+	+	+
院系政策-创新文化	+	+	+	+
Z校政策-师资发展	+	N/A	+	N/A
Z校政策-评价激励	+			
国家政策-财政政策	−	−	−	−

注："＋"表示正面作用，"－"表示负面作用，"N/A"表示没有提及

综合Z校学科专业教师的信息化教学意愿与行为及其影响因素（见表5-5），可以发现，培养师范生信息化教学能力从而促进基础教育改革的责任意识、作为教师教育者榜样示范的身份认同、师范大学以及院系层面上下联动推动信息化教学的政策措施，使得Z校学科专业教师有较强的意愿进行信息化教学的探索，也在探索与尝试过程中发展了信息化教学能力，又在信息化教学实践中促进了对于信息化教学有用性的感知，组织较好的信息化教学创新文化以及教师专业发展机会又提升了学科专业教师的外部条件感知，这些内外部因素使得Z校学科专业教师的信息化教学意愿与能力整体较高。而缺乏技术支持以及教学团队的建设、科研教学工作的繁重以及财政政策对培训与技术支持的不重视对于Z校学科专业教师的信息化教学意愿与能力的发展产生了负面的影响。

第五节 多方协同综合培养模式的启示

综上所述,鉴于 Z 校实行的是多方协同综合培养的模式,师范生信息化教学能力的培养呈现多元主体的特点。虽然 Z 校师范生整体表现出较高的信息化教学意愿与能力,我们仍然需要综合师范生、学科专业教师、学科信息化教学课程教师以及学科管理层的数据来分析这种模式培养师范生信息化教学能力的优势以及局限性。Z 校的师范生信息化能力发展政策中哪些策略是有效的?哪些策略没有达到预期的效果,原因是什么?哪些策略可以常态化?这种模式中哪些因素是促进师范生信息化教学能力发展的关键?从而为师范生信息化教学能力的培养政策与实践提供启示。

一、多方协同综合培养模式的优势

多方协同综合培养的模式既重视激发政策执行层面与中层管理层面的变革力量,又重视顶层设计与变革领导,汇聚师范生信息化教学能力培养各方利益主体的力量,来促进师范生信息化教学能力的发展,这种模式的主要优势在于避免了师范生信息化教学能力培养的单一路径,从而使得师范生信息化教学能力培养的动力源多元化。

(一)激发学科层面的变革力量,将学科层面纳入师范生信息化教学能力培养的责任主体促进了学科专业教师的信息化教学示范

多方协同综合培养模式的顶层设计重视在教育系统中自下而上的教学改革这一重要的变革力量,因此极为重视学科院系在师范生信息化教学能力培养中的主体作用。由于师范生在四年的学习中学科专业的学习课时比重最高,受院系专业教师的影响最大,因此这样的顶层设计有利于发挥学科专业教师通过信息化教学示范促进师范生信息化教学能力的发展。

Z 校在师范生课程设置中强调师范生的学科教学能力的发展,并且将这些相关的课程下放到学科院系开设,这一顶层设计促进了学科专业教师对于学科教师教育者这一角色的身份认同,将培养师范生的教学能力视为自己的责任之一,因此注重自己在教学中的教学示范角色,而 Z 校教师教育中心的一系列信息化教学教师专业发展活动又促进了学科专业教师的信息化教学能力的发展,在意愿与能力兼具的情况下,学科专业教师在自己的学科专业课程教学中促进了师范生信息化教学能力的发展。

这种隐性课程的模式使得师范生获得了丰富的信息化教学体验,在自己专业的课堂中形成了对于学科信息化教学的认知,提升了信息化教学的感知有用性,而 Z 校部分学科专业教师还在自己的专业课堂上为师范生创造教学实践的机会,并给予实时的评价与反馈,又让师范生提升了信息化教学的自我效能感,降低了信息化教学的焦虑,并在反思中促进了信息化教学能力的发展。在两门信息化教学显性课程没有发挥预期作用的情况下,学科专业教师成了 Z 校师范生信息化教学意愿与能力发展的主要动力源。

（二）引入院系层面的力量，将院系纳入责任主体促进了院系管理层对于学科信息化教学的支持

虽然 Z 校学科信息化教学课程并未达到预期的效果，但这并不意味着学科信息化教学课程对于师范生信息化教学行为没有积极作用，如果该课程开设时间合理、授课教师的课程实施能够在教学取向上更贴近学科教学，那么师范生依然可以系统地学习学科信息化教学知识，有利于其信息化教学能力的发展。此外，在学科层面设置学科信息化教学的课程，有利于学科院系层面加强学科信息化建设。

多方协同综合培养的模式重视师范生信息化教学系统中各方的力量，将院系层面纳入师范生信息化教学能力培养的主体之列，使得院系将师范生信息化教学的培养视为自己的责任，有相应的保障机制来支持学科专业教师的信息化教学探索，在 Z 校师范生信息化教学能力培养系统中起到了上下联动的枢纽作用，从而有力地推动了师范生信息化教学能力的发展。

在 Z 校的外语学院，院系管理层通过设置学科信息化教学课程、以宽松包容的组织文化鼓励学科专业教师的信息化教学探索、鼓励学科专业教师的信息化教学能力发展并提供相应的支持、建立外语教育技术中心支持信息化教学等措施来促进学科专业教师的信息化教学意愿与能力的发展。

由于院系是学科专业教师的管理组织，因此院系层面对于信息化教学的重视与支持会对学科专业教师的信息化教学实践产生较大的影响，在组织文化鼓励信息化教学探索与创新、为教师沟通交流而搭建的教研活动平台机制、信息化教学设施完善等外部条件支持下，学科专业教师的信息化教学意愿就会得到提升，信息化教学能力也能得到发展。

（三）重视顶层的变革领导，教师教育中心的信息化教学变革领导推动了师范生信息化教学能力的发展

除了发挥系统中执行层面与中层管理层面的力量之外，多方协同综合培养的模式应同样重视顶层的变革领导，才能实现上下联动、多方协同的效果。在 Z 校的系统中，教师教育中心扮演了师范生信息化教学能力发展的变革领导作用，除了进行信息化教学课程建设这一直接路径之外，教师教育中心还通过领导教师专业能力发展与教研共同体建设、信息化教学大赛、师范生信息化教学实践平台搭建等措施来保障师范生信息化教学能力的发展，这在一定程度上避免了单一路径变革可能带来的问题。

总之，多方协同综合培养的模式避免了在单一路径模式下某一主体力量失效导致师范生的信息化教学能力无法获得发展的缺陷，使得师范生信息化教学能力的发展获得了多重的保障。

二、多方协同综合培养模式的局限性

多方协同综合培养的模式虽然优势较为明显，但是在实际的实施过程中，依然存在局限性，主要受到教师的信息化教学行为影响，并且有赖于顶层与中层的信息化教学变革领导力。

（一）多方协同综合培养模式的成效有赖于教师的信息化教学行为

在 Z 校的师范生信息化教学培养的顶层设计中,通用信息化教学课程"现代教育技术"与学科信息化教学课程"中学英语多媒体制作"这两门显性课程被视为培养师范生信息化教学能力的关键力量,而教师教育中心、教育学院、外语学院等作为重要的支撑力量。

但在具体实施中,这两门显性课程对于 Z 校师范生信息化教学能力发展的影响却相对有限,师范生认为通用信息化教学课程"现代教育技术"只教授 Flash 制作,对于教学的促进性较低,因此没有在自己的教学中使用 Flash 技术,也没有意愿在未来教学中使用。"中学英语多媒体制作"教授的技术实用性较高,但是由于课程设置的时间、长度、形式的问题,使得其对师范生的信息化教学能力发展的影响有限,并且主要是影响技术能力的发展,与教学关联度不高。鉴于此,显性课程是否能真正促进师范生信息化教学能力的发展关键在于显性课程授课教师的具体教学行为,并且受课程的开设时间、课时、班级规模大小等因素的影响。虽然学科专业教师在 Z 校模式的顶层设计中并非师范生信息化教学能力培养的关键力量,但是实际上却在显性课程作用不及预期的情况下成了 Z 校师范生信息化教学能力发展的主要动力源。

这一方面体现了多方协同综合培养模式的优势,另一方面也说明了师范生信息化教学能力获得发展关键还在于教师的信息化教学行为,无论是显性课程教师的课程实施还是隐性课程教师的教学示范,如果两种课程的教师都没有发挥作用,那么即便在上下联动多方协同模式下,师范生的信息化教学能力依然无法获得常态化发展。

（二）多元主体的模式考验师范大学的信息化教学变革领导力

多方协同综合培养模式的优势使师范生信息化教学能力的发展获得了多方的动力源,多元主体的优势在于可以调动各方主体的力量来发展师范生的信息化教学能力,但是这同时也要求领导变革的组织需要具备卓越的信息化教学领导力,否则便容易出现各方主体各自为政,变革力量没有形成共同的愿景,使得这种模式的优势无法发挥。

Z 校师范生信息化教学能力培养的教育变革的领导核心是教师教育中心,该中心主要通过领导课程建设、领导师资队伍及教学共同体的建设、搭建师范生信息化教学实践平台等措施来推动师范生信息化教学能力发展的变革。从各方主体的访谈数据来看,Z 校教师教育中心在推动学科专业教师的信息化教学能力专业发展、创建师范大学与中小学沟通交流的长效机制以及师范生信息化教学实践平台的建设上起到了良好的变革领导作用。但是 Z 校的变革领导依然存在一些问题。

第一,在课程建设上没有推动师范生信息化教学能力培养的几个关键动力源达成共同的愿景。尽管师范生的培养方案中明确了未来教师促进学生学习与发展的角色,但在师范生信息化教学课程目标中却未获得体现,授课教师将师范生信息化教学能力的发展目标狭隘于信息技术的技能掌握,而缺少了与教学的相关性,最终使得 Z 校两门信息化教学课程没有发挥预期的作用。

第二,缺乏信息化教学授课教师专业发展以及沟通交流的长效机制。Z 校教师教育中心虽然建立了学科专业教师信息化教学专业发展以及沟通交流的长效机制,但是对于信息化教学课程的授课教师却没有相关的保障机制与交流平台。在政策设计时,一个常见的误区是教育信息技术的老师不需要信息化教学能力的发展,然而从信息化教学能力的构成来看,教育信息技术的教师关于教育信息技术的知识充分,但并不一定擅长教学,特别是对于部分研究型教师而言。因此,对于信息化教学的授课教师应该根据其教学能力的现状提供相应的专业发展机会、构建教研平台。

第三,教师评价导向上依然重科研轻教学。尽管Z校通过教改立项有一定的信息化教学政策导向,但是Z校的学科专业教师普遍认为科研教学的压力限制了他们进行信息化教学探索的时间精力,这反映了Z校的评价导向依然不利于教学创新,而更重视科研成果,对于大部分教师而言,教学创新是锦上添花,可有可无,而科研成果却极为影响他们的生存与发展。

(三)多方协同综合培养的模式依然需要院系层面的信息化教学变革领导力

多方协同综合培养的模式除了需要顶层的变革领导力之外,也需要院系层面的信息化教学变革领导力。诚如前述,院系是学科专业教师的管理组织,院系管理层的信息化教学相关措施会对学科专业教师产生重要的影响。

Z校外语学院管理层重视学科专业教师的信息化教学以及师范生信息化教学能力的发展,因此有相应的支持与保障措施,但是依然在变革领导上存在一些问题。

第一,对学科专业教师信息化教学的技术支持与教学团队建设上支持不足。Z校外语学院没有专业的技术人员支持教师的信息化教学实践,也没有机制来促进信息化教学团队的组建与发展,使得学科专业教师觉得进行信息化教学的外部条件不够充分,自我效能感不够,认为靠自己独自探索心有余而力不足。

第二,对于学科信息化教学课程的建设领导不够。在课程设置与课程形式上不够合理,不利于师范生信息化能力的发展。对于该课程的师资建设不足,学科信息化教学课程仅仅依靠一位外语教育技术中心的教师力量过于单薄。

综上所述,Z校多方协同综合培养的模式为师范生信息化教学能力的发展提供了多方动力源与多重保障机制,使得Z校在两门显性课程没有发挥预期作用的情况下,师范生的信息化教学能力依然在学科专业教师的优质信息化教学示范所形成的隐性课程中获得较大的发展,整体呈现出较高的通过信息化教学促进学生核心素养发展与主动发展信息化教学能力的意愿、积极的态度与成熟的认知。在多方协同综合培养的模式下,如果各方动力源均发挥预期的效果,那么师范生既能在信息化课程的显性教学中获得系统性的信息化教学知识,又能在学科专业教师信息化教学示范以及大学组织的信息化实践活动中获得信息化教学的隐性知识。然而,这种模式并非完美,依然存在局限性,其成功有赖于教师的信息化教学行为以及顶层与中层的信息化教学变革领导力。

第六章
师范生信息化教学能力系统性培养策略

诚如前述,复杂系统的教育变革是高度情境性的,师范生信息化教学能力的培养没有一种放之四海而皆准的万能模式,需要师范大学根据系统内各利益主体的具体情况采取校本化的培养模式。尽管师范生信息化教学能力的培养没有一种万能模式,但是在对三种培养模式下三所大学个案的研究中我们也发现了在各个利益主体层面被证明有效的师范生信息化教学能力培养策略。本章将结合师范生信息化教学能力的培养目标、成效与影响因素,使用比较分析的方法对比分析三项个案的研究发现,从而挖掘在各种模式下培养师范生信息化教学能力的共性因素,在此基础上,在复杂系统教育变革思想的指导下,分析总结指向核心素养的师范生信息化教学能力的系统性培养策略,以及这些培养策略适合运用的情境,并从利益主体的视角将这些培养策略分为顶层设计策略、中层变革策略以及教学实施策略三个层次,为各方利益主体参考运用适合自己层面的师范生信息化教学能力培养策略提供启示。

第一节 三种模式下师范生信息化教学能力培养的启示

三所师范大学对于师范生信息化教学能力的培养虽然在成效上有所差异,造成培养效果差异的影响因素也不尽相同,但是我们从三所师范大学的数据中发现了影响师范生信息化教学的一些共性因素,为系统内各个利益主体设计师范生信息化教学能力的培养策略带来了启示。

一、成效差异启示：指向核心素养的信息化教学三要素

尽管三所大学师范生信息化教学能力的影响源存在差异,但是本研究比较三校师范生的数据后发现师范生实施指向核心素养的信息化教学需要具备三个关键要素,这些要素主要受师范大学教师的教学行为、教学内容以及实习时信息化教学的外部条件所影响。

（一）指向核心素养的信息化教学三要素

将三所大学师范生信息化教学意愿与能力的各个因子与其实习时信息化教学行为进行对比，本研究发现师范生进行指向核心素养的信息化教学需要具备三个要素，其中指向核心素养的教学观、整合信息技术的核心素养教学法知识为内在要素，信息化教学的外部条件为外在要素。

1. 指向核心素养的教学观

从三所师范大学的师范生信息化教学能力培养成效来看，师范生的教学观会影响师范生对各种信息技术对于教学促进性的感知，从而影响师范生的信息化教学意愿以及具体的信息化教学行为。

第一，教学观会影响师范生对于信息技术的教学促进性的感知。同样是翻转课堂，如果师范生认为提高学生在标准化考试中的成绩比发展学生的自主学习能力更为重要，那么他们就会认为让学生自己课后学习视频可能无法掌握学生的具体学习情况，因此不认同信息化教学这种教学方式；而倘若师范生认为发展学生的自主学习能力更为重要，自主学习能力提升了，学业表现也相应地能获得进步，那么他们就会认为课后让学生自己学习视频是提升学生自主学习能力的一种方式，而学生从不自觉到自觉需要时间，也需要教师逐步引导，这是一种学生成长的过程，可能短期学业表现会下降，但是长期而言对学生是非常有利的。因此，在不同教学观的指导下，师范生对信息技术对于教学的作用（感知促进性）会有不同的认知，从而影响其是否使用某种信息技术进行教学的决策。例如，如果师范生觉得沟通合作能力对于学生不重要，那么他们自然也不会通过信息化教学去促进学生沟通合作能力的发展，即便某种信息技术具备促进学生沟通合作能力的作用，师范生也不会使用这种信息技术来促进学生的沟通合作能力。

第二，教学观还会影响师范生对于信息技术工具的具体运用。在不同的教学观指导下，师范生使用同样的信息技术会产生不一样的信息化教学行为（见表6-1）。例如，同样是思维导图，如果师范生认为教师的主要职责是知识的传递，他们可能会用思维导图来帮助知识点的呈现与总结；如果师范生认为教师的主要职责是启发学生思考而非告诉他们答案，那么他们可能会用思维导图来进行头脑风暴，发散学生思维。同样是微课，如果师范生认为教学就是知识的呈现与传递，信息技术的作用就是优化知识的呈现与传递，那么他们可能会在课堂上让学生学习微课上的知识点，或者把微课作为课后复习材料；如果师范生认为教学除了知识的传递，还应该培养学生的思维，促进核心素养的发展，那么他们可能会让学生在课前学习微课上的知识点，在课堂上进行活动、讨论与实践。同样是自适应学习平台，如果师范生认为教学主要是帮助学生在标准化考试中取得好成绩，那么他们会充分利用自适应学习平台的巨大题库，让学生反复操练；如果师范生认为教学的最终目的是促进学生核心素养的发展，那么他们会利用自适应学习平台的智能优势，针对学生知识掌握的薄弱环节给予适量的习题巩固，将节省下来的重复刷题时间用于发展学生的核心素养。同样是基于人脸识别技术的课堂行为系统，如果师范生认为教师的责任是帮助学生利用好每一分每一秒时间，从而在标准化考试中获得好成绩，那么他们会利用课堂行为系统对学生进行监督，以此作为奖惩的依据；如果师范生认为学生的心理健康与学业表现同样重要,那么他们会利用课堂行为系统识别学生的反常行为,深入了解可能存在的原因,并在有必要的情况下进行适当的干预,促进学生的心理健康。同样是水平分级测试平台,如果师范生认为升学率是学校的主要目标,那么他们会用水平测试平台对学生分级后给学生打上标签,重点关注有望在考试中获得高分的学生而忽视甚至放弃后进生;如果师范生认为每个学生都有潜力,应该因材施教使得每位学生都获得适合自己的发展,那么他们就会通过分级测试了解学生现状,给予学生与其能力相匹配的学习材料。

表 6-1　不同教学观指导下的信息化教学行为对比表

信息技术	应试教学观指导下的信息化教学行为表现	核心素养教学观指导下的信息化教学行为表现
微课	知识点讲解	课前自学,课堂上进行相关知识的活动与实践
自适应学习平台	利用大题库加强刷题式的训练	利用智能技术有针对性地练习,将不用重复刷题节约下来的时间用来促进学生核心素养的发展
人脸识别技术	监控学生课堂行为,以此为依据进行奖惩	了解学生情绪与异常行为,进行心理干预
分级水平测试	为学生贴上标签,只关注升学有望的学生	了解每个学生的学情,因材施教
思维导图	总结呈现知识	进行头脑风暴,启发学生思考

注:本表为研究者在案例数据基础上编制

鉴于此,真正要培养师范生通过信息化教学发展学生核心素养的意愿与能力,首先必须引导他们形成指向核心素养的价值观,只有师范生认为学生的核心素养发展十分重要,他们才会选择有利于核心素养发展的信息技术工具来进行教学,才会利用信息化教学来促进学生核心素养的发展。否则,师范生即便信息技术运用能力很强,也可能只通过信息化教学促进学生应试,"新瓶装旧酒"现象背后的原因便是如此,而在信息技术的推动下,利用人脸识别监控、利用自适应平台刷题甚至可能加剧应试行为,离发展学生核心素养的目标背道而驰。正如核能可以用来发电帮助人类,也可以用来制造原子弹伤害人类一样,信息技术也可以放大或者加速某个目的的实现,关键是这个目的是什么。因此,指向核心素养的信息化教学能力培养首要的便是加强对于师范生未来教师角色的定位、明确发展学生核心素养的目标、指向基础教育核心素养导向的改革需要来培养师范生。

2. 整合信息技术的核心素养教学法知识

当师范生在核心素养的教学观下进行教学时,能否促进学生核心素养的发展还取决于其教学过程的设计与实施,以及教学策略与方法的运用。我们从三所大学师范生的信息化教学中发现,尽管师范生在实习中通过信息化教学促进核心素养发展的行为并不多,但是师范生对于促进知识传递与促进核心素养的发展明显采用了不同的教学策略与方法。促进知识传递的教学法是为了知识更好地呈现,便于学生的理解与记忆,因此,师范生会通过某些方法与技术促进知识呈现的丰富性与趣味性以吸引学生的注意,会通过条理清晰的知识总结促进学生对于知识的理解与记忆。而促进核心素养的教学法会注重学生的思维训练而不仅仅是知识的记忆,因此其思考、活动、实践的过程比记住知识的结果更重要,师范生会使用通过某些方法与技术来促进学生的自主学习能力、给予学生思考的时间、引发学生思考、给予学生公平表达意见的机会等。诚如前述,促进知识传递与促进核心素养发展的信息化教学行为存在差异,而这种差异便是因为采用了不同的教学策略。因此,促进学生核心素养的发展,师范生需要会选择、使用甚至创新适合核心素养发展的教学法。核心素养的教学法知识是整合信息技术的核心素养教学法的基础。同时,鉴于《普通高中新课程标准(2017 年版)》中除了跨学科的核心素养之外,还有学科核心素养发展的要求,因此也需要师范生具备学科核心素养的教学法知识。

在具备核心素养教学观、核心素养教学法知识的基础上,师范生还需要具备整合信息技术的核心素养教学法知识,能够搜寻、选择与使用契合自己核心素养教学的信息技术资源与工具,实现传统教学下无法实现的目标。这便需要师范生具备主动探索面向核心素养的信息技术资源与工具的意愿、获取这些资源与工具的能力、批判性地选择信息技术资源与工具的思维、创造性地使用这些资源与工具设计实施指向核心素养发展的教学与进行核心素养的评价,从而促进学生核心素养的发展,这便是整合信息技术的核心素养教学法知识的核心内涵。

3. 信息化教学外部条件

具备了指向核心素养的教学观与整合信息技术的核心素养教学法知识,意味着师范生具备了指向核心素养的信息化教学的能力,但是指向核心素养的信息化教学行为的发生还有赖于信息化教学外部条件,包括信息化教学的设施以及信息化教学的人员支持与文化支持三方面的条件。三所大学部分具备指向核心素养的信息化教学意愿的师范生无法在实习中实施促进核心素养发展的教学,原因便是缺乏信息化教学设施(移动设备不被允许使用)、缺乏指向核心素养的组织文化(应试氛围浓厚),部分实施了指向核心素养的信息化教学行为的师范生也提到了技术支持与教学团队支持的重要性。指向核心素养的信息化教学本质上是一种教学的变革与创新,需要大量的时间与精力,如果外部条件不充分,除了少数特别有变革精神的先锋,大部分师范生还是无法实现指向核心素养的信息化教学的常态化、可持续的发展。

综上所述,指向核心素养的教学观、整合信息技术的核心素养教学法知识与信息化教学外部条件分别从理念、能力与条件三个方面构成了师范生指向核心素养信息化教学得以实现的三要素(见图 6-1),师范生指向核心素养的信息化教学的发生有赖于三个要素的共同作用。

(二)指向核心素养的信息化教学三要素的影响源

在指向核心素养的信息化教学三要素之中,信息化教学外部条件属于实习学校的因素,不在师范大学的系统之内,因此对于师范大学而言最关键的便是如何培养师范生指向核心素养的教学观与整合信息技术的核心素养教学法知识。从三所大学的案例数据中,

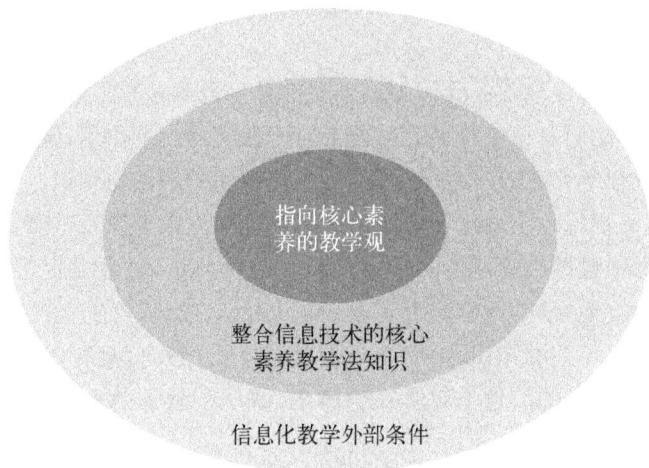

图 6-1　指向核心素养的师范生信息化教学要素图

本研究发现了影响指向核心素养的教学观与整合信息技术的核心素养教学法知识的共性因素。

1. 言行合一的教学示范

从三所大学的案例数据来看，比起教学内容，教师的教学行为会对师范生的教学观与教学法知识产生更大的影响。

无论是教育心理类课程、学科教学法课程、信息化教学类课程还是学科专业课程，对于师范生教学观、教学法知识、教学行为影响较大的是课程教师的具体教学行为，而非教师教授的理论，即身教重于言传。如果教师的教学行为与教授的理论一致，那么就能够促进师范生对于这些理论的理解并在条件合适的时候应用到自己的教学中，而若教师的教学行为与教授的理论不一致，那么师范生会认为这些知识只是不切实际的理论，便降低了在自己的教学中尝试实施的意愿。比如，A 教师告诉师范生要在教学中促进核心素养的发展，但自己的教学行为基本是灌输式的，那么师范生可能会认为促进核心素养的发展只是一种理想的理论（影响指向核心素养教学观的形成），或者有些师范生认同这种理论，但是却不知道应该如何在教学中发展学生核心素养（影响核心素养教学法知识的获得）；又如，B 教师告诉师范生信息技术能够变革教学，但在多屏互动的智慧教室，该教师只是将这些设备用来播放 PPT，还是采用满堂灌的教学方法，那么师范生可能会对信息技术变革教学的作用产生怀疑（影响信息化教学在促进核心素养上的感知有用性），或者认同这种理念但不知道如何通过信息技术变革教学（影响整合信息技术的核心素养教学法知识的获得）。

"在微格教学训练的时候，备课的时候，会忍不住去想我们的老师是怎么上课的，怎么设计活动的？所以觉得专业老师对我们影响挺大的。"（XS-1）

"我们有些老师虽然讲理论时说这些（核心素养）很重要，但是他自己也只是在那里讲而已，没有教我们方法，所以让人会觉得有点虚。"（XS-5）

"理论是理论,听起来挺好的,但是老师们自己也还是只是以讲为主。"(XS-4)

获得丰富优质信息化教学体验的师范生在信息化教学意愿与能力上普遍较高的原因之一也在于此,因为他们真正体验了信息技术对于教学的促进作用,亲身经历了教师如何通过信息技术促进教学,而不是仅仅学习了信息化教学的理论与知识。

然而,身教重于言传并不意味着系统地学习信息化教学知识不重要,而是指教师的教学行为必须符合教师教授给师范生的信息化教学理论知识,这才是促进师范生信息化教学能力发展较优的方案,只有理论而没有相应的行为示范,只是纸上谈兵,只有行为示范而没有系统性地学习相关的知识,则完全依赖师范生自己在信息化教学体验与实践中去顿悟、归纳从而构建自己的信息化教学知识体系,缺乏了教师的引领与支持作用,所需时间更长。

2. 课程与评价的"教学取向"

在三所师范大学的个案研究中发现,同样是一门通用信息化教学课程,三所大学的师范生反响却截然不同(见表6-2)。X校与Z校均认为该课程实用性不高,X校认为通用信息化教学课程过于理论化,Z校认为Flash制作复杂,教学相关性低,使用的可能性不高。Y校通用信息化教学课程的教学内容并未涉及技术难度较高的信息技术学习,主要是思维导图制作、PPT制作与数字故事制作,但是却得到了师范生的肯定,原因在于该课程教师能够从教学的角度出发,教学内容更多围绕的是信息技术与教学的契合点,让师范生切身体验到信息技术对教学的促进作用。

表6-2　三所师范大学通用信息化教学课程对比表

维度	X 校	Y 校	Z 校
内容	微课制作	思维导图、PPT制作、数字故事	Flash制作
性质	必修	选修	必修
形式	理论+小组展示	技能讲解+操练	技能讲解+操练
师范生反馈	过于理论化、信息技术过于单一、缺乏优质教学示范、与学科教学结合太少	选修的师范生认为该课程将信息技术与教学结合紧密、实用性强	均认为学习这种信息技术耗时甚多,但实用性不强
师范生建议	学习各种信息技术在教学中的运用;与本学科相结合	每个师范生都应修读,应改为必修	学一些与教学相关又简单容易的技术

可见,通用信息化教学课程能否促进师范生信息化教学能力的发展有赖于课程的教学内容与教学策略。而通用信息化教学课程的教学内容与策略又在很大程度上受课程授课教师对该课程定位的影响。从通用信息化教学课程教师的访谈数据来看,该课程的授课教师有技术取向型与教学取向型两种类型,相当一部分教师属于技术取向型教师,存在重技术弱教学的倾向,对于中小学教学缺乏了解,对于信息化教学能力的理解偏重掌握某

些教育信息技术的技能,而非通过信息技术促进教学与学生的发展。

> "这门课教育技术理论不是主要的,主要是如何使用设备,如平面到立体,音频到视频,组建局域网。静态动态的都有,满足师范生进入学校后的需求。得强调学生的实践动手能力,不是死记硬背。你把仪器的各个参数记住,但是不会接线,不会采集,没用。"(YIT-2)

> "师范类可以利用这个技术,两条腿走路,利用技术扩展教学。对于数学、化学专业的师范生,利用 App 的搭建平台,进行搭建,他们对于新东西兴趣比较强,动画、视频、音频、摄像以及编辑的软件,非常感兴趣,可以弥补他们专业课程的不足,比如数学的自己课程理论多一些,让他们自己搭建局域网,可有成就感了,像搞网络工程一样。化学也是这样,一天到晚跟实验室打交道,现在能把实验放在网络上。"(YIT-2)

> "我有一门课是学习平台设计的,我们自己系的学生只要一个小时就能解决,我给师范生上要八个课时,挺难教的,他们技术还是弱一点。"(XIT-1)

通用信息化教学课程过多地强调师范生掌握某种信息技术,强调技术的精湛而非教学设计的合理,这传递给师范生的信息便是信息化教学的重点在于信息技术技能的掌握而非教学。而如果学习的信息技术与教学相关性不高,这就会让师范生产生"信息技术对于教学而言是锦上添花甚至华而不实,而非真正能促进教学"的认知。

> "技术老师虽然 Flash 动画制作得很好,但是跟英语教学没有关系,而且很多网站都有现成的资源,而且做得已经非常好了,没有必要浪费时间自己制作。"(ZS-2)

> "(教)Flash 的那个老师是传媒学院的,那门课叫教育信息技术,然后是一个学期,他一个学期就只教怎么做 Flash,基本上就是从浅到深。从一些最基础的,然后到一些动态的,但是我觉得我们学到最后做出来的那个画面还是不够,不足够精美,我觉得就是看起来挺基础、挺老的那种,所以也不太用,因为你从网络上很容易(就能)找到一些精美的短片,而你自己较劲又很费时,如果做出来可能又没有那么好看,就是对于老师来讲,其实它的实用性是不高的,对吧。"(ZS-5)

个案中的师范生在信息化教学能力各因子中,呈现出信息技术能力强、教学能力与核心素养较弱的特点,这也与通用信息化教学课程重技术的取向相关。倘若仅仅教授师范生如何使用一种信息技术的技能,可能在他们毕业工作时,这种技术就已经被淘汰了。而如果注重师范生信息化教学态度、意识、思维与能力的培养,那么未来他们面对新的信息技术时,也能判断这些新技术是否适合自己的教学,是否适合自己的学生,是否有潜在的负面作用,如何使用才能促进自己的教学与学生的学习与核心素养的发展,从而选择合适的信息技术支持教学以及学生的学习与核心素养的发展。

鉴于此,对于通用信息化教学课程的定位需要秉承"技术支持教学"的取向,将课程目标的重点落在如何通过信息技术支持教学,特别是如何通过信息技术促进学生核心素养的发展,而非单纯掌握某种信息技术的使用技能。

在 Z 校案例中,学科信息化课程的教师虽然介绍了一些与学科相关的信息技术,但也同样存在"技术取向"。

> "专门教多媒体制作的老师的话,他就是从技术方面教你这个可以怎么做,就是完全没有和任何教学方法相挂钩,教的时候就是从纯技术方面的角度教你,然后你就从纯技术方面的角度去想,也就是没有一种想法可以跟你的教学相关联,就是觉得没有人点拨,就不会从那个方向想,感觉。我们英语系的老师会介绍那些软件、网站啊什么的给我们,就是让我们自己在网上学习,觉得这个就对我们影响还是比较大的,觉得跟英语教学很贴近。"(ZS-6)

> "那个专业教我们多媒体技术的老师的话,他可能就是会比较集中,然后他会就某一点,这样的话和我们的那个教学内容还有方法结合得比较少。"(ZS-5)

因此,无论是通用信息化教学课程还是学科信息化教学课程都应避免纯技术操作的教学,而注重信息技术与教学的结合,形成"教学取向"的课程教学内容,采用技术支持教学与技术支持核心素养发展的教学策略。

同时,师范生信息化教学能力的评价也必须以"教学取向"的理念为指导,无论是信息化课程的评价、信息化教学比赛的评价标准,还是更高层面的毕业要求或者资格证书要求,都应该重点考察师范生运用信息技术支持教学、促进学生核心素养发展的能力,是否能够选择合适的信息技术来支持教学与学生核心素养的发展,是否在信息化教学过程中具备批判性思维与创新能力,而非使用某项信息技术的技能熟练程度,这样才能通过评价导向的改变引导师范生形成指向核心素养的信息化教学观。

3. 实习对信息化教学认知影响较大

从三所大学的个案研究数据来看,教育实习期间的经历对于师范生的信息化教学认知与意愿产生了较大的影响,主要体现在以下三方面。

1) 信息化教学以促进知识传递为主的实习学校对于师范生指向核心素养的信息化教学意愿与实践产生了负面的影响

一方面,部分师范生巩固了通过信息化教学促进知识传递的理解。这类师范生(XS-3,XS-4,YS-1,YS-5)所在的实习学校基本上使用信息化教学促进知识传递,师范生在这样的环境下强化了对于信息化教学促进知识传递的认同,更加倾向使用信息化教学来促进知识的传递,对于通过信息化教学促进学生核心素养发展的意愿较低。

另一方面,部分师范生因应试的氛围无法进行促进核心素养发展的信息化教学实践。YS-2由于实习学校的应试氛围导致无法进行促进核心素养发展的信息化教学实践,信息化教学意愿与实习行为不一致。Z校在高中部实习的师范生(ZS-5,ZS-6)在看到信息化教学趋势的同时,也看到了中学应试氛围以及对于移动设施的限制使得移动教学的应用很难实现,因此降低了他们使用移动设施进行教学的意愿。因此也可以看出,实习学校的育人理念与教学氛围这些外部条件对于师范生具体的信息化教学行为会产生重要的影响。

2）在有新型信息化教学模式的实习学校师范生的经历差异较大

一方面,部分师范生发展了通过信息化教学促进学生核心素养发展的能力。YS－3在实习的时候了解了翻转课堂的教学模式,并进行了实践,提升了通过信息化教学促进学生核心素养发展的能力,巩固了主动探索信息化教学促进学生核心素养发展的意愿。另一方面,部分师范生反而因此巩固了传统的以促进知识传递为主的教学观。XS－1,XS－6,YS－4的实习学校均鼓励教师进行信息化教学探索实践,均采用了翻转课堂的模式,然而这三位实习生因为负面的体验否定了翻转课堂,巩固了传统的教学观。其中XS－1认为翻转课堂是非常态化教学行为,教师无法把控学生的学习行为,XS－6因为家长的极力反对认为这种模式的实施目前并不现实,YS－4认为所在实习学校"学生课下看视频、老师课堂答疑"的模式并没有很好地促进学生学习,也否定了翻转课堂的模式。可见,即便在有新型信息化教学模式的学校,师范生也同样可能得到不利于指向核心素养的信息化教学意愿与能力的体验,因此,在实习期间需要获得及时的支持,才能在面对信息化教学的困惑与逆境时能够坚定信念并探索解决的方案。

3）实习期间教学实践机会的匮乏影响了师范生信息化教学能力的发展

Z校师范生在一个月的实习期中只有两次授课机会,这影响了师范生在教学实践中发展信息化教学能力,限制了他们尝试实践各种信息化教学模式的机会,在实习期间的信息化教学能力发展十分有限。

可见,实习的经历会对师范生信息化教学的意愿与实践产生重要的影响,因为这是他们看到的真实的课堂与学校。倘若我们期待将师范生培养成变革基础教育,推动核心素养发展的先锋,那么就需要在实习前为他们做更多的知识能力储备与心理建设,实习时需要为他们提供更多的、及时的支持。

二、动力源差异启示：多元化的培养路径

分析三所大学三种模式下师范生信息化教学能力的理想动力源与实际动力源的差异,可以发现,并不存在放之四海皆准的动力源,动力源是否能够促进师范生指向核心素养的信息化教学能力发展有赖于动力源具体的利益主体的观念、意愿与行为。多方协同综合培养模式的优越性不在于其设置了某门课程或者举办了某个比赛,而在于多元化路径、多元化动力源的培养模式为师范生指向核心素养的信息化教学能力发展提供了多重保障,不会因为某一个动力源失效而失去了发展的机会。

（一）动力源是否有效取决于动力源的利益主体

从表6－3中可以明确看出每一个动力源,无论是通用信息化教学课程、学科信息化教学课程,还是学科专业教师示范,对于师范生指向核心素养的信息化教学能力发展均有正面影响与负面影响的情况存在,主要取决于动力源的利益主体,例如,通用信息化教学课程教师、学科专业教师、信息化教学大赛组织者这些利益主体对于信息化教学的认知、对于促进师范生信息化教学能力的意愿及其具体的行为。因此,仅仅依靠设置一门课程、举办一场大赛、组织几次培训并不能保障这门课程、这场比赛、这次培训就能促进师范生信息化教学能力的发展,还有赖于具体利益主体是否持有信息化教学能力发展的"教学取

表6-3　三所师范大学师范生信息化教学能力发展动力源对比表

大学	维度	师范大学							实习 学校		个人
		通用信息化教学课程	学科信息化教学课程	学科专业教师示范	教学技能课	信息化教学比赛	在线学习平台	大学信息化教学设施	教育实习	实习学校信息化教学设施	个人经历
X校	理想动力源	+	0	0	+	0	+	+	N/A	N/A	N/A
	实际影响源	-	0	-	-	0	0	+	-	+/-	+/-
Y校	理想动力源	0	0	+	0	0	0	+	N/A	N/A	N/A
	实际影响源	+/0	0	++	0	0	0	-	++/ +/-	+	+/-
Z校	理想动力源	+	+	+	+	+	+	+	N/A	N/A	N/A
	实际影响源	-	技术+ 教学0	++	++	+/0	+/0	-	+/-	+/-	+

注：表格中"理想动力源"表示师范大学政策设计中认为应促进进师范生信息化教学能力发展的利益主体；"实际影响源"表示实际上对师范生信息化教学能力发展产生影响的利益主体；"+"表示整体正面影响，"++"表示正面影响较大；"-"表示负面影响；"0"表示没有该课程或者不认为该利益主体需承担师范生信息化教学能力培养的责任；"N/A"表示师范大学无法决定该决定利益主体的责任；"/"表示或者，例如"+/-"便是既有正面影响又有负面影响。

向"、是否能为师范生进行优质丰富的信息化教学示范、是否能鼓励多样化的信息化教学模式与创新而非一刀切的某种信息化教学模式或比赛。师范大学在设置指向核心素养的信息化教学能力培养路径时除了路径的形式之外,更要明确指向核心素养的培养取向,衡量相关利益主体的胜任力,同时要为利益主体培养指向核心素养的师范生信息化教学能力提供支持。

（二）多方协同综合培养模式的优势在于建立多重保障

鉴于师范生信息化教学能力发展的动力源不在于动力源的具体形式而在于动力源的承载主体,多方协同综合培养模式的优越性便不在于 Z 校开设的具体某门课程或组织的某个比赛,而在于其培养路径多元化后师范生信息化教学能力的发展获得了多重保障。从表 6-3 中可以看到三所大学的理想动力源与实际动力源的差异,Z 校的理想动力源通用信息化教学课程未发挥预期效果,学科信息化教学课程也以发展师范生信息技术技能为主,只是这些技术比通用信息化教学课程的技术更为实用,Z 校师范生整体信息化教学意愿较高的实际动力源主要是学科专业教师丰富的信息化教学示范,正因为 Z 校对师范生信息化教学能力的多元化培养路径,才使得在某一两个动力源失效时,其他动力源仍然发挥了一定作用,使得 Z 校师范生信息化教学能力的发展得到了一定的保障。而 X 校师范生整体信息化教学意愿较低是因为 X 校的理想动力源比较单一,主要是通用信息化教学课程,该课程没有发挥预期的作用,因此,单一路径的模式下师范生信息化教学能力的发展无法获得充分保障。

鉴于此,若条件允许,师范大学可以在顶层设计中设置培养师范生信息化教学能力的多元路径,为师范生信息化教学能力发展提供多重保障。倘若师范大学受校情限制,无法在顶层设计中设置培养师范生信息化教学能力的多元路径,那么必须充分调研了解各潜在路径的利益主体的信息化教学意愿、能力以及对于师范生信息化教学能力的认知,在此基础上设置最能保障师范生信息化教学能力发展的路径。因此,培养师范生信息化教学能力的动力源设计必须充分情境化,结合校情开展;必须尽量多元化,建立充分的保障。

三、治理权力分布差异启示：激发中层的联动作用

三所大学不同模式下师范生信息化教学能力的培养除了培养路径的不同之外,也表现为师范生信息化教学能力培养治理权力分布的差异。X 校基于通用信息化教学课程的培养模式是自上而下驱动的教育变革,通过师范大学层面在师范生的培养方案中设置一门课程的方式来实现,其治理权力主要在高校层面,院系管理层认为自己不需要承担师范生信息化教学能力培养的责任;Y 校基于学科专业教师信息化教学示范的培养模式是自下而上生成的教育变革,整体生命力较强,基层动力充足,在师范大学学校层面基本处于无为而治的状态,没有设计相关的政策措施,权力基本集中在教师层面,但是缺乏师范大学层面在信息化教学设施、系统性信息化教学知识学习的课程设置等方面的支持以及院系管理层面的支持。Z 校由于既设置了通用信息化教学课程,又设置了学科信息化教学课程,因此将师范生信息化教学能力培养的部分权力下放到了学科所在的院系层面,使得院系管理层在师范生信息化教学能力培养过程中起到了上下联动的枢纽作用,促进了学

科信息化教学的建设与发展;同时,Z校还建立了教师教育中心来作为领导师范生教育的变革领导组织,推动多元利益主体共同培养师范生,实现多方协同。因此,从三所大学的模式对比中我们获得的启示是,治理权力的分散有利于调动多方主体的力量,但是治理权力分散之后需要有变革领导核心来统一各方利益主体的愿景与力量,并为各方利益主体提供支持与保障。

(一)治理权力的分散有利于调动多方利益主体的力量

将多方利益主体纳入师范生信息化教学能力的培养系统之中有利于调动各方力量,来共同推动指向核心素养的师范生信息化教学能力的发展。将院系纳入师范生信息化教学能力的治理主体,赋予了院系管理层进行学科信息化教学建设的责任;将学科专业教师纳入师范生信息化教学能力培养的责任主体,有利于促进学科专业教师对于教师教育者的身份认同,使得他们有意识地在自己的课程教学中为师范生提供优质的信息化教学示范,倘若条件允许下能够将实习学校或者实习指导教师也纳入师范生信息化教学能力培养的责任主体,将更有利于师范生在实习期间发展信息化教学能力。

(二)治理权力分散之后需要有变革领导核心来统一愿景与力量

治理权力分散而利益主体多元化之后,如果没有统一的愿景与方向,可能会造成各方力量分散甚至互相抵消的情况,不利于发挥路径多元化的优势,因此,多元化的培养路径需要有一个变革核心机构来统一各方利益主体的愿景与力量,并为其提供支持与保障。

在对三所大学的个案研究中发现,X、Y、Z三校存在的一个普遍问题是师范生信息化教学能力培养的目标不明确,没有在利益主体间形成共同的愿景。在顶层设计的政策文件中对于目标的陈述往往是"推进教育信息化""实现信息技术与教育教学的深度融合"或者师范生"掌握现代教育技术能力",但是均未明确"教育信息化"与"信息技术与教育教学的深度融合"的目的是什么,或者师范生为何需要掌握"现代教育技术能力"。其实三所师范大学在顶层设计的师范生培养定位中都不同程度地强调了师范生的核心素养的发展以及面向基础教育阶段的需求发展能力,但是却没有明确师范生信息化教学能力发展的最终指向是促进学生未来的学习与发展,使得信息化教学能力的发展成为一种目标而非手段。师范生发展信息化教学能力是为了实现信息技术与教育教学的深度融合,那为什么要实现信息技术与教育教学的深度融合呢? 诚如前述,信息化教学本质是一种教育变革的手段,目的是通过信息技术驱动的教育创新改变现有的满堂灌、刷题等不利于学生发展核心素养的教学方式方法、提升学习诊断的科学性、促进因材施教与教育公平等。而目前普遍强调信息化与信息技术,而没有充分明确信息化的目标是什么,这就导致在教育变革过程中,强调信息技术这种手段的运用,而淡化了变革的目标,出现本末倒置的情况,主要体现在以下五方面。

第一,在政策执行过程中,相关利益主体将教育信息化、信息技术在教育中的运用、培养师范生的信息技术运用能力作为目标,为了信息化而信息化,却遗忘了教育信息化的最初目的是为提升教学质量、促进学生学习与核心素养的发展,逐渐迷失在追求信息化设施的配置、一刀切地建设慕课、要求所有教师都学习微课制作、实施翻转课堂之中。

第二,师范大学的信息技术与教学深度融合的评价也重技术指标而轻教学效果。师范大学的《本科生教学质量报告》中关于信息技术与教学深度融合的成果往往是呈现线上课程的数目、智能白板的数目，或者某样新兴高科技设施的数目等，信息化教学的成果变成了数字的竞争，而没有去调查评价这些信息技术的使用是否有效地提升了教学质量，促进了学生学习与核心素养的发展。

第三，一线授课教师的信息化教学也深受技术取向的影响。在以技术为取向的政策之下，一线授课教师往往被一刀切地要求建设线上课程或实行翻转课堂，因此信息化教学给他们造成华而不实、哗众取宠、形象工程的印象，造成教师信息化教学实践意愿不高，有时候受政策所迫"象征性地用一下"（ZST－2），只是完成一项不得不完成的任务，并没有从内心真正认同信息技术对于教学的促进作用，以及由信息技术驱动的教学变革与创新对学生学习与核心素养发展的潜在作用。

第四，信息化教学课程内容与评价的技术取向使得师范生信息技术能力较强而教学能力偏弱。信息化教学课程内容是教授一种或者几种信息技术，信息化教学课程的评价主要是看师范生是否掌握了这些技术，是否精通娴熟，制作效果炫酷与否，比如能否使用录频软件制作微课，制作的 Flash 是否精美，或者其他软件与应用的使用，而非师范生是否能够选择合适的信息技术来促进教学以及学生的学习与核心素养的发展。结果是，师范生认为信息化教学类课程是一门不得不修的必修课，在这门课上掌握一种或者几种技术，拿到学分，而与自己未来的教学工作相关性不高。这种"技术取向"的信息化教学能力发展也使得师范生存在信息技术基本技能较强而教学能力偏弱的情况。

鉴于此，师范大学在师范生指向核心素养的信息化教学能力培养中采用多元化发展路径时必须特别注意指向核心素养这一共同愿景的明确与统一。

第二节　师范生信息化教学能力培养的顶层设计策略

以复杂系统的视角来进行教育变革需要注重情境性，加强联系与反馈，关注体系的惯性，支持体系内个体的多样性。[①] 因此，从复杂系统思想的视角出发，再结合本章第一节中对于三所大学个案研究的发现与启示，本研究认为进行师范生信息化教学能力发展的顶层设计，关键在于使得系统内各利益主体形成共同的愿景，设置多元化的变革主体与路径并为他们的发展与变革提供支持，明确变革的领导机构从而整合各方利益主体的力量，构建交流平台与机制以加强各主体间的联系反馈以及组织变革先锋克服系统惯性，重视院系的变革推动力，营造鼓励信息化教学多样性的文化，设计鼓励创新与多样性的评价机制，设施建设重视教师的需求等。具体包括六项策略，师范大学可以

---

① Snyder S. The Simple, the Complicated, and the Complex: Educational Reform Through the Lens of Complexity Theory[R]. OECD Education Working Papers 96. OECD Publishing, 2013.

结合校情具体运用。

一、形成培养目标的共同愿景

共同的愿景是在利益主体多元的系统内实现教育变革目标的前提条件,只有在共同愿景的指引下,各方利益主体才能形成合力,推动变革目标的实现。

富兰(Fullan,2005)将道德目的(moral purpose)视为教育变革的首要动力,明确"道德目的"即明确"为什么要变革(the why of change)",倘若道德目的处于首要且中心的位置,那么其他的变革动力便会为实现这个目的而服务。[①] 鉴于此,如果我们培养师范生信息化教学能力的最终目标是为了赋予师范生通过信息化教学促进学生核心素养发展的变革力量,使得师范生成为基础教育的变革先锋,通过教育教学变革促进学生核心素养的发展,那么师范大学在发展师范生信息化教学能力的顶层设计中要将这一变革愿景明确放在首要位置。

综合第二章的发展目标研究、第三至五章的案例数据中师范生信息化教学能力培养现有模式中存在的问题以及对于师范生指向核心素养的信息化教学能力产生正面积极效应的实践,不难发现基础教育阶段的教育信息技术专业人员与学科教师的能力定位应该不同。教育信息技术专业的师范生可能入职后需要进行学习平台、学习系统、虚拟实验室等技术的开发,因此必须掌握一些专业的信息技术;而对于非教育信息技术专业的师范生而言,入职后最需要的是使用信息技术支持教学、支持学生学习与核心素养发展的能力,以及使用信息技术支持自身专业发展的能力。

信息技术日新月异、层出不穷,如果对于师范生的信息化教学能力培养的定位是"技术取向",偏重让师范生掌握一些信息技术的运用,可能在他们毕业入职或者入职几年内后这些技术就已经被淘汰了,这也是师范生信息化教学能力的培养长期以来一直滞后于信息技术发展的原因之一。

> "这个不是我们教师教育跟得上的,因为技术更新很快的,学校里面教的东西很快就没有用了。"(XST - 3)

因此,信息化教学课程的建设与其追着新的信息技术跑,不如培养师范生自己探索学习新技术的终身学习能力,授人以渔,才能使得师范生毕业入职后也能继续与时俱进,进行信息化教学的探索与实践。

> "技术在变化,教给学生应该是学习的能力、创造的能力、根据情势不断变化的能力。这个不仅在 ICT 是这样的,在其他方面都是这样的,这个脉理是相通的。大学培养了学生能力之后,都是相通的。"(XM - 1)

---

① Fullan, M., Cuttress, C. & Kilcher, A. Eight forces for leaders of change[J]. National Staff Development Council, 2005, 26(4): 54 - 64.

此外,感知易用性是影响师范生与教师信息化教学意愿的重要因子,如果信息技术非常复杂,师范生与教师需要花大量时间与精力掌握,那么这种信息技术在教学中常态化普及使用的概率也不高,只有少数信息技术愉悦感高的教师才乐于花大量时间和精力去学习,因为对于他们而言使用技术是一种享受。案例数据中师范生与教师都普遍希望信息技术难度不要太高,而是很快能够掌握,或者有技术人员支持。可见,只有那些技术不复杂的用户友好型信息技术才能被师范生与教师普遍接受,只有当师范生与未来教师可以迅速熟悉信息技术,比如一个简单的应用时,也才有实现信息化教学常态化的现实可能性。

> "这些能力没法通过考试来解决,一般都是觉得方便了,自然而然,水到渠成的,就用了。很多技术的使用不能顺利地迁移到我们的教学里面,我觉得不是老师与学生去探索的问题,而是说明技术还是有问题,用不用差不多,甚至用了更加麻烦。"(XST-4)

因此,信息化教学可行性较高的理想情境是未来教师自己探索使用难度不高的技术,并选择合适的信息技术运用于教学之中,促进教学与学生的发展;而学校若引进一套复杂的系统,则需要为学科教师提供专业人员的技术支持。一部分信息化教学愉悦感高、愿意投入时间精力的教师可以探索使用难度较高的信息技术来促进教学,成为信息化教学的变革先锋,领导带动其他教师进行信息化教学变革。但是,要避免使用行政命令一刀切地让所有教师使用某种信息技术,否则,即便教师因为行政命令学习了复杂的技术,也不会在教学中常态化使用并真正促进学生学习,而是象征性地使用一下,完成任务。所以,在教师职前阶段发展信息化教学能力也是同样的情况,大部分师范生需要发展的是通用信息化教学素养,使用容易掌握但能真正促进学生发展的信息技术,而非追求信息技术的难度而忽视教学效果,少部分信息技术能力强的师范生可以选修一些技术难度高的课程来获得进一步的发展,但是师范生信息化教学能力整体的发展目标应该考虑到师范生信息技术能力的整体状况。本研究在第二章中已经详细分析了未来教师的角色,专长型教师合作教学在未来将更为普遍,因此师范大学在培养未来教师时也应该鼓励师范生拓展自己的特长与优势,在其能力达到基本要求的前提下,避免一刀切地统一规定与要求,可以采用本研究第二章的发展目标层级,允许师范生根据自己的情况获得差异化的发展,也是教师教育个性化的体现。

鉴于此,只有在"授人以渔"与"教学取向"的理念指引下来培养非教育信息技术专业师范生的信息化教学能力,才能实现信息化教学的常态化发展,由信息技术驱动的教学变革才有可能发生,通过信息化教学促进学生学习与核心素养的发展才有可能实现。

> "学生真正教学能力的提升不是在技术上,而是理解了教学思想和具备了实践性的技能,能够恰当地使用技术。"(XST-3)

师范大学在师范生指向核心素养的信息化教学能力发展目标上应该着重强调师范生指向核心素养的信息化教学观、信息化教学的道德安全意识、利用信息技术解决教学问题从而促进学生学习与核心素养发展的能力以及信息化教学的专业发展能力。

师范生信息化教学能力发展的共同愿景建立需要顶层设计，需要在政策文件中充分体现与强调，但是仅仅在文件中强调是不够的，仅仅停留在文件中会让利益主体们觉得这些目标只是文字。

"我听说过这个东西，但是没有全文通读过，因为你看我这是负责我们学院的设备采购，包括比如说安装什么实验更新之类的，需要写一些论证报告，比如要买一个软件，你得写为什么要买，其中我就见（报告）过引用过，就说教育部有这样一个针对什么的需求，所以我们为了符合教育部的这种政策，我们就得满足这样要求，但这也就是为了完成这个报告（才看了这个标准）。"（ZTT-1）

共同愿景的形成除了政策文件的强调之外，需要在具体的措施中体现，例如教师专业发展的内容、信息技术与教育教学深度融合的评价等。需要根据各校的具体情况采取措施，使得系统内培养师范生信息化教学能力的各方利益主体形成培养目标的共同愿景。

二、明确变革领导核心机构

诚如前述，师范大学培养师范生信息化教学能力是一个复杂系统，系统内有多方利益主体，最直接的便有师范生、通用信息化教学课程教师、学科信息化教学课程教师、学科专业教师，还有提供支持的教务处、学科院系管理层、通用信息化教学课程相关院系管理层、信息化办公室、教师教育实验中心、教育信息技术专业技术人员、信息化教学设施供应商等相关保障机构及人员。因此，顶层设计需要具备变革领导力，明确不同主体的不同责任与作用，对于通用信息化教学课程、学科信息化课程、学科专业教师、教育见习、教育实习、信息化教学大赛、师范生信息化教学学习共同体这些不同的培养路径应该有不同的定位，对于教务处、学科院系管理层、通用信息化教学课程相关院系管理层、信息化办公室、教师教育实验中心、教育信息技术专业技术人员、信息化教学设施供应商等相关支持保障机构及人员需要明确其具体的职责以及在培养师范生信息化教学能力中扮演的角色，这样才能让各方利益主体在共同的愿景下，以各自不同的方式发挥各自不同的力量，促进师范生信息化教学能力的发展。

要实现指向核心素养的师范生信息化教学能力发展的共同愿景，有赖于一个核心机构来整合各方力量、领导变革，其主要职责便是保障系统内各利益主体常态化的沟通反馈以及为各方利益主体提供支持，可以包括推进本节顶层设计中其他五项策略的实施，也可以根据各师范大学的实际情况进行。这个变革领导的核心机构可以依托已有的部门，例如教务处、教师发展中心等，也可以根据校情新设机构。但其整体目标便是领导各方力量促进师范生信息化教学能力的发展。主要职责是建立多方利益主体的沟通渠道来促进愿景的统一与力量的整合，以及在组织缺乏变革动力时推动变革先锋来引领教育变革。

（一）建立多方利益主体的沟通渠道

以复杂系统的思维方法来进行教育治理的关键之一是加强系统内各方利益主体的联系与反馈，缩小政策设计与政策实施之间的鸿沟，使得政策的设计与实施不再割裂开来，各自为政、各自行动，而是形成了一个动态的过程。核心的决策者不断从多方利益主体获得反馈，使得政策制定者与实施者之间不断互动，并且在各个层面的利益主体都不断联系、反馈、互动，从而不断推进改革向前发展。然而，所有利益主体都会追求自己或者自己所在组织的利益，力求集体的决策有利于自己，所以在此过程中，对话与协商扮演了重要的角色，必须创造条件，在复杂教育体系中建立沟通渠道，加强联系与反馈，以获得系统良性的发展。①

综合三所师范大学的个案数据可以发现，师范生信息化教学能力的发展，需要建立利益主体间的沟通交流渠道，促进这些利益主体间的联系与反馈，以利于系统中各利益主体在共同愿景下相互了解、合作、互补，共同促进师范生信息化教学能力的发展。可以建立以下五大沟通渠道或平台。

1. 通用信息化教学课程教师与学科信息化教学课程教师的沟通

倘若系统中既设置了通用信息化教学课程，又设置了学科信息化教学课程，那么在顶层设计中最理想的是能够建立通用信息化教学课程教师与学科信息化教学课程教师的沟通渠道。从个案数据来看，目前这方面的沟通交流与合作还比较欠缺，既有通用信息化教学课程又有学科信息化教学课程的 Z 校比较注重学科教学法教师的沟通交流，但是还未设立通用信息化教学课程教师与学科信息化教学课程教师的沟通渠道，Z 校的学科信息化教学课程教师甚至都不知晓该校有通用信息化教学课程的存在。信息化教学课程教师与学科信息化教学课程教师缺乏沟通，不利于双方为共同的愿景展开合作，因此，应该尽量建立这样的沟通渠道，可以采用教研活动、非正式交流、合作教学、合作科研等形式，促进双方在课程内容、形式、教学策略与方法以及学生学情方面的沟通交流，使得双方的教学内容与教学实施可以相互补充，共同促进师范生信息化教学能力的发展。

2. 通用信息化教学课程教师与中小学教师的交流

诚如前述，在案例研究中我们发现，有教学背景特别是对于中小学教学较为熟悉的通用信息化教学课程授课教师（例如 XIT - 1，YTT - 2）的教学内容与教学策略比较有利于促进师范生信息化教学能力的发展。因此，鉴于目前各校通用信息化教学课程的授课教师来源与背景千差万别，各校应该根据校情相应地建设通用信息化教学课程授课教师与中小学教师的交流沟通渠道。对于中小学教学不甚熟悉的教师，这种沟通交流特别是实地的考察观摩非常重要，可以弥补其在背景上对于中小学缺乏了解的缺陷；而对于那些与中小学联系紧密的教师而言，顶层设计则无须过多干预，而应给予充分的信任与支持。因此，在建立通用信息化教学课程授课教师与中小学教师的交流渠道之前，必须进行充分调研。

---

① Snyder S. The Simple, the Complicated, and the Complex: Educational Reform Through the Lens of Complexity Theory[R]. OECD Education Working Papers 96. OECD Publishing, 2013.

3. 学科信息化教学课程教师与中小学教师的交流

Z校在顶层设计中由教师教育中心牵头建立了学科教学法教师与中小学教师的交流机制,让学科教学法教师受益匪浅。

> "(教师教育中心)也会组织我们比如说各科教学法的老师们去到我们当地的中学去进行观课,然后和当地中学老师建立长效的这样的一个互动机制,就是我们听完课之后,我们会当面和英语老师、教学年级组互动,指出他们的问题,或者是让他们去谈谈他们的困惑,然后学校和中学之间要建立这样的一个互动的关系,我们每学期都会到几所中学去听课的,因为我们要去了解到底中学是怎么讲课的,到底中学是什么样子的,我们先接了接地气,然后我们再回来才能给学生去讲中学的例子,要(不然)学生说你一天到晚就是书本上东西了,而真实的、实际的东西,学生一听老师都不知道,所以你自己讲都没底气了,所以我们也会经常去找这些地方听课,就看看他们学生的这种状态,反正我觉得学校应该多加入一些这方面,就是师范大学和当地中小学的交流,所以必须让师范大学老师去下放,就下到中小学去了解情况,去听课。"(ZST - 3)

学科信息化教学课程教师若也能深入中小学课堂,与中小学教师进行交流,一方面可以让自己的教学与中小学结合紧密,另一方面也可以用自己的专业知识影响中小学教师的信息化教学行为,为师范生实习创造更好的信息化教学生态,这十分符合复杂系统中各利益主体动态地联系、反馈,互相影响、互相促进的特点。

4. 学科信息化教学师资教研共同体平台搭建

学科信息化教学课程由于与学科高度相关的特点通常是在学科层面进行建设,使得信息技术能够与学科教学深度融合。然而,鉴于目前学科层面普遍缺乏既懂学科教学又懂信息技术的人才,从事这门课程的教师会有孤军奋战、没有获得支持的孤独感,因此,可以在师范大学层面的顶层设计中搭建平台设置学科信息化教学师资的教研共同体,使得各个学科信息化教学课程的师资可以在共同体支持下获得成长与发展。

在许多师范大学,院系层面的学科信息化教学师资建设刚刚起步,各校各学科普遍存在相关师资匮乏的情况。

> "如果形成系统的课程,可能没有老师能够胜任。还得有教材,准备很多的材料。如果专门设定这样一门,一个学期十八周课,没有东西可以讲,充其量五六次。一门课要形成一个体系,需要很大的精力,靠一个老师去弄,我还不如写几篇文章……另外每个专业不一样,英语和法语不一样,也就是每个专业都需要一个人,院系哪有那么多的人,文件里面提的很不现实。"(XM - 1)
>
> "这门课有点尴尬,如果是一位懂英语的,而且是不仅仅懂英文,要懂英语教学的老师来上,但是问题是这种人在外语学院很难找。所以怎么把信息技术跟学科相结合,这个是一个蛮难的东西。"(XST - 4)

"既懂外语又懂技术,这样的人才很难找,还好我们有一位这样的老师,我们有什么问题都找他。"(ZM-1)

因此,可以借鉴 Z 校学科教学法与中小学的交流机制,在条件允许的情况下,由师范大学层面组织形成学科信息化教学课程与中小学的长效交流机制。当然,这样的机制应该根据校情灵活设置,例如,像 Z 校的情况,在学科信息化教学课程与中小学的长效交流机制已经成熟的情况下,也可以将学科信息化教学课程教师纳入其中,因为本身学科信息化教学就与学科教学紧密联系,这样便可以借助现有的成熟机制,迅速建立起沟通渠道。

5. 有专职技术人员支持的信息化教学共享空间

研究证明,在非正式场合进行学习有利于促进有效学习的发生。[1] 在支持非正式交流的空间中进行学习能够降低信息化教学探索的焦虑感,增强愉悦性与自我效能感。促进复杂系统内各利益主体的联系与沟通,除了正式的沟通渠道之外,也应该充分考虑非正式沟通的潜力与作用。因此,有条件的院校可以在教师教育中心、教师教育实验中心等与信息化教学紧密联系的场所开辟一片信息化教学共享空间,配置一定的信息化设备、头脑风暴室、创客空间等,并由信息技术专职人员常驻支持,让师范生、学科专业教师、通用信息化教学课程教师、学科信息化教学课程教师可以在这里交流、沟通,并进行信息化教学的探索、实践与创新。

(二)组织变革先锋克服系统惯性

复杂系统有自己的动能,表现出某种惯性,会进入"锁定"的状态,这就使得要改变已经在系统内占主导地位的主体变得极为困难,需要进行大量的干预。[2] 诚如前述,师范生信息化教学能力获得常态化发展最关键的路径便是信息化教学的显性课程与学科专业教师通过自己的信息化教学示范的隐性课程。然而,鉴于师范大学的校情千差万别,也存在 X 校这种显性课程失效而隐性课程缺位的情况。在这样的情况下,特别是在教师层面信息化教学意愿较低,教育变革缺乏动力时,顶层设计采取什么样的策略才能够促进师范生信息化教学能力发展呢?

从本研究的 Y 校、Z 校的数据中可以获得一些启示。Y 校、Z 校的学科专业教师信息化教学实践较多,那么这样的有利局面是如何形成的呢?从访谈数据来看,两校都有几位关键的信息化教师,带动该校外语学院的学科专业教师进行信息化教学实践。

"我们老师中有一部分还是很喜欢信息化教学的,所以有那么个氛围在那边,会相互影响,相互交流。"(YST-4)

"因为他(ZTT-1)感兴趣的方向就是现代教育技术,所以我们很多人有这个方

① Denson, C., Austin, S., Hailey, C. & Householder, D. Benefits of Informal Learning Environments: A Focused Examination of STEM-based Program Environments[J]. Journal of STEM Education: Innovations and Research, 2015, 16(1): 11-15.
② Mason, M. Complexity theory and the philosophy of education[J]. Educational Philosophy and Theory, 2008, 40 (1): 4-18.

面的问题,他就像我的一个技术员一样的,有这样一个人还挺好的,因为就是大家有什么问题,比如说录课有什么问题都去找他。"(ZST-1)

"这个你要是想学的话,问一下ZTT-1老师,就是去组织起来,老师们都想学的话随时去讲。我们有一个数据库,ZTT-1老师就组织年轻人,谁愿意学这个数据库,用这个数据库将来搞科研。今天下午给你上课,年轻老师都会去,因为只要你想学,没问题,我们学院完全可以做,所以ZTT-1老师给年轻老师讲了好几次那个数据库。学校还是太大了,你找谁去,我们学院正好有这么一个老师挺好,现在年轻老师也挺愿意学。"(ZM-1)

系统中的创新需要有变革先锋在系统内部进行创新,或者从外界获取新思想并引入系统内部,从而启动创新在系统内的扩散。[①] 而Y校、Z校外语学院中正是有几位关键人物推动了信息化教学这项创新在系统内部的扩散。鉴于此,如果系统内部尚未有信息化教学的创新实践,那么变革领导可以选择合适的教师成为变革先锋,率先进行信息化教学的实践,从而产生鲶鱼效应。[②]

当然,创新要在系统内实现大面积扩散,仅仅依赖变革先锋的力量是不够的。Y校有一部分学科专业教师都在进行信息化教学实践且系统内有较好的技术支持,因此创新的扩散面较广;Z校除了关键人物学科信息化课程教师,也有一部分学科专业教师进行信息化教学实践,并且在院系层面给予了组织文化、专业发展以及一定的技术支持。因此,在变革先锋进行创新实践的同时,组织也要进行相应的支持,促进创新面的扩大。

罗杰斯(Rogers,2005)认为创新扩散的过程是:由创新先锋引发,被系统内的意见领袖采纳而扩散到早期追随者,再到晚期追随者;其中,创新先锋是自发地进行创新或者从系统外部引入创新的变革先锋;意见领袖是指组织中威望较高、影响力较大的人物。[③] 师范大学在顶层设计中可以通过领导变革先锋与意见领袖,为早期追随者提供支持来推动指向核心素养的师范生信息化教学能力发展的变革。首先,通过调研发掘信息化课程教师中的变革先锋进行教学创新,形成信息化教学变革示范,产生鲶鱼效应;接着,请意见领袖积极参与,以点带面扩散创新;同时,组织为早期追随者探索实践提供支持,从而扩大创新的参与面。

三、设置多元化的培养路径

在明确共同愿景与变革领导的核心机构之后,顶层设计需要设置合理的变革路径,以实现师范生信息化教学能力培养的共同愿景。复杂系统的教育变革强调内部个体的多样性,以利于在互动中实现变革,而从三校师范生信息化能力发展中获得的重要启示也是多样化,丰富的信息化教学体验十分有利于师范生信息化教学能力的发展。

① Rogers, E. Diffusion of Innovations (Fifth edition)[M]. New York: Free Press, 2003: 247-250.
② 蒋俊凯.谈鲶鱼效应在现代企业管理中的应用[J].现代商业,2012(17): 117.
③ Rogers, E. Diffusion of Innovations (Fifth edition)[M]. New York: Free Press, 2003: 281-284.

"首先,一定要让他们有接触这些的机会。"(XST-4)

浸润于丰富多样的信息化教学示范中有利于师范生在不同信息化教学模式的碰撞中进行反思,发展信息化教学的批判思维,吸收百家之长,并在此基础上形成自己的信息化教学风格,进行信息化教学创新。信息化教学体验丰富的师范生对于信息化教学也有更成熟的认知,不会盲目追赶潮流,也不会因为负面的体验而拒绝信息化教学的探索,这样积极、开放却又理性的信息化教学态度非常有利于师范生入职之后的信息化教学实践。

从三校的数据中可获得启示,丰富多样的信息化学习与教学经历不仅仅局限于课程学习,还可以有同伴学习、观摩学习、实践中学习等多种形式,多样、丰富的信息化教学体验有利于发展师范生的信息化教学能力,发展他们在信息化教学上的批判性思维、合作能力、沟通能力与创新能力,并形成积极的信息化教学价值观与良好的信息化教学道德意识与素养。因此,顶层设计在设置师范生信息化教学能力培养路径时,要尽量使路径多元化,使参与师范生信息化教学能力培养的利益主体多元化,从而为师范生获得丰富多样的信息化教学体验创造条件。

综合三所大学的案例研究发现,师范大学可以在顶层设计中设置以下五大师范生信息化教学能力的培养路径。

(一)合理设置培养师范生信息化教学能力的显性课程

师范生某项能力的培养最直接的路径便是相关课程的设置,这也是现行的普遍模式。因此,信息化教学的显性课程是培养师范生信息化教学能力的重要路径,这种显性课程的设置有以下三方面的积极作用。

第一,在师范生有限的课时中设置一门或几门课程来专注于信息化教学能力的发展,足见顶层设计对于这项能力的重视,有利于师范生形成信息化教学能力是未来教师必备能力的意识。

第二,如果信息化教学显性课程的课程目标设置得当且课程内容实施合理,将十分有利于师范生获得系统性的信息化教学知识。关于信息化教学课程的内容与策略我们将在微观的课堂策略部分中具体阐述,在顶层设计这个层面主要涉及的是课程的设置。信息化教学课程分为通用信息化教学课程与学科信息化教学课程两种类型。从三个案例的课程设置来看,理想的课程设置便是通用信息化教学课程与学科信息化教学课程共存、相互补充。师范生先进行通用信息化教学的课程学习,获得信息化教学的基本素养,再进行学科信息化教学的课程学习,使得信息化教学与学科充分融合。

第三,学科信息化课程的设置将学科所在院系明确纳入师范生信息化教学能力培养的利益主体,有利于学科院系进行相应的课程建设与师资发展,成为师范生信息化教学能力发展的动力源之一,避免了师范生信息化教学能力培养依托一门通用信息化教学课程的单一路径,符合复杂系统教育变革的成功需要多元主体、多方参与的特点。

目前,通用信息化教学课程在师范大学有不同的课程名称,例如:"现代教育技术""教育信息技术""教育技术""信息化教学设计"等,课程的性质基本上是公共必修课,也有部分师范大学将其设为选修课,但是鉴于信息技术在教学中运用的趋势大多也正在向必修课发展。通用信息化教学课程开设的时间、长度等也存在差异。学科信息化教学课程的设置差异更大,有些大学没有学科信息化教学课程,有些师范大学的部分院系开设了学科信息化教学课程。尽管我们的案例中两所师范大学的通用信息化课程都存在无法有效促进师范生信息化教学能力的情况,一所师范大学的学科信息化课程也存在一定问题,但是对于是否有必要开设显性课程争论的答案不在于一个简单的是与否,而在于信息化教学课程的具体设置,包括内容、时间、性质、授课形式等,都会影响到课程目标的具体实现。

综合三所师范大学案例的已有经验与尚存问题,在指向核心素养的师范生信息化教学能力发展这一共同愿景的指引下,本研究认为,将信息化教学显性课程作为师范生信息化教学能力培养的变革路径之一,在具体设计时特别需要重视以下五方面。

第一,信息化教学的课程设置应该依据教师的知识结构与层次,首先进行学科知识、计算机基础知识、教育学基础知识的学习,使得师范生在获得信息化教学所需的预备知识之后,再进行通用信息化教学知识、学科教学法的学习,然后进行学科信息化教学知识的学习。具体的年级可以根据师范生整体的情况而定,但是总体上这样的课程设置顺序更有利于师范生信息化教学能力的发展。

第二,信息化教学的课程设置应该有一定的梯度,通用信息化教学课程一般以必修课的形式出现,主要发展师范生基本的信息化教学能力,有条件的学校设置学科信息化教学课程可以根据师资情况与师范生数量决定课程性质是必修还是选修,主要培养师范生基本的学科信息化教学能力。在此基础上,在有合适师资的前提下,可以开设一些信息化教学的选修课程,供对于信息化教学兴趣浓厚的师范生进一步发展其信息化教学能力。有梯度的课程设置有利于满足不同师范生对信息化教学能力发展的不同需求。

第三,课程的设置应该在充分考虑师资配备的情况下进行,或者有充分的激励机制促进教师进行课程建设,如果在没有合适的信息化教学师资的情况下设置信息化教学与学科信息化教学的课程,那么就会出现个案中课程无法达到预期目标的情况,反而会对师范生的信息化教学能力发展产生负面的影响。

第四,课程的设置应该根据师资力量情况等校情充分体现灵活性。倘若受课时限制、师资力量等因素暂时无法开设课程,个案中 Z 校的方案也给我们带来了启示,Z 校将部分信息化教学课程的内容交由学科教学法教师负责,Z 校英语专业的学科教学法教师(ZST-3)自己并不擅长做微课,于是将录屏软件交给师范生,由他们自己探索学习,而她在课堂上对师范生的微课设计进行评价反馈,反馈主要是从教学的角度出发,评价十分钟的微课是否有效地呈现了知识的重难点,是否合理地设计了练习,是否合理地设计了评价。正是因为 ZST-3 从教学的角度出发,发展了师范生的信息化教学设计能力以及自己探索运用新的信息技术的能力。因此,在课程设置受到课时与师资等限制时,也可以采取融入学科教学法课程、发挥师范生同伴互助学习等方式来灵活地进行。

鉴于此,是否设置信息化教学课程、如何为信息化教学设置课程,这两个问题的答案便是课程的设置是否有利于信息化教学的"教学取向",是否有利于共同愿景的实现,是否能够促进师范生指向核心素养的信息化教学能力。显性课程虽然有众多优势,但由于其总课时有限、受师资水平影响较大等局限性,限制了其对师范生信息化教学能力发展产生的影响,而通过一门课程来培养师范生的信息化教学能力会有很大的局限性,因为师范生往往只看到了一种模式。倘若仅仅以显性课程作为师范生信息化教学能力培养的唯一路径,这对师范生信息化教学能力的发展保障有限。

（二）建设高质量的通用信息化教学课程师资队伍

诚如前述,显性课程是否能有效培养师范生的信息化教学能力有赖于信息化教学课程的授课教师,因此,在顶层设计中仅仅设置通用信息化教学课程是不够的,需要在共同愿景下进行通用信息化教学课程的师资发展,建设高质量的通用信息化教学课程师资队伍。

从本研究的个案来看,各校信息化教学课程师资来源十分多元化,既有教育信息技术系的专业教师,也有师范大学某个信息化教学相关机构的人员,例如教师教育实验中心的教师、开放教育学院的教师,这使得信息化教学课程师资的背景差异较大,有些是研究型的教师,在教学上偏重教育信息技术专业学生的课程;有些则与中小学联系紧密,经常参与培训在职中小学教师;有些行政工作繁重,担任公众号编辑、新闻报道、实验室管理等工作。这些教师中,部分研究型教师对于通用信息化教学课程的教学兴趣寥寥,毕竟涉及的都是非常基础的"小儿科"信息技术,而非高端的学习系统平台设计,让他们有大材小用的感觉;部分归属实验室等技术单位的教师可能因为喜爱教学而承担授课任务,但感觉其地位被边缘化,没有得到支持与认可。而教育信息技术专业的归属组织也较为复杂,有些属于教育学院,有些属于传媒学院,有些属于数理学院。因此,师范大学在进行通用信息化教学师资建设的顶层设计时,要充分结合校情与信息化教学授课教师的背景。尽管通用信息化教学课程师资在各校的情况差异较大,在通用信息化教学课程师资建设的顶层设计上,依然都可以采用以下策略。

1. 教学取向的师资配备

从三校个案中获得启示,在系统内部师资充沛的前提下,尽量吸纳重视教学、热爱教学的教师,他们对于通用信息化教学课程教学取向的目标有认同感,认识到师范生信息化教学能力发展对于基础教育改革的重要性,了解中小学教育的现状,与中小学联系紧密。应当避免因为课程建设的需要,通过强制的行政命令让教师教授信息化教学课程,因为其负面的影响可能大于正面的影响。

2. 灵活贴切的激励措施

在对通用信息化教学课程教师进行评价与激励时,要充分考虑师资的背景与需求。例如,对于处在边缘化地位的教师应该为其设计有发展空间的职业路径,使其获得成就感。鉴于未来信息化教学能力的重要性,部分条件合适的师范大学可以借鉴学科教学论教师的评价体系,使得信息化教学课程师资队伍获得专业化发展。

3. 信息化教学课程的教研共同体建设

尽管多元化的师资为顶层设计与组织管理带来了挑战,但是如果组织得当,这种多元化的背景反而能成为发展师范生信息化教学能力的优势。目前信息化教学课程授课内容千差万别的原因之一是师资多元化但缺乏统一的教研平台。因此,建立信息化教学课程教师的教研共同体有利于共同愿景的形成,有利于该课程师资队伍的专业化发展,此外,多元化师资在教研活动中的思维碰撞,背景不同的师资贡献自己的特长,有利于该课程的完善与发展,弥补师资个体背景的不足。

（三）常态化支持学科专业教师信息化教学能力发展

从三所师范大学的个案研究中可发现,由学科专业教师优质信息化教学示范所形成的隐性课程在培养师范生信息化教学能力上成效明显。因此,师范大学在建设显性课程的同时,也要通过发展学科专业教师的信息化教学能力来促进隐性课程的发展。

在重视教育信息化的大背景下,很多师范大学不可谓不重视学科专业教师信息化教学能力的发展,但是效果却存在差异。哪些措施有利于促进学科专业教师的信息化教学能力的发展?哪些措施又存在负面影响?从三所师范大学的个案研究中可以发现,X校与Z校都有面向学科专业教师的信息化教学工作坊,Y校由于没有自上而下的顶层设计,因此在这方面较为缺乏。在两所组织了信息化教学培训的师范大学中,X校学科专业教师对于工作坊普遍反馈不佳,而Z校学科专业教师普遍认为工作坊对自己的信息化教学很有帮助(见表6-4)。

表6-4 X校教师与Z校教师对信息化教学培训的感知对比表

大学	维度	数据
X校	内容单一	"感觉内容主要是PPT制作、＊＊平台应用、微课制作之类。"(XST-4)
	感知有用性低	"＊＊平台应用,这个平台培训我去过,现在我就用来收收作业,其他太复杂,同样的事我不用这个平台也能做,为什么要浪费时间去弄?好像还有微课制作,我觉得也没啥用,我们老师这么忙,哪有时间自己录微课。微课的效果一定比真实课堂教学好?我觉得不见得。为什么现在搞得让大家都去做,真的适合每个人吗?"(XST-4)
	教学相关度低	"好像是有,但是和听力教学关系不大,所以我没去。"(XST-1)
	时间冲突	"教师发展中心周三下午有培训,但是周三下午通常会有事。最好一个月有四次同样的课程,老师可以选择适合自己的时间,或者录下来。"(XST-2)
Z校	内容多样	"有很多这样的培训,比如说三月的是某一个主题工作坊,它有一个主题,然后四月有一个主题,就是每一次会有一个不同的主题,然后你感兴趣的话就直接去就可以了。"(ZST-1)
	教学相关度高	"这个中心挺好,还请那种全国的那种名师来给我们讲这个信息技术啊、教学啊,我们很多年轻教师都去,那个中心挺好的。"(ZM-1) "像我们学校这两年做得很好的一点,就是它每一学期就会邀请国内的师范大学这些学者和专家来做大量这样的教师教育方面的培训,也会介绍一些比较好的教学方法、信息技术,然后我们也会经常去听这样的一些讲座,培训得确实挺好。"(ZST-3)

注:Y校由于没有信息化教学顶层设计,因此没有教师信息化教学培训相关内容

对比两校教师对于信息化教学培训的感知,我们可以发现,在学科专业教师的信息化教学能力发展的顶层设计中要遵循以下三个原则,才能使此类教师专业发展真正提升学

科专业教师的信息化教学能力。

1. 采用灵活的菜单式培训模式

X校信息化教学专业发展相关培训在学科专业教师中反馈一般的主要原因是内容单一。因此，在确定学科专业教师的信息化教学能力发展的相关工作坊、培训或者活动的主题时，需要避免一刀切地只推广单一的软件、应用、平台或者系统，否则会让教师们觉得这更多的是一种行政命令、形象工程，而非对教学有帮助的工具。在这种认知下，教师的自主性与积极性没有被充分调动，即便参加了培训，也会有抵触心理，反而不愿意在教学中使用这种信息技术，或者只是象征性地使用一下。

Z校信息化教学专业发展工作坊有效的主要原因是内容的多样性，受此启发，在学科专业教师的信息化教学专业发展活动中，可以采用灵活的菜单式培训。师范大学可以根据校情要求教师修满一定的学分或者学时，或者采取激励的方法，但是具体参加哪些活动由学科专业教师自己决定。这样的模式将参加信息化教学专业发展的选择权与自主权交给了学科专业教师，使得他们是出于对某个主题感兴趣而参加这些专业发展活动，这便调动了他们的积极性，更有利于他们真正获得适合自己的信息化教学能力的发展。

2. 注重"教学取向"的信息化教学专业发展活动

从X校的个案研究数据中可以发现，学科专业教师对于信息化教学缺乏兴趣的原因之一也在于他们经常发现在信息化教学的相关培训中，自己是在学习信息技术而不是在提升教学。因此，师范大学在设计信息化教学专业发展活动时要注重信息技术与教学的相关性，以教学取向探讨信息技术对于教学的支持作用，以及其可以如何支持教学与学生的发展。

3. 专人支持学科专业教师的信息化教学

除了菜单式的培训与教学取向的活动之外，支持学科专业教师的信息化教学发展还需常态化进行。三所师范大学的学科专业教师对于专人技术支持的感知极为一致，一致认为专职技术人员的支持更有利于教师进行信息化教学的实践。X校学科专业教师对于技术支持感知较低，整体信息化教学探索意愿较低；Y校虽然没有自上而下的顶层设计，但是学科专业教师在学院层面获得了较好的技术支持，整体信息化教学行为丰富，信息化教学意愿较高；Z校学科专业教师对于技术支持的感知存在差异，部分感知较高的学科专业教师信息化教学行为丰富，探索意愿强烈，部分感知较低的学科专业教师具有信息化教学意愿，但是时间精力有限，这种感知差异的原因在于该校外语学院的信息技术人员是学科专业教师兼任，并非技术专员，工作非常繁忙，因此能给其他学科专业教师的支持有限，这就导致了不同学科专业教师对于获得技术支持的感知存在差异。因此，对于学科专业教师信息化教学的支持还需由专职人员常态化进行。毕竟，信息化教学实质上是一种基于信息技术的教学创新，需要教师投入大量时间精力，还要承担失败的风险，教师在感知到技术支持充分时，会增加尝试探索的动力，提升进行信息化教学创新的可能性。

条件成熟的师范大学可以成立信息化教学的技术中心或者依托教师教育中心或教师教育实验中心等，设置专职的信息技术人员，专门支持全校学科专业教师的信息化教学探索与实践，帮助他们解决在信息化教学探索中的困难与问题。这样的常态化支持如果能在学科层面落实自然是最理想的状态,但是各校情况千差万别,各校内部各个学科的情况也可能迥然不同,因此各校应该选择最适合自己的方案,倘若学科层面条件成熟,那么就由学科层面为学科专业教师提供常态化支持,倘若相当一部分学科层面力量单薄,那么就由师范大学层面统一进行。这样,学科专业教师在进行信息化教学探索时会感知到组织的支持,就会加强其探索信息化教学的意愿。

总之,无论是以培训、工作坊的形式,抑或以技术支持的形式,必须对学科专业教师的信息化教学提供常态化支持,才能增强他们进行信息化教学探索与实践的意愿。

(四)创建师范生信息化教学的学习共同体

尽管在本研究的三项个案中,有两所师范大学(Y校与Z校)处在显性课程缺位或者失效的情况下,学科专业教师整体优质丰富的示范依然促进了师范生信息化教学能力的发展。但是,师范大学也有可能存在像X校的情况,即显性课程失效、隐性课程缺失,在这样的情况下是否可以通过顶层设计使得师范生信息化教学能力发展获得一定保障呢?本研究从个案研究中获得了启示。

三所师范大学师范生的普遍特点是信息技术运用能力较强,而学科知识、核心素养与教学能力偏弱,学科专业教师普遍认为师范生通常学习新的信息技术能力很强,因此,在一定程度上可以通过自主学习提高能力。

> "首先,这个信息化社会,大环境是有促进,可以通过微信,还有国外的网站去了解,学生之间的交流、出国交流、国外很好的网络课程、国家精品课程、TED等网络公开课都有帮助。他们应该认识到信息技术和外语在未来是必不可少的。"(XST-2)

自主学习还能够发展师范生的信息化专业发展能力,有利于他们养成终身学习与发展的习惯。但是自学有一定的局限性,特别是对于自主学习能力较弱的师范生而言。受学科专业教师,还有同学间互相学习机会的启示,又从X校教师教育中心的学生社团模式中获得启示,师范大学的顶层设计中可以搭建师范生信息化教学学习共同体的平台,同伴合作学习也已经被研究证明是促进师范生信息化能力发展的有效策略。[1]

师范生信息化教学学习共同体的归属组织应该视师范大学的具体情况而定,如果师范大学有师范生信息化教学能力发展的核心领导机构,那么最理想的便是由该变革核心统一领导,在各院系层面设立分部,既可以加强学习共同体与学科的结合,扩大影响面,又可以保证跨学科的交流,激发信息化教学创新,有利于指向核心素养的信息化教学能力的发展。如果师范大学没有这样的核心机构,那么也可以根据学校情况设置学生社团,或者将其归属信息化教学相关机构等。可以选拔信息化教学课程中必修课、选修课的优秀学生成为师范生信息化教学学习共同体的核心人物,成为师范生信息化教学的变革先锋,引领带动其他师范生进行信息化教学探索实践,推动指向核心素养的信息化教学能力的

---

① Tondeur, J. et al. Preparing pre-service teachers to integrate technology in education: A synthesis of qualitative evidence[J]. Computers & Education, 2012, 59(1): 134-144.

发展。

受师范大学的具体校情影响，师范生信息化教学学习共同体在影响面上有其局限性，组织得当可能影响面较广，也可能只影响小部分，很难涉及每一个师范生。但是，这种平台机制可以作为隐性课程的一部分，成为显性课程的有益补充，使得变革路径多元化，实现师范生信息化教学能力发展保障多重化。

（五）搭建师范生信息化教学实践平台

从个案研究的数据中发现，信息化教学实践是师范生信息化教学能力的有效发展策略，也是师范生将显性课程中获得的信息化教学知识转化成信息化教学能力的重要途径。在实践中，师范生发展了信息化教学的临场应变力与创新能力。

> "老师不是教出来的，是实践锻炼出来的。我们自己当老师的时候，有多少人告诉我们老师应该怎么当。那个时候实习只有六周，现在多一点了，但是这个实习也不能保证你就成了一位合格的老师，还是靠你实践去摸索的。对于 ICT 也是一样，把 ICT 的基本能力教给我了，涉及如何跟专业结合，把你的专业教得好，我觉得这更多是实践方面的课程，因为你教得再多，每堂课是不一样的。你教他制作 PPT，每堂课内容不一样，你可能每张 PPT 上面使用的字号、颜色都不一样，这个还是需要靠他自己在实践中摸索。但是他基本的 ICT 技能有了，他做一个有心的人的话，这些问题都可以在实践中解决，我觉得这个现实的情况就是这样的。"（XM-1）

实践被研究证实为师范生信息化教学能力发展的重要途径。[①] 除了在课堂微观层面由授课教师创造信息化教学实践机会之外，师范大学的顶层设计也可以搭建师范生信息化教学的实践平台，以扩大师范生信息化教学的实践机会，并使其在跨学科的交流中获得反思与启示。教学实践平台可以根据校情以各种形式实现，例如：

1. 师范生信息化教学大赛

该类比赛可以是类似于 Z 校培养模式中的师范生信息化教学大赛的形式。这类比赛有利于促进信息化教学能力突出的师范生在比赛中进一步提升信息化教学能力，也有利于观摩比赛的师范生获得优质的信息化教学示范。但是目前信息化教学大赛存在的普遍问题是它往往以一种信息技术为主题，例如微课大赛、多媒体制作大赛，以一种信息技术为主题的比赛可能会使得师范生对于信息技术的理解狭隘化，这也是访谈中提到信息技术时，师范生首先想到的便是 PPT 与微课的原因。理想的信息化教学大赛应该避免聚焦于某种信息技术，而是鼓励师范生使用各种信息技术来支持教学、促进学生学习与核心素养的发展，这样有利于师范生进行信息化教学的创新。

2. 优质信息化教学体验的见习实习机会

实习是师范生发展信息化教学能力的重要时期，师范生在实习前形成的信息化教学

---

① Tondeur, J. et al. Preparing pre-service teachers to integrate technology in education: A synthesis of qualitative evidence[J]. Computers & Education, 2012, 59(1): 134-144.

认知与能力需要在真实的环境中获得检验。

> "实习非常重要,实习的时间越长越好。现在他们实习时间太短了,真的上课的机会又很少。最好至少是保证所有人都半年时间,最好一年。因为时间一长,就有更多机会把学到的东西应用到实践教学中,但是主要中学不愿意接受。现在有很多学校,特别是顶尖的师范大学在改革,实习时间比较长,能跟更多的学校建立实习合作或者实习基地,不需把实习集中到一年。模拟跟真实的不一样,很多环节都不一样。"(ZST-2)

诚如前述,目前各地中小学信息化教学情况千差万别,即便在同一地区不同学校的信息化教学情况也可能相差甚远。师范大学虽然很难保证每位师范生都去优质信息化教学的学校实习,但是依然可以在能力范围之内,为师范生创造一些优质信息化教学体验的机会。倘若实习学校很难统一,至少可以选择一部分优质信息化教学的学校让师范生进行见习,使他们获得丰富的信息化教学观摩体验,那么即便其在实习的时候经历了负面的信息化教学体验,也不会轻易全盘否定信息化教学,因为曾经有过的优质信息化教学的体验使他们感知到了信息技术对于教学可能带来的积极作用。对于某些变革意识较强的师范生,还可能因为优质信息化教学的体验经历,而在实习学校引导相应的变革,或者至少进行一定的类似实践。鉴于师范大学在实习管理上千差万别,这方面的工作需要顶层设计发挥力量才能实现。

3. 基于虚拟仿真技术的师范生实训平台

随着虚拟仿真技术的发展,有部分师范大学开始使用基于虚拟仿真技术的实验平台为师范生创造进行教学技能训练的条件。例如,运用三维图形虚拟现实技术与动态模型技术模拟真实课堂环境,构建有虚拟学生的虚拟教室。[1] 利用这样的智能技术可以在一定程度上弥补目前师范生缺乏教学实践机会的现状。因此,师范大学在充分了解实验平台特点,听取相关教师意见之后,可以配置一定的虚拟仿真平台,为师范生扩大教学实践机会创造条件。

此外,也有部分师范大学开始使用基于虚拟仿真技术的学科专业实验平台为师范生创造进行虚拟实验教学的条件。例如,有师范大学在生物学科中使用虚拟仿真实验平台发展师范生的核心素养,在实践中该师范大学采用学习者——课程设计者——课程实施者的三步发展策略,第一步请师范生依托虚拟仿真实验平台进行学习,以学生的身份体验虚拟仿真实验平台的学习,并掌握使用该平台的基础技能;第二步,请师范生以课程设计者的身份,进行基于虚拟仿真实验平台的生物实验教学设计;第三步,请师范生以课程实施者的身份进行基于虚拟仿真实验平台的信息化教学实践,并进行教学反思。[2] 当然,基

---

[1] 李海龙,贾利锋.智能体验式泛在学习研究——以师范生教学技能训练为例[J].电化教育研究,2016,37(5):92-100.

[2] 朱家华,李兵,李春阳,崔鸿.面向师范生核心素养培育的虚拟仿真实验平台应用研究[J].实验室研究与探索,2017,36(10):205-209.

于虚拟仿真技术的实验平台刚刚兴起，其对于师范生教学能力发展的作用还有待实证研究检验。

四、重视院系的变革推动力

Y校与Z校师范生信息化教学能力相对较好的主要原因是学科专业教师的优质教学示范，而学科所在院系层面是否有支持学科专业教师信息化教学实践与师范生信息化教学能力发展的政策措施对此影响明显（见表6-5）。

表6-5　三所师范大学对学科院系培养师范生
信息教学能力的顶层设计对比表

师范大学	顶　层　设　计	师范生信息化教学能力培养政策措施	学科专业教师信息化教学政策措施
X校学科院系	非师范生信息化教学能力培养主体	无	无
Y校学科院系	非师范生信息化教学能力培养主体	无	无政策有技术支持
Z校学科院系	师范生信息化教学能力培养主体	有	有

在本研究的个案中，X校虽然是自上而下的模式，但是在顶层设计中并未将院系层面纳入师范生信息化教学能力培养的责任主体，而仅仅依托一门通用信息化教学显性课程，在这样的设计下，X校院系管理层认为师范生信息化教学能力的培养并非院系的职责而是学校的职责，因此没有相应的措施去激励学科专业教师进行信息化教学、建设学科信息化教学课程、支持教师的信息化教学探索等，该校英语专业教师整体信息化教学意愿不高。

Y校是自下而上的模式，在顶层设计中师范生信息化教学能力的培养并非院系层面的责任，所幸的是该院系本身有专职的技术人员以及较好的信息化教学教研氛围，为学科专业教师的信息化教学实践提供了良好的支持，但是这并非院系层面有意识地进行信息化教学变革领导而形成的，同时，该院系管理层也已经意识到该院在学科信息化课程设置等方面存在的缺陷。

Z校的顶层设计中明确将学科院系层面作为师范生信息化教学能力培养的主体之一，因此该校外语学院管理层有培养师范生信息化教学能力的明确意识，设置了学科信息化教学课程，并有措施鼓励学科专业教师进行信息化教学探索和信息化教学专业发展，并提供了技术支持，学科专业教师普遍感受到学院管理层对于信息化教学的重视，这也在一定程度上促进了他们的信息化教学实践。

鉴于学科院系在师范生信息化教学能力培养中的重要领导与支持作用，师范大学在顶层设计中应该将学科院系纳入师范生信息化教学能力培养的责任主体，使得院系管理层成为师范生信息化能力培养的利益主体之一，明确其相关责任，并使其成为师范生信息化能力发展一个重要的动力源。特别是在引入信息化教学创新的初始阶段，学科管理层的支持举足轻重,因为其肩负着领导组织变革的重任(这部分内容将在本章第三节中具体阐述)。

五、评价机制支持创新与多样性

在复杂系统中,与系统过分不同或者过分相似的个体都会对系统造成威胁,个体既要与其他个体相似,又要与其相异,这便形成了复杂理论的特点:合作与竞争并存、个性与共性并存、个人主义与集体主义并存、联系与分离并存、可预测与不可预测并存。① 因此,对于复杂教育体系内的个体不应一刀切地统一要求,应该允许百花齐放,才能保持活力。同理,教育教学创新要涌现,不是规定一种最优的模式,而是创造与建设良好的环境、文化,提供支持,让各种模式涌现,形成百花齐放、百家争鸣的状态。

培养师范生的信息化教学能力,从本质上而言,最终目的是促进师范生入职后在中小学通过信息技术实现教学创新,从而促进学生核心素养的发展。因此,这绝对不是学习一种单一的信息技术,运用一种单一的信息化教学模式,如果是这样的话,那么教育生态依然是单一的而非丰富的,创新也很难发生与涌现。

因此,在顶层设计时,对于系统内利益主体的评价激励都应该以此为原则,鼓励信息化教学的多样性,并营造宽松包容、支持创新的组织文化。

(一)对于师范生信息化教学能力的评价要坚持"教学取向"与"创新导向"

诚如前述,目前信息化教学相关比赛都偏重某一种信息化教学模式,在这种评价的导向之下,师范生对于信息化教学的理解容易狭隘化,不利于其进行信息化教学创新。因此,信息化教学大赛不能只有一种信息技术,也不能重点考察信息技术能力,而是应该重点评价信息技术的运用是否促进了学生学习、是否促进了学生核心素养的发展,是否创新地使用技术促进了教学。倘若师范大学在未来建立了师范生信息化教学的评价体系或者考核标准,评价导向也同样应该鼓励师范生运用信息技术促进教学、促进学生学习与核心素养的发展,鼓励信息化教学的创新以及形态模式的多样性。

(二)对于教师的教学评价要具有一定的灵活性,鼓励多样化与创新

个案中部分师范大学的评价监督机制不利于教师进行信息化教学的探索与创新。

"在目前的评教体制下,我们去培养学生的核心素养风险很大。评教的标准真的有问题,问学生老师作业量合不合理,我想除了少数自己很求上进的学生,都是希望作业少一点的好,这样的评教导向性就有问题。有时候给学生一点压力他们才会有收获的,不然就是混日子。这样我们这些想创新的老师会有积极性吗? 那些不创新的老师也不用另外花心思去设计自主学习的内容,不用批作业,上完课就结束,评教分数很高。学生目前阶段的目标就是考试好,绩点高,他们还看不到对自己未来发展真正有帮助的学习方式的重要性,也看不到思维训练的重要性,都看不到。这样你让他们来评判老师课上得好不好,对于想创新的老师很不公平! 评教分数是和我们的

---

① Morrison, K. Complexity theory and education[C]. Hong Kong: APERA Conference, 2006: 28 - 30.

职称评比挂钩的,这样我们怎么还敢冒险! 考试最好你告诉他们范围,他们背一背,你如果以其他方式来评价他们,比如做个 presentation(陈述),学生可能会质疑你的公正性,多样化的评价等于给我们自己找麻烦。所以尝试下来,最保险的就是传统的教学,你讲学生听,只要讲得好,学生很喜欢,他们也习惯这种(讲授为主的)模式。真要改变这种模式是要学生突破舒适区的,学校会不会给予我们老师这样的空间? 在学生投诉抱怨的时候能够挺我们,支持我们的创新? 能够肯定我们的付出? 很难,真的很难,不批评我们就不错了,所以没人去做,有这点时间精力大家不如写写论文去发表。"(XST-2)

"现在教务处管得很细,有督导会查我们批阅的试卷,而且(督导)是非外语专业的,他们经常就是拿着答案核对。可是语言这东西,你是无法在答案上穷尽的,填空题只要符合上下文都应该是对的,更不用说问答题了,但是督导一看和参考答案不一样就会提出疑问,然后你还得解释,感觉像犯了个大错。为了避免这种麻烦,我们很多老师只出客观题,批阅也快,督导查也没问题。在课堂上用信息技术,万一网络不行连不上,或者设备坏了,是有很多风险的,要是这个时候有督导听课,就会说你准备不充分。我们不会因为用信息技术获得更多的课时费,这要大量时间准备的,还可能受到批评,何必吃力不讨好。"(XST-4)

可见,在评价监督体制高利害性的情况下,部分教师即便愿意在教学中尝试,也因为承担着潜在失败所带来的风险,最终也放弃了这种尝试。教育教学创新是有风险的,不一定就能成功,甚至失败的可能性不小,因此,评价监督应该更为灵活,给予教师一定的试错空间,形成包容宽松、有利于创新的组织文化,在这样的文化下信息化教学的多样性才会更容易形成。否则,教师们出于避险心理,宁愿待在舒适区,以万无一失的方法进行教学,很难实现创新。

同时,教师勇于尝试、敢于试错的态度也能为师范生的信息化教学创新做出良好的示范,让师范生在教师的不断尝试中明白失败与错误并不是可怕的,而是创新最终实现的基础,才能在自己的教学中不畏惧创新中遇到的失败与困难,有继续进行信息化教学探索与实践的勇气。

另外,在教师的绩效评价机制方面,要充分肯定他们的信息化教学探索与成就。关于绩效考核各校的校情差异较大,但是教师们普遍反映科研压力较大,可见科研考核对于教师发展的高利害性。

"所以没人去做,有这点时间精力大家不如写写论文去发表。"(XST-2)

"我们是没有精力去搞这些东西的,又要做科研,又要上课,还要搞这个。"(XST-4)

"现在整个评价体制和导向都不一样了,所以的确也会在一定程度上限制老师去愿意探索运用信息技术,在教学里面很大程度上会影响到的。现在学校领导他们的方向,光指导老师的科研,如果同样能指导老师搞教学,或者是学校上面有一定的评

价奖励,那么会好一些,对的。"(YST-2)

"当然了,语料库之所以一直都没有最后全部完成,是因为课时的压力,科研的压力,然后因为我还有一定的行政工作,没有那么多精力。"(ZST-1)

"科研教学占用了很多精力,这可能算得上主要原因吧。"(ZST-2)

在这样的情况下,顶层设计还是需要在绩效考核的导向中通过正向激励措施来鼓励教师在信息化教学探索上投入时间与精力,从而促进教师的教学创新,从而促进师范生的信息化教学能力发展。

六、设施建设重视教师的需求

诚如第一章的国内外文献综述,信息化设施的完备是进行信息化教学的必要外部条件。诚然,没有信息化设施,如何进行信息化教学呢? 从三所师范大学的个案研究数据来看,师范大学在顶层设计上现在普遍重视信息化教学设施建设,但三所师范大学的师范生与教师都提及了一些改进建议,主要集中在以下四方面。

(一)完善无线网络的覆盖与提升网速

信息化教学通常需要能够使用网络,在网络受限或者速度无法得到保障的情况下,教师就会放弃有网络支持的信息化教学。因此,师范大学在信息化教学基础设施建设时,首先应该解决的是无线网络与网速的问题。

"一个就是我们的设备一定要够,现在很多的事你想做,但是设备不让你做,很多东西都做不到,这是最关键的。现在这些设备,一看到这也不行,那也不行。没有动力去做的,一点都不想做,你都准备好了,然后什么都弄不了,那肯定是特别沮丧的事情。唉,有时候那个课上到一半,这个链接不行,不能放。"(YST-1)

"通过网络与美国学生一起上课,两个学期,直播的形式,网络会卡,画面不太同步,模式很好,硬件没跟上。外教有点口音,网络慢的话,我们有时候听不懂。"(ZS-1)

"那个课(世界历史课)缺点就是网络会卡,接受对方信息的时候会有障碍。"(ZS-2)

"无线网络覆盖不够广,食堂、图书馆、宿舍区应该全覆盖。我们学院有一些实验室,主要是语料库实验室。"(ZST-4)

(二)维护信息化教学设备并及时更新

虽然师范大学进行了信息化教学设施的建设,但是尚存在设备的维护与更新的问题。需要及时检查、维修与更新,以保证设施的正常使用,为信息化教学创造稳定可靠的外部条件,从而增强教师与师范生进行信息化教学实践的意愿。

"放 PPT 这些没有什么问题,我们学校的主要问题是有些设备比较陈旧,用着就会卡住,这个很麻烦。因为我们这儿没有电教人员来弄,这是一个很大的问题,因为机器有时候是需要维护的,现在没有人维护,坏掉了就很麻烦。"(XST-1)

"外语系经常上课的四楼的那些教室,学生的桌子上有电脑,但不知道是哪个软件出了问题还是怎么样,就是基本上用不了,然后那个电脑在那摆着,对我们来说基本上是一个妨碍,就是占着桌子,但是并没有什么用,然后有的电脑还是坏的,根本都打不开,所以我觉得这方面还挺欠缺的。"(ZS-4)

（三）注重符合一线教师的教学需求

师范大学在建设信息化教学设施时应该充分听取一线教师的需求,特别是有教学创新意愿的教师的需求,避免采购昂贵的设备却成为教师教学创新的阻碍,又造成资源的浪费。

"设备上看着听着好像都挺齐全,都有,其实很死板,基本就是原来的思路在操作,行政人员采购,也没有听听我们老师的意见。行政人员他不一定懂我们教学,他不知道我们在教学里边需要什么,我们也只能有什么用什么。你比方说,我听力课,二十年前在语音室上,现在还在语音室上,只是那时候用磁带,现在用电脑,功能上没太大差异。但是时代不一样了啊,学生不一样了。以前的学生进来水平差异不大的,沿海地区的好一点,但你说差异特别大,那没有的,现在可不一样,特别是听说,那一线城市来的孩子整体能力就强,强多了,有些偏远地区来的孩子,高考没有听说,真的特别困难。学生差异那么大,你还像以前放一样的磁带?但是你在它那个教室,用它那套系统,就只能这么办,我感觉这对学生很不公平,你太难,打击一些基础差的孩子的积极性,太简单,好的孩子又吃不饱。像现在这样,买这样的设备与系统就是浪费,还妨碍教学。还有在那个教室,设计成每个座位都是隔断的,有点隔音那种,根本不适合讨论、交流这些小组活动,老师讲话不用话筒学生也听不大清,像隔空喊话那样,那多难受,它整个设计就是不符合比较人性化的交流,看着更新过了,但理念很陈旧。如果他们购买之前先听听我们老师怎么说,这可能就不一样了。"(XST-1)

同时,师范大学在引进信息化教学设施供应商时,特别是开发师范大学专属平台与系统时,应该听取教师的意见,才能使得引进的系统或者开发的平台真正符合教师的使用习惯和教学需求,真正发挥支撑教学的作用。

"开发软件的人来询问英语老师需要什么,然后再做相应的设计,开发之后再请专业人士培训,具体应用再看英语老师来设计。理想的情况是职前就培训好,对于没有接受过培训的老师,就只能职后培训。"(YS-3)

总之,师范大学的顶层设计是推动师范生信息化教学能力发展的重要力量。复杂系统中的教育变革需要重视变革的情境性,由于各师范大学校情迥异,在机构设置、师资力量与设施配置上均千差万别,因此需要结合自己的实际情况进行顶层设计,但是本研究在个性中发现了共性,总结了形成共同愿景、明确变革领导核心机构、设置多元化的培养路径、重视院系的变革推动力、评价机制支持创新与多样性、设施建设重视教师需求的六大顶层设计策略。其中,设置多元化的培养路径是顶层设计的核心政策,其他政策是多元化路径下多方动力源协同推动实现培养师范生指向核心素养的信息化教学能力这一共同愿景的保障。

第三节 师范生信息化教学能力培养的中层变革策略

诚如前述,学科院系管理层是保证师范生信息化教学能力培养系统中各利益主体上下联动的关键枢纽,对于学科专业教师的信息化教学实践以及学科信息化课程建设起了关键的支持作用。因此,位于师范生信息化教学能力培养系统中层位置的学科院系管理层所采取的变革策略将对学科专业教师与学科信息化专业课程产生重要影响,从而影响师范生信息化教学能力的发展。综合三所大学的个案研究数据,院系管理层可以采用以下六大策略来推动中层变革管理,促进本院系师范生指向核心素养的信息化教学能力的发展。

一、支持学科专业教师信息化教学能力的发展

学科专业教师的优质信息化教学示范形成了师范生信息化教学能力发展的隐性课程。因此,加强学科专业教师指向核心素养的信息化教学能力的发展,便能为师范生信息化教学能力的发展创造强大、广泛又持续的动力源。此外,并不是每所师范大学都具备合适的学科信息化教学师资,因此在部分无法开设学科信息化教学课程的师范大学,学科专业教师的信息化教学能力发展就尤为重要。

由三所师范大学的数据(见表6-6)可知,院系管理层支持学科专业教师信息化教学能力发展主要可以采取以下策略。

表6-6 三所师范大学院系学科专业教师对比表

师范大学	信息化教学团队	学科专业教师对教学团队支持感知	学科专业教师的教师教育者身份认同
X校学科院系	无	低	有学科教学法背景的两位教师高;其他两位教师低
Y校学科院系	有	高	有学科教学法背景的一位教师高;其他教师低
Z校学科院系	一门课程有	中等,认为探索新模式、建设新课程力不从心	普遍较高

(一)创建学科专业教师信息化教学教研共同体

三所师范大学学科专业教师一致的需求是希望在信息化教学实践中有教学团队的支持。这种需求一方面是因为时间精力的匮乏,另一方面也源于教师在为创新带来的风险

与不定因素寻求安全感,毕竟,如果是团队在探索,即使失败了,大家也可以一起分担责任与失落。因此,创建学科专业教师信息化教学教研共同体首先是为学科专业教师进行信息化教学探索提供一种保障与支持,为他们创建一种归属感,不至于在探索实践指向核心素养的信息化教学时觉得自己是在孤军奋战。第二,教研共同体还扮演了学科专业教师信息化教学沟通交流平台的角色,有利于促进学科专业教师相互学习,共同发展指向核心素养的信息化教学能力。这个平台既可以邀请外部专家举办讲座,也可以开展内部的信息化教学经验交流,可以共同承担某门课程的建设,也可以尝试某种信息化教学的新模式,使得正式学习与非正式学习并存。

复杂系统的教育变革注重加强系统内部个体间的联系与反馈,学科专业教师信息化教学教研共同体的建立能够为学科专业教师间的联系与反馈搭建平台,从而促进他们之间的交流,推动教师共同发展指向核心素养的信息化教学能力。

（二）建立通过信息化教学促进师范生学习与核心素养发展的共同愿景

建立学科专业教师信息化教学的教研共同体之后,首要任务便是形成通过信息化教学促进师范生学习与核心素养发展的共同愿景。学科专业教师能够在自己的课程教学中通过信息化教学促进师范生学习与核心素养发展,便在无形中形成了师范生指向核心素养的信息化能力发展的隐性课程,为师范生进行了优质的信息化教学示范。因此,促进学科专业教师进行指向核心素养的信息化教学探索与实践便是间接地促进了师范生指向核心素养的信息化教学能力的发展。

（三）加强学科专业教师的教师教育者身份认同

三所师范大学学科专业教师一个较为普遍的问题是,学科专业教师,特别是其中没有学科教学法背景的教师,对自己教师角色的定位还是"学科教师",局限于学科知识的教学,对于"教师教育者"的身份认同十分薄弱,在全面育人方面有所缺失。只有当学科教师产生"教师教育者"的身份认同时,才能充分认识到自己在教学中对于师范生的示范作用,才有影响未来教师的使命感与责任感,才能有意识地通过自己的教学示范影响师范生的教学行为。因此,加强学科专业教师的教师教育者认同感是加强信息化教学隐性课程的重要路径。研究证明,知识的分享与集体的身份意识是积极变革的动力。[1] 学科专业教师在信息化教学教研共同体中为了信息化教学而共同学习,有利于加强他们对于教师教育者这一身份的认同感,有利于提升其通过自己的信息化教学示范促进师范生指向核心素养的信息化教学能力的意识。当然这需要领导者通过其他措施有意识地加以引导与支持。

（四）培育信息化教学变革团队

与第一节中所述的师范大学顶层设计组织变革先锋克服系统惯性策略相类似,在学科院系层面,倘若学科专业教师整体信息化教学意愿与能力不佳,院系管理也应该推动一场指向核心素养的信息化教学变革。首先,通过调研发掘一批学科专业教师的变革先锋进行教学创新;接着,支持院系层面的意见领袖积极参与,以点带面扩散创新;同时,支持

---

① Pfeffer, J. & Sutton, R. The Knowing-Doing Gap[M]. Boston: Harvard Business School Press, 2000: 27.

早期追随者进行探索实践。通过这样先锋引导、以点带面的方式推动优质学科信息化教学在学科专业课程教学中生成。

总之,学科专业教师的信息化教学示范是促进师范生指向核心素养的信息化教学能力发展的重要力量,学科院系层面要从各个方面采取合适的策略给予充分的支持、保障与推动。

二、加强学科信息化教学课程建设与师资发展

条件合适的师范大学可以在院系层面开设学科信息化教学课程,使得师范生能够在该课程上系统性学习学科信息化教学的知识。从 Z 校的数据来看,院系管理层在进行学科信息化教学课程建设时要注意以下几个问题。

（一）合理设置课程开设时间

学科信息化教学课程适合在完成通用信息化课程与学科教学法课程之后学习,也就是师范生对于学科教学法已有一定的知识储备,能够从教学的角度来看待信息技术,而非将学科信息化教学课程视为一门信息技术课程学习。当然,这种意识也有赖于学科信息化教学课程教师的引导,关于这方面的具体策略将在第四节的课堂策略中详细阐述。

（二）合理设置课程形式

学科信息化教学课程是实践性、示范性较强的课程,不宜采用集中授课、讲座等灌输性模式,正如 Z 校师范生所反馈的那样,集中授课使得师范生没有时间将所学到的知识技能付诸实践,从而消化巩固。此外,满堂灌的教学方式也不利于为师范生提供优质的教学示范,会让师范生觉得授课教师信息化教学言行不一,说一套做一套,是华而不实的东西。因此,在进行学科信息化教学课程设置时,应该避免在几天内集中授课的模式,尽量为师范生创造进行探究、实践的时间。

（三）选择与培养合适的师资

学科信息化教学课程的师资需要兼具学科知识、核心素养知识、信息技术知识与教学法知识,因此对师资要求较高。院系管理层在选择师资时要注意避免过分强调技术能力而忽略教学法背景,使得这门课偏技术而与教学相关性较低。在没有合适师资的情况下,可以借鉴 Z 校经验,由学科教学法教师在课程中承担部分学科信息化教学内容,因为学科信息化教学与学科教学法相关性较高,本质上是技术支持的学科教学法。当然,倘若学科教学法教师信息技术能力十分薄弱,这也会影响师范生对于学科信息化教学知识的掌握,这种情况下,也可以借鉴 Z 校学科教学法教师的策略,通过师范生的同伴学习以及师生共同学习,来弥补这一缺陷,或者尝试几位教师合作共同承担该门课程的教学,各自发挥所长。另一方面,院系管理层也应该着手培养与引进相关师资,毕竟信息技术支持的教学是未来的趋势,作为培养未来教师的师范大学应该在这方面起到引领作用,而非落后于时代的发展。

三、配置专职人员提供技术支持

除了教学团队,三所师范大学学科专业教师一致的需求是专职人员的技术支持。这

一普遍需求一方面缘于学科专业教师大部分还是数字移民,对于信息技术的自我效能感较低,同时也缺少探索的时间与精力,另一方面也来自在寻求技术支持时的挫败感。三所师范大学其实都或多或少有一些技术人员,但是为何学科专业教师的技术支持感知较低(见表6-7),又强调要专职人员支持?

表6-7　三所师范大学学科专业教师技术支持感知表

师范大学	技术支持	学科专业教师 对于信息化教学外部条件感知
X校学科院系	无	低
Y校学科院系	有、充分	高
Z校学科院系	有、不充分	中等,觉得探索新模式力不从心

造成这种现象的主要原因便是目前师范大学的信息技术人员并没有专职为教师的信息化教学提供支持,而是身兼数职。

"信息技术人员都很忙的,整天都领导做PPT、公众号推送,我们老师去找他们,要排队,等到他们有时间,我们的课都上完了,还是算了吧。"(XST-2)

"技术人员是经常要帮领导干活的,做PPT啊,解决各类技术问题,所以一般领导很喜欢的,但是其实自身发展挺尴尬的。"(XIT-1)

"第一个是找一个人,或者由他来组建一个小的团队来负责我们学院所有的这种网页,包括以后的微信平台,微博或者其他的一些用于外宣的这些东西,我们就把它放出去了,因为这个东西的确没有什么技术难度,只要你知道网站后台密码,然后正常的更新就跟编辑word一样,但是它需要什么? 需要你去关注并且收集这些素材。比如说某系某学院他们开了会议,他们有可能就忘了这个事了,然后我们知道的时候可以专门去拍两张照片,或者说大概了解一下是个什么样的内容,然后写个简短的报道,然后才能更新到网页上之类的。但是这个目前为止在我这是比较耗费精力的,而且这个工作说实话跟教育技术本身没关系,其实这东西谁都能干,所以我打算把它分出去。"(ZTT-1)

因此,要让信息技术人员专注于为学科专业教师提供信息化教学的技术支持,真正能帮助学科专业教师解决问题,这类技术人员必须专职化,特别是在越来越多学科专业教师进行信息化教学探索的情况下,这样的专人技术支持对于提升学科专业教师的信息化教学意愿与实践尤为重要。

(一)配置专职人员为学科专业教师提供教学支持

专职技术人员为学科专业教师提供的教学支持可以以多种形式出现,除了日常的问题解答、技术问题的解决之外,也可以参与学科专业教师或者学科信息化课程教师的课程建设,还可以采用定期与不定期的沙龙形式,向学科专业教师与师范生介绍信息技术的最新发展动态,促进学科专业教师与师范生的信息化教学创新。这也有利于技术人员的专业成长与价值体现,避免从事辅助性工作带来的"为他人作嫁衣裳"的地位边缘感,而降低了工作的积极性。

（二）注重信息技术人员的激励与职业发展机会

为了使技术人员能够更好地支持学科专业教师与师范生的信息化教学实践,院系管理层也应该充分考虑对于技术人员的激励,无论是物质的激励还是提供职业发展的机会,应当注意避免他们产生边缘感而降低工作的积极性,影响师范生信息化教学能力发展中技术支持这一重要因素。

四、营造鼓励创新的组织文化

诚如前述,宽容、鼓励创新、允许失败的组织文化对于学科专业教师的信息化教学探索实践十分重要,除了师范大学层面的评价机制要为教师进行教学创新创造条件之外,院系层面也同样应该营造这样的文化,毕竟学科院系是学科专业教师直接的归属组织。院系管理层应该鼓励学科专业教师进行信息化教学探索,包容他们在探索实践中可能出现的问题与失误。"教师创新能力的高低制约着学生创新能力的发展。没有教师教育教学上的持续创新,学生的创新能力也就很难发展起来",①因此,院系管理层必须积极营造组织的创新文化,鼓励学科专业教师进行信息化教学创新示范,才能促进师范生指向核心素养的信息化教学的创新意识与能力。

复杂系统的变革强调系统内部个体的多样性,在不同个体的互动中实现变革与发展。因此,院系领导层在领导变革时也要避免进入"唯信息化教学"的极端倾向。学科专业教师的信息化教学能力发展目标并不是让所有学科教师都具备一流的信息化教学能力,恰恰相反,特别要避免一刀切的行政化命令,让所有教师都去学习某种信息技术或者使用某个平台。一部分老师是年龄较大的数字移民,本身对于信息技术就没有亲近感,但在非信息化教学方面炉火纯青,应该让这些老师保持此类特色,同时应该鼓励对于信息技术有亲近感、信息化教学愉悦感较强的老师进行信息化教学的探索,并给予财力、物力、人力的支持,以及充分信任,营造允许犯错、允许失败的文化,给予试错的空间,那么我们期待的信息化教学的创新才有可能在这样良性的生态中涌现。对于师范生而言,能够体验不同模式的教学、信息化教学与非信息化教学、有效的教学与有待提升的教学,有利于他们进行对比反思,拓展思路,吸取精华,形成适合自己的教学模式,甚至进行教学创新,反而比沉浸于某种单一的教学模式更有裨益,更能促进他们指向核心素养的信息化教学能力。

五、重视学科信息化教学设施建设

随着信息技术与教学融合的加深,随着越来越多的组织、机构加入教育信息技术的开发,专注于某个学科的信息化教学技术与设施也正呈增长之势。因此,除了师范大学在顶层设计中完善信息化教学设施的建设之外,在资源允许的情况下,学科院系也应该进行与

---

① 郑金洲,吕洪波.教师应具备的七大素养[J].人民教育,2016(11):54-57.

学科相关的信息化教学设施建设,从而为学科信息化教学课程教师、学科专业教师与师范生开展指向核心素养的信息化教学探索与实践创造良好的外部条件,也有利于实现师范生入职后引领基础教育变革、促进学生核心素养发展的最终目标。

在学科信息化教学设施的建设过程中,院系管理层也应该充分听取学科专业教师与学科信息化教学课程教师的建议,使得学科信息化教学设施的配置能够尽量满足授课教师的实际教学需求。

六、加强实习期间对师范生的支持

从三所师范大学的个案研究数据中可以发现,实习学校的经历,特别是实习学校的育人目标与信息化教学氛围,对于师范生的信息化教学意愿与能力产生了重要的影响。三所大学都有师范生因为实习期间的负面信息化教学体验或者浓重的应试教育氛围而降低了信息化教学感知有用性与对外部条件的感知,从而降低了信息化教学的意愿。

实习期是师范生形成信息化教学认知与发展信息化教学能力的关键时期。虽然师范大学不大可能对实习学校产生决定性的影响,改变实习学校的信息化教学生态,但是依然可以在实习方面给予师范生一定的支持,以利于其在实习期间的信息化教学能力的发展。

由于师范生在教育实习期间可能会遭遇应试教育氛围的冲击,动摇其发展学生核心素养的信念,认为发展核心素养是遥不可及的空中楼阁,学科院系需要在实习期间对师范生进行心理支持,以帮助他们坚定发展学生核心素养的信心。这个角色可以由实习带队教师、学科专业教师、学科信息化教学教师承担,院系可以根据自己的实际情况进行安排。但是院系管理层要起到领导作用,树立相关责任教师对师范生支持的意识,并由相应的长效机制保证。

总之,学科院系层面是师范生信息化教学能力培养系统中上下联动的枢纽,也是推动师范生信息化教学能力常态化与长效化发展的重要变革力量。如果没有院系管理层的变革领导,学科专业教师可能就失去了技术支持与教学团队,或者因害怕犯错而不愿意进行信息化教学的实践,学科专业教师的优质信息化教学示范可能只是在少数教师课堂中偶然发生的现象,师范生信息化教学能力的发展便会失去隐性课程这一重要推动力;如果没有院系管理层的变革领导,学科信息化课程可能无法开设或者无人承担教学,或者没有所需的学科信息化教学设施,师范生信息化教学能力的发展便会失去学科信息化教学这门与学科教学关系紧密的显性课程;如果没有院系管理层的变革领导,师范生可能在实习期间因无法得到有力的支持而对指向核心素养的信息化教学失去了兴趣或信心。因此,师范大学在师范生信息化教学能力培养的顶层设计中要充分意识到学科院系管理层的重要力量,将其纳入责任主体;学科院系管理层也要充分意识到自己在师范生信息化教学能力培养中扮演的重要作用,通过支持学科专业教师信息化教学能力的发展,加强学科信息化教学课程建设与师资发展,配置专职人员提供技术支持,营造鼓励创新的组织文化,重视学科信息化教学设施建设,加强实习期间对于师范生的支持等这些策略来共同引领、支持、保障本院系师范生指向核心素养的信息化教学能力的发展。

第四节 师范生信息化教学能力
培养的教学策略

　　无论是师范大学的顶层设计策略还是学科院系的中层变革策略,最终的指向都是为师范生指向核心素养的信息化教学能力的发展创造优质的显性课程与隐性课程。课程是培养师范生指向核心素养的信息化教学能力的关键路径。

　　显性课程通常被师范大学作为培养师范生信息化教学能力的主要路径,一般由顶层设计为师范生设置一门通用信息化教学的必修课程。然而,从三所大学的个案研究数据中可以发现,显性课程是否能有效培养师范生信息化教学能力关键在于授课教师的课程实施。除了显性课程之外,学科专业教师在自己课程教学中进行的信息化教学示范形成了师范生的隐性课程,学科专业教师的优质信息化教学示范被多项研究证实对师范生信息化教学能力的发展大有裨益,[1]本研究中的个案研究也证明了在显性课程失效的情况下,学科专业教师的优质信息化教学示范对师范生信息化教学能力发展产生了积极作用。因此,师范生信息化教学能力培养较为理想的路径是显性课程与隐性课程并存,各自有不同的定位(见表6-8),相互补充、相互促进,为师范生提供多元化、多样性的信息化教学体验。

表6-8 不同课程在培养师范生信息化教学能力上的定位对比表

课　程	知　识　类　别	显性知识	隐性知识
通用信息化教学课程	整合技术的教学法知识(TPK),整合技术的核心素养教学法知识($TPAC_2K$)	指向核心素养的信息化教学观 信息化教学的道德安全意识 信息技术支持教学的能力 信息化教学的专业发展能力	
学科信息化教学课程	整合技术的学科教学法知识($TPAC_1K$),整合技术的核心素养教学法知识($TPAC_2K$),整合技术的学科核心素养教学法知识(TPACCK)	指向核心素养的信息化教学观 信息化教学的道德安全意识 信息技术支持学科教学的能力 学科信息化教学的专业发展能力	
学科专业课程	学科知识/(整合技术的学科教学法知识$TPAC_1K$,整合技术的学科核心素养教学法知识TPACCK)	无	指向核心素养的信息化教学观 信息化教学的道德安全意识 信息技术支持学科教学的能力 学科信息化教学的专业发展能力

---

[1] Enochsson, A. & Rizza, C. ICT in Initial Teacher Training: Research Review[R]. OECD Education Working Papers No.38, OECD Publishing, 2009.

在显性课程中,从教师的知识结构来分析,整合技术的教学法知识(TPK)是整合技术的学科教学法知识(TPACK)的基础,也就是两者的部分知识是一致的。例如,搜索教学资源属于整合技术的教学法知识,搜索语文教学资源属于整合技术的学科教学法知识的基础,但是搜索语文资源的基础是搜索资源,只是搜索者在批判性地辨别语文资源的优劣时需要语文学科知识(CK)以及语文教学法知识(PCK)。鉴于此,通用信息化教学课程与学科信息化教学课程在课程定位上的区分便在于通用信息化教学课程的重点是整合技术的一般教学法知识,而学科信息化教学课程的重点是整合技术的学科教学法知识。两者在底层知识、思维与能力上有一致性,学科信息化教学课程以通用信息化课程为基础,与学科紧密结合。因此,两门课程在目标与策略上有一致性,但学科信息化教学课程需要与具体的学科相结合。

诚如前述,课程目标制定得再完美,如果在课程实施中没有实现课程目标,通过课程培养师范生指向核心素养的信息化教学能力的路径也将失效,因此课程实施中的教学策略尤为关键。本节将综合三所师范大学的个案研究数据,总结在显性课程与隐性课程实施中对于指向核心素养的师范生信息化教学能力有益的培养策略。

一、显性信息化教学课程的教学策略

诚如前述,显性信息化教学课程的师资来源在各个师范大学千差万别,因此在课程目标、内容、教学方法上也差异较大。总结三所大学案例的问题与经验,本研究认为,为了实现发展指向核心素养的师范生信息化教学能力的课程目标,显性信息化教学课程可以采用以下三大策略。

(一)"技术支持教学"的课程目标取向

师范生处于职前阶段,相对在职教师而言有更多的时间与精力去探索信息化教学的新模式,其数字原住民的特点也让他们对于信息技术更有亲近感,而对于他们而言,职业生涯刚刚开始,未来社会与信息技术的融合将更加紧密,更需要他们具备信息化教学的能力,因此,职前是发展师范生信息化教学能力的良机,师范生也有望成为通过信息化教学变革基础教学、发展学生核心素养的新生军。目前的挑战是,师范生对于优质的信息化教学体验太少,对于信息化教学的理解停留在了PPT、微课、网课等,限制了他们利用信息技术实现某些传统教学无法实现的目标以及通过信息化教学促进学生核心素养发展的想象力与创造力,降低了他们对于信息化教学有用性的感知,打击了他们对信息化教学的兴趣。

因此,信息化教学课程在课程目标上必须改变"技术取向",而强调"技术支持教学的取向"。通用信息化教学课程在本质上是为了促进师范生形成系统的信息化教学知识,即整合技术的教学法知识(TPK),具备使用信息技术解决教学问题与促进学生学习的基本素养。诚如前述,未来的学科教师、教育信息技术教师与教育信息技术专业人员定位应该不同,对于非教育信息技术的师范生而言,未来承担的是学科教师的角色,除了少数特别喜欢信息技术、能够在钻研信息技术中获得成就感与愉悦感的师范生,对于大部分师范生而言,最需要的不是掌握难度很高的技术或者背后的技术原理,而是真正能促进自己教学又容易使用的信息技术。因此,通用信息化教学课程的定位不应是培养师范生成为能熟练使用复杂技术的"技术咖",而是能用友好型的信息技术支撑教学的学科教师。如前所述,对于学有余力的师范生可以在选修课中进一步发展信息化教学能力,但是对于通用课程而言,应该面向大多数师范生的需求,成为未来教师发展信息化教学能力的基本保障。

本书第二章已经就师范生指向核心素养的信息化教学能力发展目标进行了详细的阐述,本章不再在细节上赘述,结合三个案例的数据,通用信息化教学课程在课程目标上应该着重强调以下几方面的内容,面向未来促进中小学生核心素养的需要来发展师范生的信息化教学能力。

1. 引导师范生形成指向核心素养的信息化教学观

诚如前述,师范生的教学观会影响师范生对于各种信息技术的感知教学促进性,从而影响师范生的信息化教学意图及具体的信息化教学行为。转变教育观念,首先应该转变核心的教育观念,否则,仅仅通过内容、手段等方面的转变,会失去方向,无法在真正意义上实现教育观念的转变。[①] 因此,培养师范生通过信息化教学促进学生核心素养发展的能力,首先必须引导师范生形成指向核心素养的教学观,使其意识到在基础教育阶段发展学生核心素养的重要性与紧迫性,才能促进师范生通过信息化教学发展学生核心素养的意愿与能力,否则,即便师范生学习了信息化教学的某些方法与手段,也无法或者不愿通过信息化教学来促进学生核心素养的发展。这种指向核心素养的教学观的引导除了教师的言传之外,更需要教师在教学中的信息化教学榜样示范,在自己的课程中也通过信息化教学促进师范生的核心素养发展,师范生才能真正认识到核心素养的重要性以及信息化教学对于核心素养发展可能产生的作用。

2. 加强师范生信息化教学的道德安全意识

信息技术飞速发展,而相应的法制建设发展较慢、相对落后,在这样的情况下,信息技术进入校园、进入课堂的确存在一定的风险与隐患。诚如前述,信息技术在教学中若使用不当,可能会造成损害学生身心健康、网络校园暴力、泄露个人隐私、侵犯知识产权等一系列的问题。因此,师范生信息化教学的道德安全意识亟待加强。

然而,从三所大学的信息化课程内容来看,关于信息化教学的道德安全意识涉及甚少,甚至完全缺位。这样的现状非常不利于师范生树立正确的信息化教学道德安全意识,即便他们信息技术运用能力、教学能力、学科知识十分优秀,也可能因此对学生的发展产生负面影响。教育以德为先,德育先行。正如本研究在第二章发展目标中所阐述的,"德"体现在信息化教学中便是信息化教学的版权意识、隐私意识与责任意识:

(1)版权意识:能够指导学生安全、合法和有道德地使用信息技术与数字资源,并保护知识产权。

(2)隐私意识:能够促进学生个人数据和数字身份的管理,保护学生的数据隐私,帮助学生发展尊重他人数据隐私的意识。

(3)责任意识:能够促进学生在使用数字技术时的身心健康和社会责任,负责任地使

---

① 陈建华.教师教育观念转变的动态性[J].教育科学研究,2009(10):70-73.

用数字技术进行交流,避免网络上的校园暴力欺凌行为。

　　培养师范生信息化教学的版权意识、隐私意识与责任意识,首先必须在信息化教学的显性课程中明确这些意识的重要性,并通过教学进行具体的行为示范。例如,如何安全、合法和有道德地使用信息技术与数字资源,如何尊重与保护知识产权,如何进行个人数据和数字身份的管理,如何保护自己的数据隐私,如何保护学生的数据隐私,如何避免网络上的校园暴力欺凌行为等,从而实现理论与实践相结合,共同促进师范生信息化教学的版权意识、隐私意识与责任意识。

　　3. 培养师范生利用信息技术解决教学问题的能力

　　在"技术取向"之下,信息化教学课程的目标非常清晰,让师范生能够熟练使用一种或者几种教育信息技术。在"教学取向"之下,信息化教学课程的目标是培养师范生使用信息技术支持教学与学生学习的能力。那么这种能力的核心应该是什么呢? 在一门课程课时有限的情况下,应该把重点聚焦在什么样的能力上? 案例研究中的一位通用信息化教学课程的教师给予了这个问题一个精炼的答案。

　　　　"很多工具我不讲,我现在需要什么功能,让他们自己去找软件,自己去找,自己去探索。教育技术类的很重要的是学生的信息技术的素养,是怎么去寻找一个技术来解决他的实际问题。"(XIT-1)

　　诚然,信息技术日新月异,师范生今天掌握的一两种技术终究会被淘汰,而具备"寻找一个技术来解决他的实际问题"这样的能力却能够使得师范生在入职后,面对可能出现的新的信息技术、新的教学环境、新的教学问题,不会束手无策,而能自己寻找合适的信息技术解决教学中的问题,这是师范生在未来多变而充满不确定因素的教学环境中最需要的能力,也是指向核心素养的信息化教学能力的"核心素养"。综合第二章的发展目标与三所大学案例的数据,可以发现这种"核心素养"基本由四部分构成。

　　1) 积极探索信息技术与资源来支持学生核心素养发展的意识

　　要能够使用信息技术支持教学、学生学习与核心素养的发展,首先必须有积极探索信息技术与资源的意识。这种意识具体表现为,当师范生在教学中碰到一个问题时,他们能够主动寻找信息技术工具或者数字资源来解决这个问题,对于信息技术在教学中的使用保持一种积极开放的态度。例如,传统课堂上,如果学生人数多于二十人,即便教师希望给每位学生发言的机会,也是心有余而力不足,这个时候,有积极探索信息技术资源支持教学意识的师范生就会思考:是否有一种信息技术工具可以给予每位学生发表想法的机会? 在这种意识的指引下,师范生便会去寻找具备这种功能的信息技术来支持其教学目标的实现。因此,积极探索信息技术资源的意识是师范生利用信息技术支持教学的第一步。特别是,促进学生核心素养的教学需要运用与促进知识传递不一样的教学方法,所以更加需要师范生具备积极探索信息技术资源来促进学生核心素养发展的意识。

　　2) 查找能支持学生核心素养发展的信息技术与资源的能力

　　在形成了积极探索信息技术资源的意识之后,师范生还需要具备查找信息技术资源的能力,只有意识没有能力,也只能是一种空想,无法真正实现信息技术支持学生核心素养的发展。查找能支持学生核心素养发展的信息技术与资源的能力本质上而言是搜索信息获得所需资源的能力,是一种基本的信息素养。例如,师范生想要找到一种信息技术工具从而给予每位学生表达想法的机会,这时候他们便开始搜寻这种工具,有的师范生在百度上搜索,有的师范生在手机应用商店搜索,有的师范生在微信小程序上搜索,有的师范生在知乎网站上搜索,还有的在专业的信息技术社群中咨询。

这种搜索信息获得所需资源的信息素养是大部分有信息技术背景的通用信息化教学课程教师的擅长领域,因此在通用信息化教学课程上进行这种能力的培养恰恰能发挥通用信息化教学课程教师的优势。

3) 对于信息技术资源支持学生核心素养发展的批判性思维

在查找能支持学生核心素养发展的信息技术资源过程中,师范生通常会获得各种信息技术资源,最终选择哪一种信息技术资源用于支持学生核心素养的发展则有赖于师范生的批判性思维。例如,师范生找到了几种能给予每位学生表达想法机会的信息技术工具,具备批判性思维的师范生便会思考,这些工具中哪一种更有利于给每位学生表达想法的机会?哪一种更公平?哪一种能实时呈现?哪一种能保护学生隐私?

这种批判性思维体现在师范生能够比较和批判性地评估信息技术及其来源的可信度和可靠性,能够批判性地思考各种信息技术对教学潜在的促进作用以及可能产生的消极影响,能够批判性地探索、选择、运用适合自己教学与适合学生的信息技术。如果具备这种批判性思维,在某种信息技术成为教育领域的明星时,师范生依然能够保持独立思考的能力,不盲从潮流,而能够思考这种信息技术是否有利于自身教学、是否能促进学生的核心素养发展,是否存在弊端与负面作用。在对于信息化教学持积极开放的探索态度的同时,师范生又能够在信息化教学中保持一种谨慎、冷静、客观的批判性思维。在信息技术迅猛发展而法律法规制定相对滞后的时代,这样一种批判性思维对于保证信息技术在学生核心素养发展中的积极作用尤为关键。

4) 通过信息技术资源支持学生核心素养发展的创新能力

在找到合适的信息技术资源之后,师范生需要使用信息技术工具或者数字资源来解决教学问题、促进学生核心素养的发展,这就需要师范生的创新能力。例如,师范生在综合考虑自身与学生的情况之后,选择了一种信息技术来实现给予每位学生表达想法机会的目标,那么接下来师范生需要考虑的便是具体如何运用这种信息技术?什么时候使用这种信息技术?使用之前要给学生多少时间进行思考?使用的时候要给学生多少时间进行输入?使用之后是否要立即呈现结果?是否需要进一步讨论?师范生无法在一门课程上获得这些问题的标准答案,学生不同、教学内容不同、学情不同,会让答案千差万别。这个时候就需要师范生使用信息技术资源的创新能力,这也是不同的师范生运用同一种工具与同一种资源会有不同效果的原因。

通过信息技术资源支持学生核心素养发展的创新能力主要体现在,根据教学目标与学生特征,合理修改、创建数字教学资源的能力,合理使用信息技术工具实现教学目标的能力。具备通过信息技术资源支持学生核心素养发展的创新能力,师范生才能使得信息技术在教学中的运用最适合自己的学生，从而促进学生的学习与核心素养的发展。

4. 发展师范生信息化教学的专业发展能力

在本书第二章中已经进行过论述，师范生信息化教学能力除了包括促进学生学习与发展的能力之外，还有支持自身专业发展的能力。专业发展能力是一种成长性思维与终身学习的能力，鉴于信息技术日新月异的特点，专业发展能力会极大地影响师范生入职之后的信息化教学能力的可持续发展。鉴于此，在显性信息化教学课程中，也应该注重培养师范生的信息化教学专业发展能力。结合第二章的研究以及三所师范大学的个案研究数据，在显性课程中可以重点培养师范生以下四种信息化教学专业发展能力。

1）信息化教学的反思力

从三所师范大学的个案研究中可以发现，信息化教学能力较强的师范生与学科专业教师所呈现的一大共同的特点便是信息化教学的反思能力。

> "我也是在每学年（改进），因为我们是在大三的第二个学期就上了教学法的课，基本每一年在上之前，我会根据前一年学生的反馈，还有我的一些反思，给学生上课的时候，可能会有一些信息技术上面的修改、修剪或者偏重的内容。"（ZST-3）

反思在教师教学能力发展中具有重要作用，[1]鉴于师范生信息化教学能力本质上是一种信息技术支持的教学能力，因此，反思对于师范生信息化教学能力的发展也十分重要。反思的起点是发现问题，[2]师范生在反思中总结自己与他人信息化教学中存在的优点与不足，然后以此为起点继续发展进步，这样，师范生的信息化教学能力才能不断获得提升。因此，在显性信息化教学课程中，教师要有意识地引导师范生对自己与他人的信息化教学行为进行反思，从而培养他们形成反思自己信息化教学的习惯。

2）信息化教学的复原力

从三所师范大学的个案研究中获得的一致启示是，实习学校的经历会对师范生信息化教学的意愿与认知产生重要的影响，鉴于目前中小学信息化教学水平千差万别，各师范大学的实习政策又有差异，让师范生只去信息化教学水平较高的学校进行实习几乎是不可能实现的。在这样的情况下，师范大学对师范生信息化教学能力的培养便要预见到在实习学校可能出现的不利情况与困难挫折，在实习前培养师范生面对这些困难时依然保持对信息化教学探索意愿的复原力。教师复原力"是教师在不利处境下快速和有效恢复的力量和精神"，[3]在职前阶段培养师范生的信息化教学复原力有利于师范生在实习时期与入职后的信息化教学中碰到挫折与困难时能够不忘初心，坚定探索与实践通过信息化

---

① Hatton, N. & Smith, D. Reflection in teacher education: Towards definition and implementation[J]. Teaching & Teacher Education, 1995, 11(1): 33-49.
② 鞠玉翠.师范生学习动力系统的若干特点——基于全国教师教育机构调查数据的分析[J].基础教育，2014,11(01): 72-83,89.
③ 陈玉华.教师复原力研究的现状[J].全球教育展望，2014,43(10): 71-82.

教学促进学生核心素养发展的信念。从三所师范大学的个案研究中得到启示,教师教育者可以在教学内容中设计实习的常见困难与问题,让师范生思考相应的对策与预案,当他们对于可能出现的困难有充分的准备时,就能提升他们实习时进行信息化教学的自我效能感并降低焦虑感,并且在碰到问题时,也不会全盘否定信息化教学,而是能保持这种成长型思维,在挫折中进一步发展自己的信息化教学能力。

正如师范生对多媒体教学有可能出现的问题所准备的预案一样,如果事先预料到了信息化教学可能会出现的问题,并做了相应的准备,遇到问题时他们就能从容冷静处理。

> "我一般 PPT 会保存三个版本,一个是正常我们用的,另外一个就是只能放映的,然后还会有一个版本,就是 PDF 版本,如果说那个播放不了或者电脑有问题不能用的话,我就用图片的形式直接把它展示出来,它一般都是用不到的。"(XS-1)

3)信息化教学的沟通合作力

在三所师范大学的个案研究中,大部分学科专业教师以及实习时间较长的师范生在谈及信息化教学的困难时一致提到的问题是时间与精力的缺乏,这也是许多研究发现的普遍问题。[①] 同时,学科专业教师以及师范生都希望有专职的技术人员与教学团队的支持。例如,师范生认为微课制作非常费时,即便出于工作需要确实必须制作,师范生也希望不是独自完成,而是由一个团队一起完成,这恰恰非常符合本书第二章分析的智能时代教师职业更为精细分工的趋势。例如,微课制作由一个团队完成,学科教师提供内容,教育信息技术师制作完善。

在未来信息化教学将多以团队模式出现,本书在第二章中已经就此做了相关的分析,在个体教师没有具备信息化教学所需的全部能力成为全能型教师的情况下,可能出现的是专长型教师合作组成信息化教学团队的模式。鉴于此,在未来的信息化教学中,沟通合作能力将愈发重要。因此,在信息化教学课程中,授课教师要有意识地设计合作型的学习任务,从而发展师范生信息化教学的沟通合作力。

4)信息化教学的领导力

鉴于目前中小学整体并不理想的信息化教学生态以及我们培养师范生成为通过信息化教学促进学生核心素养变革先锋的目标,在信息化教学课程中还需要培养师范生的变革领导力,当然,并不是每一位师范生都具备这样的能力,但是可以培养一批具有变革领导潜力的师范生,以利于通过信息化教学促进学生核心素养的教学变革在中小学教育生态系统中发生。在合作学习的任务中,通常会涉及小组成员的分工,这个时候就可以识别具有领导力潜质的师范生,可以通过社团、选修课的形式再重点发展他们的信息化教学变革领导力。

综观师范生指向核心素养的信息化教学能力的核心能力可以发现,我们期待师范生

---

① Enochsson, A. & Rizza, C. ICT in Initial Teacher Training: Research Review[R]. OECD Education Working Papers No. 38, OECD Publishing, 2009.

能够通过信息化教学促进学生的核心素养的发展,然而指向核心素养的信息化教学能力首先要求师范生具备核心素养,在文化理解力、批判性思维、创新能力、沟通能力与合作能力支持下的信息化教学能力才能真正促进学生核心素养的发展。因此,信息化教学课程的目标与内容设计必须定位准确,特别是要区分教育信息技术专业学生与非教育信息技术专业学生的学习目标,对于非教育信息技术专业的其他未来学科教师而言,他们的学习目标不是掌握某项高深的信息技术,而是学习能够真正在其教学中使用,有助于发展学生核心素养的信息技术;重点不是技术,而是这些技术对于教学、学生学习以及核心素养发展的支撑作用。

(二)促进核心素养的信息化教学课程实施

课程实施会极大地影响课程目标是否能够有效实现。倘若信息化教学课程的授课教师在讲授理论时强调了核心素养的重要性,但在自己课程实施的时候依然采用的是满堂灌的教学策略,那么师范生就会认为核心素养只是纸上谈兵,尚停留在理论阶段,是不切实际的。教师言行不一的教学实施会对师范生造成很大的负面影响。[①] 因此,信息化教学课程的授课教师必须在自己的课程实施中给予师范生促进核心素养发展的信息化教学榜样示范,才能让师范生真正认同信息化教学促进核心素养的作用,并相应地获得信息化教学能力的发展。从三所师范大学的个案研究中,本研究发现了八种有利于促进师范生指向核心素养的信息化教学能力发展的教学策略。

1. 采用探究式的学习策略

诚如前述,Z校学科专业教师通过信息技术工具,采取项目式学习的方式,让师范生在课后进行一些探究活动,促进学生自主学习与探究能力的发展,也让师范生提升了信息化教学的自我效能感。

基于问题或基于项目的探究式教学也同样适用于信息化教学的显性课程。既然信息化教学能力的本质是使用信息技术解决教学问题,基于问题或基于项目的探究式教学便是促进指向核心素养的信息化教学能力发展的关键策略。

因此,在信息化教学的课堂上,教师可以提出一个教学问题,让师范生在解决问题的过程中去搜寻多种信息技术,启发师范生去批判性地思考哪些信息技术有利于这个问题的解决,再让师范生去探究信息技术如何与教学融合才能实现这样的目标。在此过程中,师范生可以逐渐形成信息化教学的问题意识,发展利用信息技术解决教学问题、促进学生学习与核心素养发展的思维,从而发展指向核心素养的信息化教学能力。

总之,在信息化教学课程中,教师要避免通过讲授操练的教学策略教授某种或某些信息技术的运用技能,这样的教学策略不利于师范生感知信息技术对于教学的作用,不利于发展师范生对信息技术如何促进教学的认知,不利于师范生在显性课程上获得授课教师理论与实践一致的信息化教学示范,不利于发展师范生指向核心素养的信息化教学能力。

---

① 张琳,约克·沃格特.融于学科的师范生信息化教学能力培养——来自荷兰的经验[J].教育发展研究,2019,39(04):44-53.

2. 体验多样化的信息化教学

Y 校与 Z 校两所师范大学师范生整体较高的探索信息化教学意愿与信息化教学能力都与两校师范生在四年学习中受到的丰富多样的信息化教学示范有关，特别是 Y 校在自下而上的模式下并没有在顶层设计中重视师范生的信息化教学能力发展，也没有设置显性必修课程，然而由于 Y 校学科专业教师在自己的专业课程教学中使用了适合自己教学需要的不同的信息技术，给予了师范生丰富多样的信息化教学体验，使得师范生对信息化教学的认知并未被局限于多媒体或微课的模式，而是认识到信息化教学有多种可能性，会随着教学的需要而发生变化。因此，在多样化的信息化教学示范下，师范生能够加深对于信息化教学的理解，有利于他们结合自己的教学情况进行信息化教学创新。

X 校与 Z 校均有信息化教学的必修课程，师范生均反馈在课程上只学到一种信息技术的操作技能，X 校为微课制作，Z 校为 Flash 制作，两校师范生都认为这样的课程内容过于单一，实用性不强。鉴于此，在显性信息化教学课程上，授课教师要避免将其变为学习如何操作某种信息技术的技术类课程，要尽量创造机会让师范生体验如何使用不同的信息技术解决不同的教学问题，从而形成不同的信息技术会对教学与学生的学习有不同的作用、信息技术与教学不同的融合模式也会对教学与学生的学习与核心素养的发展产生不同的影响的认知。不同的信息技术与不同的信息化教学方法的碰撞与自身对此的反思，有利于师范生发展指向核心素养的信息化教学能力。

3. 创造信息化教学实践机会

本研究在三所大学的个案研究中已经分别分析了实践机会对于师范生指向核心素养的信息化教学能力发展的影响。其中，X 校师范生普遍认为在信息化教学课程学习中收获无几的原因是该课程过于理论化，一直要求师范生背诵微课的概念与特点，从 X 校师范生对于微课的描述来看，其对于微课运用的理解也大多停留在微课的制作层面，而非在教学中的具体运用，可见信息化教学课程的教学策略应该注重理论与实践的结合，要避免过于理论化、空洞化。而促进 Z 校师范生较高的信息化教学自我效能感与积极探索信息化教学意愿的关键因素之一是学科专业教师在自己课堂上让师范生进行信息化教学实践，使得他们在实践中发展了信息化教学能力。

实践也被多项已有研究证明是促进师范生信息化教学能力发展的有效策略，托德尔等(Tondeur et al.，2012)研究了十九篇关于师范生信息化教学能力发展策略的文献，发现其中有十三项研究提到了为师范生创造信息化教学实践的重要性，[1]原因便是"看别人怎么做无法完全替代自己做"。[2]

本研究中 X 校有中小学教学背景的信息化教学课程教师 XIT - 1 也强调了在实践中学习的重要性。

① Tondeur, J. et al. Preparing pre-service teachers to integrate technology in education: A synthesis of qualitative evidence[J]. Computers & Education, 2012, 59(1): 134 - 144.
② Tearle, P. & Golder, G. The use of ICT in the teaching and learning of physical education in compulsory education: How do we prepare the workforce of the future? [J] European Journal of Teacher Education, 2008, 31(1): 55 - 72.

"我的理念是杜威做中学的态度。我们的课程也是这样，作业多，上课讲得少，教学以动手操作为主，先做，然后再去评价。"（XIT-1）

鉴于此，特别是目前师范生在促进知识传递的信息化教学实践机会较多，在促进学生核心素养发展的信息化教学实践机会较少的情况下，信息化教学课程应该为师范生创造进行促进学生核心素养发展的信息化教学实践的机会，从而使得他们能够在实践中去检验、加深自己对于信息化教学的认知，发展指向核心素养的信息化教学能力。

4. 提供合适的发展支架

大部分师范生，特别是刚刚进入大学的师范生，比较习惯灌输式的教学策略，在刚开始进行指向核心素养发展的探究式学习时会很不适应，甚至无所适从。这在三所大学的个案研究中也较为突出。

"但是你会发现我的学生下面他们记得特别勤快，就是我说你们这东西不用都记下来，你只要把你认为的重点和难点记下来就可以了，但学生好像还是比较倾向喜欢高中生那种学习方式，所有东西都记，他又想记下来以后要回去慢慢地看这样的，可能跟学生的一些他的学习方法策略，这种技巧可能还是有一些关系的。中学那种传统对他们的影响太深了，一黑板一黑板的笔记，然后相当于老师把那些重难点都一点一点全部的手把手告诉他们，所以他就是自主学习性还是比较弱，就觉得不能把老师黑板上写的一点给落下了，自主性学习这个还真是比较欠缺的，其实他要是课堂上面注意听了，其实很多东西它不用听到都要记在脑子里面，它肯定会有那么一两点重难点，他感兴趣的会内化再到脑子里面，下课后查一查资料，然后多看看课外书，其实这就解决了，但是学生现在还是突破不了。"（ZST-4）

"我是真的觉得核心素养对学生很重要，也曾经在自己的课上进行了设计来发展他们的核心素养，但结果让我很失望。刚经过高考的学生在应试教育的训练下早就习惯了老师替他们安排好一切，他们最喜欢的模式是老师讲，学生听，你让他们多搞些活动，他们就觉得是老师在偷懒，是'水课'，你要是让他们课上自主学习，他们就觉得在'放羊'，你发材料让他们课后自主学习吧，他们又嫌作业多，课后自主学习，不让他们交作业，你又怎么知道他们课后的学习情况呢？我每周会发材料和思考问题给学生，不是传统的那种让学生翻译啊在文章里面找答案啊，而是思维的训练，这样我每周就要有两个班快八十个学生的作业，下一次课反馈，及时反馈学生才最有收获，我觉得是很有效的方式，有输入也有输出，结果竟然是评教分数很低，因为学生觉得作业耗时多，但是比较优秀的学生会肯定这种模式，但是有什么用啊，优秀的是少数。"（XST-3）

师范生对于指向核心素养发展的学习方式的不适应既有个体因素，也有外在因素，需要教师根据具体的学情进行分析。但是面对这样的情况，提供合适的学习支架是可以普遍应用的教学策略。布鲁纳（Bruner）基于维果斯基（Vygotsky）最近发展区理论提出了支架式教学策略(scaffolding instruction),认为如果学习者的能力与要解决的问题之间存在差距,那么需要为学习者逐步提供合适的支架,使得他们可以逐渐发展具备脱离支架能够解决问题的能力。[1] 师范生对于指向核心素养发展的学习方式不适应的原因之一是他们觉得自己无法胜任,或者不知道应该具体怎么做,因此,如果教师能够根据师范生的水平逐步提供适当的支架,便有助于师范生获得信心,继续用这种方式学习,从而获得进步。否则,他们可能就会放弃。已有研究也证明了支架式策略对于发展师范生信息化教学能力的促进作用,"当师范生讨论对于他们的信息化教学能力发展产生影响的因素时,他们一致认为提供必要的支架十分重要,例如,在教学设计与准备时的支持。"[2]

鉴于此,教师在使用探究式学习的教学策略促进师范生指向核心素养的信息化教学能力发展时,可以根据师范生的学情,为师范生逐步提供一些支架,例如,提供一份思考或者讨论的大纲(见图6-2)。

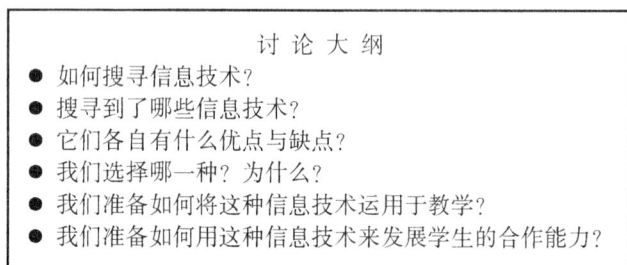

```
讨 论 大 纲
● 如何搜寻信息技术?
● 搜寻到了哪些信息技术?
● 它们各自有什么优点与缺点?
● 我们选择哪一种? 为什么?
● 我们准备如何将这种信息技术运用于教学?
● 我们准备如何用这种信息技术来发展学生的合作能力?
```

图6-2 信息化教学课程学习支架案例
注:本图为研究者根据访谈对象描述绘制

5. 给予及时有针对性的反馈

评价是促进学习的有效手段。鉴于三所大学接受访谈的师范生无一知晓我国的《2014标准》,而标准化的测试又很难测出信息化教学能力水平,[3]国家关于教师的信息化教学能力标准在课堂上的落实便有赖于信息化教学课程教师对于师范生信息化教学能力的评价与反馈。如果仅仅是通过等第的测试只给了师范生一个告诉他们目前水平的分数,他们无从得知自己在信息化教学上的优势与不足,反馈才是师范生未来学习与发展的起点。从三所师范大学的个案研究数据来看,教学中及时的反馈与支持是师范生信息化教学能力发展的重要积极因素。X校的师范生觉得通用信息化课程对自己帮助不大,原因之一便是没有从教师那里获得有效的反馈。

"我记得我们上这个课好像上了六周,但是这六周好像就学到这一个(微课),我感觉效率其实很低,然后老师前面就是也会讲一些理论,就是一些对我们来说实

---

[1] Wood, D. & Wood, H. Vygotsky, Tutoring and Learning[J]. Oxford Review of Education, 1996, 22(1): 5-16.

[2] Brush, T., Glazewski, K., Rutowski, K. et al. Integrating technology in a field-based teacher training program: The PT3@ASU project[J]. Educational Technology Research and Development, 2003, 51: 57-72.

[3] Barton, R. & Haydn, T. Trainee teachers' views on what helps them to use information and communication technology effectively in their subject teaching[J]. Journal of Computer Assisted Learning, 2006, 22: 257-272.

用性并不是很强的(理论),让我们背微课的特点,就让我们一直背,还一直提问,还有课下学习网上课程还是什么的,他让我们课下去听。就是有些时候不上课,然后他会找同学或者找小组来让我们做 presentation(陈述),反正就是背诵知识点的感觉,但我感觉真的没什么用,其实老师如果能够点评一下我们的微课制作还要有用一点。"(XS-2)

Z 校师范生恰恰是在学科专业教师的反馈中获得了信息化教学能力的成长。

"他(英语教学法教师)在看过(师范生录制的微课)之后给我们的一个回馈,说了一下我们讲得怎么样。哪里好,哪里不好。"(ZS-6)

"他们会在我们做 presentation(陈述)和做一些 PPT 的过程中,(提)一些特别细小的问题,就像上个学期,我们上过一门课,英美报刊选读,然后就是在当时在做这个 PPT 的过程中,我自己学到特别多。这个老师就是特别严谨,大家做 PPT 中的过程中特别细小的东西,就是不太注意到的东西,老师都会给你指出来,感觉受益挺大的,就会理解深刻一些,哪些内容应该放在 PPT 上,哪些不应该放。当时可能觉得说很抠,但是事后自己反思的时候确实这些这么小的点,自己都没注意到,觉得也挺感谢老师给提出来的,就觉得在细节上老师也会特别关注和明白。"(ZS-3)

同时,教师的反馈需要具体而有针对性,明确指出师范生信息化教学中的优点与不足,才能对师范生有益,才是有效的反馈。而诸如"很好"之类泛泛的评价对于师范生反思提升其信息化教学能力帮助不大。

"老师上课时还是以讲为主的,也有几次我们分组讨论做 presentation(陈述),但是点评只有几句话,而且都差不多,都说很棒,没有很针对性的建议,所以不是很有帮助。我觉得其实 presentation(陈述)是一种很好的方式,但是老师的点评很重要,不然学生学不到什么,不会进步。以后趋势肯定越来越重视核心素养了,不然会被机器人替代掉的,高考也会慢慢往这个方向改革,所以我很想学习一些真正能帮助学生(发展)核心素养的方法、活动之类的,但是没有学到。"(XS-2)

"当学生从教师那里获得有针对性的反馈时,他们会认为教师想要帮助他们,就会对教师的建议产生信任感,并且根据反馈来指导自己的进步与发展"。[①] 因此,信息化课程教师在为师范生创造信息化教学实践机会的基础上,要对师范生在实践中的信息化教学行为进行及时、具体、有针对性的反馈,才能有利于师范生从反馈中了解自己的优势与不足,从而获得信息化教学能力的持续性发展。

---

① McFadzien, N. Why is effective feedback so critical in teaching and learning? [J]. Journal of Initial Teacher Inquiry, 2015, 1: 16-18.

6. 引发信息化教学的反思

在本研究的案例中,Z 校特别注重师范生的信息化教学反思,这使得 Z 校师范生养成了反思自己教学的习惯,有利于其信息化教学能力的发展。

> "但是事后自己反思的时候确实这些这么小的点,自己都没注意到,觉得也挺感谢老师给你提出来的,就觉得在细节上老师也会特别关注和明白。"(ZS-3)
> "因为我们的师范生有一个学期是要到各个地方去做实习的,到中学、小学,所以他们有反思报告,我们要问到他们。"(ZST-3)
> "教育见习的课,他们修学分,一定要在网上选修这门课程,要观摩这些视频,要写一些 reflection(反思)或者观后感。"(ZST-1)

反思有两种模式,一种是信息化教学实践之后反思自己的教学,这种反思有利于师范生思考自己是否在信息化教学实施中实现了教学设计的目标与方案,在设计与实施中存在哪些不足;另一种是观摩信息化教学后反思授课者的行为,这种反思,有利于师范生思考信息化教学行为背后的设计意图,知其然,也知其所以然。同时,在判断思考这种设计与实施合理性的过程中,发展了信息化教学的能力。

> "活动的设计方面还比较欠缺,还比较盲从、盲目,就是他感觉好就好,那为什么好?为什么一定要让学生做这个练习?他不太明白的,他只能看着照着别人做,那背后的道理他不是特别理解的,不够深刻。我觉得我们的师范教育这一块还是要加强一下某些教学法上面的一些理解,这些还较欠缺,反思很少。因为学生的人数和我们给予的课时加起来的话,给到每一个学生的关注,我觉得还是不够的。"(YST-1)

已有研究也证明,反思信息技术在教学中的作用是促进师范生形成信息化教学积极态度的有效策略。[①] 教师在信息化教学课程中有意识地引发师范生思考自己、同学与教师的信息化教学行为,有利于师范生加深对于信息化教学的理解,同时使得他们养成良好的反思习惯,在入职之后也能在反思中不断成长。特别是在指向核心素养的信息化教学目前尚未有许多优质的教学模式与策略的情况下,更需要师范生在探索、尝试与实验中不断地去反思各种方法与技术对于学生核心素养发展的有效性。

7. 鼓励同伴合作式学习

由于 Z 校将微课制作的学习放在教学技能课中进行,因此该课程也承担了师范生信息化教学能力培养的职责,Z 校英语专业学科教学法教师承担了这门课的教学,在师范生的信息化教学能力发展中采用了同伴合作式学习,在实践中取得了不错的效果。

---

① Goktas, Y., Yildirim, S. & Yildirim, Z. Main Barriers and Possible Enablers of ICTs Integration into Pre-service Teacher Education Programs[J]. Educational Technology & Society, 2009, 12(1): 193-204.

"反正是以小组形式的可能性会慢慢多一点了,合作式学习。因为他单打独斗,学生上他能力差异性很大的,有的时候学生在个人的那种学习的环境当中可能提高不是很大,可是小组一起学习,他自己激励一下,不懂的互相去问一下,有难点的地方会沟通一下,所以这两年我们都是比较突出这方面的,我们的教学组织方式就多样化了。"(ZST-3)

研究证明,同伴合作学习为师范生创造了一个高效、高挑战、低威胁的学习环境,"你可以犯错,这没关系",不像很多信息技术学习的课程会引发焦虑,师范生会力求避免失败。[1] 同时,师范生也认识到为了更好地评价同伴,他们必须首先反思自己的表现。[2] 可见,同伴合作有利于师范生降低信息化教学的焦虑,使其不畏惧失败而增加探索的意愿,有利于促进相互间的反思与反馈。

近年来,随着知识的日新月异,教师作为知识权威的地位逐渐弱化,而在信息技术领域,由于技术飞速更新迭代,越来越多地出现了教师与学生、学生与学生合作共同学习的模式。上述 Z 校的微课制作学习就属于这种情况,ZST-3 教师由于自身微课制作的技术能力不强,就请学生一起参加 Z 校培训,学习微课制作的技术,然后在课堂上让师范生相互合作学习,她主要起到在教学设计上引导学生的角色。指向核心素养的信息化教学也存在类似的情况,在这方面教师可能并不一定比师范生有更多的经验,因此,也可以采取师生共同学习、生生合作学习的模式。

鉴于此,在显性信息化教学课程中,教师也可以有意识地创造师生共同学习、同伴合作学习的机会,除了上述的积极作用之外,还能使师范生丰富信息化教学体验,促进合作沟通能力的发展,也为他们未来入职后在信息化教学团队中的合作沟通奠定了良好的基础。

8. 形成宽松包容的氛围

在同伴合作学习策略中已经分析了师范生认为信息化教学课程会引发焦虑,为了避免犯错,他们往往会采取最安全的信息化教学策略这样一种较为普遍的心理,甚至 Y 校的一位信息化教学经历较为丰富的师范生也有这样的顾虑。

"我是愿意尝试,但是需要支持,如果失败了,学校、同事都能互相理解,互相鼓励,有一个宽松的环境会允许尝试和犯错。不然我也不愿意,因为太冒险了。"(YS-3)

然而这样的态度不利于师范生积极地探索信息化教学。因此,在信息化教学课程中,教师首先要引导师范生形成积极的认知,意识到在信息化教学中出现突发状况与遇到问

① Angeli, C. & Valanides, N. Epistemological and methodological issues for the conceptualization, development, and assessment of ICT-TPCK: Advances in technological pedagogical content knowledge (TPCK)[J]. Computers & Education, 2009, 52: 154-168.

② Tearle, P. & Golder, G. The use of ICT in the teaching and learning of physical education in compulsory education: How do we prepare the workforce of the future? [J]. European Journal of Teacher Education, 2008, 31(1): 55-72.

题都是常见现象,教师可以以身示范,在教学中碰到突发状况或碰到困难时泰然处之,这样的态度是对师范生积极正面的示范。此外,教师要以正面激励的方式鼓励师范生的信息化教学探索,允许师范生在信息化教学实践中犯错与失败,并在这样的情况发生时,要给予师范生适当的心理支持。

同时,为了提升师范生信息化教学的复原力,教师可以有意识地将信息化教学中可能遇到的困难与问题作为师范生探究的对象,让他们深度思考、讨论可能的解决方案,从而降低师范生因为害怕在信息化教学中犯错失误而引起的焦虑,使得他们在实践中碰到类似问题时也能够沉着冷静地面对。

(三)通用与学科信息化教学课程的差异化定位

诚如前述,通用信息化教学课程与学科信息化教学课程有类似的底层思维与能力,前两部分主要分析了同时适用于这两种课程的目标导向与实施策略,然而这两门课程定位不同,本部分将重点探讨两者的差异,以及在学科信息化教学课程中发展师范生信息化教学能力的策略。通用信息化教学课程本质上是要发展师范生使用通用信息技术解决一般教学问题的能力,而学科信息化教学课程要发展师范生的核心能力便是使用信息技术解决学科教学中某个问题的能力,学科信息化教学课程的课程策略除了可以采用第一部分中信息化教学课程的课程策略之外,还要充分考虑到其学科的特殊性,强调信息化教学与本学科紧密结合,具体在教学策略上可以依托学科教学设计,在教学内容上要注重与学科信息技术的结合。

从表6-9通用信息化教学课程与学科信息化教学课程的教学过程对比中可以发现,支持两门课程的底层思维与逻辑是基本一致的,差异在于学科信息化教学课程解决的是学科教学中的问题,而洞察这样的问题以及评判解决方案需要有学科知识与学科教学法知识,并了解学科信息技术的优点与不足。通用信息化教学课程是利用通用技术解决一般教学问题,也是学科信息化教学能力的基础。

表6-9 通用信息化教学课程与学科信息化教学课程课例对比表

教学策略	通用信息化教学课程	学科信息化教学课程
提出问题	如何使用信息技术支持学业水平差异较大的班级学生进行个性化学习?	如何使用信息技术支持英语听力教学?
思考行动	1. 思考促进个性化学习可能的方案: * 能否根据学生水平给予不同的材料? * 如何获得适合学生水平的材料? * 如何同时给予不同的学生不同的材料? * 如何对获得不同材料的学生进行评价? * 如何在过程中保护学生的隐私? 2. 搜寻能够解决以上问题的信息技术 3. 小组讨论思考各种信息技术的利弊 4. 选择决定在教学中使用的信息技术 5. 设计如何在教学中使用这些信息技术	1. 思考传统听力教学常见问题: * 材料语速太快,能否放慢? * 能否自动显示听力材料原文? * 是否有包含某个单词的各种音频材料? * 能否设置在材料中反复播放一个词? * 能否在听写时自动校对与原文不符的地方并标明? 2. 搜寻能够解决以上问题的信息技术 3. 小组讨论思考各种信息技术的利弊 4. 选择决定在教学中使用的信息技术 5. 设计如何在教学中使用这些信息技术

续表

教学策略	通用信息化教学课程	学科信息化教学课程
分享展示	班级内分享展示小组的解决方案	班级内分享展示小组的解决方案
集体反思	集体反思讨论各小组方案的优点与不足	集体反思讨论各小组方案的优点与不足
评价反馈	教师评价总结,提出建议	教师评价总结,提出建议
巩固迁移	请师范生课后改进自己的设计方案,使用这些信息技术,并反思实践与设计之间的差异,提出问题与困难,教师在下一节课上进行问题解答与反馈	请师范生课后改进自己的设计方案,使用这些信息技术,并反思实践与设计之间的差异,提出问题与困难,教师在下一节课上进行问题解答与反馈

二、隐性信息化教学课程的教学策略

鉴于学科专业教师对于师范生信息化教学强大的示范效应,学科专业教师也需要在自己的专业课程教学中有意识地使用适当的教学策略促进师范生信息化教学能力的发展。

(一)指向核心素养的教学观引领

学科专业课程是师范生四年学习中课时比重最大的课程,学科专业教师的教学理念将极大地影响师范生的学科教学理念。

> "我们有些老师虽然讲理论时说这些(核心素养)很重要,但是他自己也只是在那里讲而已,没有教我们方法,所以让人会觉得有点虚。"(XS-5)
> "大学里很多老师都会要求分组讨论的,但是讨论的时候很多同学都用中文的,所以其实对英语也没太大帮助,然后很多都在那里'打酱油',就一两个要上去做presentation(陈述)的会很认真地准备。初衷很好,培养合作能力,但是其实也没培养什么,所以我觉得没什么帮助。中学里面时间那么紧,还是别用了。"(XS-6)

因此,要发展师范生指向核心素养的信息化教学观,学科专业教师必须在自己的课程教学中有意识地引领师范生形成指向核心素养的教学观。如果学科专业教师整体在核心素养教学观的榜样示范作用上缺失,那么师范生即便在信息化教学显性课程上形成了对核心素养教学观的认同,也可能会受学科专业教师的影响,因为学科专业教师的课堂与师范生入职以后的教学生态相关度更高。

(二)优质信息化教学的榜样示范

诚如第一章文献综述分析所示,学科专业教师的信息化教学榜样示范被多项研究证明为发展师范生信息化教学能力的有效策略。在Y校和Z校的案例中,学科专业教师隐性课程对于师范生信息化教学能力发展的作用也尤为突出,师范生的信息化教学行为与学科专业教师的信息化教学行为一致性较高。

"老师用 Adobe Audition 声音处理软件,可以从分析图里看出重音与断音,XST-4 老师用语音分析软件,可以分析长短音之类的,我觉得很有用,我自己也会用来分析学生的发音,看学生的问题在哪里,这个图很直观。"(YS-3)

"语音老师用声谱图可以对比英音和美音的区别。修辞学老师课很精彩,图片和主题特别匹配,可以加深印象。"(YS-2)

"老师的推荐就是让我们开阔了视野,可能自己平时都没有关注到这些,然后老师推荐后,就会自己下去查一些,可能查到更多的知识,然后在课堂上的话也会特别得活跃。"(ZS-5)

"那种带新资源进来的老师就是把我们带进一个新的领域的那种感觉,就像那个给我们推荐 App,配乐诗朗诵的,我们以前也就是听过那么一两个就是配乐诗朗诵到底是什么样的,然后他给我们推荐了那个 App 以后,我们就可以在那个 App 上听到更多别人录的,然后我们就可以向人家学习,再通过学习,然后根据老师的要求,自己配乐诗朗诵,往后再完善一下自己的,感觉自己就是多了一个新的技能,感觉可以从这个地方学习到东西,就像打开了一扇扇门,然后你会觉得有些新的事情。"(ZS-6)

班杜拉(Bandura)在其社会学习理论中提出,个体在观察模仿他人的过程中进行学习。[1] 这很好地解释了为何学科专业教师的信息化教学行为会对师范生的信息化教学行为产生重要的影响,因为师范生在开始设计教学时,首先想到的模仿对象便是教授相同学科的学科专业教师,首先回忆的也是学科专业教师在教学中的行为。

"在微格教学训练的时候,备课的时候,会忍不住去想我们的老师是怎么上课的,怎么设计活动的,所以觉得专业老师对我们影响挺大的。"(XS-1)

"英语老师对我们使用信息技术影响最大。他们在这个英语行业待了很长的时间,展示的是关于英语的应用,很实用。"(ZS-2)

"我觉得还是英语专业的老师(对我们影响最大)。教我们多媒体技术的老师的话,他可能就是会比较集中,他会就某一点技术讲一下,这样的话和我们的那个教学内容还有方法结合得比较少。还是在平时吧,就是每一位我们专业的老师,可能一举一动都会影响我们,所以说还是我们的专业老师对我们影响最大。"(ZS-5)

只有部分教学能力较为突出的师范生才会综合学科专业教师与非本学科教师的教学行为的积极部分,在自己的教学中迁移应用。

因此,在学科专业课程中,教师如果能够使用合适的信息技术支持自己的教学便形成了对师范生信息化教学能力发展的隐性课程。同时,学科专业教师需要有教师教育者的身份意识,理解自己的信息化教学行为会对师范生产生示范效应。学科专业教师在信息

---

① Bandura, A. Social Learning Theory[C]. Wolman, B. B. & Pomroy, L. R. (Eds.) International Encyclopedia of Psychiatry, Psychology, Psychoanalysis, and Neurology (Vol. 10). New York: Van Nostrand Reinhold, 1977.

化教学时的道德安全意识、指向核心素养的信息化教学观、积极探索尝试信息化教学的行为、不惧失败与终身学习的态度、批判性思维与创新能力等，都会对师范生指向核心素养的信息化教学意愿与能力产生重要的影响。

综上所述，在师范大学的复杂系统中各方利益主体形成的多元化动力源需要相互作用、动态发展、联系反馈，共同发展师范生指向核心素养的信息化教学能力。师范大学的顶层设计要重视引导各方利益主体形成通过培养师范生指向核心素养的信息化教学能力，从而推动基础教育教学变革的共同愿景、明确变革领导的核心机构，使其领导师范生指向核心素养的信息化教学能力多元化的培养路径中各利益主体，促进他们相互间的联系与反馈，在系统缺乏变革动力的时候要组织变革先锋克服系统惯性，并通过评价机制支持信息化教学的创新与多样性。同时，要充分重视学科院系管理层在变革中的推动力。而学科所在院系管理层要发挥其中层的变革领导作用，支持学科专业教师的信息化教学能力发展从而为师范生提供丰富优质的信息化教学体验，加强学科信息化教学课程与师资发展，配置专职人员提供技术支持，营造兼容并蓄、鼓励创新的组织文化，重视学科信息化教学设施建设，并且注意加强对于实习期师范生的支持。作为直接影响师范生信息化教学能力发展的因素，显性信息化教学课程教师要采用有利于指向核心素养的信息化教学能力发展的课程策略，在课程目标定位上要注重"技术支持教学"的取向，避免与教学关联度不高的纯技术技能的学习，要注意引导师范生形成信息化教学的道德安全意识与指向核心素养的信息化教学观，发展师范生在信息技术支持下解决教学问题以及促进学生学习与核心素养发展的能力，发展师范生信息化教学的专业发展能力；同时，在课程实施中，要注重采取促进核心素养发展的教学策略，学科信息化教学课程教师还应注重课程与学科以及学科信息技术的紧密结合。在系统中各方利益主体共同推动之下，师范生指向核心素养的信息化教学能力才能实现常态化与可持续性的发展。

第七章
结　语

　　本研究从未来教师的角色出发研制了指向核心素养的师范生信息化教学能力产出结构，从教师的知识结构出发研制了指向核心素养的师范生信息化教学能力培养结构。在此基础上，面向《普通高中新课程标准（2017 年版）》的核心素养内涵，结合国内外已有的标准，制定了指向核心素养的师范生信息化教学能力的发展目标框架；以指向核心素养的师范生信息化教学能力的培养结构为框架，对分别采用自上而下基于通用信息化教学课程的模式、自下而上基于教师信息化教学示范的模式、多方协同综合培养模式的国内三所师范大学的师范生信息化教学能力培养系统现状做了研究，分析了各个系统内师范生信息化教学能力的培养成效，对于培养成效进一步进行了归因分析，剖析了其主要动力源的现状与影响因素，并综合系统内各方利益主体的因素，分析了三种模式的合理性、局限性以及适用的情境。在此基础上，对比总结了在三项个案的宏观顶层设计层面、中观院系管理层面以及微观课程实施层面被证明有效的培养策略，形成了师范大学指向核心素养的师范生信息化教学能力的系统性培养策略，以促进师范生的信息化教学能力获得常态化与可持续的发展，从而在师范生毕业入职后成为基础教育阶段实现学生核心素养发展的变革者与推动力。

第一节　研究结论

　　针对绪论中提出的师范生信息化教学能力培养的研究问题，本研究的主要结论如下。

　　（一）师范生信息化教学能力结构要突出促进基础教育阶段学生核心素养发展的最终目标

　　指向核心素养的师范生信息化教学能力是未来教师通过信息化教学促进学生核心素养发展的能力，其能力结构需要突出促进核心素养的指向。指向核心素养的师范生信息化教学能力结构有产出结构与培养结构两种，产出结构针对师范生能做什么的问题，而培养结构针对的是如何培养的问题。指向核心素养的师范生信息化教学能力产出结构包括信息化教学的技术素养、信息化专业发展能力与信息化学生发展能力，信息化教学的技术素养与信息化专业发展能力是信息化学生发展能力的支撑，最终是为了通过信息化教学促进学生核心素养的发展；其培养结构包括信息技术知识、教学法知识、学科内容知识与核心素养四部分基础知识与能力，结合我国基础阶段育人目标中对于核心素养的界定，培养师范生信息化教学能力从本质上而言，需要在以上四部分基础知识与能力的支持下培养师范生整合技术的学科教学法知识、整合技术的核心素养教学法知识与整合技术的学科核心素养教学法知识。培养结构的明确与师范大学相关的学科设置产生了联系，为其设置路径培养指向核心素养的师范生信息化教学能力指明了方向。

（二）指向核心素养的师范生信息化教学能力培养模式的有效性有赖于具体的情境

目前我国师范大学培养师范生信息化教学能力主要有三种模式：第一种是自上而下基于通用信息化教学课程的培养模式，在这种模式下师范生信息化教学能力发展的动力主要来自师范大学的学校管理层面，师范大学往往采用通过顶层设计在师范生培养方案中设置一门显性信息化教学课程的路径来推动师范生信息化教学能力的发展，学科院系层面未被纳入师范生信息化教学能力培养的利益主体；第二种模式是自下而上的教师信息化教学示范的培养模式，在这种模式下师范大学管理层面通常对师范生信息化教学能力的发展重视程度不高，没有相关的信息化教学必修课程的设置，师范生信息化教学能力发展的推动力主要来自学科专业教师在课堂教学中的信息化教学行为所形成的信息化教学示范；第三种模式是多方协同综合培养的模式，在这种模式下，师范大学在顶层设计中设置了通用信息化教学课程与学科信息化教学课程，从而明确将学科所在院系管理层纳入师范生信息化教学能力培养的利益主体，推动学科信息化教学建设，因此师范生信息化教学能力培养的动力源呈现多元化的特点。

本研究的个案 X 校属于自上而下的模式，该模式的关键路径通用信息化教学课程教学内容过于理论化、课程偏技术导向，没有实现课程大纲教学取向的课程目标；学科院系层面认为师范生信息化能力的培养不属于院系职责范畴，学科专业教师整体信息化教学意愿较低，没有为师范生形成丰富的信息化教学示范。该校英语专业师范生整体信息化教学意愿较低，发展信息化教学能力的意愿主要受外部动机影响，整体培养成效欠佳，未达到顶层设计的预期效果，与顶层设计对于培养注重核心素养、引领基础教育未来教师的目标有较大差距。

本研究的个案 Y 校属于自下而上的模式，Y 校在顶层设计上只有通用信息化教学的选修课程，但由于学科专业教师自发形成信息化教学团队以及有专职的技术人员支持，因此主动探索信息化教学意愿较高，信息化教学行为丰富，为师范生形成了优质的信息化教学示范。该校英语专业师范生发展信息化教学能力的意愿整体较高，但是受中小学应试氛围的影响，通过信息化教学促进核心素养发展的整体意愿中等。Y 校英语专业师范生指向核心素养的信息化教学能力的整体培养成效优于 X 校的情况。

本研究的个案 Z 校属于多方协同综合培养的模式，Z 校在顶层设计上重视以信息技术驱动的教学变革，设计了师范生信息化教学能力培养的多元路径，设置了教师教育中心进行变革领导。尽管由于课程内容与课程时间等问题，Z 校设置的关键动力源，两门显性信息化教学课程，没有实现预期的效果，但在学科院系管理层对于学科信息化教学建设的重视以及 Z 校教师教育中心的一系列信息化教学专业发展活动的推动下，Z 校学科专业教师整体信息化教学行为丰富,主动探索信息化教学意愿较高,为师范生形成了优质的信息化教学示范。该校英语学科师范生在信息化教学意愿与能力方面整体一致性较高,信息化教学能力在四年学习中获得了较大的提升,发展信息化教学能力意愿的内在动机强烈,虽然受中小学应试氛围的影响,通过信息化教学促进核心素养发展的整体意愿中等,但能看到未来教师角色的变化。整体而言,Z 校英语专业师范生指向核心素养的信息化教学能力培养成效较好,但依然有不足及需要改进的地方。

综合三项个案研究可以发现,师范生信息化教学能力的培养没有一种完美的模式,也没有一种放之四海皆准、适合所有师范大学的模式。自上而下基于通用信息化课程的培养模式、自下而上基于教师信息化教学示范的培养模式、多方协同综合培养的模式都有其合理性与局限性,受到师范大学系统内部的情境影响。

自上而下基于通用信息化课程的培养模式在课程授课教师的信息化教学行为符合师范生指向核心素养的信息化教学能力发展目标时,能够促进师范生信息化教学能力发展,反之就会失效;自下而上基于教师信息化教学示范的培养模式有赖于学科专业教师的信息化教学能力,如果学科专业教师的信息化教学实践意愿不强、能力欠缺,那么这种模式也就失去了动力源;多方协同综合培养的模式因其多元的动力源而相对存在一定的优势,如果动力源均产生预期的效果,那么便兼具前两种模式的优势,使得师范生既能在课程学习中获得系统性的信息化教学知识,又能在教师示范与实践活动的隐性课程中获得信息化教学能力的提升,但是这种模式依然存在显性课程与隐性课程教师信息化教学行为均不符合师范生信息化教学能力发展目标而导致模式失效的风险。

整体而言,自上而下基于通用信息化课程的培养模式适合学科专业教师信息化教学能力整体不强而信息化教学课程师资力量雄厚的院校;自下而上基于教师信息化教学示范的培养模式适合学科专业教师信息化教学能力整体较强而信息化教学课程师资力量薄弱的院校;多方协同综合培养的模式适合院系不仅负责师范生学科专业知识的教学,同时又是培养师范生教学能力的利益主体的院校,从而使得院系管理层成为上下联动的纽带。复杂系统的变革需要注重情境性,要立足于组织的实际情况,对于系统现状有清晰的了解与深刻的认识。因此,师范大学应该根据系统内各利益主体的具体情况采取校本化的培养模式来设计适合校情的师范生信息化教学能力培养路径与策略,盲目地照搬其他学校的培养模式可能造成政策因水土不服而失效的情况。

(三)师范生信息化教学能力发展有赖于师范大学系统内各方利益主体在顶层设计、中层管理、课程实施三个层面采用适切的培养策略共同推进

在三所大学的个案研究中也发现了在各个利益主体层面被证明有效的师范生信息化教学能力培养策略。

第一,师范大学顶层设计的整体策略是设计师范生指向核心素养的信息化教学能力多元化的培养路径,并通过各种措施支持多元化培养路径中的利益主体推动师范生指向核心素养的信息化教学能力的发展,具体策略要重视引导各方利益主体形成培养师范生指向核心素养的信息化教学能力从而推动基础教育教学变革的共同愿景;明确变革领导的核心机构,使其领导师范生指向核心素养的信息化教学能力多元化的培养路径中的各

利益主体,加强他们之间的联系、互动与反馈,并在系统缺乏变革动力的时候组织变革先锋克服系统惯性;通过评价机制支持信息化教学的创新与多样性;同时,要充分重视学科院系管理层在变革中的推动力。

第二,学科所在院系管理层要发挥其中层的变革领导,支持学科专业教师的信息化教学能力发展从而为师范生提供丰富优质的信息化教学体验与示范,加强学科信息化教学课程与师资发展,配置专职人员提供技术支持,营造兼容并蓄、鼓励创新的组织文化,重视学科信息化教学设施建设,并且注意加强对于实习期师范生的支持。

第三,作为直接影响师范生信息化教学能力发展的信息化教学课程教师要采用有利于指向核心素养的信息化教学能力发展的课程策略,在课程定位上要注重"技术支持教学"的取向,避免单纯的技能学习,要注意引导师范生形成信息化教学的道德安全意识与指向核心素养的教学观,培养师范生在信息技术支持下解决教学问题以及促进学生学习与核心素养发展的能力,培养师范生信息化教学的专业发展能力;同时,在课程实施中,要注重采取促进核心素养发展的教学策略。学科信息化教学课程教师还应注重课程与学科以及学科信息技术的紧密结合。

综上所述,在师范大学的复杂系统中各方利益主体形成的多元化动力源需要相互作用、动态发展、联系反馈,共同推动师范生指向核心素养的信息化教学能力的发展。

第二节　研究创新与价值

本研究在师范生信息化教学能力的研究导向、研究内容、研究视角、研究方法上取得了创新。

在研究导向上,本书明确了师范生信息化教学能力培养的最终目的是推动基础教育阶段核心素养的发展,因此在研究信息化教学能力培养成效与影响因素时区分了以促进知识传递为主的信息化教学行为与促进核心素养发展的信息化教学行为的不同,在培养策略上强调教师需要有意识地引导师范生形成指向核心素养的信息化教学观,从而使得师范生明确信息化教学的最终目的。明确师范生信息化教学能力的最终指向有利于破解教育信息化长期以来"新瓶装旧酒"的难题。

在研究内容上,本书首先形成了指向核心素养的师范生信息化教学能力产出结构以及培养结构,在产出结构的基础上研制了指向核心素养的师范生信息化教学能力发展目标框架,充实了指向核心素养的师范生信息化教学能力的理论;其次,对于现有的师范生信息化教学培养模式及这些模式下的相关培养策略进行了研究,弥补了对于师范生信息化教学培养策略研究缺乏有效性验证的缺陷;最后,综合宏观顶层设计层面、中观院系管理层面、微观课程实施层面的培养策略,提出了师范大学系统性培养指向核心素养的师范生信息化教学能力的策略,有利于师范大学在培养师范生的实践中能够以复杂系统的视角看待师范生信息化教学能力培养的问题,从而融合系统中各方利益主体的推动力,促进指向核心素养的师范生信息化教学能力的常态化发展。

在研究视角上，本书从复杂系统的教育变革视角来研究三所师范大学自上而下基于通用信息化教学课程、自下而上基于教师信息化教学示范、多方协同综合培养三种模式的合理性与局限性，并在复杂系统的视角下系统性地总结了三个案例中被证明有效的策略及其适用情境，克服了局限于某一层面来研究师范生信息化教学能力培养而缺乏情境性的线性思维。

在研究方法上，本书采用量化与质化的文本分析法研究师范生信息化教学能力发展的相关研究文本，以个案研究法研究师范生信息化教学能力系统的现状，通过对各方利益主体的深度访谈来实现对于同一问题依据不同来源的数据进行佐证与检验，使得研究能够系统、深入地挖掘师范生信息化教学能力培养的成效与影响因素以及主要动力源的影响因素，再通过比较研究法系统性地总结了三个案例中被证明有效的策略。

总之，本书研究师范生信息化教学能力培养的问题，具有独特的价值与意义。在学术上，用实证研究的方法探究指向核心素养的师范生信息化教学能力的培养，为这一问题的理论建设做出了贡献，同时也丰富了对师范生信息化教学能力培养的研究视角与研究方法。在应用价值上，本书提出的建议可以在教育信息化方面为国家层面相关政策、标准的制定，为师范大学关于师范生信息化教学能力培养的政策与治理设计、院系管理层的变革管理以及课程教师的教学实施提供实证依据，有利于破解长期以来信息技术与教学"两层皮"的难题。

第三节　研究局限与展望

研究是解决一个问题后又发现新问题的过程。尽管本研究在研究设计时尽量做到深入、系统，但回顾研究的过程、内容与方法，本研究尚在以下几方面存在局限，可以在后续的研究中继续补充、完善。

第一，本研究视师范大学为一个师范生信息化教学能力培养的系统，力求综合各方利益主体的因素来研究指向核心素养的师范生信息化教学能力的培养成效与影响因素，为了对三项个案进行科学合理的比较分析，选择了英语学科的师范生以及相关利益主体作为访谈对象，这样的研究方法一方面弥补了已有研究将师范生信息化教学能力培养问题简单化、缺乏从系统的角度出发对于各利益主体相互作用下师范生信息化教学能力培养研究的缺陷，但在另一方面也缺乏对于系统内其他学科师范生信息化教学能力培养的考察，在后续研究中可以进一步深入研究一项个案系统内部几个学科的培养现状，从而进一步挖掘在相同的顶层设计下，不同的学科在培养师范生指向核心素养的信息化教学能力上的差异及其影响。

第二，本研究对于实习学校这个利益主体在师范生信息化教学能力发展中的影响研究尚不够深入，虽然数据来源有师范生、有实习带教经验的学科专业教师，但是缺少了对实习指导教师的研究，实际上从系统的角度来看，实习学校是发展师范生信息化教学能力的又一个系统，同样涉及各方面的利益主体，因此在后续的研究中，可以进一步开展以实习学校为系统的师范生信息化教学能力发展研究,比较实习前后师范生在指向核心素养的信息化教学意愿与能力上的变化以及各利益主体对其产生的影响,可以为师范大学如何在实习期间对师范生进行支持提供实证依据。

第三,本研究以大四已完成实习的师范生为研究对象,力图研究师范大学系统中各利益主体对师范生信息化教学能力发展的影响,但是在四年大学学习对其信息化教学能力发展的影响上数据来源主要依靠师范生自己对于进入大学前与实习后信息化教学能力的反思对比而获得,后续研究可以通过纵向研究对此加以补充,在不同阶段对师范生指向核心素养的信息化教学意愿与能力进行调查,如入学初、实习前、实习后等,对比师范生在不同阶段在面向核心素养的信息化教学意愿与能力上的差异。

第四,本研究在指向核心素养的师范生信息化教学能力的发展目标上,参照《普通高中新课程标准(2017 年版)》对核心素养的组成做了细分,但是培养策略的研究结论由于是基于三所师范大学现有模式基础上进行比较分析而形成的,因此将核心素养视为一个整体,后续研究可以用实验研究的方法具体研究信息化教学对于具体的某种核心素养的支持作用与支持策略。

未来已至,舍恩伯格在预测了大数据为学习与教育带来的积极变革的同时,也预见了人类滥用大数据可能带来的各种新的教育不公平问题。① 赫拉利更是在《未来简史》中做出了智人即将退场、将被算法控制、被人工智能全面超越的预测,认为绝大多数的人将成为无用阶级。② 学者们此般忧思皆是期望人类能够阻止或者至少延缓这样的趋势,在充满未知与变化的未来能够继续生存与发展。

监控学生的智能头环与人脸识别技术进入校园,依靠算法的手机应用的精准推送让我们进入信息孤岛,学者著作中的这些担忧已逐渐在人类的生活中变为现实…《今日简史》将教育视为在科技颠覆之下人类赖以继续生存发展的重要力量,然而正如本研究在绪论中所析,赫拉利也尖锐地指出目前学校教育的普遍现状依然是知识的灌输,迫在眉睫的是要发展 4C 核心素养,因为面对充满不确定因素的未来,最重要的不是掌握某种具体的工作技能,而是"能够随机应变、学习新事物、在不熟悉的环境里仍然保证心智平衡"的能力。③

此刻回望初心,本研究聚焦于师范生指向核心素养的信息化教学能力的培养正是源于对此现状的忧思,期望我们能够在当下变革教师教育,培养师范生成为未来的变革先锋,顺势而为,充分利用信息技术的优势,发挥其积极的作用,避免其消极的作用,从而推动基础教育阶段促进学生核心素养发展的教育变革。此刻,真切期望本书的研究成果能够为指向核心素养的师范生信息化教学能力培养的政策与实践带来思考与启迪,从而为最终实现培养具备核心素养的人才这一目标尽绵薄之力。

---

① 舍恩伯格,库克耶.与大数据同行:学习和教育的未来[M].赵中建,张燕南,译.上海:华东师范大学出版社,2014:104.
② 赫拉利.未来简史[M].林俊宏,译.北京:中信出版集团,2017:286-315.
③ 赫拉利.今日简史[M].林俊宏,译.北京:中信出版集团,2018:251-260.

    "未来进入当下,为的是在未来真正降临之前让我们在当下重塑自己。"①面对充满未知与不确定的时代,作为教育的研究者与实践者,我们唯有怀着对于信息技术的积极作用与消极影响的清醒认知,持有积极而又谨慎的态度,创新与重塑自身,创新与重塑教师教育,才能培养能胜任未来多变世界育人责任的教师,才能创新与重塑未来的教育,才能培养面向未来的学生,才能让我们自己与未来的人类拥抱已可见与尚未知的未来。

---

①   Brainy Quote. Rainer Maria Rilke Quotes[EB/OL]. [2018 - 12 - 22]. https://www. brainyquote. com/quotes/rainer_maria_rilke_385588

参考文献

陈建华.教师教育观念转变的动态性[J].教育科学研究,2009(10):70-73.

陈小玲.师范生《现代教育技术》课程学习投入度及其影响因素研究[D].金华:浙江师范大学,2017.

陈玉华.教师复原力研究的现状[J].全球教育展望,2014,43(10):71-82.

成思危.复杂性科学探索[M].北京:民主与建设出版社,1999:6.

褚宏启.核心素养的国际视野与中国立场——21世纪中国的国民素质提升与教育目标转型[J].教育研究,2016,37(11):8-18.

崔静楠.师范生TPACK现状调查及提升策略研究——以H大学为例[D].武汉:华中师范大学,2018.

崔淼.师范生信息化教学能力实训系统设计[D].长春:东北师范大学,2013.

崔允漷.追问"核心素养"[J].全球教育展望,2016,45(05):3-10,20.

崔允漷,邵朝友.试论核心素养的课程意义[J].全球教育展望,2017,46(10):24-33.

董少校.TALIS项目负责人张民选:点赞声中,静思"短板"[EB/OL].[2018-12-13].http://www.jyb.cn/china/gnxw/201603/t20160322_655596.html 2016-03-22.

董艳,桑国元,蔡敬新.师范生TPACK知识的实证研究[J].教师教育研究,2014,26(03):36-43.

狄芳.TPACK框架下职前教师信息化教学能力的培养研究[D].银川:宁夏大学,2013.

范国睿.复杂科学与教育组织管理研究[J].教育研究,2004(02):52-58.

范国睿.智能时代的教师角色[J].教育发展研究,2018,38(10):69-74.

高月.《现代教育技术》课程对师范生信息化教学能力提升效果研究[D].西安:陕西师范大学,2017.

顾明远.核心素养:课程改革的原动力[J].人民教育,2015(13):17-18.

顾小清.面向信息化的教师专业发展研究——一个行动学习框架[D].上海:华东师范大学,2004.

国务院.国家教育事业发展"十三五"规划[EB/OL].[2018-12-12].http://www.moe.gov.cn/jyb_xxgk/moe_1777/moe_1778/201701/t20170119_295319.html

郝雅琪.基于TPACK模型的职前教师信息化教学能力培养研究[D].西安:陕西师范大

学,2014.

何红艳.基于 EPSS 的师范生信息化教学设计能力训练系统设计研究[D].重庆：西南大学,2010.

何济玲,江玲,陈仕品.面向信息化教学能力的《现代教育技术》公共课数学改革[J].现代教育技术,2011,21(03)：46－49.

何克抗.TPACK——美国"信息技术与课程整合"途径与方法研究的新发展（上）[J].电化教育研究,2012,33(05)：5－10.

赫拉利.今日简史[M].林俊宏,译.北京：中信出版集团,2018：251－260.

赫拉利.未来简史[M].林俊宏,译.北京：中信出版集团,2017：286－315.

核心素养研究课题组.中国学生发展核心素养[J].中国教育学刊,2016(10)：1－3.

黄雪娇.师范生信息技术接受度影响因素研究[D].曲阜：曲阜师范大学,2017.

黄映玲.构建"三位一体"的师范生教育技术能力培养模式研究[J].现代教育技术,2013,23(07)：49－53.

蒋俊凯.谈鲶鱼效应在现代企业管理中的应用[J].现代商业,2012(17)：117.

教育部,国家发展改革委,财政部,人力资源社会保障部,中央编办.教师教育振兴行动计划（2018—2022 年）[EB/OL].（2018－02－11）［2018－12－20］.http://www.gov.cn/xinwen/2018－03/28/content_5278034.htm

鞠玉翠.师范生学习动力系统的若干特点——基于全国教师教育机构调查数据的分析[J].基础教育,2014,11(01)：72－83,89.

康凯.师范生教育技术素养的构成与培养设计研究[D].长春：东北师范大学,2013.

库兹韦尔.奇点临近[M].李庆诚,董振华,田源,译.北京：机械工业出版社,2011：203－204.

李海龙,贾利锋.智能体验式泛在学习研究——以师范生教学技能训练为例[J].电化教育研究,2016,37(5)：92－100.

李静.高师院校《现代教育技术》教学存在的问题与对策研究——基于中小学教师教育技术能力培养的视角[D].长沙：湖南师范大学,2011.

李艺,钟柏昌.谈"核心素养"[J].教育研究,2015,36(09)：17－23,63.

李玉斌,刘会宇,张贝贝,于倩.中小学教师信息化教学能力研究现状与分析[J].中国教育信息化,2015(10)：72－74.

刘春志,章伟民.现代教育技术公共课教学内容组织的探讨[J].现代教育技术,2011,21(03)：54－57.

刘坚.5C：面向未来的核心素养——《21 世纪核心素养 5C 模型研究报告（中文版）》发布.中国教师报[N],2018－04－11(6).

刘喆,尹睿,郑钰琦.师范生信息化教学能力现状的调查研究[J].中国教育信息化,2015(08)：64－67.

刘艳丽.职前教师教育技术能力的生态化培养模式研究[J].教育理论与实践,2015,35(24)：23－24.

梅晓燕.地理师范生 TPACK 现状与提升对策研究——以 A 大学为例[D].石河子：石河子大学,2018.

莫兰.复杂性思想导论[M].陈一壮,译.上海：华东师范大学出版社,2008：3.

南国农.信息化教育概论[M].北京：高等教育出版社,2004：4－5,194－196.

南国农.中国教育技术发展概述[J].现代远距离教育,2010(05)：17－18.

尼葛洛庞帝.数字化生存[M].胡泳等,译.海口：海南出版社,1997：232－233,258－259.

任友群,陈超,吴旻瑜.从"开创局面"到"全面推动"——从两次"全国教育信息化工作会议"看中国教育信息化的走向[J].远程教育杂志,2016(2)：19－25.

任友群,吴旻瑜,刘欢,郭海骏.追寻常态：从生态视角看信息技术与教育教学的融合[J].中国电化教育,2015(1)：97－103.

邵朝友,周文叶,崔允漷.基于核心素养的课程标准研制：国际经验与启示[J].全球教育展望,2015,44(08)：14－22,30.

舍恩伯格,库克耶.与大数据同行：学习和教育的未来[M].赵中建,张燕南,译.上海：华东师范大学出版社,2014：104.

师曼,刘晟,刘霞,周平艳,陈有义,刘坚,魏锐.21 世纪核心素养的框架及要素研究[J].华东师范大学学报(教育科学版),2016,34(03)：29－37,115.

宋瑞宁.基于云平台的师范生教育技术能力培养策略研究[D].济南：山东师范大学,2016.

孙婷.基于混合教学模式的师范生信息化教学能力培养实证研究[D].重庆：西南大学,2018.

王丹丹.基于 TAM 的职前教师信息技术接受度影响因素研究[D].重庆：西南大学,2017.

王凯萍.TPACK 视角下师范生教育技术能力结构构建研究[D].曲阜：曲阜师范大学,2017.

王美荣,王兴辉.师范生信息技术应用能力现状调查与分析——以沈阳某高校为例[J].中小学电教,2017(7)：37－42.

王美荣.创客教育视域下师范生信息技术应用能力培养策略研究[D].沈阳：沈阳师范大学,2017.

王卫军.教师信息化教学能力发展策略[D].兰州：西北师范大学,2009.

吴迪.师范生教育技术能力培养模式的构建研究[D].济南：山东师范大学,2014.

新华社.习近平：推动我国新一代人工智能健康发展[EB/OL].(2018－12－01)[2018－12－22].http://m.people.cn/n4/2018/1031/c190－11822065.html

新华社.中共中央、国务院关于全面深化新时代教师队伍建设改革的意见[EB/OL].[2018－01－20].http://www.xinhuanet.com/politics/2018－01/31/c_1122349513.htm

肖明.知识图谱工具使用指南[M].北京：中国铁道出版社,2014：37－38.

玄王伟.基于微课的师范生教育技术能力培养模式构建研究[D].曲阜：曲阜师范大学,2016.

杨宁.师范生教育技术能力发展：目标层次、影响因素与培养策略[D].长春：东北师范大学,2013.

杨宁,包正委,徐继红.师范生教育技术能力发展要素及路径分析[J].东北师大学报(哲学社会科学版),2012(06):186-191.

杨小微.从复杂科学视角反思教育研究方法[J].教育研究与实验,2000(03):64-68,73.

禹行初.学前教育师范生 TPACK 现状调查及提升对策研究[D].开封:河南大学,2016.

张海,肖瑞雪,王以宁,樊峰伟.基于技术接受模型的师范生 TPACK 发展研究[J].中国电化教育,2015(05):111-117.

张会敏.教师专业化背景下高师《现代教育技术》课程内容体系建构[D].南京:南京师范大学,2014.

张际平,高丹丹.信息技术与学科课程整合的内涵与层面实质分析研究[J].电化教育研究,2003(7):8-14.

张琳,约克·沃格特.融于学科的师范生信息化教学能力培养——来自荷兰的经验[J].教育发展研究,2019,39(04):44-53.

张宇航.面向师范生信息化教学设计能力培养的实训平台优化研究[D].长春:东北师范大学,2017.

张哲.职前教师的采纳技术教学行为影响因素研究[D].长春:东北师范大学,2016.

张哲.促进师范生教育技术能力发展的教学模式研究[D].济南:山东师范大学,2018.

郑璐.数学专业师范生 TPACK 现状与来源的调查研究[D].武汉:华中师范大学,2017.

郑丹丹.教师教育者专业身份认同剖析[J].江苏高教,2014(03):113-115.

郑金洲,吕洪波.教师应具备的七大素养[J].人民教育,2016(11):54-57.

周东岱,匡哲君,于颖,唐烨伟.基于新标准的师范生信息技术应用能力现状与提升策略[J].中国电化教育,2017(07):42-46,66.

周扬.TPACK 视角下师范生信息技术应用能力培养研究[D].石家庄:河北师范大学,2017.

赵磊磊.师范生 TPACK 的影响因素研究[D].曲阜:曲阜师范大学,2015.

赵希.基于体验式学习的师范生教育技术能力培养研究[D].大连:辽宁师范大学,2012.

赵笑笑.师范生教育技术能力培养效果的影响因素分析[D].曲阜:曲阜师范大学,2015.

钟启泉.基于核心素养的课程发展:挑战与课题[J].全球教育展望,2016,45(01):3-25.

朱家华,李兵,李春阳,崔鸿.面向师范生核心素养培育的虚拟仿真实验平台应用研究[J].实验室研究与探索,2017,36(10):205-209.

祝智庭,闫寒冰.《中小学教师信息技术应用能力标准(试行)》解读[J].电化教育研究,2015,36(09):5-10.

中华人民共和国国务院.国家教育事业发展"十三五"规划[EB/OL].[2018-12-12].http://www.moe.gov.cn/jyb_xxgk/moe_1777/moe_1778/201701/t20170119_295319.htm

中华人民共和国国务院.新一代人工智能发展规划[EB/OL].[2018-12-12].http://www.gov.cn/xinwen/2017-07/20/content_5212064.htm

中华人民共和国教育部.教育部关于全面深化课程改革落实立德树人根本任务的意见［EB/OL］.［2018 - 12 - 12］. http://old. moe. gov. cn//publicfiles/business/htmlfiles/moe/s7054/201404/167226.html

中华人民共和国教育部.教育部教材局负责人就普通高中课程方案和课程标准修订答记者问［EB/OL］.（2018 - 01 - 16）［2018 - 12 - 10］. http://www.moe.gov.cn/jyb_xwfb/xw_fbh/moe_2069/xwfbh_2018n/xwfb_20180116/sfcl/201801/t20180116_324661.html

中华人民共和国教育部.教育信息化 2.0 行动计划［EB/OL］.［2018 - 12 - 13］. http://www.moe.gov.cn/srcsite/A16/s3342/201804/t20180425_334188.html

中华人民共和国教育部.普通高中课程方案（实验）［S/OL］.［2018 - 12 - 12］. http://www.moe.gov.cn/srcite/A26/s8001/201801/t20180115324647.html

中华人民共和国教育部.中国义务教育质量监测报告［R/OL］.（2018 - 07 - 24）［2018 - 12 - 13］. http://www. moe. gov. cn/jyb_xwfb/gzdt_gzdt/s5987/201807/t20180724_343663.html

中华人民共和国教育部.教育信息化"十三五"规划［EB/OL］.［2018 - 12 - 15］. http://www.moe.edu.cn/srcsite/A16/s3342/201606/t20160622_269367.html

中华人民共和国教育部.中小学教师信息技术应用能力标准（试行）［EB/OL］.［2018 - 10 - 15］. http://www. moe. edu. cn/publicfiles/business/htmlfiles/moe/s6991/201406/170123.html

Abbitt，J. T. & Klett，M. D. Identifying influences on attitudes and self-efficacy beliefs towards technology integration among pre-service educators［J］. Electronic Journal for the Integration of Technology in Education，2007，6(1)：28 - 42.

Agyei，D. & Voogt，J. Exploring the potential of the will，skill，tool model in Ghana：Predicting prospective and practicing teachers' use of technology［J］. Computers & Education，2011，56(1)：91 - 100.

Alsharief，T. Pre-service teachers' perceptions of the barriers to ICT integration in their future instructional practice in a gulf state［D］. Liverpool：University of Liverpool，2018.

Anderson，L.W. & Krathwohl，D. A taxonomy for learning，teaching，and assessing：A revision of Bloom's taxonomy of educational objectives［M］. New York：Longman，2001：61.

Anderson，S. E. & Maninger，R. M. Preservice Teachers' Abilities，Beliefs，and Intentions regarding Technology Integration［J］. Journal of Educational Computing Research，2007，37(2)：151 - 172.

Angeli，C. & Valanides，N. Epistemological and methodological issues for the conceptualization，development，and assessment of ICT - TPCK：Advances in technological pedagogical content knowledge（TPCK）［J］. Computers & Education，2009，52：154 - 168.

Aslan, A. & Zhu, C. Influencing factors and integration of ICT into teaching practices of pre-service and starting teachers[J]. International Journal of Research in Education and Science (IJRES), 2016, 2(2): 359 - 370.

Bandura, A. Social Learning Theory[C]. Wolman, B. B. & Pomroy, L. R. (Eds.) International Encyclopedia of Psychiatry, Psychology, Psychoanalysis, and Neurology (Vol. 10). New York: Van Nostrand Reinhold, 1977.

Barton, R. & Haydn, T. Trainee teachers' views on what helps them to use information and communication technology effectively in their subject teaching[J]. Journal of Computer Assisted Learning, 2006, 22: 257 - 272.

Bloom, B. S. et al. Taxonomy of educational objectives, Handbook I: the cognitive domain [M]. New York: David McKay Co Inc, 1956: 171.

BrainyQuote. Rainer Maria Rilke Quotes [EB/OL]. [2018 - 12 - 22]. https://www.brainyquote.com/quotes/rainer_maria_rilke_385588

Brush, T., Glazewski, K., Rutowski, K. et al. Integrating technology in a field-based teacher training program: The PT3@ASU project[J]. Educational Technology Research and Development, 2003, 51: 57 - 72.

Chen, R. Investigating models for preservice teachers' use of technology to support student-centered learning[J]. Computers & Education, 2010, 55: 32 - 42.

Chen, W., Tan, A. & Lim, C. Extrinsic and intrinsic barriers in the use of ICT in teaching: A comparative case study in Singapore[C]. Brown, M., Hartnett, M. & Stewart, T. (Vol. Eds.) Future challenges, sustainable futures. In Proceedings ascilite Wellington, 2012: 191 - 196.

Chien, Y. T. & Chang, C. Y. Developing Preservice Teachers' Sensitivity to the Interplay Between Subject Matter, Pedagogy, and ICTs[C]. Hsu, Y. S. (Eds.) Development of Science Teachers' TPACK. Singapore: Springer, 2015: 91 - 104.

Clift, R., Mullen, L., Levin, J. & Larson, A. Technologies in contexts: implications for teacher education[J]. Teaching and Teacher Education, 2001, 17: 33 - 50.

Claude, M. Mastering the Techniques of Teaching by Joseph Lowman[J]. The Magazine of Higher Learning, 1984, 16(6): 51 - 52.

Compeau, D. R. & Higgins, C. A. Application of Social Cognitive Theory to Training for Computer Skills[J]. Information Systems Research, 1995, 6: 118 - 143.

Council of European Union. Council Recommendation of 22 May 2018 on Key Competences for Lifelong Learning[S]. ST/9009/2018/INIT. OJ C 189, 4.6.2018: 1 - 13(EN).

Davis, F. D. Perceived usefulness, perceived ease of use, and user acceptance of information technology[J]. MIS Quarterly, 1989, 13(3): 319 - 340.

Denson, C., Austin, S., Hailey, C. & Householder, D. Benefits of Informal Learning Environments: A Focused Examination of STEM-based Program Environments[J].

Journal of STEM Education: Innovations and Research, 2015, 16(1): 11 – 15.

Eng, T. S. The impact of ICT on learning: A review of research[J]. International Education Journal, 2005, 6(5): 635 – 650.

Enochsson, A. & Rizza, C. ICT in Initial Teacher Training: Research Review[R]. OECD Education Working Papers No. 38, OECD Publishing, 2009.

Eraut, M. Feedback[J]. Learning in Health and Social Care, 2006, 5: 111 – 118.

Ertmer, P. A. Addressing first- and second-order barriers to change: Strategies for technology integration[J]. Educational Technology Research and Development, 1999, 47 (4): 47 – 61.

ESSIE. Survey of Schools: ICT in Education[R/OL]. [2018 – 12 – 17]. http://ec.europa. eu/information_society/newsroom/cf/dae/itemdetail.cfm? item_id¼9920

Ferguson, P. Student perceptions of quality feedback in teacher education[J]. Assessment & Evaluation in Higher Education, 2011, 36(1): 51 – 62.

Fishbein, M. & Ajzen, I. Belief, attitude, intention, and behavior: An introduction to theory and research[M]. Reading: Addison-Wesley, 1975: 302.

Fullan, M., Cuttress, C. & Kilcher, A. Eight forces for leaders of change[J]. National Staff Development Council, 2005, 26(4): 54 – 64.

Fullan, M. & Langworthy, M. Towards a New End: New Pedagogies for Deep Learning [M]. Seattle: Collaborative Impact, 2013: 17.

Goktas, Y., Yildirim, S. & Yildirim, Z. Main Barriers and Possible Enablers of ICTs Integration into Pre-service Teacher Education Programs[J]. Educational Technology & Society, 2009, 12(1): 193 – 204.

Hatton, N. & Smith, D. Reflection in teacher education: Towards definition and implementation[J]. Teaching & Teacher Education, 1995, 11(1): 33 – 49.

Haydn, T. & Barton, R. Common needs and different agendas: How trainee teachers make progress in their ability to use ICT in subject teaching. Some lessons from the UK [J]. Computers & Education, 2007, 49: 1018 – 1036.

Henderson, M., Bellis, N., Cerovac, M. & Lancaster, G. Collaborative inquiry: building pre-service teachers' capacity for ICT pedagogical integration [J]. Australian Educational Computing, 2013, 27(3): 69 – 75.

Hollander, J. Learning to Discuss: Strategies for Improving the Quality of Class Discussion[J]. Teaching Sociology, 2002, 30 (3): 317 – 327.

Higgins, S., Beauchamp, G. & Miller, D. Reviewing the literature on interactive whiteboards[J]. Learning Media and Technology, 2007, 32(3): 213 – 225.

International Society for Technology in Education. ISTE Standards for Educators (2017) [S/OL]. [2019 – 01 – 07]. https://www.iste.org/standards/for-educators

International Society for Technology in Education. ISTE Standards for Students (2016)

[S/OL]. [2019 - 01 - 07]. https://www.iste.org/standards/for-students

Jang, S. J. The effects of integrating technology, observation and writing into a teacher education method course[J]. Computers & Education, 2008, 50: 853 - 865.

Johnson, E. S. Ecological Systems and Complexity Theory: Toward an Alternative Model of Accountability in Education[J]. Complicity: An International Journal of Complexity and Education, 2018, 5(1): 1 - 10.

Knezek, G. & Christensen, R. The Importance of Information Technology Attitudes and Competencies in Primary and Secondary Education[C]. Voogt, J. & Knezek, G. (Eds.) International Handbook of Information Technology in Primary and Secondary Education. New York: Springer, 2008: 321 - 331.

Koehler, M. J. & Mishra, P. Introducing TPCK[C]. AACTE Committee on Innovation and Technology (Eds.) Handbook of Technological Pedagogical Content Knowledge (TPCK) for Educators. New York: Routledge, 2008: 3 - 29.

Law, N. Mathematics and science teachers' pedagogical orientations and their use of ICT in teaching[J]. Education and Information Technologies, 2009, 14: 309 - 323.

Levine, A. Educating School Teachers[M]. Washington, D. C.: The Education Schools Project, 2006: 104.

Linn, M. C. & Hsi, S. Computers, Teachers, Peers: Science Learning Partners[M]. Mahwah, NJ: Lawrence Erlbaum Associates, 2000: 182.

Liu, S. Teacher professional development for technology integration in a primary school learning community[J]. Technology, Pedagogy and Education, 2013, 22: 37 - 54.

Mama, M. & Hennessy, S. Developing a typology of teacher beliefs and practices concerning classroom use of ICT[J]. Computers & Education, 2013, 68(1): 380 - 387.

Mason, M. Complexity theory and the philosophy of education[J]. Educational Philosophy and Theory, 2008, 40(1): 4 - 18.

McFadzien, N. Why is effective feedback so critical in teaching and learning? [J]. Journal of Initial Teacher Inquiry, 2015, 1: 16 - 18.

Ministry of Education, Singapore. 21st Century Competencies[S/OL]. [2019 - 09 - 17]. https://www.moe.gov.sg/education-in-sg/21st-century-competencies

Mishra, P. & Koehler, M. J. Technological Pedagogical Content Knowledge: A Framework for Teacher Knowledge[J]. Teachers College Record, 2006, 108(6): 1017 - 1054.

Moore, G. C. & Benbasat, I. Development of an Instrument to Measure the Perceptions of Adopting an Information Technology Innovation[J]. Information Systems Research, 1991, 2: 192 - 222.

Morrison K. Complexity theory and education[C]. Hong Kong: APERA Conference, 2006: 28 - 30.

Mostafa，A. E.，Vitaliy，M. & Adzhar，K. Technology Acceptance Model in M-learning context：A systematic review[J]. Computers & Education，2018，125：389－412.

Mumtaz，S. Factors affecting teachers' use of Information and Communications Technology：A review of the literature[J]. Journal of Information Technology for Teacher Education，2000，9(3)：319－342.

OECD. The new millennium learners：ICT use in initial teacher training[EB/OL]. [2018－12－17]. http://www.oecd.org/innovation/research/42031549.pdf.

Organisation for Economic Co-operation and Development[OECD]. The definition and selection of key competencies [Executive Summary] [R/OL]. (2005－05－27) [2018－12－11]. http://www.oecd.org/dataoecd/47/61/35070367.pdf

P21. Maximizing the Impact：The Pivotal Role of Technology in a 21st Century Education System [EB/OL]. [2018－12－7]. http://www.p21.org/documents/p21setdaistepaper. pdf

Papanikolaou，K.，Gouli，E. & Makri，K. Designing pre-service teacher training based on a combination of TPACK and Communities of Inquiry[J]. Procedia-Social and Behavioral Sciences，2014，116：3437－3442.

Partnership for 21st Century Skills. Framework for 21st Century Learning [S/OL]. [2018－12－12]. http://www.p21.org/documents/P21_Framework.pdf

Petko，D. Teachers' pedagogical beliefs and their use of digital media in classrooms：Sharpening the focus of the "will，skill，tool" model and integrating teachers' constructivist orientations[J]. Computers & Education，2012，58(4)：1351－1359.

Pfeffer，J. & Sutton，R. The Knowing-Doing Gap[M]. Boston：Harvard Business School Press，2000：27.

Prestridge，S. The beliefs behind the teacher that influences their ICT practices[J]. Computers & Education，2012，58(1)：449－458.

Redecker，C. European Framework for the Digital Competence of Educators：DigCompEdu[S]. Punie，Y. (Ed.) Luxembourg：Publications Office of the European Union，2017.

Ribble，M. & Miller，T. N. Educational leadership in an online world：Connecting students to technology responsibly，safely，and ethically[J]. Journal of Asynchronous Learning Networks，2013，17(1)：137－145.

Rogers，E. Diffusion of Innovations (Fifth edition) [M]. New York：Free Press，2003：247－250，281－284.

Ruthven，K. Towards a Naturalistic Conceptualisation of Technology Integration in Classroom Practice：the example of school mathematics[J]. Education & Didactique，2009，3(1)：131－149.

Schrum L.，Niederhauser D. S. & Strudler N. Competencies，Challenges，and Changes：A

US Perspective on Preparing Twenty-First Century Teachers and Leaders[C]. Spector, J., Ifenthaler, D., Sampson, D. & Isaias, P. (Eds.) Competencies in Teaching, Learning and Educational Leadership in the Digital Age. Cham: Springer, 2016: 17 - 32.

Schwab, J. J. The Practical 4: Something for Curriculum Professors To Do [J]. Curriculum Inquiry, 1983, 13 (3): 239 - 265.

Seels, B., Campbell, S. & Talsma, V. Supporting excellence in technology through communities of learners[J]. Educational Technology Research and Development, 2003, 51(1): 91 - 104.

Shulman, L. Those who understand: Knowledge growth in teaching[J]. Educational Researcher, 1986, 15(4): 4 - 14.

Snyder S. The Simple, the Complicated, and the Complex: Educational Reform Through the Lens of Complexity Theory [R]. OECD Education Working Papers 96. OECD Publishing, 2013.

So, H. J. & Kim, B. Learning about problem based learning: Student teachers integrating technology, pedagogy and content knowledge[J]. Australasian Journal of Educational Technology, 2009, 25(1): 101 - 116.

Tearle, P. & Golder, G. The use of ICT in the teaching and learning of physical education in compulsory education: How do we prepare the workforce of the future? [J]. European Journal of Teacher Education, 2008, 31(1): 55 - 72.

Teo, T. Pre-service teachers' attitudes towards computer use: A Singapore survey[J]. Australasian Journal of Educational Technology, 2008, 24(4): 413 - 424.

Thompson, A. D., Schmidt, D. A. & Davis, N. E. Technology collaboratives for simultaneous renewal in teacher education[J]. Educational Technology Research and Development, 2003, 51(1): 73 - 89.

Tondeur, J., Scherer, R., Siddiq, F. & Baran, E. A comprehensive investigation of TPACK within pre-service teachers' ICT profiles: Mind the gap! [J]. Australasian Journal of Educational Technology, 2017, 33(3): 46 - 60.

Tondeur, J. et al. Preparing pre-service teachers to integrate technology in education: A synthesis of qualitative evidence[J]. Computers & Education, 2012, 59(1): 134 - 144.

Trend, R., Davis, N. & Loveless, A. QTS: Information and Communications Technology [M]. London: Letts Educational, 1999: 27.

Tsai, C. C. & Chai, C. S. The "third"-order barrier for technology-integration instruction: Implications for teacher education[J]. Australasian Journal of Educational Technology, 2012, 28(6): 1057 - 1060.

UNESCO. Information and communication technologies in teacher education: a planning guide [R/OL]. [2018 - 10 - 17]. http://unesdoc.unesco.org/images/0012/001295/129533e.pdf

UNESCO. UNESCO ICT Competency Framework for Teachers[S/OL]. [2018 – 10 – 08]. http：//unesdoc.unesco.org/images/0021/002134/213475E.pdf

UNESCO. UNESCO ICT Competency Standard for Teachers[S/OL].[2018 – 10 – 08]. http：//unesdoc.unesco.org/images/0021/002134/213475E.pdf

U.S. Department of Education，Office of Educational Technology. Future Ready Learning：Reimagining the Role of Technology in Education：2016 National Education Technology Plan[R/OL]．[2019 – 01 – 07]. https：//tech.ed.gov/files/2015/12/NETP16.pdf

Venkatesh，V. Determinants of Perceived Ease of Use：Integrating Control，Intrinsic Motivation，and Emotion into the Technology Acceptance Model[J]. Information Systems Research，2000，11：342 – 365.

Venkatesh，V. & Bala，H. Technology Acceptance Model 3 and a Research Agenda on Interventions[J]. Decision Sciences，2008，39(2)：273 – 315.

Venkatesh，V. & Davis，F. D. A Theoretical Extension of the Technology Acceptance Model：Four Longitudinal Field Studies[J]. Management Science，2000，46(2)：186 – 204.

Venkatesh，V. et al. User acceptance of information technology：Toward a unified view [J]. MIS Quarterly，2003，27：425 – 478.

Voogt，J.，Fisser，P.，Roblin，N. P.，Tondeur，J. & Braak，J. Technological pedagogical content knowledge — a review of the literature[J]. Journal of Computer Assisted Learning，2013，(29)：109 – 121.

Voogt，J. & Roblin N.P. A comparative analysis of international frameworks for 21st century competences：Implications for national curriculum policies[J]. Journal of Curriculum Studies，2012，44(3)：299 – 321.

Voogt，J. & Pelgrum，H. ICT and curriculum change[J]. Human Technology，2005，1 (2)：157 – 175.

Vrasidas，C. Constructivism versus objectivism：Implications for interaction，course design，and evaluation in distance education[J]. International Journal of Educational Telecommunications，2000，6(4)：339 – 362.

Vygotsky，L. S. & Kozulin，A. (Ed.) Thought and Language[M]. Cambridge，MA：MIT Press，1999：242 – 244.

Webb，M. & Cox，M. A review of pedagogy related to information and communications technology[J]. Technology，Pedagogy and Education，2004，13(3)：235 – 285.

Wood，D. & Wood，H. Vygotsky. Tutoring and Learning[J]. Oxford Review of Education，1996，22(1)：5 – 16.

World Economic Forum. The Future of Jobs：Employment，Skills and Workforce Strategy for the Fourth Industrial Revolution [Executive Summary] [R/OL]．(2016 – 01) [2018 – 12 – 10]. http：//www3.weforum.org/docs/WEF_FOJ_Executive_Summary_Jobs.pdf

索　引